Albert von Schirnding   Posthorn-Serenade

Die Deutsche Bibliothek – CIP-Einheitsaufnahme

Schirnding, Albert von
Posthorn-Serenade: Erzählungen / Albert von Schirnding. –
Regensburg: Buchverl. der Mittelbayerischen Zeitung, 1992
ISBN 3-927529–05–2

Albert von Schirnding
Posthorn-Serenade

Umschlag und Gestaltung: Philipp Luidl, Planegg
Herstellung: MZ-Druck, Regensburg
ISBN 3-927529-05-2

Albert von Schirnding

Posthorn-Serenade

Erzählungen

BUCHVERLAG
DER MITTELBAYERISCHEN
ZEITUNG

INHALT

VORWORT

Als Albert von Schirndings Vater, der Freiherr Ottokarl von Schirnding, 1908 im Alter von 16 Jahren nach Regensburg zog, waren seit dem Ende des Heiligen Römischen Reiches Deutscher Nation immerhin schon gut hundert Jahre vergangen. Versunken und vergessen waren die Traditionen der alten Reichsstadt, in deren Mauern sich der Immerwährende Reichstag als Gesandtenkongreß eines im Grunde mittelalterlichen Ständestaats versammelt hatte. Dahin waren alle Pracht und Herrlichkeit, die der Reichstag bei festlichen Empfängen und glänzenden Hoffesten im Schloß des kaiserlichen Prinzipalkommissars entfaltet hatte.

Dennoch lebte damals in Regensburg ein allseits geachtetes und verehrtes Relikt jenes untergegangenen alten Reiches und der sanft entschlafenen Reichs- und Reichstagsstadt: Albert Maria Lamoral, Fürst von Thurn und Taxis, Fürst zu Buchau und Fürst von Krotoszyn, seit 1899 noch Herzog zu Wörth und Donaustauf, Urenkel des letzten kaiserlichen Prinzipalkommissars am Regensburger Reichstag und direkter Nachkomme jener aus der Gegend von Bergamo stammenden Familie, die Ende des XV. Jahrhunderts die Post erfunden hatte und dafür mit dem erblichen Reichsfürstenstand belohnt worden war. Aus diesem und keinem anderen Grund war Albert Maria Lamoral auch zu

Beginn des XX. Jahrhunderts berechtigt, den Titel eines Generalerbpostmeisters zu führen und seine Briefe portofrei befördern zu lassen.

Dieser eigentümlich in die neue Zeit hineinragende Fürst, der täglich sehr früh aufstand, ein Bad nahm, dann die Morgenmesse besuchte und sich um zehn Uhr seinen Hofmarschall zum Vortrag bestellte, hielt bis zu seinem Tod im Jahr 1952 mit eiserner Disziplin am Spanischen Hofzeremoniell fest – ein strenges Reglement, das an etlichen europäischen Fürstenhöfen alle Fragen der Etikette regelte, aber seit der Französischen Revolution überwiegend abgeschafft war. Er spazierte regelmäßig durch die Stadt, als wäre sie seine Residenz, besuchte die Marktfrauen am Neupfarrplatz und anschließend seinen Hoffriseur – wenn ihn der alte Kammerdiener Weiß am Morgen wieder einmal schlecht rasiert hatte. Davon machte er auch noch im »Dritten Reich« keine Abstriche, als natürlich auch die fürstliche Hofküche den Rationierungsmaßnahmen des Krieges unterworfen war.

In diese wunderliche Welt, die der Nachkomme des kaiserlichen Generalerbpostmeisters in einer bayerischen Provinzstadt regierte und in der Vergangenes und Gegenwärtiges in einer merkwürdigen Gleichzeitigkeit existierte, wurde Albert von Schirnding 1935 hineingeboren. Kein Geringerer als Fürst Albert Maria Lamoral war sein Taufpate.

Eine dicke Staubschicht von liebenswürdigem Anachronismus lag über der Stadt und dem Fürstenschloß mit seiner goldenen Krone auf der Turmspitze – das hing auch mit der Tätigkeit von Schirndings Vater zusammen. Ottokarl von Schirnding, der einige Semester an der Philosophisch-Theologischen Hochschule in Regensburg studiert hatte, war 1918 hochdekoriert aus dem 1. Weltkrieg hierher zurückgekehrt. Seine aus dem Vogtland stammende, nach Böhmen und Österreich hineinreichende Familie gehörte einst zur fränkischen Reichsritterschaft und war als solche reichsunmittelbar, das heißt keinem Landesherrn, sondern nur dem Kaiser unterstellt. Und in diesem im alten Reich sehr entscheidenden Punkt glichen die Reichsfreiherrn von Schirnding den Reichsfürsten von Thurn und Taxis, auch wenn letztere in der Hierarchie etliche Klassen höher rangierten als die zum Niederadel gehörenden fränkischen Reichsritter. Doch die Traditionen des alten Reiches wirkten in einer Stadt wie Regensburg auch nach der Revolution von 1918 verbindend, und so trat Ottokarl von Schirnding in fürstliche Dienste. Nach einem anschließend absolvierten Diplom-Landwirtschaftsstudium an der Technischen Hochschule in München avancierte er zu jenem bereits erwähnten Hofmarschall, der als Chef der Fürstlichen Gesamtverwaltung jeden Tag pünktlich um zehn Uhr bei Seiner Durchlaucht, dem Fürsten Albert Maria Lamoral, zum Vortrag erschien.

Hier setzen Albert von Schirndings Erinnerungen und Reflexionen ein. Die »Märchenbühne des vom Dornröschenschlaf der zweiten Jahrhunderthälfte ereilten Regensburg« – von ihm so beschrieben – tut sich auf: Während überall in Deutschland die Throne stürzen und in Regensburg selbst ein Georg Britting mit dem Arbeiter- und Soldatenrat agitierte, lebte der Fürst von Thurn und Taxis ungestört in seinem Schloß, das von einem großen Park umgeben war. Die Fürstliche Familie, die durch eine jahrhundertealte Heiratspolitik mit den europäischen Fürstenhäusern verflochten war, hielt weiterhin unangefochten die monarchisch-dynastischen Traditionen aufrecht. Dies alles war möglich durch den mittels privaten Grundbesitz abgesicherten Reichtum der Familie, der im Gegensatz zu manchen anderen Fürstenhäusern das Ende der deutschen Monarchien unbeschadet überstanden hatte.

Der Hofmarschall begleitete den Fürsten auf seinen Reisen zu Verwandten nach Ungarn und Polen, zur Hofjagd in den fürstlichen Wäldern bei Donaustauf und bei den Hofbällen im Schloß Regensburg. Die Kinder des Hofmarschalls wurden – wovon andere Kinder sonst nur träumen – am 24. Dezember mittags vorausbeschert, weil die Eltern den Heiligen Abend im Kreis der Fürstlichen Familie verbrachten. 1939 zog der fürstliche Hofmarschall mit Frau und Kindern aus seiner Villa in der Albertstraße in die ehemalige Pustet-Villa in der Kumpfmühler Straße. Sechs Jahre später, wenige Monate nach Kriegsende, begann für Albert von Schirnding seine Regensburger Gymnasialzeit am humanistischen Alten Gymnasium am Ägidienplatz, in dem zunächst noch ein Lazarett untergebracht war.

Neben der allgemeinen wirtschaftlichen Not der unmittelbaren Nachkriegszeit begann das kulturelle Leben umso reicher zu blühen. Wie viele junge Menschen seiner Generation – die Ereignisse der jüngsten Vergangenheit waren verdrängt und tabuisiert – fand Schirnding seine Vorlieben und Interessen außerhalb der Politik – in der Literatur, in der Kunst und Musik und besonders im Theater.

Als Zehnjähriger wurde er im September 1945 Zeuge jener inzwischen legendären Aufführungen von Humperdincks Märchenoper »Hänsel und Gretel« mit den Regensburger Domspatzen, die unter der Leitung des Domkapellmeisters Prof. Dr. Theobald Schrems auftraten. Er erlebte die für die Regensburger Bühne so beachtlichen Nachkriegsjahre unter dem Dreiergespann Decker – Paulmüller – Kuhlmann. Der Intendant Dr. Herbert Decker, unter dem das Theater am 25. November 1945 vor vielen Ausländern aller Schattierungen, sogenannten »Displaced persons«, offiziell den Spielbetrieb wiederaufgenommen hatte, war ein Schüler des sagenhaften Arthur Kutscher, ein genialer Theatermann und ein Choleriker, der mitunter Schreibmaschinen an die Wand und Telefone aus dem Fenster warf.

Aus Nürnberg kommend, hatte der musikalische Oberleiter Alexander Paulmüller den ersten Parsifal, der nach 1945 in Deutschland gespielt wurde, in Regensburg auf die Bühne gebracht. Das Stadttheater am Bismarckplatz machte sich damals in ganz Deutschland einen Namen, weil Regensburg die erste Stadt war, die nach dem Ende der Hitler-Diktatur Wagner-Opern aufführte. Alexander Paulmüller, der später noch mit den Werken von Carl Orff und mit einem großartigen Programm zum Mozartjahr 1956 Aufsehen erregte, trug damals viel dazu bei, die von der NS-Propaganda belastete Wagner-Rezeption zu entkrampfen.

Neben der wunderlichen Welt des fürstlichen Schlosses erlebte der junge Schirnding das geheimnisvolle Reich Richard Wagners. Er war fasziniert von Tristan, begeistert von Lohengrin und ergriffen von Parsifal – ein Spiel der Masken und Mythen, das nach den Theater-Vorstellungen im fürstlichen Schloß seine Fortsetzung fand. Während im Schloß sein Vater, der Hofmarschall, für die Inszenierung sorgte, so war im Theater Eberhard Kuhlmann der meisterliche Regisseur jener Schirnding so beeindruckenden Opern-Aufführungen. Kuhlmann hatte als Zwanzigjähriger bei einem ersten Besuch in Regensburg noch die offene Durchfahrt im Stadttheater gesehen, die vom Bismarckplatz zum Arnulfsplatz führte und für die Auffahrt der fürstlichen Kutsche angelegt war. Nach seiner Heimkehr aus Krieg und Gefangenschaft kam er 1947 ein zweites Mal nach Regensburg und wurde schließlich 1948 als Oberspielleiter und Dramaturg engagiert. Seine Erinnerungen beschrieb er liebevoll-kritisch in einem Regensburger Monatsmagazin unter der Überschrift »Über die Hitler-Brücke ins Adenauer-Land«.

Unvergessen ist die von Kuhlmann inszenierte Meistersinger-Premiere vom 19. April 1950, in der gegen Mitternacht Lorenz Fehenberger vom Münchner Prinzregententheater für einen plötzlich erkrankten Sänger einsprang, und selbst das Fürstenpaar, das alle Wagner-Opern besuchte, bis nach Mitternacht in seiner Loge ausharrte.

Die vorbildliche Pflege des Musiktheaters machte Regensburg zum Sprungbrett für große Talente: Karl Liebl ging als Tristan an die Metropolitan Opera New York, wohin ihm der Bariton Rudolf Knoll folgte. Melitta Muszély wurde von Walter Felsenstein, dem großen Meister und Reformer des Musiktheaters, an die Komische Oper nach Berlin geholt. In Bayreuth sangen Elisabeth Schärtel, Erika Zimmermann und Alfons Herwig.

Während die Musikszene in Regensburg damals noch überwiegend konservativ geprägt blieb, wurde das Schauspiel von der Aufbruchsstimmung der Nachkriegsjahre erfaßt. Von der Fürstenloge aus, über der das goldene Wappen und die Fürstenkrone prangten und die der Familie des Hofmarschalls zur freien Verfügung stand, erlebte der junge Schirnding, wie die Stücke von Wilder, Eliot, Montherlant und Anouilh die Bühne des Regensburger Stadttheaters eroberten.

In seinen Theatererzählungen läßt Schirnding aber auch Erinnerungen an so manche von provinzieller Eitelkeit und Selbstüberschätzung verursachte Entgleisung in der Aufführungspraxis des Stadttheaters anklingen, so etwa in der Uraufführung des Theaterstücks »Der Dombaumeister«, das der fürstliche Leibarzt Dr. Walter Reinemer gedichtet hatte. Mit leiser Ironie beschreibt er auch die Uraufführung des dilettantischen »Wozzeck« des Münchner Ministerialrats Kurt Pfister aus dem Jahr 1949, neben dem der geniale Paulmüller glücklicherweise den Opern-Einakter »Des Kaisers neue Kleider« eines damals noch völlig unbekannten Hans Werner Henze aufs Programm setzte. »Der Dombaumeister« und »Wozzeck« fielen durch, und das Regensburger Theaterpublikum bewies wieder einmal, daß es in künstlerischen Dingen ein durchaus sicheres Qualitätsempfinden besitzt.

Mit der Theaterära Herbert Deckers im Jahr 1953 endete auch Schirndings Regensburger Gymnasial- und Jugendzeit – der Achtzehnjährige wollte darin keinen reinen Zufall sehen. Paulmüller blieb noch bis 1958, Kuhlmann bis 1973. Die Nachkriegszeit und damit aber auch eine Epoche des Regensburger Theaters waren zu Ende. Albert von Schirnding verließ die wunderliche Welt seiner Kindheit. Er ging zum Studium nach München. Noch im selben Jahr folgten erste literarische Versuche. 1958 wirkte er bei einem von der Regensburger Buchhandlung Wunderling veranstalteten Leseabend junger Regensburger Lyriker mit.

In diesen frühen, expressionistisch anmutenden Naturgedichten bestehen mitunter Wesensverwandtschaften zu Georg Britting, der ebenso wie Schirnding Kindheit und Jugend in Regensburg verbracht hatte und von der »kleinen Welt am Strom« nachhaltig geprägt war.

Ein Kapitel dieses Buches entwickelte Schirnding aus seinem Gedicht »Epitaph«, das 1977 in dem Lyrikband »Bedenkzeit« erschien, wofür uns der R. Piper-Verlag München freundlicherweise das Abdruckrecht eingeräumt hat. Der vom humanistischen Bildungsideal erfüllte Schriftsteller, der sich auch als Übersetzer und Kommentator von Hesiod und Lukian einen Namen machte, hat in seiner späteren Lyrik die naturnahen Eindrücke Regensburgs ganz hinter sich gelassen und sich damit auch dem Bann der Tradition entzogen. Drei der hier vorliegenden Beiträge hatte er zunächst für den Regensburger Almanach geschrieben. Sie wurden jetzt überarbeitet und zum Teil auch erweitert. Die übrigen Geschichten sind zunächst in der Süddeutschen Zeitung erschienen. Zwei davon tauchen als Abschnitt auch in seiner 1987 veröffentlichten Erzählung »Herkommen« auf, in der er in genialer Weise die in Regensburg erlebte Kindheit mit den Schicksalen echter und fiktiver Vorfahren verknüpft.

Ohne Zweifel haben die teils wundersamen Eindrücke, die lebenden Anachronismen dieser Stadt und das von der Aufbruchsstimmung der Nachkriegszeit beflügelte Kulturleben Regensburgs Schirndings Werk mitgeformt und mitgeprägt. Der Autor ist immer wieder nach Regensburg zurückgekehrt und hat sich publizistisch mit der Stadt beschäftigt. So entstand die Arbeit, die den Abschluß des vorliegenden Bandes bildet, im Jahr 1979 als Hommage an die 1800jährige Vaterstadt Regensburg, die freilich Schirndings literarisches Schaffen bisher nur wenig zur Kenntnis nahm.

KONRAD MARIA FÄRBER
Oktober 1992

I

POSTHORN-SERENADE

Lädiert kam mein Vater aus dem Krieg. Er verließ das Lazarett mit einer Brille, deren eines Glas blind war; nach seiner unvermuteten Auferstehung aus dem Hügelgrab bei Arras hatte er alles doppelt gesehen. Im Café hinter dem Dörnbergpark, das zu meiner Zeit schon verschwunden war, blickte er in eine verschleierte Zukunft. Die Netzhautbilder fanden wieder zusammen, auch die Lähmung des Gesichtsnervs verzog sich, nicht allerdings die des Vaterlands, für das er in den Kampf gezogen war. In Mühldorf hatte er, unbeirrt von den Gegenparolen sich zusammenrottender Soldatenräte, seine stark gelichtete Truppe ordnungsgemäß aufgelöst. Hier in Regensburg hatten revolutionäre Unruhen ohnehin nichts zu suchen, es regierte das Haus Thurn und Taxis.

Sollte er an die philosophisch-theologische Hochschule zurückkehren, wo er im Sommer 1914 sein zweites Semester absolviert hatte, einigermaßen lust- und ratlos schon damals? Nun hatte dieser mäßig steile Zauberberg seine magische Kraft vollends eingebüßt. Ein Bundesbruder erschien, das Schachbrett unterm Arm. Der Altphilologe und königlich-bayerische Leutnant hatte beim Fürsten Albert Unterschlupf als Hauslehrer seiner jüngsten Söhne Raphael und Philipp Ernst gefunden. Noch fehlte ein Kavalier. Das Wort erklang ohne den Anflug eines Anführungszeichens;

der Mann war loyal. Natürlich mußte der Gesuchte über ein Adelsprädikat verfügen. Wäre das nicht etwas für ihn? Er könne ihm jederzeit eine Audienz bei Seiner Duchlaucht vermitteln. Mein Vater griff zu. Eine Übergangslösung, immerhin.

Er fand Gefallen, ward in Gnaden aufgenommen. Vorbei mit den müßigen Stunden im Niemandsland hinter den Höllen an der Somme und von Verdun. Das Hornmotiv ertönte und würde nicht mehr verstummen. Es war ein Posthorn, dessen Führung dem Reichserbgeneraloberstpostmeister durch kaiserliches Mandat vorbehalten war. Jedenfalls konnte noch zweihundert Jahre zuvor ohne weiteres arretiert werden, wer »eigentätig eines sonderbaren Posthörnleinanhängers sich anmaßte«. In der schwarzgelben, innen purpurrot ausgeschlagenen Kalesche saß man bequem. Kaum ein Laut der ringsum stürzenden europäischen Throne, der in Aufruhr versetzten Masse Mensch drang herein.

Wo der Fürst weilt, ist Windstille. Man speist und reist. Die Menüfolge wird auch zu Inflationszeiten täglich zweimal auf blütenweißes Kartonpapier unter das goldene Wappen gedruckt. Mit den Prinzensöhnen geht es nach Genf zum Studium, im Gefolge Ihrer Hochfürstlichen Durchlaucht begibt man sich mit einem Troß von Kammerdienern im Extrazug nach Rom, nach Ungarn, nach Polen. Monarchische Verwandte werden aufgesucht, der deutsche und der bayerische Kronprinz, die bayerischen Herzöge, die Erzherzöge von Österreich und Ungarn kommen zur Jagd und auf die Hofbälle. Der Zar von Bulgarien ernennt meinen Vater zum Kommandeur des Königlich-Bulgarischen Zivilverdienstordens. Man jagt in Kreuth, in den böhmischen, serbischen und österreichischen Revieren, der Winter wird in Regensburg und auf Schloß Prüfening, das

Frühjahr in Baden-Baden, der Sommer in den Schlössern am Starnberger See und in Württemberg verbracht. Kein August ohne Bayreuth, ohne Cosimas huldvollen Gruß, der Fürst war fünfzehn Jahre alt, als Wagner starb.

Bei einem Hofball geschah es denn auch, daß mein Vater – inzwischen in der roten, mit goldenen Litzen besetzten Uniform eines Hofmarschalls – meine aus München geladene Mutter kennenlernte. Dem Fürsten kam die Heirat nicht ungelegen, fürchtete er doch von seiten der zahlreich bei Hofe sich tummelnden Prinzessinen genealogische Verwicklungen. Ganz am Anfang schon hatte er, in den Tiefen seines im strengsten aller Hausgesetze verankerten Familiensinns erschauernd, einige schwärmerische Augenaufschläge aufgefangen, die seine einzige Tochter in die Richtung des blonden Recken schickte, der für einen Hofkavalier tatsächlich eine Spur zuviel Naturburschentum aufwies. Sie blieben, die Augenaufschläge, pflichtschuldigst unerwidert, und so gedieh diese erste Liebe der späteren Markgräfin von Meissen über den Traum von angehängten Strickleitern, nächtlicher Entführung und Flucht nach Schottland oder Sizilien nicht hinaus.

Nur keine Mesalliancen! Die Reinheit der beiden Blutströme, die in der eigenen Person zusammenflossen, zu trüben, hatte man kein Recht; man war gezeugt als Träger eines Namens, berufen, eine Ahnenreihe fortzusetzen. Als Torquato Tasso im römischen Kloster San Onofrio am Ende eines erschöpften Jahrhunderts vergeblich seiner Dichterkrönung entgegenfieberte und auf dem Gianicolo im Schutz einer mittlerweile vom Blitz verstümmelten Eiche das Elend seines Lebens überdachte, wurde sein in Brüssel lebender Vetter Leonhard zum Generaloberstpostmeister im Deutschen Reich ernannt, und nun ging es im

Galopp nach oben. Schon 150 Jahre später fand sich Alexander Ferdinand als Prinzipalkommissar Kaisers Karl VII. ins Reichsfürstenkollegium aufgenommen. Der spanische Erbfolgekrieg hatte den Verlust der niederländischen Besitzungen und die Übersiedlung der Familie von Brüssel nach Frankfurt mit sich gebracht. 1748 kam es zum Umzug nach Regensburg, wo der Fürst als Vertreter des Kaisers beim Immerwährenden Reichstag residierte.

Trotzdem war die dynastische Allüre ein mütterliches Erbteil. Herzogin Helene in Bayern hatte es nie verwunden, daß der Kaiser ihr im letzten Augenblick die jüngere Schwester Elisabeth vorgezogen hatte, sie selbst, die designierte Braut, schleunigst mit dem Erbprinzen von Thurn und Taxis abgefunden wurde. So spielt sie auf der Märchenbühne des vom Dornröschenschlaf der zweiten Jahrhunderthälfte ereilten Regensburg die Rolle der Kaiserin, die das Welttheater ihr vorenthält, macht das Schloß zu einer zweiten Wiener Hofburg. Der Sohn wird geboren, schön wie seine Tante Sissi, der Sohn, der dort vonnöten gewesen wäre. Sterbend legt sie ihm den Glanz des Hauses ans Herz, und dieser, nicht säumig, führt eine ungarische Erzherzogin heim, mit der er im Jahre 1950 in der Emmeramskirche vor meinen Augen die diamantene Hochzeit begehen wird.

Die Kaiserliche Hoheit ihrerseits fügte sich der spanisch-habsburgischen Etikette in ehelichem Gehorsam, aber ohne eigene emotionale Zutat. Sie wollte selbst Hand anlegen und tat es auch: an Pferde, Blumen, Bilder, Kranke – im Kostüm einer Operationsschwester sah man sie dem Krankenhaus der Barmherzigen Brüder entgegenwandeln. Jeden Morgen um fünf Uhr drehte sie in der Reithalle des Marstall-Gebäudes ihre Runden, um sich für einen langen, genau programmierten Arbeitstag zu rüsten. Wer hätte es ihr (außer dem Fürsten) verdenken können, wenn sie bei der ohnehin schläfrigen Konversation, die sich in der Orangerie an die Abendtafel anschloß, mit voraussagbarer Pünktlichkeit einzunicken pflegte? Im Turm an der Helenenstraße hatte sie ein Atelier bezogen; dort sehe ich sie vor der Staffelei oder an der Harfe sitzen, wenn wir am 1. Januar die obligate Gratulationscour absolvierten.

Man störte, keinen Zweifel, aber es mußte sein. Das Interesse an uns Kindern hatte sich unmöglich auf dem Niveau zu halten vermocht, das die Aufmerksamkeit der siebenfachen Mutter für unser vorgeburtliches Heranwachsen erklommen hatte. So war der Haushofmeister angewiesen, in der Kegelbahn das Zitronenlimonadeglas nicht, wie gewohnt, hinter dem Gast auf einem der Tischchen, sondern so zu plazieren, daß die Schwangere mühelos nach ihm greifen konnte; jede leiseste Drehung hätte ja ihrem Zustand gefährlich werden können.

Der Hofkalender kannte dann allerdings keine Rücksichtnahme auf Kinderwünsche. Es gehörte zu den Pflichten des Hofmarschalls und erst recht des »Dirigierenden Geheimen Rats«, mit seiner Gattin an allen Feierlichkeiten der fürstlichen Familie teilzunehmen. Dies galt auch für Weihnachten. Am frühen Abend des 24. Dezember hatten sich die Eltern im Wallenstein-Empfangssalon des Schlosses einzufinden, um im Kreise der Prinzen und Prinzessinnen, der Hofdamen und des Hofkaplans den Einzug des Hochfürstlichen Paars zu erwarten. Und vorher mußte meine Mutter ja große Toilette machen; Abendkleid, Hermelincape, Diadem und Glacéhandschuhe lagen auf der Chaiselongue im Schlafzimmer bereit – den Elfenbeinfächer nicht zu vergessen.

Wir wußten uns zu helfen. Gleich nach dem Mittagessen wurden die Rolläden heruntergelassen, um zwei Uhr pünktlich brannte der Christbaum. Wie die erste Nacht, die Odysseus nach zwanzigjähriger Abwesenheit bei der treuen Penelope verbringt, sich dank göttlicher Huld wunderbar verlängert, so dauerte für uns Kinder der Heilige Abend so lang wie ein voller Tag. Wir durften bis zur Heimkehr der Eltern und zum Eintreffen des Möbelwagens aufbleiben. Schloßdiener schleppten mit Traggurten die wahrhaft fürstlichen Geschenke über die mit einem goldenen SALVE geschmückte Schwelle: Barocksekretäre, Fauteuils, Wandspiegel, Bilder (auch das obligate, von der Fürstin gemalte, mit »Margit« signierte Blumenstilleben), altes Meissener Porzellan und Silber.

Wenn sie, die Hand an der braunen Mütze, verschwunden waren, schmiegten wir uns in ein diesmal mit rosa Damast bezogenes Kanapee und ließen uns haarklein erzählen, was wir schon in allen Einzelheiten wußten: Festlichkeiten im Schloß hatten ihren genau geregelten Ablauf, der Fürst duldete keinerlei Abweichungen. Dem anfahrenden Dienstwagen mit dem zur Galionsfigur erstarrten Chauffeur salutieren rotbemäntelte Portiers, am Hauptaufgang wartet der Oberschloßverwalter, an Schiffshut, Schärpe und Stab unschwer zu erkennen. Über Teppiche, die jeden Laut der Schritte schlucken, wandelt man die Gänge entlang, die Treppen empor, wird von den Lakaien den Fourieren, von den Fourieren den Leibjägern weitergereicht, bis man die letzte wärmende Hülle in die Arme des Haushofmeisters gleiten läßt, um im grand-décolleté den Audienzsaal zu betreten. Nach dem Erscheinen der Fürstlichkeiten geht es en grand cortège durch die Suite der Gemächer in den gobelintapezierten Speisesaal. Die Lichter der Kronleuchter spiegeln sich im Silber riesiger jardiniéren, die auch im Winter üppige Blumenarrangements bergen. Rot-, grün- und blaulivrierte Lakaien servieren. Der Letzte der Tafelrunde hat nichts zu lachen; kaum hört Seine Durchlaucht zu speisen auf, darf niemand mehr essen.

Der Fürst ist die Sonne, um die Regensburg kreist. Wenn er durch die von seinem aufgeklärten Vorfahren Karl Anselm angelegten Alleen spazierengeht, die Füße bei jedem Schritt eigentümlich nach außen kehrend, beide Handschuhe in einer Hand, wobei die leeren Finger aus feinstem hellgrauen Leder auf- und abwippen, bringt keiner der ihm Entgegenkommenden es übers Herz, der hoheitsvollen Gestalt die erwartete tiefe Verbeugung oder den Knicks zu verweigern – mag auch der eine oder andere heimliche Demokrat, dem Bann im Weitergehen entronnen, den Untertanenreflex verwünschen, dem er wieder einmal zum Opfer gefallen ist.

II

NARBE

Im Regensburger Herbst 1939 zogen wir in die renovierte Pustetvilla gegenüber dem Dörnbergpark. Der Garten war größer als der in der Albertstraße, eine riesige Blutbuche drängte sich durch eines der Fenster des Elternschlafzimmers. Und das Pfeifen der nächtlichen Züge kam aus größerer Entfernung, wenn es mich auch immer noch dann und wann zum Aufstehen zwang. Ich lief durch das dunkle Zimmer zum Haustelefon neben der Tür und ließ mir die Harmlosigkeit des Signals beteuern. Nein, kein Zusammenstoß. Das ist der gepreßte Dampf, der aus der Lokomotive fährt, und das weißt du auch. Für den Augenblick hatte die Stimme der Mutter es leicht, gegen den verklungenen Ohrenschrecken anzukommen. Eine flaumenweiße Dampfwolke der Beruhigung hüllte mich ein, trug mich ins Bett zurück. Aber sie hielt schon der ersten Wiederholung des Angriffs nicht stand. So gellend hatte es noch nie getönt, das war kein Warnzeichen mehr, sondern Angstschrei und Hilferuf. Noch einmal zur rettenden Auskunft zu greifen, wagte ich nicht.

Das Haustelefon war neu wie der Aufzug im Vorplatz, durch den das Essen aus dem Parterre in den ersten Stock heraufglitt. Noch vor kurzem hatte ein Holzverschlag seine Stelle eingenommen, und auf losen Brettern balancierte man über aufgerissene Böden wie auf Stegen nach einer

Überschwemmung. Das wird euer Kinderzimmer, sagte die Mutter und zeigte auf rohe Wände und auf Fenster, die milchiges Papier verklebte. Wir Kinder würden zu dritt sein. Wirst du bald krank, fragte meine Schwester. Ein Arbeiter in blauer Latzhose lachte. Ich klärte ihn auf: Wenn man ein Baby kriegt, wird man krank.

Die beiden Waschbecken im neuen Kinderzimmer blitzten. In meiner Hand lag die zerbrochene braune Glashülse der Cebiontabletten. Ich hatte mich in den Rücken des rechten Mittelfingers geschnitten, das Blut tropfte ins weiße Becken. Jemand trat herein und sagte, es sei jetzt Krieg. So stand eine winzige Verwundung am Anfang des Weltgeschehens. Es gab neuerdings Jod, das weniger brannte – auch eine Errungenschaft des Umzugs. Nein, es war gar nicht schlimm. Nur eine Narbe blieb, sie wuchs mit der Haut des Fingers und erwies mir unschätzbare Dienste bei der Unterscheidung von rechts und links. Im Oktober kam meine Schwester Viktoria auf die Welt. Schon trafen auch die ersten Siegesnachrichten ein. Doch das Geschöpf, das so unverwundbar auf der Terrasse im Wagen lag, hatte den Namen von seiner Mutter geerbt.

III

FAHNENSTANGE

Vom steinernen Balkon des Gästezimmers ließ sich verfolgen, was im Hof vorging. Ein unsichtbares Auge war aufgegangen, winziger Spiegel des Zeitalters unter dem Schirm und Schutz der in der Nische stehenden Madonna, die auf der Weltenkugel der Schlange den Kopf zertrat. Eine langgestreckte Doppelgarage grenzte den Hof gegen das Nachbarhaus ab. Zwei große Kutschen hätten bequem darin Platz gehabt. Seit kurzem stand die eine Hälfte leer. Der funkelneue Kapitän hatte als kriegswichtiges Gut abgeliefert werden müssen. Der kleine Opel, der schon immer vorhandene, sah auf einmal sehr schäbig aus. Übermut und Überfluß hatten nur einen Augenblick gedauert – die ganze Vorkriegszeit zog sich in jenem frühen Sommermorgen zusammen, als der Vater sich nicht entscheiden konnte, in welchem Auto der Ausflug an das Forellenwasser in Falkenstein unternommen werden sollte, und fünf- oder sechsmal lachend ins Haus zurücklief, den anderen Schlüssel zu holen.

Neben der Garage, nicht weit vom Gittertor, das auf die Straße führte, ragte einen Fahnenstange. Das Haus gehörte dem Fürsten, und diese Eigenschaft verlieh ihm den Rang eines halböffentlichen Gebäudes. Von meinem Beobachterposten aus wurde ich Zeuge des Beflaggungsvorgangs. Das rote Tuch lag schlaff auf dem Kiesboden. Die eigentliche

Schwierigkeit bestand in der Aufrichtung des Mastes, der von mehreren Männern, Arbeitern aus dem nahegelegenen Schloß, mit Stangen in die Höhe gestemmt wurde. Ein älterer Mann, wenig entfernt von den andern, schrie aus Leibeskräften Kommandos. Noch nie hatte ich erwachsene Menschen so aufgeregt, so überfordert und ratlos gesehen. Schon eine Fahnenstange brachte sie aus der Fassung. Ihre Weisheit und Macht stießen an Grenzen, nach denen ich beinahe die Hand ausstrecken konnte.

Aber sie sangen doch »Die Fahne hoch«; es kam vor, daß Marschtritt und Gesang mehrmals am Tag und auch noch, wenn ich im Bett lag, von der Straße ins Zimmer tönten – festlich und sehnsuchterregend. Etwas war im Kommen, großes Ereignisse erwarteten mich. Die Fenster klirrten leisen Beifall, die Kastanien der Allee rauschten Zustimmung, mein Herz schlug im Takt.

Und nun drohte das so herrlich Begonnene im hilflosen Zorngeschrei und Gestikulieren des Aufsehers vorzeitig unterzugehen. Schließlich geschah, was das unbeherrschte Gebaren des Mannes herbeizwang: Die Stange fiel ihm, aus mäßiger Höhe, auf den Kopf. Ich sah, wie sie leicht auf der blanken, kantigen Fläche aufschlug, und mir schien, als hüpfe sie, wie der Ball auf meinem Tamburin, erst noch ein Stückchen nach oben, ehe sie auf dem Boden landete. Die Berührung des Holzes mit der Schädeldecke ergab einen hellen, trockenen Klang. Merkwürdigerweise blieb der Getroffene ruhig. Die Aufstellung nahm nun ihren stillen und raschen Gang. Als wäre nichts geschehen, blähte sich die Hakenkreuzfahne im Abendwind des 19. April 1940.

IV

TROJA
LAG NÄHER
ALS STALINGRAD

Schule versinkt. Am Horizont des morgendlich dämmernden Bewußtseins ziehen die Figuren der Lehrer vorüber: sehr fern, sehr schattenhaft. Pensionsreife Männer, Kriegsheimkehrer, Flüchtlinge, in Regensburg hängengeblieben, junge Damen, eingesprungen für noch zu entnazifizierende Volksgenossen, kreuzen die Bahn des Knaben, viel zu sehr mit sich selbst, ihrem Überleben, beschäftigt, um auf das Hinterlassen tieferer Spuren Energie zu verschwenden, Gestalten des Übergangs. Gebannt in deine jungen Jahren, sind sie Entwicklungsgehemmte, Zurückgebliebene. Du schaust auf sie wie durch ein umgedrehtes Fernglas zurück, die Unreife deiner frühen Bewunderung oder Abneigung haftet an ihnen. Nur wenigen gelingt es, sich davon freizumachen. Als ich zehn war und ins Gymnasium kommen sollte, waren seine Pforten verschlossen. Das gelbe, kastenhafte Gebäude am Ägidienplatz, nur wenige Minuten von zu Hause entfernt, hatte seine Lazarett-Vergangenheit noch nicht überwunden. Lehrer, die auf ihre Wiederverwendung warteten, gab es genug, und so kam vom September 1945 an zweimal in der Woche der vom fürstlichen Archivrat Dr. Steil empfohlene hochqualifizierte Altphilologe Dr. Schädle ins Haus, um mir zwei Vormittagsstunden Latein und Deutsch zu erteilen. Der Unterricht machte mir viel Spaß, gerade weil mein Lehrer mir von der ersten

Minute an zu verstehen gab, daß es mit der Verspieltheit der Kinderzeit ein für allemal zu Ende war. Es gab wenig zu lachen, aber dafür hatte ich plötzlich so etwas wie einen Lebensinhalt. Gar kein Zweifel konnte aufkommen, daß Latein die wichtigste Sache der Welt war.

Leichtsinnigerweise hatte mein Vater sich vorgenommen, mir die übrigen Fächer beizubringen, doch das Jahr verstrich, ohne daß etwas geschah. Als der Sommer kam, ging meine Mutter mit uns Kindern aufs Land. Im August folgte mein Vater für drei Urlaubswochen. Jeden Morgen um sechs Uhr begannen wir in einem eigenen Raum, in dem bald Tische und Stühle mit aufgeschlagenen Büchern und Heften bedeckt waren, mit der Arbeit, die bis in den Abend hinein dauerte; sogar die Mahlzeiten wurden uns aufs Zimmer gebracht. Draußen lenkte der Gott, dessen barockes Abbild auf dem Deckengemälde dahinsprengte, den Sonnenwagen durch den gluterhitzten Himmel, aber wir saßen hinter dem dicken Gemäuer der Turmburg und lernten. Die eiserne Energie meines Vaters steckte mich an. Sein pädagogisches Erfolgsrezept bestand darin, daß er mir nicht ein Wissen, das er schon besaß, beibrachte, sondern es sich mit mir zusammen aneignete. In zwanzig Tagen hatte ich den Mathematik-, den Geographie- und Biologie-, auch den Religionsstoff eines Jahres im Kopf und konnte mich im September 1946 mit einer gewissen Zuversicht der Aufnahmeprüfung in die zweite Klasse unterziehen. Meine ehemaligen Mitschüler, mit denen ich 1941 in der Kreuzschule angetreten war, fanden sich jetzt ein Jahr unter mir. Da es zwischen den Jahrgangsstufen keine Durchlässigkeit gab, verlor ich sie bald aus dem Blick.

Wegen der Raumnot und im Winter dann wegen des Mangels an Heizmaterial fand nur dreimal in der Woche ein dreistündiger Unterricht statt. Das glich der Tastatur eines Klaviers; die unterrichtsfreien Tage empfand ich als schwarz. Weil Bücher fehlten und alles diktiert werden mußte, wurde nur ein Bruchteil des Stoffes bewältigt. Nur im Lateinischen war das Übungsbuch von Hirmer für die zweite Klasse vorhanden, eine Regensburger Spezialität; noch lebte sein Verfasser hochbetagt in der Stadt seines einstigen Wirkens.

Wie der erste seit Kriegsbeginn wieder gedruckte Jahresbericht ausweist, betrug im Schuljahr 1948/49 die Zahl der auf 25 Klassen verteilten Schüler genau tausend. Raum, Bänke und Lehrmittel reichten knapp für sechshundert. So war eine Klasse mit fünfzig Schülern keine Ausnahme. Aber im Frühjahr 1948 wurde für den Rest des Schuljahres aus den zwei riesigen dritten Klassen eine zusätzliche Abteilung gebildet, und so wanderte ich aus der 3b in die 3c, die ausschließlich nachmittags Unterricht hatte. Wir bekamen in Latein, Deutsch, Geschichte und Erdkunde den selben Lehrer: den jungen dynamischen, meist in kurzen Hosen auf der ersten Bank sitzenden Max Weiß, der es verstand, über ganze Sommernachmittage hinweg eine so dichte Lernatmosphäre zu schaffen, daß wir wie in einem sehr gut geleiteten Orchester niemals aus dem Takt fielen. Dem Integrationsprozeß kam unser Sonderstatus als C-Klasse zugute. Zwar war ich von meinem Banknachbarn und Freund Eberhard Dünninger vorübergehend getrennt worden, aber dafür nahm ich an der Verschmelzung zweier sonst streng geschiedener Welten teil. Denn zwischen den Internatsschülern der A-Klassen, die in Regensburgs katholischen Knabenseminaren ihrem Priesterberuf entgegenreiften, und den Stadtschülern der B-Klassen herrschte eine traditionelle Berührungsscheu.

Die Zeit, pflegte unser geliebter Professor Weiß (er war Studienrat, aber natürlich sprachen wir ihn, wie alle unsere Lehrer, mit »Herr Professor« an) zu erklären, ist mein ärgster Feind; wir boten alle unsere halb kindlichen, halb vormännlich gärenden Kräfte auf, ihm in diesem begeistert-erbitterten Kampf beizustehen. Bald wuchsen wir mit unserem Lehrer wie zu einem einzigen Lebewesen zusammen. Schon nach wenigen Wochen fanden wir uns vollzählig am offenen Grab seiner Frau ein, mitfühlend starrten wir auf die beiden kleinen Mädchen, die ihre Mutter verloren hatten. Von Theobald Schrems dirigiert, sangen die Domspatzen; auf dem Nachbargrab war der Name des Dichters Hans Watzlik zu lesen.

Der Präriebrand meiner Leidenschaft für Karl May war nach und nach erloschen, und ich begann mich für die Literatur der Erwachsenen, mehr noch für die Aufführungen des Regensburger Stadttheaters zu interessieren.

Die Aufbruchsstimmung der Nachkriegsjahre erfaßte auch die Spielpläne der Provinzbühnen, und während musikalisch alles beim alten blieb, »Vogelhändler« und »Land des Lächelns«, »Martha« und »Waffenschmied«, auch »Aida« und »Meistersinger« mit der unerschütterlichen Gesetzmäßigkeit von zeitentrückten Gestirnen über den Regensburger Theaterhimmel zogen, wehte im Schauspiel der Wind einer wandlungsfreudigen Gegenwart. Anouilhs »Antigone«, Montherlants »Tote Königin«, vor allem aber »Des Teufels General« von Zuckmayer erhitzten die Gemüter, brachten auch mein Blut in Wallung. Veränderungen, nicht nur körperliche und seelische, auch politische waren im Gange. Erst nach der Währungsreform mündete das Provisorische dieser Zeit, mit ihm auch der Schulbetrieb, in geregelte Bahnen. Ich war nun in der vierten

Klasse (noch immer in der C-Abteilung) und lernte bei Studienrat Otto Huber, dem späteren Leiter des Münchner Karlsgymnasiums, Griechisch.

Dem ersten Nachkriegsdirektor Karl Burghofer, der im Dritten Reich seiner direktoralen Amtswürde (ich glaube, in Speyer) schimpflich entkleidet worden war, einem schon ziemlich tief im Pensionsalter stehenden Herrn mit einem gezwirbelten Schnurrbart, der ihn dem Komponisten der von mir damals über die Maßen geliebten Fledermaus-Musik, auch ein wenig einem Offenbach-Zeus ähnlich machte, war im Herbst 1948 Fritz Rendle gefolgt, dessen Gesicht an einen alten, kummervollen Mops erinnerte. Das trug ihm den Spitznamen ein, den eine Generation auf die nächste vererbte; seit Schülergedenken war er Lehrer des Alten Gymnasiums. Gegen seinen ausdrücklichen Wunsch zum Direktor ernannt, litt er darunter, keinen Unterricht mehr geben zu können; eine kleine Entschädigung bot die Möglichkeit, dem einen oder anderen Lehrer gelegentlich das Heft für eine Stunde aus der Hand zu nehmen. Er erschien einfach, fragte, was gerade »dran« sei, und fand von jedem beliebigen Punkt auf den verschlungensten Pfaden schließlich zu Homer, unvermerkt die eigene lebens- und leiderprobte Liebe zu diesem Urklang europäischer Menschlichkeit in die jugendlichen Herzen säend, zumindest in meines.

Als wir in der sechsten Klasse mit der Odyssee-Lektüre begannen und bis zur Ankunft des schiffbrüchigen Helden am Strand der Phäakeninsel und zu seiner Begegnung mit der Königstochter Nausikaa gekommen waren, übernahm er den Unterricht für vierzehn Tage ganz. Vergleichbare Stunden hatten wir nie erlebt. Obwohl auch die neuerdings der Schule zugewiesenen Studienreferendare zuhörten, war von dem üblichen didaktisch-methodischen Schema einer griechischen Lektürestunde nichts zu erkennen. Fritz Rendle verwob die Handvoll Verse, die wir in einer Stunde übersetzten – als es einmal zehn waren, verwendete er die folgende Stunde darauf, uns das Frevelhafte dieses zu raschen Vorgehens einsichtig zu machen – in ein Gespinst von unserem Alltag entnommenen Geschichten, die Distanz zwischen unserem einigermaßen schäbigen Nachkriegs-Jetzt und der undenkbar fernen Sagenfrühe in ein unmittelbares Neben-, ja Ineinander verwandelnd. Troja lag näher als Stalingrad, aber ein Licht schärferen Erkennens fiel von jenem auf dieses. Außerdem lernten wir die wichtigste philologische Lektion: daß eine einzige poetische Zeile, wird sie nur mit dem Zauberstab intuitiver Interpretationskunst berührt, schier unerschöpfliche Wunder in sich birgt. Und umgekehrt: daß es eine Art von Verstehen eines dichterischen Textes gibt, die diesem (im Doppelsinn des Wortes) nichts antut, sondern ihn erschließt. Fritz Rendle, auch schon im biblischen Alter stehend, war ein denkwürdig menschlicher Lehrer und Direktor, für eine staatliche, noch dazu so renommierte und für ihre Strenge bekannte Schule wie das Alte Gymnasium ein Glücks- und Sonderfall, der wohl nur den einzigartigen Umständen der Vorrestaurationszeit zu verdanken war. Während Originalität fast immer mit einer Persönlichkeitsstärke einhergeht, in deren Umkreis kein Gras wächst, war er der bescheidenste, liebevollste, humorbegabteste Mensch. Humor kann so schrecklich laut sein; der seine war wunderbar leise. Von seiner unkonventionellen Art profitierten mein Freund Eberhard Dünninger und ich, als wir für ein paar Frühsommertage um Unterrichtsbefreiung baten, um eine Radtour ins Donautal unternehmen zu können. Sie wurde uns gern gewährt. Freilich hatten wir jeder das ziegelrote Homerheft aus Buchners Verlag (»Aus dem Schatze des Altertums« hieß die Reihe) in der Hand und versprachen, unterwegs darin eifrig zu lesen.

Als er im Sommer 1951 nach drei Jahren aus seinem Amte schied, versah er die letzte Seite des schmalen, im einfachsten Nachkriegsgewand von ihm herausgegebenen Jahresberichts mit einem Abschiedswort; hier soll diese vox humana noch einmal hörbar werden:

»Gern scheide ich von der Würde und Bürde des Direktorats; schwer von alten Kampfgenossen aus schwerer Zeit, schwer von manchem Freund und Kameraden, schwer von manchem jungen, hoffnungsvollen Mitarbeiter. Am schwersten aber doch von meinen Schülern, von großen und kleinen, von alten und jungen, von guten und bösen; denn alle waren mir allzeit lieb und teuer; alle haben mir allzeit letzten Endes doch Freude gemacht. – Mitten im Grau des Alltags sprang bei Schülern und Lehrer die Freude auf, wenn in der Oberklasse bestimmte Homerverse im Chor erklangen, wenn einzelne Chorlieder der Antigone feierlich durch den Raum schallten, wenn ein junger Philosoph Sokratische Grundsätze in der Sprache Platos predigte. Jede Meinungsverschiedenheit, jegliche Spannung, jegliche Verdrossenheit löste sich schließlich doch in Harmonie oder in homerischem Gelächter.

Wenn aber gar meine Büblein oder Mägdelein in der ersten Klasse lateinische Sätzchen und Sätze mit der Würde eines römischen Senators oder einer römischen Matrone nachsprachen oder im Chor harmonisch quakten, so war das für mein Ohr wie Engelsmusik. Und all diese verschiedenen Chöre der verschiedensten Klassen klingen für mich nun zusammen zu einer gewaltigen Melodie, zu einer Symphonie, die in meinem Herzen weiterklingt bis ans Ende meiner Erdentage.«

V

CHERUBINO
ENTDECKT
DAS THEATER

In die Regensburger Morgenröte mischte sich erborgter Glanz. Die Strahlen der Sonne vertrieben die Nacht – in Sarastros Reich, und das lag in fremdem, der Wirklichkeit wunderbar entrücktem Hoheitsgebiet: im klassizistischen Gebäude des Stadttheaters am Bismarckplatz. Vorher schon hatte dort Taumännchen in der Domspatzen-Aufführung von »Hänsel und Gretel« die vom Sandmann am Ende des zweiten Akts in den Schlaf gesungenen Kinder pünktlich zu Beginn des dritten wieder aufgeweckt. Bühnenlicht leuchtete noch während des Krieges in die Kindheit hinein, und es war zugleich, wie in Brentanos synästhetischem »Abendständchen«, »der Töne Licht«.

Seit der Taktstock des Domkapellmeisters Theobald Schrems, eines katholischen Geistlichen, den die Nazis zum Professor ernannt hatten, zum ersten Mal sich erhoben hatte, um Humperdincks Ouvertüre für mich erklingen zu lassen, gehörten Theater und Musik, Oper und Märchen zusammen. Ihr Geheimnis hieß Verwandlung. Wenn der Vorhang das Innere der armseligen Holzhackerbehausung freigegeben hatte, blickte durch das Fenster im Hintergrund der Wald herein, die spätere Kulisse für die Traumvision der Himmelsleiter und das Urbild aller szenischen Metamorphosen: die aus Nebelschwaden hervorgehende Erscheinung des Hexenhäuschens.

Von der seitlich gelegenen Loge konnte ich die Mundverrenkungen des Dirigenten genau beobachten: Jedes Wort formte er den Sängern in äußerster Zugespitztheit vor. Und ohne weiteres ließ sich durchschauen, daß auf der Dachpappe des angeblich mit Fladen und Torten bedeckten Knusperhäuschens nur ein einziges eßbares Stück angebracht war: der Lebkuchen, den sich Hänsel alsbald griffsicher herunterbrach. Doch der Blick hinter die Kulisse, die Einsicht in die hochgradige Künstlichkeit des Phänomens taten der Klang-Magie und visuellen Verzauberungswirkung keinerlei Abbruch. Im Gegenteil: Zur Identifikation mit den verstoßenen Märchenkindern gesellte sich die geheime Komplizenschaft mit ihren Darstellern, vor allem dem Sänger der Gretel, dessen Rolle naturgemäß die größte mimetische Leistung verlangte. Und jedesmal aufs neue ereignete sich das artistische Wunder: Man hatte es der Gretel beim besten Willen nicht anmerken können, daß sie eigentlich ein Bub war.

Frühe Eindrücke sind unauslöschlich. Als ich ein paar Jahre später meine ersten Aufführungen der am Regensburger Theater seit jeher mit besonderer Liebe gepflegten Wagner-Opern besuchte, klang es, wenn es am schönsten wurde, etwa im ersten und zweiten Akt des »Siegfried«, am meisten nach »Hänsel und Gretel«. Auch »Parsifal«, »Tristan«, »Meistersinger« erinnerten mich an Humperdinck – kein Wunder: Die Partitur der 1893 in Weimar uraufgeführten Märchenoper strotzte von Reminiszenzen an Wagner. Der Epigone wurde zum Vorläufer, das Nachspiel geriet zur Ouvertüre.

Ehe ich freilich mit dreizehn »Parsifal« sah, hatte ich schon eine verhältnismäßig stattliche Reihe von Regensburger Theatererlebnissen absolviert – allesamt mit der tiefen

Andacht des Novizen, auch wenn es sich keineswegs um Weihespiele handelte. Eine junge Pragerin, von den Kriegswirren nach Regensburg verschlagen, hatte in unserem von Flüchtlingen überfüllten Haus Unterschlupf gefunden und bereitete sich auf die Aufnahmeprüfung für die Schauspielschule vor. Ich durfte sowohl als Publikum (bei Monologen à la »Lebt wohl, ihr Berge, ihr geliebten Triften«) wie auch als stichwortgebender Partner agieren – wobei es mir freilich manchmal die Stimme verschlug: wenn nämlich Eleonore selbst- und weltvergessen zu Boden stürzte, meine Knie umfing, mich mit haß- oder liebesverwundeten Blicken durchbohrte und nach Verzweiflungsausbrüchen in furchtbares Schweigen versank. Bekam ich jemals später ein herzergreifenderes Gretchen, ein somnambuler entgeistertes Käthchen zu hören?

Die Prüfung wurde bestanden (zusammen mit Gerold Wanke und Günther Stoll, die später Karriere machten), der Pagendienst mit der Einladung zu meinem ersten Theaterbesuch belohnt. Das Stück hieß »Das Extemporale«; Karl Sladek brillierte in der maßgeschneiderten Rolle eines Schuldirektors. Ein brechend volles Haus (noch ließ die Währungsreform geraume Zeit auf sich warten) feierte den beliebten und bewährten Komödianten, der, laut holzhaltigem Programmzettel, sein fünfundzwanzigjähriges Bühnenjubiläum beging. Damit brachte sich eine Vergangenheit in Erinnerung, die es eigentlich gar nicht gab.

Die Zeichen standen auf Neubeginn, die Jahre vor 1945 waren in ein prähistorisches Schattenreich entrückt. Zeitgeschichte und persönliche Lebensgeschichte gingen für meine Generation Hand in Hand, dem biographischen An- und Aufbruch entsprach die Anfangsstimmung der Epoche.

Die französischen und englischsprachigen Stücke eroberten auch die Bühne des Regensburger Stadttheaters: Wiederkehr des Verdrängten. Van Drutens »Lied der Taube« – die Hauptdarstellerin Anita Wiedow wohnte in einer Dachkammer unseres Hauses, ihr Freund, ein amerikanischer Offizier, inszenierte –, Wilders »Unsere kleine Stadt«, Eliots »Cocktailparty«, »Die tote Königin« von Henry de Montherlant und – exemplarische Figur der Reinheit inmitten von Befleckten, jugendlicher Résistance gegen jedes Sichgemeinmachen mit der unter allen Umständen schmutzigen Wirklichkeit des Erwachsenseins – Anouilhs »Antigone« wurden ohne Reibungsverluste in den Spielplan meiner Phantasie übernommen.

Auch der »Hamlet« zeigte sich in neuem, sozusagen existenzialistischem Licht. Josef Fries verkörperte ihn, Heinrich Thomer war der König, aber mein (und meiner Schwester) höchster Stern zeigte sich erst am Horizont: Gustav Altnöder gab den Ersten Schauspieler. Nie mehr würde mir sein »Doch wer, o Jammer, die schlotterichte Königin gesehn« aus dem Ohr gehen. Was war mir Hekuba? Alles! Ich glaube, daß mir das Elend des trojanischen Krieges, griechischer Mythos überhaupt in Shakespeares Text und mit Altnöders Stimme zum ersten und unüberbietbaren Mal begegnete. Als ich vor ein paar Jahren Christa Wolfs Kassandra-Erzählung las, fügte sich Satz für Satz in den Umriß jenes primären Eindrucks.

Altnöder war dann Franz Moor, Kreon und Tell, Peer Gynt und Fedja (in Tolstojs »Lebendem Leichnam«), Oderbruch und Hauptmann von Köpenick, Arthur Millers Handlungsreisender und schließlich Lear. Daß er auch inszenierte und zwar eine mit jeder Spielzeit zunehmende Zahl von Stücken, gefiel uns gar nicht. Denn der Regisseur blieb unsichtbar und unhörbar, und wir wollten den Herrlichen sehen und hören! Was ist ein Gott ohne Epiphanie?

Die Fürstenloge stand uns zu fast beliebiger Verfügung; so konnte ich nach jeder Premiere noch zahlreiche Aufführungen derselben Inszenierung besuchen. Der Fürst (es gab nur einen weit und breit, die Gattungsbezeichnung bezog sich auf ein sehr bestimmtes Individuum, dem ich als meinem Taufpaten meinen Vornamen Albert verdankte) beehrte und verklärte nur Wagner-Premieren mit seiner Anwesenheit. Die einzige Ausnahme, an die ich mich erinnere, bildete die Uraufführung einer Tragödie über den Regensburger Dombaumeister, die aus der Feder des fürstlichen Leibarztes stammte.

Was wäre ohne die durchlauchtige Wagner-Passion aus der »Meistersinger«-Premiere am 19. April 1950 geworden? Der Sänger des Stolzing war nach dem zweiten Akt so heiser, daß nicht weitergespielt werden konnte. Wunder geschahen nur bei »Lohengrin«; woher also sollte mitten in der Nacht der tenorale Retter kommen? Er kam, hieß Lorenz Fehenberger, die Gralsburg war das Münchner Prinzregententheater. Noch führte die Autobahn nicht über Wolnzach hinaus, die Fahrt nach Regensburg dauerte fast zwei Stunden. Ohne das Beispiel des dreiundachtzigjährigen Fürsten hätte das Publikum kaum so lückenlos und diszipliniert ausgeharrt. Livrierte Kammerdiener eilten zwischen Schloß und Theater hin und her, servierten in dem samtrot tapezierten, von uns liebevoll Kapüffchen genannten Logen-Vorraum Erfrischungen. Als Fehenberger dann, Mitternacht war vorüber, in Sachsens Werkstatt trat, empfing ihn unbeschreiblicher Jubel. Die späte Stunde zerging in der Morgensonne, die laut Regieanweisung hell durchs Fenster brach. Und wann hatte man das Preislied, umrahmt von einem durch Liederkranzsingverein, Sängerzirkel und Kirchenchor Reinhausen auf 250 Mitglieder verstärkten Chor, aus einer nicht nur so begnadeten, sondern auch unstrapazierten Kehle vernommen? Wie Tannhäusers Rom- und Lohengrins Gralserzählung litt es ja gewöhnlich (das Schöne kam eben immer zu spät) bis zur Unerkennbarkeit unter seiner Plazierung im dritten Akt.

Mit 13 Jahren legte ich – Frucht meiner Lessinglektüre – eine »Regensburger Dramaturgie« an; die in vier Wachstuchheften gesammelten, für eine brennend interessierte, wenn auch imaginäre Leserschaft verfaßten Kritiken setzen mit der Spielzeit 1948/49 ein. Sächsische Genitive waren der Heiligkeit der Dinge, um die es ging, gerade noch angemessen. »Des Intendanten Kühnheit in Bezug auf die Wahl der Opern wird von einigen sehr beachtlichen Kräften aufs beste unterstützt.« Das war keine Übertreibung. Mindestens zwei überragende Sängerinnen habe ich in fast allen großen Partien ihres Fachs erlebt: die hinreißende Sophie Elisabeth Schärtel (Kundry, Octavian, Carmen, Magdalena, die sie später neben Mary und Grimgerde in Bayreuth sang) und die blutjunge Melitta Muszély, die ich zum ersten Mal als den Pagen Oscar im »Maskenball« hörte und deren Violetta nie wieder ganz in mir verstummte: »La Traviata« wurde die Lieblingsoper.

Aber nicht nur Debütanten, die den für die Regensburger Opernbühne charakteristischen Genieverdacht bald andernorts bestätigten (Melitta Muszély ging 1952 nach Kiel, von wo sie Felsenstein nach Berlin holte), sondern auch zum eisernen Bestand gehörende Kräfte hinterließen in mir unaustilgbare Erinnerungsspuren. Paul Werder wird für mich immer der eigentliche Beckmesser bleiben, hinter jeder neuen Gestaltung dieser Rolle, die ich kennenlerne, kommt sehr bald das Urbild wieder zum Vorschein. Der Künstler pflegte, wahrscheinlich aus gesangstechnischen Gründen, bei bestimmten Tonlagen in den Knien einzuknicken – noch heute habe ich das Gefühl, ein Sänger, der das nicht tut, bleibe der Rolle etwas Wichtiges schuldig.

Nach und nach entwickelte ich mich selbst zum Beckmesser. Aus dem respektvollen Chronisten und Hofberichterstatter wurde der unnachsichtige Kritiker und Nörgler. Vielleicht blieb meinen Eltern manches an pubertärer Unzufriedenheit erspart, weil ich sie an Dirigenten, Regisseuren, Bühnenbildnern, Sängern und Schauspielern ausagieren konnte. Literarische Einflüsse kamen dazu: Ich hatte die »Neue Zeitung« abonniert, ausschließlich um das von Erich Kästner redigierte Feuilleton zu lesen; auch ein Band von Alfred Kerr war mir in die Hände gefallen. Bald machte ich die Erfahrung, daß zur Formulierung des Negativen ein farbiger Wortschatz zur Verfügung stand, ein Verriß sich leichter und lustiger schrieb als ein Hymne. Dann war da auch noch ein beizeiten sich regender pädagogischer Trieb: Er drängte mich, Zensuren zu verteilen, Rangordnungen aufzustellen, die Künstler zu höheren Leistungen anzuspornen.

Schon am Bühnenbild einer »Hänsel und Gretel«-Inszenierung fand ich einiges auszusetzen. Die Treppe, auf der die vierzehn Engel zu den schlafenden Kindern herabstiegen, sei recht wacklig und wenig himmlisch gewesen. Außerdem monierte ich, daß die im ersten Akt verschüttete Milch auf dem Waldboden des zweiten Aktes einen deutlich sichtbaren Fleck hinterließ: Man hätte ja nur, schlug ich vor, das Moos etwas weiter vorrücken müssen. Das Gemach der Feldmarschallin im »Rosenkavalier« erschien mir zu wenig fürstlich: »Wäre doch wenigstens über dem schmutzigen Holzboden ein Teppich gelegen!«

Besonders streng ging ich mit einer Inszenierung von Gounods »Margarete« ins Gericht. So beurteilte ich schon die Wahl der Oper als falsch. Sie gehe auf Kosten von Aufführungen des modernen Musiktheaters. »Man riskiert nichts, man experimentiert nicht!« Faustens Studierzimmer wünschte ich mir abstrakter, Wilhelm Nolls Mephisto war »in der Tiefe ganz großartig, während er in höheren Lagen zur Qual wurde«, dem Faust Rudolf Stolls »fehlte die Glut«, Melitta Muszély »sang makellos, gab sich aber zweifellos zu schnippisch«.

Die Kritik schloß mit einer Art Ultimatum: »Wir haben Dirigenten wie Alexander Paulmüller, unter dessen Führung wohl niemand im Orchester etwas zu lachen hat und Regisseure wie Eberhard Kuhlmann, unsere Sänger und unser Orchester sind gut, das Publikum ist aufnahmebereit. Wann also kommt die moderne Oper?« Die Aufführung von Siegfried Wagners »Bärenhäuter«, in der mein Opernglas (es war eigentlich der Jagd-Feldstecher meines Vaters) sich verstohlen auf die Witwe des Komponisten richtete, erweckte meine Befürchtung, der Intendant Herbert Dekker könne »am Ende glauben, mit diesem sich brav an die bewährten Vorbilder Lortzing und Humperdinck haltenden Werk den Ansprüchen der modernen Oper Rechnung getragen zu haben«.

Einmal nur schien die Erfüllung meiner avantgardistischen Wünsche zum Greifen nahe. Ein Münchner Ministerialrat namens Kurt Pfister hatte es mit Alban Berg aufgenommen und einen »Wozzeck« komponiert, der 1949 in Regensburg uraufgeführt wurde. Politische Prominenz aus der Landeshauptstadt war angereist und wurde zur fürstlichen Tafel geladen. Ich sah mich schon zur Zeugenschaft eines musikalischen Jahrhundertereignisses berufen. Büchners Drama, dessen Wortlaut der Komponist nahezu unverändert übernommen hatte, war mir durchaus vertraut, während mein Vater keine Vorstellung damit verband. Was sollte ein Abiturient aus dem Jahr 1911 von dem erst 1913 am Münchner Residenztheater uraufgeführten Fragment auch wissen? Er bat sich von mir den Text aus, die Lektüre hatte einen Ausbruch moralischer Entrüstung zur Folge. Natürlich durfte ich nicht ins Theater. Das Etikett »unpassend«, das schon »Tannhäuser«, »Don Juan« und »Othello« mit seinem gefürchteten Bann belegt hatte, erwies sich für den »Wozzeck« als bei weitem zu schwach. Mein Vater war über gewisse Stellen so empört, daß er die fürstliche Loge für sämtliche Aufführungen der Oper sperren ließ. Sie wurde trotzdem kein Erfolg.

Mir aber ging damals etwas von der provokativen Kraft eines zum Klassiker gezähmten Genies auf. Bei Hofmannsthal heißt es einmal, der einzelne Mensch umspanne, da er als Kind an den Erinnerungen seiner Großeltern und als Greis an den Hoffnungen seiner Enkel teilnehme, fünf Generationen. Durch die Reaktion meines Vaters war ich in die dreißiger Jahre des letzten Jahrhunderts zurückversetzt, die Luft des Vormärz umwehte mich. Und war es nicht auch ein Akt familiärer Stellvertretung? Die Rollen waren verteilt; mit fiel das Erbe unbeschränkter Liberalität in aestheticis zu. Niemals würde ich an der grenzenlosen Freiheit der Kunst zweifeln.

Ein anderes Leitmotiv der Wachstuchheft-Dramaturgie ist der in beschwörendem Ton vorgebrachte Appell an den Schauspieler im Sänger. Als Eurydike kam Melitta Muszély »über ein Lächeln nicht hinaus und wirkte folglich trotz ihrer glockenhellen Stimme wenig ausdrucksvoll«. Vom Pathos der »Aida« beben die unmittelbar an die Adresse des Regisseurs gerichteten Sätze: »O, nur eines, verehrter Herr Decker! Der Sie sonst so bemüht sind, jeder Ihrer Operninszenierungen einen Schuß Modernes zu geben, warum gewöhnen Sie den Sängern und besonders den Sängerinnen nicht diese hohlen theatralischen Gesten und Stellungen ab?! Das ist ein Hin- und Hersichwerfen, ein verzweifeltes Händeringen, daß einem die Darsteller, vor allem Charlotte Markus (die ruhig etwas bezähmter singen dürfte) und Karl Liebl, nur noch leid tun können. Bitte, geben Sie Ihren Sängern etwas mehr echtes Schauspielertum! Nicht durch Äußerlichkeiten wird man ein verständiges Publikum überzeugen, sondern durch die Kraft, die von innen kommt!«

Noch war ich im Cherubin-Alter, *or di foco, ora di ghiaccio,* Kritik bedeutete auch ein Stück Selbstbehauptung, baute den Damm gegen die Woge kindlicher Begeisterung, die dann doch immer wieder über mir zusammenschlug. Giraudoux' »Undine« versetzte mich in eine tagelang anhaltende Trance, fast zwanzig Heftseiten verbrauchte ich für die Besprechung von Stück und Aufführung, eine Gegen-, vielleicht schon Notwehrmaßnahme, in der mythischen Flut dieser Liebes- und Märchendichtung nicht zu ertrinken. »Das ist etwas anderes, als die klassischen Ladenhüter, die schon ein paar hundertmal inszeniert wurden! An Eberhard Kuhlmann haben wir einen ganz großartigen Spielleiter. Er packt die ›Undine‹ von der richtigen Seite an: Klarheit selbst im Geheimnisvollen ... Anneliese von Eschstruth als Undine hat jetzt endlich bewiesen, daß wir uns über ihr Engagement freuen dürfen. Ihre Maria Stuart konnte das noch nicht entscheiden. Aber diese Undine kann es! Jede ihrer Gesten, jedes ihrer Worte *ist* Undine. Das nenne ich Kunst und Leistung!«

Ähnlich starke Eindrücke waren von Zuckmayers »Des Teufels General« mit der temperamentvollen Anna Michael als Pützchen (sie starb bald darauf an der Geburt ihres ersten Kindes) und »Hauptmann von Köpenick« ausgegangen; Eva Kramer spielte das kranke Mädchen und hatte mich vorher schon durch ihre glutvolle Johanna in Altnöders Shaw-Inszenierung hingerissen.

Das »Sprungbrett« Regensburg bedingte einen heftig pulsierenden Rhythmus im Kommen und Gehen der Künstler. Für Dauer im Wechsel sorgte eine Garde von weniger auffälligen Ensemblemitgliedern: die beiden »Alten« Anton Raul und Gabriele Benda, die »jugendlichen Liebhaberinnen« Marianne Wehmer und Vera Lamprecht, die oft in ein und demselben Stück in mehreren Rollen auftretenden Allesspieler Adolf Tippmann, Ernst Radtke und (mit unnachahmlich schnarrendem Sprechorgan ausgestattet:) Hans Schrade.

Von Anfang an Nachrufe: »Vera Lettenbauer nahm mit der Partie der Constanze vom Regensburger Publikum Abschied. Sie bewältigte auch diesmal ihre sehr schwierigen Koloraturen. Bestimmt ist sie eine echte Künstlerin, wenn mir auch manchmal ihre Stimme in den höchsten Lagen nicht restlos schön erschien. In guter Erinnerung ist sie uns noch als Sophie, als Philine und als ›Königin der Nacht‹«. Dieser Rückblick mit seinem weitreichenden »noch« stammt aus dem Mai 1950; ich war kürzlich fünfzehn geworden.

Die letzte Spielzeit Herbert Deckers fiel mit meinem letzten Schuljahr am Alten Gymnasium zusammen; mir kam es sehr stimmungsvoll vor, daß die Nachkriegsära unseres Theaters mit meinem Abitur zu Ende ging. Schon ein Jahr vorher hatte ich die Führung meiner Chronik eingestellt, ich fühlte mich dem kritischen Sandkastenspiel entwachsen. So steht die Glanzzeit der Oper unter Decker und Paulmüller nicht mehr auf Papier, nur noch in meinem Kopf geschrieben – dort allerdings in leuchtenden Buchstaben.

VI

DAS LETZTE JAHR

Im Rückblick verschmelzen Zeit und Raum; Lebensräume nehmen den Charakter von Bühnenbildern an, die eigens für einen bestimmten Akt unserer Vergangenheit errichtet wurden. Die Regensburger Szenerie, in der mein letztes Schuljahr spielt, jener Abschnitt, der durch die Reifeprüfung wie durch eine massiv hinter uns ins Schloß fallende Tür von den folgenden Wegstrecken getrennt wird, liegt dreieinhalb Jahrzehnte zurück, ist also topographisch unauffindbar.

Sie war leicht zu überschauen, durch wenige Zentren klar strukturiert: die helle, alleengesäumte ehemalige Pustet-Villa gegenüber dem Dörnbergpark, östlich die uralte Emmeramskirche und das in den säkularisierten Klosterkomplex hineingebaute fürstliche Schloß mit dem Büro des Vaters, nördlich der gelbe Kasten des Gymnasiums am Ägidienplatz, dessen Hof durch das frühere Dominikanerkloster begrenzt war. Hinter der Schule das klassizistische Stadttheater und der Neuhaussaal, wo die Konzerte stattfanden. In der vor dem Theater abzweigenden Gesandtenstraße, durch die einst die Abgeordneten zum Immerwährenden Reichstag zogen, lagen, nur wenige Schritte voneinander entfernt, die Buchhandlungen Pustet und Wunderling. Am Dom vorbei ging es zu der bei Kriegsende gesprengten, nur provisorisch reparierten Steinernen Brücke.

In ihrem Schatten duckte sich noch immer die Wurstküche, die den mittelalterlichen Bauarbeitern zur Verpflegung gedient hatte. Sie lockte an dunklen Winternachmittagen, nach dem Französisch-Wahlkurs, zur Einkehr; durch Butzenscheiben fiel der Blick auf den schwarz strudelnden Fluß. Jenseits der Brücke erhob sich der Dreifaltigkeitsberg, Donaulandschaft zeichnete sich ab, weniger von Naturgewalten geformt als von Altdorfer gemalt.

Mein Schulweg war so kurz, daß ich im Deutschunterricht der Unterstufe Grund hatte, mich vor der beliebten Aufgabe seiner Beschreibung zu fürchten; ich hätte in der Pause ohne weiteres heimlaufen können. Dies geschah nie; nicht nur weil es streng verboten war, das Schulgelände, solange der Unterricht dauerte, zu verlassen, sondern weil ich peinlich genau über die Grenze zwischen Schule und Familie wachte. Das Gymnasium war mein Hoheitsgebiet, eine Vermischung der Bereiche hätte ich als bedrohlich empfunden.

»Du siehst, mein Sohn, zum Raum wird hier die Zeit«, hatte im Stadttheater Gurnemanz den jungen Parsifal belehrt, und Einstein lebte noch, als ich am Alten Gymnasium die ungeliebten Physikstunden besuchte, die freilich nur an der Peripherie des Lehrplans, gewissermaßen am Rand des Gralsbezirks, angesiedelt waren. Von der Relativitätstheorie hörten wir nichts; dafür versicherte uns der Religionslehrer, daß die größten Naturwissenschaftler unseres Jahrhunderts, allen voran Albert Einstein und Max Planck, tiefgläubige Menschen geblieben oder geworden seien; kein Grund zur Beunruhigung also. Das XIX. Jahrhundert war erledigt. Wir belächelten die materialistischen Köpfe à la Haeckel, die uns in ihrer dumpfen Beschränktheit wie Präparate vor Augen geführt wurden. Was die Philosophie betraf, so widerlegte den Propheten der Weltverneinung sein auf Behagen ausgerichteter Lebenswandel, und Schopenhauers ungebärdiger Schüler Nietzsche war nicht von ungefähr wahnsinnig geworden.

Soweit war alles in schönster Ordnung, zumal auch niemand davon sprach, daß Einstein und Bruno Walter, der für uns im Musiksaal die Don Giovanni- und Leonoren-Ouvertüre und das Meistersingervorspiel dirigierte, und Thomas Mann, dessen »Tonio Kröger« wir besprachen (ich las ihn erst später; nie brachte ich es über mich, einen im Deutschunterricht traktierten Text zu Hause zu lesen), aus dem Exil noch immer nicht zurückgekehrt waren.

Die junge Republik gab sich erfolgreiche Mühe, die Vergangenheit zu vergessen und mit ihr das Politische überhaupt ins Abseits zu drängen; wir, ihre erste Jugend, weiße Jahrgänge, wuschen die Hände in Unschuld. Wer fragte nach der Geschichte unseres Gymnasiums zwischen 1933 und 1945? Kein Gedanke streifte die Generationen, die vor uns an dieser Stätte Latein und Griechisch gelernt hatten.

Unangefochten behaupteten die alten Sprachen ihren zentralen Platz; niemand wäre auf die Idee verfallen, ihre Aktualität oder gar ihren Sinn zu begründen. Wer glücklich in die Oberstufe gelangt war, zehrte in diesen beiden Hauptfächern von dem, was er früher gelernt hatte. Der Rest war Nebensache, und so erlebte ich die Schule im Abiturjahr nur noch als Begleiterscheinung. Die Schwerpunkte lagen außerhalb: in der Literatur und Musik, im Theater, in der Stadt und ihrer Umgebung (die als Daseinsraum erst damals entdeckt und erobert wurden) und in der katholischen Jugendgruppe, der ich seit dem Eintritt ins Gymnasium angehörte.

Was die Struktur der Schule so gut wie ausschloß, die Kontaktaufnahme zwischen den Altersstufen, wurde in der

Gruppenarbeit ermöglicht und gefördert. Horizontales und vertikales Prinzip wirkten zusammen, ein spätes Erbe der Jugendbewegung. Oft waren die Gruppenführer nur zwei oder drei Jahre älter, wurden aber mehr geachtet und geliebt als die Lehrer. Pädagogischer Eros konnte sich in – natürlich kostenlos erteilten – Nachhilfestunden erproben. Daß die Schule für alle möglichen Aktivitäten genug Spielraum ließ, war das Beste, das sie uns geben konnte. Während es heute, je höher der Schüler steigt, um so enger wird, bis ihm im letzten, durch das vorgezogene Abitur verstümmelten Kurshalbjahr vollends die Luft ausgeht, atmeten wir seinerzeit mit jeder auf der Bildungsleiter erklommenen Sprosse freier. So konnten sich jene beständig erhöhte Temperatur, jener leichte Dauerrausch einstellen, die diesem letzten Schuljahr sein unverwechselbares Erinnerungs-Aroma verleihen. Bei aller Unausgegorenheit, die mir aus meinem damals geführten Tagebuch entgegenschäumt, verrät das Ich des achtzehnjährigen Diaristen auch etwas von jener präexistenten Überlegenheit, die Hofmannsthal in seiner Selbst-Interpretation als glorreichen, aber gefährlichen Zustand beschreibt. Ja, ich hatte zum ersten Mal regelmäßig ein Tagebuch zu schreiben begonnen, ohne daß dieser Anfang als solcher markiert worden wäre. Die Aufzeichnungen setzen an einem beliebigen Dezembertag des Jahres 1952 ein; das fiebrig gehobene Daseinsgefühl drängte nach Ausdruck. Zum Glück fiel die Lektüre von Ernst Jüngers »Strahlungen« erst in die Ferien nach dem Abitur; die Suggestivität des Stils hätte die keimende eigene Stimme erstickt. Ohnehin durchtränkte, was ich bisher gelesen hatte, nicht nur die Sprache, sondern auch das Was und vor allem das Wie des Erlebens. Bergengruen, Hesse, Gertrud von le Fort, Ina Seidel, Weinheber und Carossa hatte ich schon hinter mir. Einem Sonettenkranz von Weinheber »Von der Kunst und vom Künstler« lag ein Gedicht von Michelangelo an Vittoria Colonna zugrunde – wobei der Reihe nach jede seiner Zeilen den Anfang eines Sonetts bildete, außerdem der jeweilige Schlußvers mit dem ersten des nächsten Gedichts gleichlautete. Eine einleuchtendere Kunstlektion für einen Siebzehnjährigen läßt sich nicht denken. Kunst war Form und sonst nichts; die immer wiederholte Frage unserer Deutschlehrer nach der »Aussage« quittierte ich mit hochmütig emporgezogenen Brauen.

Von der Form ging, je gekünstelter sie war, ein um so stärkerer Nachahmungszwang aus. Die von der Darmstädter Akademie herausgegebene »Neue Literarische Welt« hatte auf einer der »Lyrik der Jüngsten« gewidmeten Seite ein Gedicht von mir abgedruckt, das mir einen ersten Leserbrief bescherte. Er schlug einen strengen, erzieherischen Ton an; sein in Duisburg lebender Verfasser hatte sein Abitur jedoch auch noch vor sich. Bald folgte eine lange Liste mit Titeln von Büchern. Die Zeit des wahllosen, von wechselnden Zufällen und Stimmungen abhängigen Lesens war vorbei.

Baudelaire, Balzac, Proust, Eliot, Ernst Robert Curtius, Novalis, Hofmannsthal und Benn waren die führenden Namen, deren Werke mir wie einem an schweren Mangelerscheinungen leidenden Patienten verordnet wurden; auch eine bestimmte Auswahl von Shakespeare- und Calderon-Dramen und Goethes Gespräche mit Eckermann. Hinter diesem Bildungskosmos stand ein anderer Duisburger, als dessen Famulus sich mein Briefpartner bezeichnete: der nur wenige Jahre ältere, stupend belesene und brillant schreibende Helmuth de Haas, der inzwischen in München sich anschickte, im stürmisch wogenden Kielwasser von Holthusen und Hederer eine glänzende literarische Position zu erobern.

Es war die Gegenwelt – nicht nur zu jenen Dichtern, die ich geliebt hatte (nun erfuhr ich, daß Dichter überhaupt nicht zum Lieben da sind, sondern um sich von ihnen zerstückeln und wieder neu zusammenfügen zu lassen), sondern auch zu den Vertretern der sogenannten Trümmerliteratur, die sich in der Gruppe 47 zusammengeschlossen hatten. Für den Deutschunterricht unseres Gymnasiums waren sie ohnehin nicht existent, und im »Merkur«, auf den ich mich auf Befehl meines Duisburger Mentors abonniert hatte, spielten sie nur eine bescheidene Rolle.

Bald fühlte ich mich in kritischen Wäldern mit möglichst altem Baumbestand, auch wenn darin die Klage vom »unbehausten Menschen« erscholl, eher zu Hause als auf Kahlschlagflächen. Kälte war angesagt, auch so etwas wie »kalter Rausch«. Benns Weisheit lief darauf hinaus, sich vom Leben, dem »niederen Wahn«, nur ja nicht hinreißen zu lassen, sondern einen Standort jenseits des Streits der Welt zu beziehen. Lesen und Leben traten sich feindlich gegenüber. Ich wehrte mich eine Zeitlang gegen die Verdammung des Gefühls und – folgte. Dabei übersah ich, daß der zu meinem Abgott avancierte Autor der schmalen Limeshefte seine Jugend längst hinter sich hatte. Ich dachte keinen Augenblick daran, daß die »Drei alten Männer« etwas anderes als meine eigenste Sache verhandeln könnten.

Blinde Begeisterung, gar selbstvergessene Hingabe waren also verpönt. Ich neigte dazu und mußte dagegen ankämpfen. Schließlich legte ich mir eine Figur zurecht, in der ich so ziemlich alles, was mich umtrieb, unterbringen konnte. Die Gestalt des »Reflexiven« beherrschte mein

Denken, wurde durch alle mir vorstellbaren Lebenssituationen transformiert und zog immer neue Gedankensplitter an sich.

»Er wird durch nichts beeindruckt. Kein Ideal. Tiefste Gleichgültigkeit. Enthusiasmus kennt er nicht, ebenso wenig Abscheu und Empörung«, steht im Tagebuch. »O wer denkt das zu Ende, wer ermißt diese Unermeßbarkeit. Immer und immer erhebt er sich über sich selbst, und über das Unendliche setzt er eine neue Unendlichkeit.« Was da aus Kleist und Novalis, Valéry und Kassner zum recht abstrakten Ich-Ideal zusammenfloß, erfüllte die Aufgabe einer doppelten Abwehr: gegen die Überflutung durch das Gefühl, aber auch gegen das als bedrohlich empfundene Erfaßtwerden durch ein psychologisches Begriffsinstrumentarium, mit dem ich durch den Besuch einer Vortragsreihe der Volkshochschule konfrontiert wurde. Ich wollte mich partout nicht von vornherein durchschaut und rubriziert wissen und nahm meine Zuflucht zur Unendlichkeit des Bewußtseins.

Der Preis war die Auflösung jeder festen Überzeugung, jeder eindeutigen Haltung, ein einigermaßen unbehaglicher Schwebezustand, der mich in Konflikt brachte mit den leidenschaftlichen Empfindungen, die ich für geliebte Menschen hegte. Einen Ausweg bot die Musik. Hier galt kein Hingabeverbot. Donau, Regen und Naab flimmerten im Märzlicht. Nachmittag um Nachmittag folgte ich dem Lauf eines der drei meine Heimatstadt begrenzenden Flüsse und las Kierkegaards Schrift über »Die unmittelbaren erotischen Stadien oder Das Musikalisch-Erotische«. Es ging um Mozarts »Don Juan«, den ich am 2. März 1953 im Stadttheater gehört hatte, und um die Frage, warum ausgerechnet dieser Oper der erste Platz im Pantheon der klassischen Werke gebühre.

Kierkegaard, der doch einer meiner wichtigsten Gewährsmänner für das Verwirrspiel der endlosen Reflexion war, scheute sich nicht vor der Emphase, nach der mir so sehr zumute war, die ich mir aber ohne einen derart mächtigen Fürsprecher nicht hätte durchgehen lassen. »Unsterblicher Mozart«, las ich. »Du, dem ich alles verdanke, dem ich verdanke, daß ich den Verstand verlor, daß meine Seele erstaunte, daß ich in meinem innersten Wesen mich entsetzte, du, dem ich verdanke, daß ich nicht durchs Leben gegangen bin, ohne daß etwas imstande gewesen wäre, mich zu erschüttern.«

Das Tagebuch endet am 8. September 1953. Der Sommer nach dem Abitur wurde als Nachspiel aufgefaßt, gehörte noch in den Zeitraum der elektrisch aufgeladenen Präexistenz. Am Schluß steht die Sehnsucht nach Verwandlung: »Heute abend werde ich im Radio die ‚Metamorphosen' von Richard Strauss hören; daß sie gerade heute gesendet werden, empfinde ich als gutes Zeichen.«

VII

EPITAPH

Gefallene Engel
reiben sich
die Kindheit aus den Augen
beweinen die
abgestürzte Knabenstimme
opfern den
zerbrochenen Vogel
auf der Platte aus Stein

Das Gedicht heißt »Epitaph«. Ein Fremdwort aus dem Griechischen, das soviel bedeutet wie »Grabschrift«, auch »Grabmal«. Warum steht über dem Gedicht nicht einfach der deutsche Titel? Es gilt nicht irgendeinem Grab, das auf einem Friedhof liegt und ausschaut wie viele. In alten Kirchen sind an den Wänden und im Boden schwere Steinplatten eingelassen: Grabmäler für Bischöfe, große Herren, Stifter, Geistesleuchten. Manchmal haben die Jahrhunderte den Stein verwittern lassen, es scheint, als habe er das Bild des Toten, das als Relief aus ihm herausgehoben war, wieder in sich zurückgenommen. Die Züge sind verwischt, und die Schrift, die Namen, Titel und unsterbliche Leistungen des Verstorbenen in lateinischer Sprache verkündet, kann man nur noch mit Mühe entziffern.

Als Aufschrift auf ein so feierliches Grabmal ist mein Gedicht verfaßt. In der letzten Zeile wird die »Platte aus Stein«, auf die es gehört, angesprochen. Wo befindet sie sich und wem ist sie gewidmet? Das Gedicht gibt auf diese Fragen keine direkte Antwort. Eine frühere Fassung war mitteilsamer. In der Mitte des jetzt nur noch aus acht Zeilen bestehenden Gedichts fand sich eine Ortsangabe:

Gefallene Engel
reiben sich
die Kindheit aus den Augen
beweinen die
vom hohen Dom zu Regensburg
abgestürzte Knabenstimme
opfern den
zerbrochenen Vogel
auf der Platte aus Stein

Das Grabmal, dem das Gedicht zugeschrieben ist, hatte also ursprünglich seinen Platz im gotischen Dom der alten Donaustadt Regensburg, wo viele ehrwürdige Kirchen, romanische, gotische, barocke, mit Hunderten von Grabsteinen längst vergessener Toter stehen. Der Tote, den mein Epitaph betrauert, ist noch nicht vergessen, ich habe ihn als Kind öfters gesehen. Denn ich bin in Regensburg aufgewachsen, und der Domkapellmeister Theobald Schrems war dort ein sehr bekannter Mann.

Im Stadttheater konnte man ihn mit beschwörenden Bewegungen die Oper »Hänsel und Gretel« dirigieren sehen, die er mit seinem Knabenchor, den Regensburger Domspatzen, aufführte. Wenn man seitwärts saß, boten die Verrenkungen seines Mundes, der dem Hänsel, der Gretel, die

gelhafter als der Erwachsene ist; er ist noch nicht bei sich selbst, muß erst noch zu sich erwachen. Der Stimmbruch zeigt an, daß die Zeit der Unreife zu Ende geht. Das Puppenstadium drängt nach Verwandlung. Wenn nun die zerbrochene Stimme – der abgestürzte Vogel als Symbol für die verlorene Kindheit – auf der Platte aus Stein geopfert wird, dann soll damit angedeutet werden, daß der Tod seinerseits Ende und Anfang ist, ein Übergang aus einem vorläufigen Zustand in einen vollkommeneren. Die »engelhafte« Schönheit des Knabengesangs könnte dabei als Hinweis auf dieses gesteigerte Dasein gelten.

In diesen recht allgemeinen Gedanken über Leben und Tod ist der besondere Anlaß meines Totenliedchens beinahe ganz verschwunden. Es geht nicht um ein bestimmtes Grab, nicht um das Gedächtnis eines bestimmten Mannes. Ich weiß nicht einmal, wo der Domkapellmeister Schrems wirklich bestattet ist. Die Platte aus Stein, auf die meine Grabschrift gehört, kommt nur in meinem Gedicht vor. Das ist auch der Grund, warum die Zeile, die den Regensburger Dom beim Namen nannte, später wieder gestrichen wurde.

VIII

FLUG INS HERZ DER GESCHICHTE

Was bedeutet es, wenn eine alte Stadt ihr Jubiläum feiert? Ziehen wir einmal die Anteile von Lokalpatriotismus, Provinzhuberei und Fremdenverkehrswerbung ab, die zweifellos ein solches Ereignis mitbestimmen, so bleibt immer noch ein Kern von Geschichtsbewußtsein übrig. Von ihm, seinem Zuwenig oder Zuviel, seinem Schwinden oder Wiederkehren, ist seit der Epoche des Historismus, also seit gut hundert Jahren, die kaum je abgerissene Rede.

Unzeitgemäß war Nietzsches Zweite Betrachtung deshalb, weil sie mehr vom Nachteil als vom Nutzen der Historie sprach, ihrem das Leben wie Gras unter Steinen erstickenden Gewicht. »Geschichtslosigkeit führt zum Verlust der eigenen Identität«, sagt dagegen heute der Historiker Karl Bosl. Er tut es in einem Aufsatz über den Rang Regensburger Urbanität. Doch was meinen wir eigentlich, wenn wir den reichlich abstrakten Begriff geschichtlichen Lebens gebrauchen? Wer in das 1800 Jahre alte Regensburg kommt, bedarf kaum – obwohl es an ihnen nicht fehlt – aufklärender und beeindruckender Festveranstaltungen, um sich darüber klar zu werden, daß historisches Bewußtsein ortsgebunden, auf materielle Belege angewiesen ist, ohne Anschauung gestaltgewordener Vergangenheit blind bleiben muß.

Geschichte, Ge-schichte, wohin der Blick fällt, der Fuß tritt. Freilich erscheint auch die mit Monumenten gesegnete Stadt eindimensional, kulissenhaft, wo es an historischer Phantasie gebricht. Aber wie leicht wird ihr hier der Flug ins Herz der Geschichte gemacht. In verschwenderischer Fülle bieten sich Start- und Landeplätze. Nirgends droht ihr der Absturz ins Bodenlose, lockt die Irrfahrt durch leere Spekulation.

Das gilt schon für den entferntesten Punkt, den römischen Ursprung der Stadt. 1873 grub man die steinerne Gründungsurkunde von »Castra Regina« aus: Die einst über dem Osttor angebrachte acht Meter lange Inschrift bezeugt für das Jahr 179 die Errichtung von Mauer, Toren und Türmen des Lagers der dritten italienischen Legion durch den Kaiser Marc Aurel und seinen Sohn Commodus. Das Vordringen der Markomannen hatte diese Befestigungsmaßnahme an der Nordostgrenze der Provinz Raetien nötig gemacht. Daß es ausgerechnet der Philosoph auf dem Kaiserthron ist, dem Regensburg seine Entstehung verdankt, gibt dem zunächst etwas klirrenden und rauhen Klang seiner militärischen Herkunft eine Färbung ins Friedliche und Urbane. Die Gegend um die Einmündung des Regens in den nördlichsten Punkt der Donau ist freundlich, das Klima so milde, daß hier jetzt noch Wein angebaut wird (nie durfte ich den in Regensburg geborenen, nach München verschlagenen Dichter Georg Britting besuchen, ohne ihm eine Flasche des nur im Bischofshof erhältlichen »Kruckenberger« mitzubringen). Heiteres Leben, Zivilisation, Kultur blühten früh im Schutz der mächtigen Quadermauer, deren Umrisse ins gegenwärtige Stadtbild deutlich eingezeichnet sind und von der sich ansehnliche Reste erhalten haben.

Die Städte wachsen nicht aus dem Nichts. Regensburg ist älter als »Castra Regina«, worauf schon sein ursprünglich keltischer, in den romanischen Sprachen lebendig gebliebener Name Radasbona hinweist. Die Mischung aus keltischen, römischen und germanischen Elementen hat im v. Jahrhundert nach dem Abzug der römischen Soldaten zu einem Gärungsprozeß besonderer Art geführt und jenes Volk erzeugt, das nach den Boiern (= Keltoromanen) »Baiovarii« hieß und von der Mitte des vi. Jahrhunderts an einem fränkischen Grenzherzog unterstellt war. Regensburg ist also die Wiege oder Brutstätte, wie man's nimmt, der Bayern (sie sind nicht, wie man lange glaubte, aus dem Osten eingewandert) und – unter den mit den Merowingern verwandten Agilolfingern – die erste bayerische Residenz. Ihre Pfalz heißt heute noch Herzoghof, und die Pfalzkapelle, unter ottonischer Herrschaft zur romanischen Basilika erweitert, trägt immer noch den Namen »Alte Kapelle«.

Nach der Absetzung der Agilolfinger 788 stieg Regensburg zum Mittelpunkt des ostfränkischen Reiches auf. Der Karolinger Arnulf ist ein Verehrer des im vii. Jahrhundert ermordeten Wanderbischofs Emmeram, dessen Grab zum Kristallisationspunkt der nach ihm benannten Benediktinerabtei wird, »neben Salzburg das geistig-kirchliche Strahlungszentrum für den mittel- und südosteuropäischen Raum« (Karl Bosl). Der Kaiser, der beim Kloster eine zweite Pfalz errichtete, und sein 911 mit achtzehn Jahren gestorbener Sohn Ludwig, genannt »das Kind«, mit dem die Karolinger aussterben, sind in Sankt Emmeram begraben. Vor fünfzehn Jahren entdeckte man anläßlich des Einbaus einer Heizung in die romanische Stiftskirche Niedermünster das Grab des sächsischen Herzogs Heinrich I., eines Bruders Ottos des Großen. Sein Enkel, der spätere Kaiser Heinrich II. (1014 gekrönt), wurde in Regensburg geboren und von Bischof Wolfgang erzogen. Auch die Welfen regieren von hier aus über die Bayern, Heinrich der Stolze beginnt nach 1130 mit dem Bau des als Weltwunder bestaunten Wahrzeichens der Stadt, der Steinernen Brücke, die unter seinem Sohn, Heinrich dem Löwen, vollendet wird. Dagegen haben die von Friedrich Barbarossa eingesetzten Wittelsbacher mit Regensburg nichts mehr im Sinn, und seit es 1245 den Status einer Freien Reichsstadt erlangt hat, gestaltet sich das Verhältnis der einstigen Metropole zu Bayern recht schwierig.

Verglichen mit Nürnberg und Augsburg ist die Stadt an der Donau die ältere, schönere Schwester, die aber, beinah ein Märchenschicksal, auch längst vor ihnen verblüht. Zu ihrer Zeit indes gilt sie als einzigartig, unvergleichlich. Schon im x. Jahrhundert teilt sie sich mit Venedig und Verdun in den zweifelhaften Ruhm, ein Zentrum des mitteleuropäischen Sklavenhandels zu sein. Regensburger Karawanen sind nach Westen, nach Osten, nach Süden unterwegs. Die Anführer dieser Züge, die »Hansgrafen«, werden zunächst vom König eingesetzt, dann aber von den Kaufleuten selbst gewählt – Schulbeispiel für die Genese des Bürgertums überhaupt. Immer stärker emanzipiert sich der einzelne Handelsherr, das ministeriale Patriziat wird durch die neue patrizische Oberschicht der freien Unternehmer verdrängt. Ihre Spuren führen nach Frankreich und Flandern, nach Böhmen, Ungarn, Rußland. Aber die wichtigsten Zielorte sind die oberitalienischen Städte Venedig, Mailand, Bologna. Zum Schutz und Zeichen ihrer Macht unterhalten die Kaufmannsfamilien private Heere und bauen nach italienischem Vorbild wehrhafte Hochhäuser mit den charakteristischen Geschlechtertürmen. Daneben herrscht hier ein internationales Getriebe von Griechen, Slaven, Franzosen; eine ganz italienische Kolonie hat sich etabliert.

Regensburg war zur Zeit seiner wirtschaftlichen Blüte aber auch ein Zentrum geistiger Bewegung. Irische Missionsmönche lassen sich hier nieder; die zugehörige Jakobskirche, eine der großartigsten romanischen Kirchen Süddeutschlands, mit ihren immer wieder neu gedeuteten, nie widerspruchsfrei entschlüsselten Portalskulpturen, wird von dem Geld gebaut, das russische Pelze auf dem Regensburger Markt einbringen. Ebenso durchdringen sich Weltliches und Geistliches in den gotischen Predigtkirchen des Dominikaner- und Minoritenordens. In der einen lehrt Albertus Magnus, in der anderen wirkt Berthold von Regensburg, die überragende deutsche Figur der das XIII. Jahrhundert prägenden Bettelordenbewegung. Hier die mitreißende Massenpredigt, dort die sublime scholastische Unterweisung, hier das Entweder-Oder einer radikalen religiösen Erneuerung, dort der erste Versuch einer Synthese von Glauben und Naturwissenschaft – sie sollte sich, durch Alberts Schüler Thomas von Aquin zur Vollendung gebracht, als dauerhafter erweisen. In der Albertuskapelle des Dominikanerklosters hat sich ein mittelalterlicher Hörsaal erhalten, die Urzelle der heutigen Regensburger Universität. Sind in der Romanik, am deutlichsten in der im Domkreuzgang verborgenen achteckigen Allerheiligenkapelle, italienische Einflüsse maß- und formgebend, so zeugen der Dom und die neben ihm liegende Dompfarrkirche Sankt Ulrich von der glücklichen Wirkung französischer Vorbilder. Der von Arkaden und Emporen umzogene, mit Pflanzenornamenten licht bemalte Innenraum der Ulrichskirche ist das Hellste, Heiterste, Nobelste, was an sakraler gotischer Architektur auf bayerischem Boden entstanden ist.

»Regensburg hätte bei seiner vorteilhaften Lage an dem mächtigen Donaustrome mit seinem milden Klima der Regierungssitz der bayerischen Regenten bleiben sollen«, erklärte Ludwig I. 1830 bei der Grundsteinlegung zur Walhalla. Das Wort des Königs beendete mit dem Ausdruck höflichen Bedauerns ein langes, für die Stadt gewiß oft stolzes, aber doch auch recht düsteres Kapitel, überschrieben: Die Feindschaft Bayerns. Für den frühen Niedergang der einst so glänzenden Handelsmetropole ist sie eine der Hauptursachen. Denn der Preis, den die Stadt für ihre Reichsfreiheit bezahlt, ist ihre Isolierung vom Umland. Versuche, dem Ghetto zu entrinnen, sich Bayern anzuschließen, enden blutig. In einen dieser, von den Handwerkern getragenen Aufstände ist der Dombaumeister Roritzer verwickelt; er wird mit vielen anderen, es sind Hunderte, 1514 hingerichtet – nebst dem Liebesabenteuer Karls V. mit der Regensburger Bürgerstochter Barbara Blomberg, der Mutter Don Juan d'Austrias, Lieblingsmotiv historienbewußter Lokalschriftstellerei.

Unruhige, grausame Zeiten. Judenhaß und Blutgerüst, Pest und Massenhysterie. An der Stelle der zerstörten Synagoge entsteht eine Marienkapelle, die endlose Prozessionen anzieht. Aber durch den Bau der Neupfarrkirche verwandelt sich die Stätte ausschweifender Marienverehrung in das geistliche Zentrum des Regensburger Protestantismus. 1542 tritt der Rat zum neuen Glauben über. Obwohl schon durch die hier abgehaltenen Reichstage die Stadt tief in die religiösen Auseinandersetzungen der Zeit verstrickt und vom Dreißigjährigen Krieg furchtbar in Mitleidenschaft gezogen wird, bildet sich aufgrund des engen

Nebeneinanders von Protestanten und Katholiken so etwas wie eine Tradition der Toleranz heraus, die freilich vom Judenpogrom als ihrem dauernden Schatten begleitet bleibt. Das verhältnismäßig liberale Klima mag nach dem Ende des großen Krieges für die Wahl der Stadt zum Sitz des Immerwährenden Reichstages nicht unmaßgeblich gewesen sein.

Für durchgreifende Veränderungen fehlte es seit dem XV. Jahrhundert an Geld und Initiative. Dieser Tatsache ist es zu verdanken, daß heute noch so viel von Regensburgs früh- und hochmittelalterlicher Blüte sichtbar ist, von sechzig Patrizierburgen noch zwanzig und gut ebenso viele romanische und gotische Kirchen das Stadtbild prägen. Die Nachteile dieser Entwicklung sind freilich ebenfalls nicht zu übersehen. »Regensburg ist eine finstere, melancholische, in sich selbst vertiefte Stadt«, schreibt ein Reisender 1778, also zu einem Zeitpunkt, als der Immerwährende Reichstag noch währte. Etwas Geschichtslastiges, Gedrücktes, Mürrisches kann auch dem heutigen Besucher gelegentlich als atmosphärisches Element begegnen. Konkreter sind die gesellschaftlichen Auswirkungen des so früh erfolgten Verfalls von Regensburgs Wirtschafts- und Finanzkraft; Buddenbrook-Schicksale spielten sich hier schon zu Beginn der Neuzeit ab, und so fehlt es an der für den Geist einer Stadt so wichtigen Kontinuität einer bürgerlichen Gesellschaft und Kultur.

Sieht man von der Kirche als immer noch bedeutendem Kulturträger ab, war gesellschaftliches und kulturelles Leben im Regensburg des XVII. und XVIII. Jahrhunderts vor allem eine Sache von Gesandten: den zahlreichen Vertretern der Fürsten und Stadtregierungen des Reichs und den Delegierten der ausländischen Mächte, die sich zwischen

1663 und 1806 am Sitz des Immerwährenden Reichstags aufhielten. Manches Bürgerhaus gewann durch barocke Verschalung die Würde eines repräsentativen Palais, etwa in der heute noch so genannten Gesandtenstraße, wo sich auch der Friedhof der Dreieinigkeitskirche mit den Grabmälern der protestantischen Diplomaten erhalten hat. Über die Bedeutung des Reichstags ist das letzte Wort noch nicht gesprochen. Das Urteil schwankt zwischen »ohnmächtiger Geschäftigkeit« (Hermann Proebst) und »formellem Vollzug großer weltpolitischer Entscheidungen« (Andreas Kraus). Karl Bosl sieht im Frankfurter Reichsrat der Weimarer Republik und in unserem Bundesrat die verfassungsgeschichtlichen Erben. Vielfach bezeugt ist jedenfalls die Prävalenz zeremonieller Fragen; die wuchernde Form erstickte den sachlichen Gehalt.

Was von den rauschenden Festivitäten, von Galadiners, Bällen, Schlittenfahrten, Tierhatzen, Komödien, Konzerten übrigblieb, war die mediatisierte Herrlichkeit der Thurn und Taxis. Als Vertreter des Kaisers waren sie um die Mitte des XVIII. Jahrhunderts nach Regensburg gekommen, nicht nur von Kopf bis Fuß auf prinzipalkommissarische Repräsentation eingestellt, sondern auch durch die von ihnen gegründete Post mit unerschöpflichem Reichtum gesegnet. Für den Verlust der Postrechte wurde die Familie mit dem Reichsstift von Sankt Emmeram entschädigt, unter dessen mehr als tausendjährige Geschichte der 1803 vom Reichstag erlassene Deputationshauptschluß den Schlußstrich zog. Er besiegelte auch die Auflösung des Reiches selbst. Die Thurn und Taxis gestalteten die Abtei zu ihrer Residenz um und hielten unbeirrt weiterhin Hof. Im Schatten des Schlosses und der romanischen und gotischen Kirchtürme fand die industrielle Revolution nicht statt.

Das schönste, dauerndste Geschenk des Hauses an Regensburg ist der großzügige Alleengürtel, den es noch zur Zeit des Prinzipalkommissariats längs der mittelalterlichen Festungsmauer anlegen ließ. Wehrtürme, Zwinger, Basteien verwandelten sich in Bürgerpromenaden; auch das hieß Aufklärung. Ein Moment von Lustwandel, ein Hauch vom freien Atem eines morgendlichen Zeitalters ist spürbar geblieben.

Wo ein bescheidener Obelisk an den Stifter Carl Anselm erinnert, sieht man sich andererseits mit dem großspurigen Neubau des Schlosses konfrontiert: XVIII. und XIX. Jahrhundert stoßen hier draußen härter aufeinander als die Stile vieler Jahrhunderte im Innern des Komplexes. Die Regensburger Spielart des Feudalismus überlebte in der Person des Fürsten Albert den Zweiten Weltkrieg; bis zu seinem Tod im Jahre 1952 galt »der Fürst« als der ungekrönte Serenissimus der Stadt; ihre Einwohner waren weniger Bürger als fürstliche Beamte und Angestellte, Hoflieferanten und selbsternannte Untertanen.

Wenn »Seine Durchlaucht« in der bekrönten Mittelloge des klassizistischen Theaters erschien, erhob sich das Publikum wie auf Kommando – ein Reflex, der kein Nachdenken zuließ. Dabei war die Loge für einen wirklichen Regenten gebaut worden, den Kurerzkanzler und Primas Dalberg, der nach der Säkularisation Regensburg als Fürstentum zugesprochen erhielt. Das absolutistische Intermezzo von Napoleons Gnaden dauerte nur wenige Jahre – bis zur Einverleibung der Stadt durch Bayern 1810. Dalberg war ein aufgeklärter, kunstsinniger Mann; sein Hofarchitekt Herigoyen gab dem ehrwürdigen Patriziergesicht der neuen Residenz einen Anstrich klassizistischer Jugendfrische, der bis heute nicht verblaßt ist.

Regensburg heute? Der Schlaf, in den es eineinhalb Jahrhunderte lang, wie erschöpft von den vorausgegangenen eineinhalb Jahrtausenden turbulenter Historie, versunken war, sitzt ihm trotz kräftigen Reibens noch immer in den Augenwinkeln. Von der 1967 eröffneten Universität gingen zunächst starke Impulse auf das Leben der Stadt aus; inzwischen hat sie sich zu einem weitgehend autarken Campus-Gebilde entwickelt.

Andererseits ist der Zauber der weltgeschichtlichen Vergangenheit ungebrochen, durch die großen Sanierungsanstrengungen der letzten zwanzig Jahre hat die Stadt an Glanz und Grandezza, aber auch an Wohnlichkeit bedeutend hinzugewonnen. Ich kenne keinen Ort, wo man auf so engem Raum eine größere Vielfalt von Zentren, in sich geschlossenen und zugleich ineinander übergehenden Welten antreffen könnte. Da ist der Bezirk der geistlichen Herrschaft: Dom und Bischofshof; gleich anschließend der Alte Kornmarkt mit der Herzogpfalz; donauwärts stößt man auf das bedeutendste Monument des Römerlagers: die Porta Praetoria, und findet sich im mittelalterlichen Kaufmannsviertel. In nächster Nachbarschaft das Alte Rathaus mit dem Reichssaal und den Beratungszimmern, wo die sprichwörtlichen grünen Tische noch immer gezeigt werden, und wieder ein paar Schritt weiter der von Patrizierburgen eingerahmte Haidplatz mit der Kaiserherberge »Zum goldenen Kreuz«. Dann die vielen Klosterkirchen in und vor der Festung, von denen jede eine eigene unverwechselbare Mitte bildet.

Unter ihnen ist Sankt Emmeram die Königin. Wie unvergleichlich schon der Zugang: Durch eine gotische Portalwand betritt man einen gräbergeschmückten Vorhof, der auch das Grabmal des ersten bayerischen Geschichtsschreibers Aventinus beherbergt. Am freistehenden Glockenturm vorbei führt der Weg in eine archaisch anmutende Halle, die weniger an die Kirche als an die hier einst errichtete karolingische Kaiserpfalz mahnt. Der von den Brüdern Asam barockisierte Innenraum verleugnet keinen Augenblick seinen tiefen romanischen Ernst, und doch fehlt diesem Ernst das Verschlossene, auch Drückende, das von frühmittelalterlicher Architektur auf die rasch geknickte und zerknitterte Seele eines heutigen Betrachters ausgehen kann. Kaiser und Heilige sind hier begraben, ein Papst hat die Kirche geweiht. Ihre Krypten reichen in eine Zeitentiefe, die man angesichts der heiteren Proportionen des Raumes getrost auf sich beruhen läßt. Geheimnis der Balance. Aus Sankt Emmeram stammt auch das berühmte, jetzt im Museum aufgestellte steinernde Astrolabium aus dem XI. Jahrhundert; vor der Himmelsscheibe kniet eine nach oben blikkende Jünglingsfigur – Ausdruck eines historisch nicht fixierbaren Gleichgewichts von Gottesfurcht und Selbstbewußtsein.

Man kommt sich, die obligatorisch zeitgemäße Zerrissenheit in der Brust, recht armselig ihm gegenüber vor. Ein tiefer Zwiespalt prägt unser Verhältnis zur eigenen Vergangenheit. Die Klage über geschichtsloses Barbarentum ist so alt wie das Jahrhundert, freilich jünger als der beklagte Sachverhalt. Schon nach der Säkularisation hatte man in Regensburg unbekümmert Klöster zu Kasernen, Kapellen zu Kartoffelkellern gemacht, baute in devotem Bürgereifer dem neuen bayerischen Herrscher eine häßliche Hauptstraße und unterließ Abbrüche in größerem Stil nicht aus Pietät, sondern aus Geldmangel. Ich selbst erinnere mich, wie nach dem Krieg das weitgehende Verschontsein der Stadt nicht nur Dankbarkeit hervorrief; eine größere Portion Bomben, so konnte man hören, hätte ihrer zurückgebliebenen Entwicklung zur modernen Großstadt nur zu gut getan.

Inzwischen schaut Regensburg auf drei Jahrzehnte Sanierungspraxis zurück. Die eindrucksvollen erhaltenden und restaurativen Leistungen können freilich nicht darüber hinwegtäuschen, daß das seit dem Krieg verstrichene Menschenalter der Bausubstanz der Altstadt gewaltsamer zu Leibe rückte als alle vergangenen Jahrhunderte zusammen. Das Horten-Kaufhaus am Neupfarrplatz, der Pustetkomplex in der Gesandtenstraße, ein geradezu schauerlicher, wie zum Hohn dem in der prachtvollen Minoritenkirche untergebrachten Museum gegenüberliegender Parkhaus-Riesenbau, der den uralten östlichen Vorplatz des Römerlagers zerstört, sind nur drei besonders peinlich herausragende Beispiele. Aber auch der Globalbegriff der Sanierung deckt Maßnahmen, die der Bausubstanz im wahren Sinn des Wortes abträglich sind. Manchmal war es das falsch verstandene Interesse eines »prominenten« Denkmals, das dem unauffälligeren Ringsherum die Existenz kostete.

Heute verschiebt sich das Engagement vom einzelnen Monument zum Denkmalensemble. Die Erhaltung der historischen Stadtlandschaft rückt zum Schlüsselproblem der Sanierung auf. Nach der Zerstörung Kölns ist die Geschlossenheit von Regensburgs spätromanischem und frühgotischem Stadtbild, gerade auch im Zusammenspiel von sakraler und profaner Architektur, durchaus einzigartig. Eine Pflicht zur Stellvertretung ist ihm seit dem Kriege zugewachsen. Sie fordert von den Verantwortlichen eine eindeutige Entscheidung, die bisher noch aussteht. Beides kann man nicht wollen: die Entwicklung zur zeitgemäßen City und die Bewahrung der historischen Individualität.

Unter den Überresten einer anthropomorphen Deutung der Wirklichkeit, die der Entzauberung durch die Wissenschaft standgehalten haben, behauptet der Eindruck einer Stadt als eines physischen und psychischen Organismus nach wie vor einen festen Platz. Wo der aufgeklärte Blick nichts als eine zweckhafte Ansammlung von Baumaterialien zu erkennen vermag, nimmt die Einbildungskraft unbeirrt und unbeirrbar Gewachsenes, Physiognomisches, Gestalthaftes wahr. Vielleicht kommt der Mensch der Zukunft ohne Einbindung in eine individuelle Umwelt aus, vielleicht ist die Anpassung des Gefühlslebens an die naturwissenschaftliche Erkenntnisweise nur eine Frage der Zeit und macht Heimat demnächst überflüssig. Einstweilen scheint es allerdings so, als ob die Rede vom Gesicht und Charakter einer Stadt mehr sei als abgestandene Metaphorik. Rationalität und Humanität lassen sich nicht voll zur Deckung bringen; Geschichte und Gegenwart, Schönheit und Nutzen, Utopie und Realität sind Begriffspolaritäten, die sich aus dieser Grundspannung ergeben. Die Frage nach den Lebensmöglichkeiten in der technischen Welt gewinnt im Städtebau eine sehr konkrete Gestalt. Am konkretesten stellt sie sich in historischen Städten. Insofern kann die Regensburger Jubiläumsfeier als Modellfall gelten.

NACHWEIS DER ERSTVERÖFFENTLICHUNGEN

Posthorn-Serenade. Süddeutsche Zeitung, 20./21. Mai 1989, Seite 5

Narbe. Regensburger Almanach 1985, S. 32 f.
Fahnenstange. Regensburger Almanach 1985, S. 34 f.
Troja lag näher als Stalingrad. Regensburger Almanach 1987, S. 61-64

Cherubino entdeckt das Theater. Erweiterte Fassung des Aufsatzes »Man riskiert hier nichts, klagte ich. Augenblicke der Jugend und meine ›Regensburger Dramaturgie‹«. Süddeutsche Zeitung, 27./28. August 1988, S. 111

Das letzte Jahr. Süddeutsche Zeitung, 25./26. Februar 1989, S. 5

Epitaph. Rudolf Riedler (Hrsg.): Die Pausen zwischen den Worten. Dichter über ihre Gedichte. München 1986, S. 94-97

Flug ins Herz der Geschichte. Süddeutsche Zeitung, 2./3./4. Juni 1979, Seite 105 f.

MICHELLE RAVEN

Verhängnisvolle Sehnsucht

Drei Geschichten voller Spannung, Romantik und prickelnder Erotik:

Verhängnisvolles Verlangen:
Als ihr Wagen von der Straße abgedrängt und in einen See geschleudert wird, glaubt Julie, dass sie sterben wird. Doch da kommt ihr der geheimnisvolle Navy SEAL Gabe zu Hilfe und rettet sie aus dem eiskalten Nass. Er bringt die völlig unterkühlte Frau nach Hause und schenkt ihr eine unvergessliche Nacht …

Flammende Leidenschaft:
Als die Bibliothekarin Alyssa Thomas unter den Trümmern eines eingestürzten Gebäudes begraben wird, ist der ehemalige Feuerwehrmann Kyle Barnes der Einzige, der es wagt, sich zu ihr vorzuarbeiten. Kyle ist schon lange von Alyssa fasziniert, hat es bislang aber nie gewagt, sie anzusprechen – aus Angst, sie könne ihn aufgrund seiner tiefen seelischen und körperlichen Narben zurückweisen. Während die beiden nun gemeinsam auf Hilfe warten, kommen sie sich endlich näher …

Atemloses Begehren:
Nachdem ihr Dessous-Laden von einem Verrückten in die Luft gesprengt wurde, liegt Carrie Bishops Leben buchstäblich in Trümmern. Sie beschließt, ihre Dessous auf der Straße zu verkaufen, doch ausgerechnet Sheriff Sam Mayweather kommt ihr in die Quere und fordert sie auf, den Platz zu räumen. Carrie ist wütend, kann sich gleichzeitig aber auch nicht gegen die unwiderstehliche Anziehungskraft wehren, die Sam auf sie ausübt …

Über die Autorin:
Michaela Rabe wurde 1972 in Hannover geboren und studierte Bibliothekswesen. Sie arbeitet als Bibliotheksleiterin in Niedersachsen. 2002 veröffentlichte sie unter dem Pseudonym Michelle Raven ihren ersten Roman. Inzwischen gehört sie zu Deutschlands erfolgreichsten Autorinnen im Bereich Romantic Fantasy und Romantic Thrill. Weitere Informationen unter: www.michelleraven.de

Informationen zu weiteren Romanen von Michelle Raven finden Sie unter www.egmont-lyx.de.

MICHELLE RAVEN

VERHÄNGNISVOLLE SEHNSUCHT

LYX
EGMONT

Originalausgabe November 2013 bei LYX
verlegt durch EGMONT Verlagsgesellschaften mbH,
Gertrudenstr. 30–36, 50667 Köln

1. Auflage
Redaktion *Verhängnisvolles Verlangen:* Isabell Bauer
Redaktion *Flammende Leidenschaft* und
Atemloses Begehren: Nicola Härms
Satz: Greiner & Reichel, Köln
Printed in Germany (670421)
ISBN 978-3-8025-9282-9

www.egmont-lyx.de

Verhängnisvolles Verlangen

1

Furcht ließ ihr Herz hämmern, während Julie erneut in den Rückspiegel blickte. Es war ihr nicht gelungen, das andere Fahrzeug abzuhängen, und jetzt befand sie sich bereits auf der Straße, die zu ihrem Haus führte. Vermutlich wäre es besser, umzudrehen und zurück in die Stadt zu fahren, aber dazu war ihr Verfolger schon zu nah. Sobald sie abbremste, würde er sie haben. Und sie mochte sich nicht vorstellen, was er diesmal tun würde. Ein Schauer überlief Julies Körper, und sie krampfte ihre Hände noch fester um das Lenkrad. Nicht zum ersten Mal dachte sie darüber nach, zur Polizei zu gehen, aber sie wusste, dass niemand ihr glauben würde. Es würde die Situation nur verschlimmern.

Eigentlich hatte alles ganz harmlos angefangen: eine simple Verabredung zu einem Abendessen. Doch bereits nach den ersten Minuten hatte sie erkannt, dass Jeff zwar gut aussah, sich aber eindeutig zu gern reden hörte. Julie verzog den Mund. Offensichtlich hielt er sich für ein Gottesgeschenk an das weibliche Geschlecht und dachte, dass jede Frau ihm sofort zu Füßen sinken müsse. Gegen ein wenig gesundes Selbstvertrauen hatte sie absolut nichts einzuwenden, aber das war ihr dann doch zu viel gewesen. Ganz davon zu schweigen, dass er ständig versucht hatte, sie zu berühren. Mit Mühe hatte sie den Abend durchgestanden und ihm bei seinem nächsten Anruf klargemacht, dass sie kein Interesse an weiteren Verabredungen hatte. Natürlich mit höflichen Worten. Und damit hatte sie die Angelegenheit für erledigt gehalten, doch es war nur der Anfang gewesen.

In den nächsten Wochen hatte sie dann lauter kleine Geschenke bekommen. Blumen waren geliefert worden, und mehrere Einladungen waren ihr ins Haus geflattert. Wahrscheinlich dachte er, er könnte sie so herumkriegen, aber bei ihr bewirkte es eher das Gegenteil. Julie zog sich nur noch weiter zurück und reagierte nach den ersten Absagen nicht mehr auf all die mal mehr, mal weniger eindeutigen Angebote. Das schien für ihren Verehrer allerdings kein Hinderungsgrund zu sein. Die Geschenke tauchten plötzlich sogar in ihrem Haus auf, in ihrem Auto – überall. Sie biss sich auf die Lippe, während sie sich vorstellte, wie dieser Kerl durch ihr Haus lief und ihre Sachen durchwühlte. Er tat es nie so, dass er dabei erwischt werden konnte, und sie war sicher, dass er schlau genug war, keine Fingerabdrücke zu hinterlassen. Deswegen hatte sie keinerlei Beweise.

Mit einem Stöhnen rieb Julie sich ihre schmerzende Schläfe. Die Anspannung und die unruhigen Nächte machten sich deutlich bemerkbar. Und all das nur, weil sie es leid gewesen war, alleine zu sein. Normalerweise machte es ihr nichts aus, aber sie vermisste Sex. Und Jeff schien mit seinem gut gebauten Körper, den blonden Haaren und strahlend blauen Augen ein guter Kandidat dafür zu sein – zumindest bevor er den Mund aufmachte. Vielleicht hätte sie ihn einfach nur packen, in ihr Schlafzimmer zerren und sich das holen sollen, was sie brauchte. Allerdings wollte sie lieber nicht wissen, was er dann erst tun würde, wenn er schon nach einem einfachen Abendessen zum Stalker wurde.

Kopfschüttelnd konzentrierte Julie sich wieder auf die Straße. Die kurvenreiche Strecke führte an einem See entlang, der bei Tageslicht wunderschön war, im Dunkeln aber sehr unheimlich wirkte. Die kahlen Äste der Bäume am Ufer ragten jetzt im Spätherbst wie Knochenfinger über das Wasser. Zu allem Überfluss begann es auch noch zu regnen, was die Strecke noch tückischer machte. Nasses Laub bildete rutschige Stellen auf dem Asphalt, deshalb bremste sie nach einem Blick in den Rückspiegel noch weiter ab. So gern sie auch möglichst schnell nach Hause wollte, die Hauptsache war, dass sie überhaupt dort ankam. Der Gedanke an ein flackerndes Kaminfeuer und ein wärmendes Getränk ließ Vorfreude in ihr aufsteigen.

Sie würde es sich mit einem erotischen Liebesroman auf dem Sofa bequem machen, eingehüllt in eine Decke, und darunter ihren Vibrator zum Einsatz bringen. Dabei konnte sie alles andere um sich herum vergessen und sich vorstellen, dass sie die Heldin der Geschichte war, die nach allen Regeln der Kunst verführt wurde. Julie presste ihre Beine zusammen und genoss für einen kurzen Moment das Prickeln, bevor sie sich wieder daran erinnerte, wo sie war. Und dass dieser elende Mistkerl ihr immer noch folgte, wie ihr ein Blick in den Rückspiegel bestätigte. Wütend schlug sie mit der Hand auf das Lenkrad. Irgendwie musste sie Jeff endlich davon überzeugen, dass er sie in Ruhe lassen sollte. Nur wie? Vielleicht wenn sie mit seinem Partner sprach und …

Julie riss die Augen auf, als der andere Wagen plötzlich beschleunigte und sich ganz dicht hinter sie setzte. Die hoch sitzenden Scheinwerfer blendeten sie im Rückspiegel, und sie nahm eine Hand vom Lenkrad, um ihn abzublenden, während sie gleichzeitig automatisch auf das Gaspedal trat. Das Auto schoss vorwärts, und dann ging alles ganz schnell. Sie raste auf eine Kurve zu und versuchte gegenzulenken, doch die Reifen verloren auf dem nassen Laub die Haftung, und das Heck brach aus. Hektisch kurbelte sie am Steuer, doch dabei verlor sie völlig die Gewalt über den Wagen. Er begann sich zu drehen, und Julie schrie auf, als das Auto dem Ufer des Sees entgegenschleuderte. Sie versuchte zu bremsen, doch der Wagen war völlig außer Kontrolle. Einen Moment lang schien sie in der Luft zu schweben, dann überschlug sich das Auto mehrmals, bevor es hart auf der Wasseroberfläche aufschlug. Der Motor heulte auf, dann erstarb er.

Betäubt hing Julie im Gurt und versuchte zu verstehen, was gerade geschehen war. Tiefe Dunkelheit herrschte um sie herum, ein seltsames Glucksen ertönte. Feuchtigkeit drang in ihre Schuhe und machte ihr bewusst, dass etwas nicht stimmte. Sie hob den Kopf und stöhnte auf, als sich der erste Schmerz bemerkbar machte, der sich innerhalb weniger Sekunden in ihrem ganzen Körper auszubreiten schien. Mehr Nässe drang herein, und sie erkannte, was geschehen war: Ihr Wagen war in den See gestürzt! Sie würde ertrinken, wenn sie sich nicht sofort befreite. Das Wasser stieg immer höher, und die Kälte nahm ihr den Atem. Mit zitternden Fingern versuchte Julie, ihren Gurt zu lösen, doch er klemmte. Panik erfasste sie, und hektisch zerrte sie an dem Gurtschloss.

Erleichtert atmete sie auf, als es endlich nachgab und sie frei war. Inzwischen erreichte das eisige Wasser ihre Knie und drohte den Sitz zu überfluten. Ihre Finger schlossen sich um den Türgriff und zogen daran, während sie gleichzeitig gegen die Tür drückte, doch die rührte sich nicht. Julie presste beide Hände dagegen und versuchte es schließlich mit der Schulter, doch nichts geschah. Das Wasser umspülte schon ihre Oberschenkel, und ihre Füße wurden langsam taub. Ihr war so kalt, dass sie unwillkürlich mit den Zähnen klapperte, und auch der lange Wollpulli bot ihr keinen Schutz mehr vor der Kälte. Julie kroch auf den Beifahrersitz und versuchte es an der anderen Tür, doch auch die klemmte.

Inzwischen schwappte das Wasser außen an den Fenstern empor, während der Wagen langsam in die Tiefe sank. Voller Panik begann Julie gegen die Türen und Fenster zu treten, doch auch das brachte keinen Erfolg. Da der Motor ausgegangen war, funktionierten die elektrischen Fensterheber nicht mehr, und sie hatte keine Möglichkeit, auf diese Weise zu entkommen. Sie war eingeschlossen! Unaufhaltsam stieg das Wasser höher und begrub sie in einem nassen Sarg. Tränen traten ihr in die Augen, als sie sich vorstellte, so zu sterben. Wo war Jeff? Warum rettete er sie nicht, wenn er sie doch angeblich so begehrte? Mit den Fäusten schlug sie gegen die Scheiben und schrie um Hilfe, bis das Wasser ihre Brust erreichte und die Kälte ihr den Atem raubte.

Verzweifelt tastete Julie in der Dunkelheit nach ihrem Rucksack, in dem sich ihr Handy befand, doch er lag nicht mehr auf dem Rücksitz, wohin sie ihn zuvor geworfen hatte. Das Wasser näherte sich bereits ihrem Hals, und Julie erkannte, dass sie sterben würde. Sie konnte sich nicht selbst befreien, und es war niemand da, der sie retten würde. Vermutlich hatte außer ihrem Verfolger niemand bemerkt, dass sie von der Straße abgekommen war. Wenn das Auto erst ganz in den dunklen Fluten versunken war, würde niemand wissen, dass sie überhaupt einen Unfall gehabt hatte. Es würde niemand auf die Idee kommen, sie dort zu suchen. Es gab ja noch nicht mal jemanden, der sie überhaupt vermissen würde. Tränen liefen über Julies Wangen, während sie sich bemühte, ihren Kopf über Wasser zu halten. Die Luftblase im Auto wurde mit jeder Sekunde kleiner, ihre Zeit lief ab.

Außerhalb des Wagens konnte sie nur Dunkelheit erkennen. Immer mehr Wasser drang herein. Julie presste ihr Gesicht dicht an den Wagenhimmel und schnappte nach Luft. Schon jetzt brannten ihre Lungen, weil sie mehr Sauerstoff brauchten. Nie hätte Julie gedacht, dass ihr Leben so enden würde – einsam und qualvoll. Ein paarmal sog sie noch gierig die Luft ein, dann war da nur noch Wasser. In einem letzten verzweifelten Versuch trat Julie gegen die Seitenscheibe, doch das Wasser bremste ihre Kraft. Schließlich gab sie auf und schloss die Augen. Schwärze sickerte in ihr Bewusstsein, während sie den Atem so lange anhielt, wie sie konnte. Sie starb.

Mit einem Fluch trat Gabe auf die Bremse und blickte durch die Windschutzscheibe in den grau verhangenen Himmel, der mit jeder Sekunde dunkler wurde. Seine Scheibenwischer quietschten unerträglich, während sie versuchten, der ungewohnten Regenmassen Herr zu werden. Wie war er bloß auf die dumme Idee gekommen, in dieser Gegend seinen Urlaub zu verbringen, wenn er doch in Kalifornien bei schönstem Sonnenschein die letzten warmen Herbsttage hätte genießen können? Okay, er wollte seinen Bruder wirklich wiedersehen. Das letzte Mal war schon viel zu lange her. Als SEAL war seine freie Zeit knapp bemessen, und auch Rafe war ständig beschäftigt, sodass sie in den letzten Jahren nie Zeit gefunden hatten, sich zu treffen. Also war er für einige Tage hierher gefahren, um sie mit seinem Bruder am Arsch der Welt zu verbringen. Nächstes Jahr würde er auf jeden Fall darauf bestehen, dass Rafe zu ihm kam.

Wenn er ihn jemals zu Gesicht bekam, denn Gabe war sich beinahe sicher, dass er sich verfahren hatte. Von einem See war nie die Rede gewesen, nun aber lag einer direkt neben der Straße. Und er war so groß, dass Rafe ihn sicher erwähnt hätte. Gabe hielt vorsichtig an, um auf der schmalen Straße zu wenden und gönnte sich einen sehnsüchtigen Blick auf das Wasser. Sein Element als SEAL, auch wenn der See bei diesem Wetter nicht wirklich einladend aussah. Allerdings war er viel Schlimmeres gewöhnt, den Pazifik im Winter zum Beispiel. Oder stundenlanges Ausharren im eiskalten Wasser während des SEAL-Trainings. Kopfschüttelnd fuhr Gabe ein Stück rückwärts, um zu wenden. Er musste wirklich verrückt sein, wenn er sich bereits nach einem halben Tag nach der elenden Tortur zurücksehnte.

Das Licht der Scheinwerfer glitt über den See, und er glaubte, etwas aufblitzen zu sehen. Sofort trat Gabe auf die Bremse. Mit zusammengekniffenen Augen beugte er sich vor und starrte durch die Windschutzscheibe. Im Regen war kaum etwas zu sehen ... Da! Gelbes Metall schimmerte noch einmal kurz im Licht der Scheinwerfer, bevor es ganz im Wasser verschwand. Einen Moment lang überlegte Gabe, ob er es sich nur eingebildet hatte, doch dann entschied er, die Sache besser zu überprüfen. Rasch stieg er aus und rannte zum Ufer. Regentropfen prasselten auf ihn nieder, doch er bemerkte es überhaupt nicht. Seine ganze Konzentration war auf den See gerichtet. An der Stelle, an der er vorher das Metall schimmern gesehen hatte, stiegen jetzt Luftblasen auf.

»Verdammt!« Ohne weiter darüber nachzudenken, schlüpfte Gabe aus seinen Schuhen und hechtete in den See.

Das kalte Wasser war ein Schock, aber er verdrängte das Gefühl sofort. Sobald er wieder aufgetaucht war, richtete er seinen Blick erneut auf die Stelle, wo noch immer Luftblasen zu sehen waren. Wenige nur noch, bald würden sie ganz verschwunden sein. Er tauchte und schwamm so schnell wie möglich darauf zu. Die Sicht unter Wasser war schlecht, deshalb ließ er sich von seinem Gefühl leiten. Nach wenigen Sekunden erschienen vor ihm die Umrisse eines Autos. Es war nun vollständig von Wasser bedeckt – und gelb. In Gedanken stieß Gabe einen heftigen Fluch aus, während er zur Fahrertür schwamm. Auch das Innere des Wagens war voller Wasser, wenn noch jemand darin war, fehlte ihm jede Überlebenschance. Trotzdem packte Gabe den Türgriff. Er zog daran, doch die Tür bewegte sich nicht. Kein Wunder, sie war völlig zerbeult.

Obwohl das Wasser in seinen Augen brannte, drückte er sein Gesicht gegen die Seitenscheibe und versuchte, im Innern des Wagens etwas zu erkennen. Befand sich noch jemand darin, oder war das Auto leer gewesen, als es versank? Vielleicht hatte es nur jemand loswerden wollen? So oder so, er konnte es nicht einfach dabei belassen. Vielleicht war ja doch noch ein Mensch darin. Etwas trieb in sein Sichtfeld, und Gabe zuckte unwillkürlich zurück. Lange schwarze Haare, ein bleiches Gesicht, die Augen waren geschlossen. *Oh verdammt*!

Obwohl es ihm widerstrebte, die Frau allein zu lassen, kehrte Gabe zur Wasseroberfläche zurück und atmete ein paarmal tief durch. Schnell zog er sein Kampfmesser und tauchte erneut. Wieder neben dem Wagen, hämmerte er den Griff des Messers gegen die Seitenscheibe, bis sie zerbrach. Die Möglichkeit, die Frau dabei zu verletzen, bestand durchaus, aber vermutlich war sie sowieso schon tot. Und selbst wenn sie noch lebte, waren ein paar Kratzer besser, als zu ertrinken. Er griff in den Wagen und bekam einen Arm zu fassen. Schnell tastete er sich bis zu den Schultern vor. Beide Hände um die Ellbogen gelegt, drehte er die Frau so, dass er sie durch das Fenster ziehen konnte. Sobald er sie aus dem Wagen hatte, tauchte er mit ihr auf, nahm sie in den Rettungsgriff und schwamm, so schnell er konnte, an Land. Dort trug er sie die Böschung hinauf und legte sie auf ein Rasenstück.

Noch immer hatte sie sich nicht bewegt, und auch ihr Brustkorb hob sich nicht. Gabes Kehle zog sich zusammen, als er sich neben die Fremde kniete und mit der Herzmassage begann. Ihre Haut war eiskalt, wie er bemerkte, als er sie beatmete. Aber das konnte auch am Wasser liegen und musste nicht bedeuten, dass sie bereits tot war. Seine Scheinwerfer beleuchteten ihre bleiche Haut, die durch den Kontrast zu den dunklen Haaren und Augenbrauen noch blasser wirkte. Ihre Lippen waren blau angelaufen. Sie wirkte fast wie eine Schaufensterpuppe.

»Komm schon! Atme, verdammt noch mal!« Gabe wusste nicht, wann er begonnen hatte, mit ihr zu reden, aber es schien das Richtige zu sein. Vielleicht konnte sie ihn noch irgendwie hören und erkannte, dass jemand da war, der sich um sie kümmerte. Eigentlich hätte er einen Krankenwagen rufen müssen, aber sein Handy lag im Auto, und er wagte es nicht, die Wiederbelebung zu unterbrechen. Und wenn er wartete, bis in dieser Einöde zufällig jemand vorbeikam, wäre es vermutlich zu spät. Seine Brust zog sich immer enger zusammen, je länger sie reglos unter ihm lag.

»Wach auf! Dein ganzes Leben liegt noch vor dir.« Zumindest hoffte er das. Sie war jung, vielleicht Mitte zwanzig und wirkte unglaublich verletzlich. Jeans und ein Wollpullover klebten nass an ihrem Körper, ihre Füße steckten in hellgrünen Socken. Die Schuhe musste sie irgendwo verloren haben. War es möglich, dass sie absichtlich in den See gefahren war? Nein, das konnte er sich nicht vorstellen. Wahrscheinlich hatte sie versucht, sich zu befreien, und war genauso wie er an den verbeulten Türen gescheitert. Er konnte sich vorstellen, wie es sich angefühlt haben musste, im Wagen eingesperrt zu sein, während das Wasser immer höher stieg. Das hatte er im Training und auch bei einem Einsatz schon erlebt. Die Panik, das Gefühl, ersticken zu müssen. Als SEAL wusste Gabe, wie er damit umzugehen hatte, doch er bezweifelte, dass diese Frau darin ausgebildet war. Wenn sie wieder aufwachte, würde sie vermutlich traumatisiert sein.

»Ich bin bei dir, Kleine, zusammen schaffen wir das.« *Ach ja*? Im Moment war er überhaupt nicht sicher, ob er es schaffen würde, sie zu reanimieren. Aber er hatte noch nie einfach aufgegeben, und jetzt würde er ganz sicher nicht damit anfangen.

Es kam ihm unendlich lange vor, bis er endlich eine Bewegung unter seinen Händen spürte. Rasch hob er den Kopf, gerade noch rechtzeitig, bevor ein Schwall Seewasser aus ihrem Mund schoss. Sofort drehte er sie auf die Seite und stützte ihren Kopf. Beruhigend strich er über ihren Rücken, während sie den Rest des Wassers aushustete. Schwer atmend blieb sie liegen, ihr Körper zitterte vor Anstrengung und Kälte. Schließlich versteifte sie sich, und er verstand, dass es Zeit war, sich etwas zurückzuziehen. Sanft löste er sich von ihr und erhob sich. Sie hob den Kopf und blickte ihn zum ersten Mal an. Erleichterung breitete sich in ihm aus – und noch etwas anderes, während sie ihn mit großen Augen von Kopf bis Fuß musterte.

Vorsichtshalber trat Gabe noch einen Schritt zurück, damit er sie nicht ängstigte. »Wie geht es dir?«

»K…kalt.« Ihre Zähne schlugen aufeinander. »W…was ist … p…passiert?«

»Du bist anscheinend mit deinem Wagen in den See gefahren. Zufällig habe ich ihn dort gesehen und dich herausgeholt.« Er hockte sich vor sie. »Komm, ich bringe dich zu meinem Wagen und rufe dann die Polizei und einen Krankenwagen.«

Sie zuckte sichtbar zusammen. »Nein! Keine P…polizei!« Anscheinend bemerkte sie seinen fragenden Blick. »Es … war ein … U…unfall. Bin in der K…kurve weggerutscht.«

»Okay, aber einen Krankenwagen werde ich rufen.« Wodurch die Meldung dann auch an die Polizei gehen würde.

Wie erwartet schüttelte sie bereits den Kopf. »Nicht n…nötig, es g…geht mir g…gut.«

Klar. Deshalb zitterte sie auch immer heftiger. Irgendetwas musste er tun, sie war ganz sicher unterkühlt. Ohne um Erlaubnis zu fragen, schob Gabe seine Hände unter ihren Körper und hob sie hoch. Trotz ihrer nassen Kleidung war sie federleicht, aber das hieß auch, dass sie umso anfälliger für die Kälte war.

»Was m…machen Sie da?«

»Ich bringe dich zu meinem Auto, damit du wenigstens im Trockenen bist. Wenn ich mich nicht irre, habe ich auch noch irgendwo eine Decke herumliegen.« Bei dem Wort lief ein so heftiger Schauer über ihren Körper, dass sie ihm beinahe aus den Armen geglitten wäre. Unwillkürlich hielt er sie fester und bemühte sich, seine Körperwärme mit ihr zu teilen. Was natürlich nicht viel brachte, weil er genauso nass war wie sie. Während er sie mit einer Hand stützte, öffnete er mit der anderen die Beifahrertür und setzte die durchnässte Frau vorsichtig auf den Sitz. »Ich komme sofort wieder.«

Gabe schloss ihre Tür, damit es nicht hereinregnete, und begann die Decke zu suchen. Schließlich fand er sie im Kofferraum zwischen einigen Ausrüstungsgegenständen. Vermutlich roch sie nicht sonderlich gut, aber immerhin würde sie die Frau etwas wärmen. Schnell schloss er den Kofferraum, zog seine Schuhe an und sprintete zur Fahrerseite. Er setzte sich ins Auto und zog die Tür hinter sich zu. Die Frau hatte die Augen geschlossen, und für einen Moment befürchtete Gabe, sie sei doch noch gestorben, doch dann sah er ihr Zittern. Ihre Lippen waren immer noch bläulich angelaufen, aber immerhin war sie nicht mehr so totenblass. Sorgfältig hüllte er sie in die Decke ein, bevor er den Motor startete und die Heizung auf die höchste Stufe stellte.

Mehr konnte er hier nicht für sie tun, doch wo sollte er sie hinbringen, wenn sie sich weigerte, in ein Krankenhaus zu gehen? Er konnte sie schlecht zu seinem Bruder mitnehmen, das war zu weit weg, und wer wusste schon, ob er diesmal den richtigen Weg fand. »Wo soll ich dich hinbringen?«

Ihre Lider hoben sich, und Gabe versank in den schönsten blauen Augen, die er je gesehen hatte. »M…mein Haus ist gleich am Ende der S…straße.«

Er nickte knapp, legte den Gang ein und wendete den Jeep. »Gibt es dort jemanden, der sich um dich kümmern kann?« Der Gedanke, dass sie einen Freund oder sogar Ehemann haben könnte, löste ein seltsames Gefühl in Gabe aus. Fast so etwas wie … Eifersucht. Warum zum Teufel sollte er eifersüchtig sein? Er kannte die Frau ja überhaupt nicht!

»Nein, niemand.« Sie blickte ihn dabei nicht an.

Er runzelte die Stirn. »Nicht einmal Freunde? Bekannte?«

Sie rutschte tiefer in die Decke, als könnte sie dadurch seinen Fragen entkommen. »Nein. Ich lebe noch n…nicht so lange hier.«

Für ihn hörte sich das wie eine Ausrede an, aber im Grunde ging es ihn auch nichts an. Mit einer Hand am Lenkrad nahm er sein Handy aus der Mittelkonsole und rief seinen Bruder an.

»Rafe? Ich wollte nur Bescheid sagen, dass ich später komme. Ich habe noch etwas zu erledigen.«

»Ist etwas passiert?« Die Besorgnis in der Stimme seines Bruders war deutlich zu hören.

»Nein, alles in Ordnung. Ich habe mich nur ein wenig verfahren.«

Rafe lachte. »Ehrlich? Solltest du als SEAL nicht einen besseren Orientierungssinn haben? Mal ganz davon abgesehen, dass ich dir eine detaillierte Anfahrtsbeschreibung gemailt habe.«

»Die liegt zu Hause. Und im Job habe ich immer diverse GPS-Geräte dabei. Hör zu, ich muss jetzt Schluss machen. Ich melde mich, wenn ich weiß, wie lange es dauert.«

»Okay. Fahr vorsichtig, die Straßen hier können bei dem Wetter tückisch sein.«

»Das ist mir schon aufgefallen. Bis später.« Gabe beendete das Gespräch und legte das Handy zurück. Aus den Augenwinkeln sah er, dass die Fremde ihn beobachtete.

»Es tut mir l…leid, dass Sie meinetwegen Ihren T…termin verpassen.«

Gabe winkte ab. »Das macht nichts, es ist nur mein Bruder. Er behauptet zwar, dass er mir eine Wegbeschreibung gegeben hätte, aber die war so konfus, dass sie nicht zu gebrauchen war. Sonst wäre ich nie auf dieser Straße gelandet.«

»Worüber ich wirklich froh b…bin.«

Er lächelte ihr zu. »Ich auch. Ist dir inzwischen etwas wärmer?«

Ihr Nicken wurde durch ein heftiges Schaudern unterbrochen. »Ein … w…enig.«

Besorgt erkannte er, dass er sie dringend aus den nassen Klamotten holen musste. Im Auto würde das allerdings nicht funktionieren, inzwischen waren auch die Sitze klitschnass. »Wie weit noch?«

»Bei der Abzweigung links, dann nur noch wenige M…meter bis zu meiner Einfahrt.« Ihre Stimme klang durch die Decke gedämpft.

»Alles klar.« Er streckte eine Hand aus und legte sie an ihre Wange. Sie war eiskalt. Als er die Hand wegziehen wollte, stöhnte sie auf und folgte ihm.

»So w…warm.« Ihre Augen waren geschlossen, und sie lehnte sich in seine Richtung.

Gabe beschloss, dass Wärme wichtiger war als Sicherheit, und löste ihren Gurt. »Komm rüber.« Ohne zu zögern, folgte sie seiner Aufforderung und schmiegte sich an ihn. Ihre Hand löste sich von der Decke und schob sich zwischen seine Beine, während die andere im Rücken unter seinen nassen Pullover kroch. Er konnte gerade noch verhindern, dass er vor Schreck die Gewalt über den Wagen verlor. Ihre Zähne begannen heftiger zu klappern, und er schlang seinen Arm um ihren Körper.

»W...warum sind Sie so warm? Sie waren d...doch auch im W...wasser.«

»In meinem Beruf habe ich es gelernt, meine Körpertemperatur auch in kaltem Wasser aufrechtzuerhalten.«

Sie öffnete die Augen und blickte ihn fragend an. »W...was sind Sie? Ein Eskimo?«

Das brachte ihn zum Lachen. »Nein. Ich bin SEAL.«

Verwirrt runzelte sie die Stirn. »Der Sänger? Aber Sie sind nicht schwarz.«

Sein Grinsen verbreiterte sich. »SEALs sind eine Spezialeinheit der Navy. Die Abkürzung steht für SEaAirLand.«

Sie schob ihre Hand tiefer zwischen seine Beine, und Gabe spürte, wie sein Schaft zum Leben erwachte. Zu einem denkbar ungünstigen Zeitpunkt, so nass und unterkühlt, wie die Frau war. Mal ganz davon abgesehen, dass sie in diesem Moment sicher nicht an Sex dachte. Mit zusammengebissenen Zähnen konzentrierte er sich aufs Fahren und ignorierte das Gefühl ihrer kalten Finger an seinen Hoden. Man sollte annehmen, dass ihn die Kälte abtörnen würde, doch das Gegenteil war der Fall. Er konnte nur hoffen, dass sie seinen Zustand nicht bemerkte.

2

Erleichtert atmete Gabe auf, als sie das Haus erreichten. In der Dunkelheit konnte er erkennen, dass es zweigeschossig war und recht alt wirkte, aber das war ihm im Moment auch egal. Es war nur wichtig, die Frau so schnell wie möglich ins Trockene zu bekommen. Er hielt vor der Haustür und stellte den Motor ab. In der plötzlichen Stille waren nur das Prasseln des Regens und das Klappern ihrer Zähne zu hören.

»Hast du deinen Schlüssel noch?«

Erschrocken richtete sie sich auf und zog ihre Hände zurück. Beinahe hätte er enttäuscht aufgestöhnt, doch er konnte sich gerade noch zusammenreißen. Er wusste nicht genau, was sie dort unter der Decke tat, aber ihm gingen einige Bilder durch den Kopf, die ihm hoffentlich nicht anzusehen waren.

Schließlich kam ihre Hand wieder zum Vorschein, und sie hielt ihm einen Schlüsselbund hin. »W…war in meiner H… hosentasche.«

»Das ist gut.« Sanft nahm Gabe ihn ihr ab und stieg aus dem Wagen.

Er hätte zwar auch ins Haus einbrechen können, doch so war es einfacher und vor allem schneller. Eilig ging er um den Jeep herum und öffnete die Beifahrertür. Ohne lange Erklärungen hob er sie samt der Decke hoch, stieß die Tür mit dem Fuß zu und lief zum Haus. Während er sie mit einem Arm hielt, schloss er mit der anderen Hand auf. Im Innern war es dunkel, aber das störte ihn nicht. Gabes Nachtsicht war ausgezeichnet, und er steuerte zielsicher die Treppe zum Obergeschoss an.

»Hast du eine Badewanne?« Stumm schüttelte sie den Kopf. *Mist!* Dann würde eine Dusche reichen müssen. An der untersten Stufe blieb er stehen. »Dein Bad ist doch oben?«

»J…ja. Warum?« Ihre Augen wirkten riesengroß in ihrem blassen Gesicht.

»Wir müssen dich möglichst schnell warm bekommen.« Er lief die Treppe hinauf und sah sich um. »Welche Tür?«

»G…gleich die erste rechts. Das B…bad ist an mein S… schlafzimmer angeschlossen.«

Gabe schloss kurz die Augen. Auch das noch. Wenn er die Sache durchstand, ohne sie zu berühren, hatte er eindeutig Heiligenstatus verdient. Entschlossen ging er die wenigen Schritte bis zur Tür und stieß sie auf. Sofort stieg ein Duft in seine Nase, der seine Erektion noch weiter verhärtete. Süßlich, mit einem Hauch weiblicher Erregung, so als hätte sie hier in diesem Raum vor nicht allzu langer Zeit Sex gehabt. Sein Körper zog sich schmerzhaft zusammen, während er sich zwang, den Raum zu durchqueren und das Badezimmer zu betreten. Hier überwog der Geruch nach Duschgel und Parfüm, doch auch das half nicht, seine Erregung zu dämpfen. Im Gegenteil. Rasch schaltete Gabe das Licht an, damit die Umgebung nicht so intim wirkte.

Ohne zu zögern, schlüpfte er aus seinen Schuhen und stieg in die Dusche, die glücklicherweise ziemlich geräumig war. Er ließ die Frau an seinem Körper hinuntergleiten, bis ihre Füße den Boden berührten, und drehte die Dusche auf. Zuerst kam ein Schwall kaltes Wasser heraus, den er mit seinem Rücken abfing, bevor es die Frau treffen konnte, doch dann wurde es schnell wärmer. Nachdem Gabe die Temperatur so geregelt hatte, dass das Wasser nicht zu heiß war, trat er zur Seite und stellte die junge Frau unter den Strahl. Sie zitterte so heftig, dass er sie festhalten musste, damit sie nicht umfiel.

»W…warm.« Etwas Farbe kehrte in ihre Wangen zurück, ihre Augen waren geschlossen, während sie ihr Gesicht dem Wasserstrahl entgegenhielt.

Ihre langen Haare fühlten sich wie nasse Seide an, und Gabe wünschte, er könnte seine Finger hineingraben. Er würde ihren Kopf nach hinten biegen und seinen Mund auf ihre Lippen pressen, bis sie ihm Einlass gewährte. Stattdessen hielt er seine Hüfte von ihr fern, damit sie seine Erektion nicht bemerkte.

»Kannst du alleine stehen?«

Sie öffnete die Augen, und Gabe versank für einen Moment in ihren Tiefen, bevor er sich dazu zwang wegzublicken. Er sollte ganz schnell von dort verschwinden, bevor er etwas tat, das er hinterher bereute.

»Ich … denke schon.«

Probeweise ließ er sie los und atmete erleichtert auf, als sie ohne Hilfe aufrecht stehen blieb. Zwar schwankte sie ein wenig, aber wenn sie sich an die Wand lehnte, würde es gehen. »Okay. Am besten ziehst du die nassen Sachen aus, saugst einfach ein wenig die Wärme in dich auf und kommst dann raus. Ich lege dir schon mal trockene Kleidung heraus, und dann stecken wir dich ins Bett.« Allein der Gedanke an ihr großes Bett ließ seinen Penis weiter anschwellen. Inzwischen war seine nasse Jeans extrem ungemütlich, aber hier konnte er nichts daran ändern. Gabe trat noch einen Schritt zurück, bevor er sie wieder anblickte. »Alles in Ordnung?«

»J…ja.« Sie biss sich auf die Unterlippe und sandte damit einen weiteren Hitzestoß durch seinen Körper.

Sie umfasste den Saum ihres Pullovers und zog ihn nach oben. Er wollte sich umdrehen und hinausgehen, doch er konnte es nicht. Völlig erstarrt sah er zu, wie sich der nasse Stoff immer weiter hob. Ihre Arme zitterten, und schließlich sanken sie wieder herab. Schuldbewusst sah er sie an.

»I…ich schaffe … es nicht.« Sie lehnte sich mit dem Rücken an die Wand und schloss die Augen. »Zu schwer.«

Gabe konnte sich vorstellen, wie schwach sie sich nach der Tortur fühlte und wie schwierig es ihr erscheinen musste, den schweren, nassen Stoff über den Kopf zu bekommen. »Soll ich dir helfen?« *Nein, nein, nein! Das war ein Fehler!* Aber welche Wahl hatte er? Er konnte sie schließlich nicht in diesem Zustand alleine lassen.

Schweigend nickte sie, ihre Augen blieben geschlossen. »Okay.«

Nach einem tiefen Atemzug, der ihm nicht wirklich half, griff Gabe nach dem Saum ihres Pullovers und zog ihn vorsichtig hoch. Erleichtert erkannte er, dass sie darunter ein T-Shirt trug, was die Versuchung ein wenig verringerte. Bemüht, ihr nicht wehzutun, weitete er mit seinen Händen den Halsausschnitt und zog ihn sanft über ihren Kopf. Danach war es ein Leichtes, den Pullover an ihren Armen herabzuziehen. Rasch warf er ihn über die durchsichtige Kabinenwand. Durch das nasse T-Shirt konnte er ihre Brüste sehen, deren Spitzen sich aufgerichtet hatten. Rasch senkte Gabe seinen Blick auf ihre Hose und stöhnte innerlich auf. Die enge Jeans würde sie nie alleine ausziehen können, solange sie nass war. Und wenn er sich nicht irrte, schien sie sich kaum noch aufrecht halten zu können, also musste er sich beeilen.

Die Zähne fest zusammengebissen, öffnete er den Knopf und zog den Reißverschluss herunter. Eine Hand legte sich auf seine. Fragend blickte er auf.

»Erst du.«

»Was?«

Mit einem zitternden Finger deutete sie auf seinen Pullover. »Sonst komme … ich mir so n…nackt vor.«

Das war überhaupt keine gute Idee, und genau das sollte er

ihr eigentlich auch sagen. Stattdessen zog er sich seinen durchweichten Pulli über den Kopf und warf ihn ebenfalls über die Abtrennung. Er trug nichts darunter, daher war es kein Wunder, dass sich ihre Augen erschrocken weiteten, als sie plötzlich mit seinem nackten Oberkörper konfrontiert wurde. Gerade als es ihm fast gelungen war, die Dusche zu verlassen, stieß sie einen fast unhörbaren Laut aus, der beinahe nach Erregung klang. Mit Mühe überzeugte Gabe sich davon, dass er sich das nur einbildete, weil er es sich mehr als alles andere wünschte.

»Danke.« Der Hauch eines Lächelns umspielte ihre Lippen.

»Kein Problem.« Oh doch, ein ganz gewaltiges Problem drückte extrem schmerzhaft gegen seinen Reißverschluss. Aber das wollte sie vermutlich nicht wissen.

Wieder legte er seine Hände an ihren Hosenbund, und da sie nicht protestierte, begann Gabe damit, den störrischen Stoff an ihren Beinen herunterzuziehen. Dabei bemühte er sich, nicht nach oben zu sehen und auch nicht auf die glatte Haut zu achten, die er freilegte. Gehorsam hob sie ein Bein, damit er die Hose über ihre Füße ziehen konnte, und stützte sich dabei auf seiner Schulter ab. Dadurch kam sein Gesicht in gefährliche Nähe zu ihrem Slip, der, wie er jetzt bemerkte, aus durchsichtigem Material bestand und an der Taille nur von zwei dünnen Streifen gehalten wurde. Sämtliches Blut sackte nach unten in seinen Schaft, und er beugte sich automatisch vor. Als Gabe merkte, was er da tat, zuckte er zurück und widmete sich ganz der nassen Jeans.

Das zweite Hosenbein schien sich noch mehr zu wehren, und er musste mit aller Kraft ziehen, um sie daraus zu befreien. Dabei verlor sie das Gleichgewicht, und er konnte sie gerade noch festhalten, indem er ihr einen Arm um die Taille schlang. Dabei presste sich sein Gesicht an ihren Slip. Unwillkürlich schloss Gabe die Augen und atmete tief ein. Er hätte schwören können, dass er ihre Erregung roch, aber vielleicht war das auch nur pures Wunschdenken. Die Zähne fest zusammengepresst, löste er sich von ihr und stand auf. Nachdem er auch die Jeans aus der Duschkabine geworfen hatte, wandte er sich zu ihr um und erstarrte. Röte überzog ihre Wangen, ihre Augen glitzerten.

»Entschuldige. Schaffst du den Rest alleine?« Er musste dringend hier weg, wenn er nicht Gefahr laufen wollte, jeden Moment über sie herzufallen. Unter normalen Umständen hätte Gabe damit kein Problem gehabt, aber sie war schließlich gerade beinahe ertrunken und sicher nicht in der richtigen Stimmung und körperlichen Verfassung für das, was er gern getan hätte.

Ihre Zungenspitze benetzte ihre Lippe. »Ich ... glaube nicht.«

Er widerstand der Versuchung, einen Fluch auszustoßen. »Gut, dann kommt jetzt dein T-Shirt dran.«

»Erst deine ... Jeans.« Ihr Blick glitt nach unten. Er hatte keine Ahnung, wieso sie die riesige Beule übersah.

»Das ist keine gute Idee.«

Unsicher blickte Julie ihm ins Gesicht. Konnte es sein, dass sie die Zeichen falsch gedeutet hatte? Zuerst hatte sie nur daran denken können, sich endlich aufzuwärmen, doch dann hatte sie angefangen, ihren Retter wirklich wahrzunehmen. Die kantigen Gesichtszüge, den kräftigen Körper, die sanfte Art, wie er sich um sie kümmerte. Vor allem aber seine warmen braunen Augen und die schönen Lippen. Wie würde es sich anfühlen, sie auf ihren zu spüren? Auf ihrem ganzen Körper? Vermutlich dachte sie bei einem völlig Fremden nur über so etwas nach, weil sie gerade dem Tod entkommen war. Vor allem stand sie hier halb nackt vor ihm, und er konnte ihr die Erregung sicher ansehen. »W…wie heißt du?«

Sein Blick ruhte lange Zeit auf ihr, doch sie konnte ihm nicht ansehen, was er dachte. »Gabe. Und du?«

»Julie. Willst du die n…nasse Hose etwa anlassen?« Verdammt, konnte sie endlich mit dem elenden Stottern aufhören? Inzwischen war ihr gar nicht mehr kalt, und wenn sie zitterte, dann war es vor Sehnsucht.

Gabe lächelte schief. »Nicht unbedingt, aber das mache ich lieber später, ich habe nichts darunter an.«

Verlangen schoss so heftig durch ihren Körper, dass sie schon wieder unkontrolliert zitterte.

Sorge verdunkelte seine Augen, und er trat auf sie zu. »Ich ziehe dir jetzt den Rest aus und bringe dich dann ins Bett.«

Da sich das ausgesprochen gut anhörte, nickte sie nur und schloss die Augen. Etwas zupfte an ihrer Taille, dann wurde der Stoff nach oben geschoben. Die Reibung ließ ihre Brustwarzen noch steifer werden, und sie konnte das Ziehen bis in ihren Unterleib spüren. Feuchtigkeit bildete sich zwischen ihren Beinen und sickerte in ihren Slip. Die Wassertropfen, die auf ihren Kopf und jede freie Stelle ihres Körpers trommelten, trugen noch zu ihrem Gefühlschaos bei. Julie konnte sich nicht erinnern, jemals so erregt gewesen zu sein, ohne überhaupt berührt worden zu sein.

Wieder zog er den Stoff äußerst vorsichtig über ihren Kopf und warf ihn dann beiseite. Ihre langen Haare legten sich wie ein nasser Vorhang um ihre Schultern. Damit sie ihn nicht ansehen musste, hob sie ihr Gesicht dem Wasserstrahl entgegen und genoss das Prickeln auf ihrer Haut. Ihre Brüste waren so empfindlich, dass die Massage des Wassers sie beinahe zum Orgasmus brachte. Schließlich hielt sie es nicht mehr aus, sie musste ihn ansehen. Unverkennbares Begehren lag in Gabes

Augen, während er unverwandt auf ihre Brüste starrte. Er bemerkte ihren Blick und zuckte zurück. Bevor sie etwas sagen konnte, hatte er sich hingehockt und zog langsam den Slip an ihren Beinen hinunter. Oh Gott, sie hatte das Gefühl, verbrennen zu müssen, als das Wasser nun direkt über ihre rasierte Scham lief.

Mit weichen Knien lehnte sie sich an die Wand, während sie erst den einen, dann den anderen Fuß hob, damit er ihr den Slip ganz ausziehen konnte. Vollkommen nackt stand sie mit einem Fremden in der Dusche. Und es erregte sie über alle Maßen. Zwar war Sex schon immer wichtig für sie gewesen, aber so etwas war ihr noch nie passiert. Anstatt Verlegenheit zu empfinden, wollte sie ihm ihren Körper präsentieren, ihm zeigen, was er haben konnte. Bevor der Mut sie verließ, stieß sie sich von der Wand ab und machte einen Schritt auf ihn zu. Gabe floh nicht, wie sie es beinahe befürchtet hatte, sondern blieb wie angewurzelt stehen. Wieder glitzerten seine Augen vor Verlangen.

Während sie seinen Blick festhielt, legte sie ihre Hände auf seinen Hosenbund und öffnete den Knopf. Als er sie nicht davon abhielt und sich auch sonst nicht rührte, nahm sie das als Zeichen fortzufahren. Vorsichtig zog sie den Reißverschluss herunter und gab einen erstickten Laut von sich, als ihr sein langer, dicker Schaft in die Hand fiel, denn Gabe trug tatsächlich keine Unterwäsche. Julie gönnte sich nur eine kurze Liebkosung mit dem Daumen, bevor sie damit begann, die Hose langsam herunterzuschieben. Das ging schwerer als erwartet. Der feuchte Stoff klebte an seinen muskulösen Oberschenkeln, und ihre Kraft schwand viel zu schnell. Sie sank auf die Knie und lehnte ihre Stirn an seine Hüfte. Sein Schaft strich über ihre Wange. Eine Hand legte sich auf ihren Kopf und zog sanft an ihren Haaren, bis sie zu ihm aufblickte.

Gabes Augen loderten vor Verlangen, gleichzeitig glaubte sie aber auch, etwas Sanftes darin zu entdecken. »Komm hoch, ich kann das auch selbst.«

Enttäuscht folgte sie seinem Befehl und richtete sich mit seiner Hilfe wieder auf. Mit der Hand hielt sie sich an der Armatur für den Duschkopf fest und lehnte sich an die Wand, während sie beobachtete, wie er scheinbar mühelos aus der Jeans schlüpfte.

»Wie hast du das so … schnell gemacht?«

Er grinste sie an. »Lange Übung.«

»Rettest du öfter Frauen vor dem Ertrinken und stellst sie dann unter die Dusche?« Der Gedanke gefiel ihr ganz und gar nicht.

»Du bist die Erste. Aber in meinem Beruf bin ich öfter mal nass und durchgefroren.« Gabe zuckte mit den Schultern. »Da lernt man, schnell zu sein.« Seine Hose landete mit einem klatschenden Geräusch außerhalb der Dusche.

Ihr Blick glitt an seinem Körper hinunter, und Julie konnte sich nicht erinnern, jemals etwas Schöneres gesehen zu haben. Kräftige Muskeln unter glatter, leicht gebräunter Haut, schmale Hüften und ein massiver Oberkörper mit einem Dreieck dunkelblonder Haare, durch das harte Brustwarzen hindurchschauten. Ihr lief vor Verlangen, ihn überall zu berühren, zu lecken und zu küssen geradezu das Wasser im Mund zusammen. Anscheinend konnte Gabe ihr das ansehen, denn sein Schaft wurde noch länger und richtete sich weiter auf. Geradezu verzweifelt klammerte sie sich an die Armatur, weil ihre Knie nachzugeben drohten.

»Komm, ich bringe dich jetzt ins Bett, damit du dich ausruhen kannst.« Seine tiefe Stimme hallte durch das Bad und löste einen weiteren Schauder aus, der sie von Kopf bis Fuß überlief.

Er konnte sie gerne ins Bett bringen, aber Julie hatte nicht vor, sich dort auszuruhen. Nicht, wenn es ihr gelang, ihn zu überreden, mit ihr unter die Decke zu schlüpfen.

Sie hielt den Atem an, als er näher trat und einen Arm um ihre Taille gleiten ließ. Sein Schaft streifte ihren Bauch. Für einen Moment erstarrten sie, dann gab es kein Halten mehr. Julie stürzte sich geradezu auf ihn und schlang ihre Arme um seinen Hals, während Gabe sie hochhob und ihre Beine um seine Hüften legte. Sein Schaft war zwischen ihren Körpern gefangen und rieb bei jedem Atemzug gegen ihren Schoß. Ihre Münder trafen sich, seine Zunge schob sich zwischen ihre Lippen und erkundete ausgiebig ihre Mundhöhle. Gierig hieß Julie sie mit der ihren willkommen.

Er legte seine Hände um ihren Po und trieb sie gegen seinen Schaft. Immer wieder, bis sie bei jeder Berührung laut aufstöhnte. Gabe gab ein verlangendes Brummen von sich und riss sich schließlich von ihrem Mund los. »Wir … haben … ein … Problem.«

Atemlos lehnte sie sich gegen ihn. »Welches?«

»Ich habe kein Kondom … in Reichweite.«

Dass er überhaupt noch so klar denken konnte, sprach für ihn. Sie hatte gar nicht über so etwas Elementares wie Kondome nachgedacht, sondern sich nur ihren Gefühlen hingegeben. Eine kleine Bewegung ihrer Hüfte brachte sie wieder in vollen Kontakt mit seiner Erektion. Ein weiteres Stöhnen löste sich aus Julies Kehle. »Im Spiegelschrank, rechte Seite.«

»Halt dich fest.« Einen Arm sicher um sie gelegt, stieg Gabe mit ihr aus der Duschwanne und überbrückte die kurze Distanz zum Spiegelschrank, der über dem Waschbecken hing. Seine Hand hielt ihren Po, während sein Schaft bei jedem Schritt über ihre Klitoris rieb.

Julie biss sich auf die Lippe. »Be…eil dich bitte.«

Gabe riss den Spiegelschrank so heftig auf, dass er beinahe von der Wand gefallen wäre. Mit einer Hand nahm Gabe ein Kondom aus der Packung, mit der anderen fuhr er an ihrem Po entlang und drang mit einem Finger in sie ein. Ihre Muskeln zogen sich zusammen, und ein Prickeln schoss ihr Rückgrat hinauf. *Mehr! Sie wollte mehr!* Julie hob ihre Hüften, bis sich nur noch seine Fingerspitze in ihr befand, dann ließ sie sich wieder auf ihn hinabsinken. Diesmal drang er tiefer in sie ein, und sie keuchte auf.

»Mehr.«

Die Erregung stand ihm deutlich ins Gesicht geschrieben, während er mit den Zähnen die Kondompackung aufriss. Doch so lange konnte sie nicht warten. Sie brauchte ihn, sofort. Als sie noch einmal ihre Hüfte hob und wieder senkte, drangen zwei Finger in sie ein. Ein Beben lief durch ihren Körper, und Julie schloss die Augen. Es fühlte sich so gut an! Noch einmal hoch und wieder hinunter, nur füllten sie diesmal drei Finger aus und weiteten ihre enge Passage. Sie ließ ihren Kopf in den Nacken fallen und konnte sich nur noch an ihn klammern und die Gefühle genießen, die er in ihr auslöste. Als seine Finger sie verließen, stöhnte sie enttäuscht auf. Doch dann hob Gabe ihre Hüfte an und positionierte seinen Schaft an ihrem Eingang.

Sie hob den Kopf und spürte, wie etwas in ihr nachgab, als sie die Erregung und Sehnsucht sah, die sich in seinen Augen spiegelten. »Komm zu mir.«

Langsam glitt er in sie, und sie hatte Mühe, ihren Orgasmus zurückzuhalten, weil es sich so unglaublich anfühlte, als sein harter Schaft sich von innen an ihr rieb. Nach einer scheinbar unendlich langen Zeit war er endlich vollständig in ihr, und Gabe lehnte seine Stirn gegen ihre. Sein Atem strich über ihre Lippen und rief ein weiteres Prickeln in ihr hervor. Da es nicht so schien, als wollte er sich in nächster Zeit bewegen, zog Julie ihre Muskeln zusammen und entlockte ihm damit ein Stöhnen.

»Lass mir … einen Moment.« Seine heisere Stimme löste eine Gänsehaut bei ihr aus. Ihre Brustwarzen zogen sich noch fester zusammen.

»Warum?«

Gabe hob den Kopf, und das Feuer in seinen Augen verbrannte sie beinahe. »Weil es sonst zu schnell vorbei wäre. Du fühlst dich so gut an …«

»Du dich auch, und ich habe nichts gegen schnell. Im Gegenteil, ich brauche es sogar.« Als es immer noch so aussah, als würde er sich weigern, strich sie mit der Zungenspitze über seine Oberlippe. »Bitte.«

Seine Beherrschung brach. Mit den Händen umfasste er ihren Po und hob sie hoch. Julie klammerte sich an ihn und genoss das Spiel seiner Muskeln unter der warmen Haut. Ein protestierender Laut entfuhr ihr, als sein Penis aus ihr herausglitt, bis nur noch die Spitze sie berührte. Ohne eine weitere Vorwarnung ließ er sie hinuntersacken, wodurch sich sein Schaft weit in sie hineinschob. Sie stieß ein Wimmern aus.

Sofort hielt er inne. »Zu tief?«

Julie schüttelte heftig den Kopf und presste ihre Hüften nach unten. »Mehr!«

Seine Zähne blitzten auf, seine Hände spannten sich an. Freudige Erwartung durchzuckte sie. Endlich, endlich hatte sie einen Mann gefunden, der Sex genauso genoss wie sie. Sie konnte keinen klaren Gedanken mehr fassen, als Gabe begann sich in ihr zu bewegen. Oder vielmehr, sie auf seinem Schaft reiten zu lassen. Schneller, immer schneller, immer tiefer. Seine Finger bohrten sich in ihre Pobacken, aber Julie bemerkte es kaum. Ihr ganzes Sein war auf das Gefühl seiner Länge in ihr konzentriert. Gabe beugte sich über sie und knabberte an ihrem Hals. Zu schade, dass er in dieser Stellung ihre Brüste nicht erreichen konnte, die sich nach seinem Mund sehnten. Dafür rieben die Spitzen über sein Brusthaar, und sie erschauerte.

Ihre Lust überschwemmte sie. Jeder Atemzug brachte sie dem Höhepunkt näher. So gern sie ihn auch hinausgezögert hätte, es gelang ihr nicht. Mit einem lauten Schrei explodierte sie. Gabes Bewegungen wurden unregelmäßiger. Beinahe verzweifelt stieß er immer wieder in ihre Tiefen und verlängerte so ihren Orgasmus. Schließlich gab er einen rauen Laut von sich, und sein Penis zuckte in ihr. Julie schloss ihre Augen und lehnte ihre Stirn gegen seine Schulter, während sie versuchte, wieder zu Atem zu kommen. Sein Herzschlag dröhnte an ihrer Brust, und sie genoss das Gefühl, von starken Armen gehalten, an einen warmen Körper gepresst zu werden. Lippen streiften ihre Schläfe, und ihr Herz zog sich schmerzhaft zusammen. Sie wollte ihn noch nicht gehen lassen.

3

Gabe blickte auf ihre zerzausten, nassen Haare hinab und versuchte, genug Kraft aufzubringen, um sich von ihr zu lösen. Das war allerdings nicht so einfach. Zum einen hatte ihm der intensive Orgasmus jegliche Energie geraubt, und zum anderen wollte er sie gar nicht loslassen. Ihr schien es genauso zu gehen, zumindest wenn er davon ausging, wie sie sich mit Armen und Beinen an ihn klammerte. Da er zumindest das Kondom beseitigen musste, hob er ihre Hüfte an und zog sich aus ihr zurück. Ihr protestierender Laut ließ neue Erregung durch seinen Körper fließen, sein Schaft zuckte. Mit einem stillen Seufzer entfernte er mit einer Hand das Kondom, während er Julie mit der anderen Hand weiterhin an sich drückte. Anschließend ging er zur Tür und trat ins Schlafzimmer.

Beim Bett angekommen, stützte er sich mit einem Knie auf der Matratze ab und legte sie vorsichtig darauf. Als er sich aufrichten wollte, hielt sie ihn weiterhin mit Armen und Beinen fest. Ein Lachen stieg in ihm auf.

»Du kannst mich jetzt loslassen.«

Sie öffnete die Augen und blickte ihn überraschend ernst an. »Und wenn ich nicht will?«

Sein Schaft richtete sich weiter auf und rieb über ihren Eingang. »Du hast ein schlimmes Erlebnis hinter dir und musst dich wärmen und ausruhen.«

»Ja, und?«

Gabe presste die Zähne zusammen. »Und wenn ich hierbleibe, kannst du dich nicht ausruhen.«

Julie lächelte schwach. »Aber immerhin ist mir jetzt richtig warm.«

Da sein Penis inzwischen wieder völlig steif war, löste er sich von ihr und setzte sich auf die Bettkante. Ihr Blick glitt über seinen Körper und blieb an seiner Erektion hängen. Unbewusst leckte sie sich über die Lippen. Er ballte die Fäuste, um nicht nach ihr zu greifen und noch einmal von vorn anzufangen. Um der Versuchung endgültig zu widerstehen, zog Gabe die Decke über sie.

Traurigkeit lag in ihren Augen. »Du musst weg, oder?«

»Mein Bruder fragt sich bestimmt schon, wo ich bleibe.« Ein Hauch schlechten Gewissens machte sich in ihm breit, aber nicht genug, um aufzustehen.

»Dann solltest du ihn wohl nicht länger warten lassen.« Julie biss sich auf die Lippe, Röte stieg ihr in die Wangen. »Wie lange …?« Sie brach ab und schüttelte den Kopf.

»Wie lange was?«

»Ich wollte fragen, wie lange du in der Gegend sein wirst, aber es wäre nicht richtig. Du hast mich gerettet, ich verdanke dir mein Leben.« Sie richtete sich auf und küsste ihn sanft auf die Lippen. »Danke, auch für alles andere.«

Das hörte sich fast an, als wollte sie ihn hinauswerfen, und Gabe erkannte, dass ihm der Gedanke nicht behagte, jetzt schon zu gehen. Allerdings musste er wirklich seinem Bruder Bescheid sagen, dass er besser noch nicht mit ihm rechnete, sonst würde Rafe sich nur Sorgen machen. Widerstrebend erhob sich Gabe und blickte auf Julie hinab. Die Decke war nach unten geglitten und gab ihre Brüste frei. Zu gerne hätte er sie liebkost, geküsst und an den Spitzen geknabbert, bis sie ihn anbetteln würde, sie zu erlösen. Nein, er musste wirklich hier weg, bevor er noch einmal über sie herfiel.

»Gern geschehen. Ich bin froh, dass ich dich gefunden habe.«

Es klang so zweideutig, dass er sich lieber rasch umdrehte und das Zimmer verließ.

Seine nasse Kleidung ließ er im Bad liegen, er mochte sie jetzt nicht wieder anziehen. Stattdessen würde er sich etwas Trockenes aus dem Jeep holen. Er konnte nur hoffen, dass es keine Nachbarn in der Nähe gab, die freien Blick auf das Grundstück hatten. Gabe war es zwar egal, ob ihn jemand nackt sah, aber er wollte Julies Ruf nicht ruinieren. Doch dann kam ihm ein Gedanke, und er blieb stocksteif stehen. Gab es vielleicht einen Mann in ihrem Leben? So, wie sie sich verhalten hatte, glaubte er das zwar nicht, aber in ihrem Schlafzimmer hatte es eindeutig nach Sex gerochen. Schließlich zuckte er mit den Schultern und ging weiter. Es ging ihn nichts an. Und auch wenn er den seltsamen Impuls hatte, der Einzige sein zu wollen, der ihren Körper genießen durfte, hatte er doch keinerlei Anspruch auf sie, nur weil er sie gerettet hatte. Es lag sicher lediglich am Adrenalin, dass er die Finger nicht von ihr lassen konnte.

Gabe trat vor die Haustür und blickte sich um. Niemand zu sehen. Rasch lief er zum Jeep und nahm sein Handy und die Sporttasche heraus, in der er seine Kleidung zum Wechseln aufbewahrte. Gerade als er die Tür schließen wollte, glaubte er im Augenwinkel eine Bewegung am Ende des Grundstücks zu sehen. Er hob den Kopf und versuchte, mit den Augen die Dunkelheit zu durchdringen, konnte aber nichts erkennen. Wahrscheinlich nur Einbildung, vom Regen verursacht. Trotzdem blickte er sich noch einmal um, als er bei der Haustür ankam. Sein Instinkt sagte ihm, dass dort jemand oder etwas war und ihn beobachtete. Da er nicht vorhatte, nur aufgrund eines Gefühls das gesamte Grundstück abzusuchen, trat er ins Haus und schloss die Tür hinter sich. Wahrscheinlich war es wirklich nur ein neugieriger Nachbar oder vielleicht ein Tier.

Vorsichtshalber schob er den Riegel vor und ging dann durch das Erdgeschoss, um sämtliche Türen und Fenster zu überprüfen. Während er das tat, drückte Gabe auf die Kurzwahltaste für seinen Bruder.

Rafe antwortete bereits nach dem ersten Klingeln. »Wo zum Teufel bist du? Ich war schon fast so weit, die Polizei zu rufen und …«

Lächelnd unterbrach er seinen Bruder. »Beruhig dich, es geht mir gut. Ich bin nur etwas … aufgehalten worden. Würde es dir etwas ausmachen, wenn ich erst morgen früh komme?«

Einen Moment lang herrschte Stille. »Sag nicht, dass du mich wegen einer Frau versetzt. Ich mache mir Sorgen, dass du einen Unfall hattest und irgendwo schwer verletzt liegst und du vergnügst dich?« Seine Stimme wurde mit jedem Wort lauter.

Gabe hielt das Handy ein Stück vom Ohr weg, bis sein Bruder fertig war. »Nein, zuerst bin ich in einen eiskalten See gesprungen und habe die Frau aus ihrem versunkenen Auto gerettet. Dann habe ich sie wiederbelebt, zu ihrem Haus gebracht und erst mal unter die Dusche gestellt. Jetzt habe ich sie gerade ins Bett gesteckt.« Den Rest ließ er lieber weg.

»Ist das dein Ernst?«

»Ja. Ich will sie in dem Zustand nicht allein lassen, und sie hat niemand anders, der sich um sie kümmern könnte.«

Rafe atmete tief durch. »Verdammt, wie schaffst du es immer wieder, in solche Situationen zu geraten? Ich verstehe, dass du dortbleiben willst, aber meinst du nicht, es wäre besser, sie in ein Krankenhaus zu bringen?«

»Es geht ihr so weit gut. Sie ist etwas unterkühlt gewesen, aber das habe ich im Griff.« Ja, genau. Er konnte jetzt noch ihre Beine fühlen, die sie um ihn geschlungen hatte, während er tief in sie eingedrungen war. Mühsam unterdrückte Gabe ein Stöhnen. »Ich glaube, sie braucht nur etwas Ruhe, um den

Schock zu verarbeiten. Und die bekommt sie am besten an einem vertrauten Ort.«

»Wenn du meinst.« Rafe klang immer noch skeptisch. »Also gut, kümmere dich um die Frau, und dann kommst du morgen hierher, okay?«

»Auf jeden Fall. Ich freue mich schon darauf, dich wiederzusehen, kleiner Bruder.«

Ein Schnauben drang durch die Leitung, bevor Rafe das Gespräch beendete.

Mit einem Grinsen beendete Gabe seinen Rundgang und stieg die Treppe zum Obergeschoss hinauf. Sein Schaft verhärtete sich, als er in der Tür zum Schlafzimmer stehen blieb und sah, dass Julie eingeschlafen war, ohne sich richtig zuzudecken. Ihre Brüste schimmerten in dem schwachen Licht, das aus dem Badezimmer drang. Ihre langen schwarzen Haare umrahmten wild ihren Kopf. Zu gerne würde er seine Hände darin vergraben, um noch einmal zu spüren, wie seidig sie waren. Und dann würde er jeden einzelnen Zentimeter ihres Körpers mit Küssen bedecken und sie überall berühren. Während ihres wilden Liebesspiels im Badezimmer hatte er dazu kaum Gelegenheit gehabt.

Lautlos stellte Gabe die Tasche auf den Boden und legte das Handy auf die Kommode, bevor er leise zum Bett ging. Sosehr er sie auch begehrte, sie hatte Schlimmes hinter sich und brauchte den Schlaf, um sich davon zu erholen. Vorsichtig zog er die Decke hoch und strich ihr das Haar aus der Stirn. Ihr Duft stieg ihm in die Nase, und er brauchte all seine Beherrschung, um sich nicht neben sie zu legen. Sanft küsste er Julies Wange und richtete sich wieder auf. Während er sich noch einen langen Blick auf ihr Gesicht gönnte, hob sie die Lider.

Verwirrt sah sie ihn an. »Du bist noch da.«

»Natürlich. Ich lasse dich in deinem Zustand bestimmt nicht allein.«

Eine Falte erschien zwischen ihren Augenbrauen. »Welchen Zustand meinst du?«

Konnte sie durch den Schock vergessen haben, was passiert war? Besorgt setzte Gabe sich auf die Bettkante und legte seine Hand auf ihre Stirn. Sie war warm, aber nicht zu warm. »Du erinnerst dich doch noch an den Unfall?«

»So was vergisst man kaum, wenn man dabei fast stirbt.«

Erleichtert atmete er auf. »Mit deinem Zustand meinte ich den Schreck und die Unterkühlung.«

Röte stieg in ihre Wangen. »Oh. Ich dachte du meintest …« Julie drehte den Kopf zur Seite.

Verwirrt betrachtete er ihr abgewandtes Gesicht. Es zeigte sich wieder einmal, dass er Frauen einfach nicht verstand. Gabe beugte sich über sie und zwang sie, ihm in die Augen zu blicken. »Was sollte ich sonst meinen?« Anstelle einer Antwort schob sie die Decke beiseite, bis sie nackt vor ihm lag. Seine Nasenflügel blähten sich, als er den Duft ihrer Erregung wahrnahm. Tief blickte er ihr in die Augen. »Was möchtest du?« Er konnte es sich zwar vorstellen, aber er wollte es von ihr hören.

Ihre Zähne gruben sich in ihre Unterlippe. Julie nahm seine Hand und legte sie auf ihre Brust. »Berühr mich.« Als er zögerte, trat Unsicherheit in ihre Augen. »Außer, du willst mich nicht.«

Ein schnaubendes Lachen entfuhr ihm. »Ich will dich so sehr, dass mir alles wehtut.«

Sie hob ihre Arme über den Kopf und schloss ihre Finger um die Metallstreben des Bettes. »Worauf wartest du dann noch?«

Wie könnte er einer solchen Einladung widerstehen? »Kondome?«

»Im Nachttisch.«

Ihre raue Stimme fachte Gabes Erregung noch zusätzlich an. Rasch schloss er die Hand um die Basis seines Schafts, um den drohenden Orgasmus zurückzudrängen. Verdammt, wenn er schon so reagierte, nachdem er bereits einmal gekommen war und er sie nur kurz berührt hatte, wusste er nicht, wie es ihm gelingen sollte, lang genug durchzuhalten, um Julie zum Höhepunkt zu bringen.

»So heiß das auch ist, zuzusehen, wenn du dich berührst, wäre es möglich, dass du dich auch um mich kümmerst?«

Er grinste und fuhr absichtlich mit seiner Hand an seinem Penis hinauf. »Du findest das also heiß?«

Ihr Stöhnen ließ seinen ganzen Körper vibrieren. »Extrem heiß. Bitte …« Julie hob ihre Hüften. Eine stumme Aufforderung, sie zu berühren.

So gern er sie noch ein wenig gequält hätte, der Drang in ihm, sie mit Händen und Lippen zu erkunden, war zu groß. Gabe kniete sich über sie und fuhr mit seinen Fingerspitzen über ihre weiche Haut. Wieder kam sie ihm entgegen. Er legte ihr eine Hand auf die Hüfte und drückte sie sanft zurück auf die Matratze. »Bleib still liegen.«

Ein Wimmern löste sich aus ihrer Kehle. »Bitte …«

»Keine Angst, ich kümmere mich um dich.« Er beugte sich zur Seite und zog die Schublade des Nachttischs auf. Dort fand er, was er suchte – und mehr. Gabe nahm einige Kondome aus der Packung und warf sie aufs Bett, bevor er die Flasche mit dem Massageöl herausnahm. Seine Finger stießen an einen länglichen Gegenstand, den er mit einem Grinsen herauszog. »Ist das ein Freund von dir?«

Julie öffnete die Augen und stieß einen erstickten Schrei aus, als sie sah, was er in der Hand hielt. Röte überzog ihre Wangen. »Ja. Leg ihn zurück.«

»Keine Chance. Ich glaube, er wird mir behilflich sein.« Sein

Schaft zuckte, als er mit dem sehr realistisch geformten Penis-Vibrator über ihren Bauch strich. Ein deutlich sichtbares Zittern lief durch ihren Körper, erneut hob sie ihr Becken. Oh ja, er würde verdammt viel Spaß mit dem Ding haben. »Gefällt dir das?«

Ein heiseres Stöhnen war ihre Antwort. »Hör auf … zu reden und … tu endlich was!«

Lachend beugte Gabe sich zu ihr hinunter. »Aye, Ma'am.«

Seine Zunge glitt über ihren Hals nach unten, während er mit dem Knie ihre Beine auseinanderschob. Ohne dass er etwas sagen musste, öffnete Julie ihre Schenkel. Er kniete sich dazwischen und glaubte beinahe, ihre feuchte Scham schon an seinem Schaft zu spüren. Lange würde er es nicht aushalten, bevor er sich in ihr vergrub. Während Gabe mit kleinen Küssen eine Spur zu ihren Brüsten zog, strich er mit dem Vibrator über ihren Hügel und glitt zwischen ihre Beine. Sie zuckte heftig zusammen, ihr Griff um die Stäbe am Kopfteil des Bettes verstärkte sich. Ihre Brustwarzen stellten sich steil auf, und Gabe schloss seine Lippen darum. Gierig saugte er an ihr, während er mit dem Kunstpenis über ihre Klitoris strich.

»Oh Gott. Mehr!«

Gabe drückte den Knopf und presste den vibrierenden Penis an ihre empfindlichste Stelle. Gleichzeitig biss er sanft in ihre Brustwarze. Julies ganzer Körper spannte sich an, und sie kam mit einem lauten Schrei. Sein Schaft zuckte, und er hatte Mühe, seinen Orgasmus zurückzuhalten. Noch nicht. Er presste seine Stirn an ihre Brust und holte tief Luft. Sie löste ihre Finger von den Metallstäben über ihrem Kopf und vergrub sie in seinen Haaren. Den Vibrator legte er zur Seite und schob seine Hand zwischen ihre Beine. Sie war feucht und heiß, ihre glatt rasierte Haut samtig weich. Mit einem Finger drang er in sie ein und spürte, wie sich ihre Muskeln um ihn zusammenzogen. Nach einem letzten Kuss auf jede Brustspitze rutschte er weiter nach unten und zog eine Spur aus knabbernden Bissen über ihre Rippen, ihren Bauch, immer tiefer, bis er sein Ziel erreicht hatte.

Es war ihr unerklärlich, wie sie nach zwei explosiven Höhepunkten überhaupt noch Erregung empfinden konnte, doch es war so. Jede Berührung seiner Finger und Lippen löste einen Schauer der Lust in ihr aus. Da sie ihre Beine nicht zusammenpressen konnte, weil er dazwischenlag, beschloss Julie, es einfach geschehen zu lassen. Sie stellte ihre Füße auf die Matratze und zog die Beine an, bevor sie ihre Knie nach außen kippen ließ. Auf diese Weise lag sie völlig offen vor ihm, und Gabe konnte mit ihr tun, was er wollte. Die Erregung baute sich weiter in ihr auf. Als sein Atem über ihre Klitoris strich, schloss sie die Augen. So lange hatte sie sich gewünscht, einem Mann zu begegnen, der, was Sex anging, genauso fühlte wie sie. Doch nie hätte sie gedacht, ihn in einem Fremden zu finden, von dem sie nicht mehr wusste als seinen Namen und seinen Beruf. Oder vielleicht lag es gerade daran, dass sie ihren Kopf ausschalten und sich einfach der Lust hingeben konnte.

Seine Zungenspitze berührte ihre Weiblichkeit, und ein Beben lief durch ihren Körper. Ihre Hände gruben sich in das Bettlaken, als er quälend langsam mit der Zungenspitze über jeden Zentimeter strich. Julie konnte nicht anders, als Gabe ihr Becken entgegenzuheben. Seine Hände schlossen sich fester um ihren Po, mit den Daumen schob er ihre Schamlippen zur Seite, um besser an ihre empfindlichsten Stellen zu kommen. Langsam bohrte sich seine Zunge in ihre Spalte, und sie gab einen rauen Laut von sich, als ein Prickeln durch ihren Unterleib schoss. Wenn er so weitermachte, würde sie nicht lange brauchen, um erneut zum Höhepunkt zu kommen. Sie konnte es kaum erwarten.

Nachdem seine Zunge einige Male in sie eingedrungen war, widmete Gabe sich ihrer Klitoris. Erst umrundete er sie mit der Zungenspitze und strich immer wieder darüber. Dann umschloss er sie mit den Lippen und saugte kräftig. Hitze durchflutete ihren ganzen Körper, atemlos wand sie sich unter ihm. Eine seiner Hände verschwand von ihrer Hüfte. Etwas Großes schob sich langsam in sie hinein, und Julie dachte zuerst, dass es sein Schaft sei, doch das ging in dieser Stellung gar nicht. Sie öffnete weit die Augen, als sie erkannte, dass es der Vibrator war, mit dem Gabe tief in sie eindrang, während er weiterhin ihre Klitoris leckte. Oh Gott! Ihr Herz raste, während ihre Gefühle sie immer weiter dem nächsten Höhepunkt entgegentrugen.

Als er ganz in ihr war, schaltete Gabe den Vibrator an, und er löste Zuckungen in ihr aus, die sich noch verstärkten, als Gabe den künstlichen Penis zunächst aus ihr herauszog, dann aber gleich wieder in sie hineinstieß. Mit den Zähnen nagte er zärtlich an ihrer Klitoris und Julie spürte, wie sich ihr gesamter Körper anspannte.

»Berühr deine Brüste.«

Schon sein rauer Befehl ließ sie beinahe kommen. Mit Mühe löste sie ihre Finger aus dem zerwühlten Bettlaken und legte sie auf ihre Brüste. Das Kribbeln verstärkte sich, und sie biss sich vor Anspannung auf die Unterlippe. Mit den Fingerspitzen umrundete Julie ihre Brustwarzen, die sich steil aufstellten und um ihre Berührung bettelten. Noch einmal zog Gabe den Vibrator fast ganz heraus, um ihn gleich darauf wieder in ihr zu versenken.

»Komm für mich.«

Sein Blick lag wie gebannt auf ihren Händen, während sich seine Lippen wieder um ihre Klitoris legten. Beinahe verzweifelt zupfte Julie an ihren Nippeln, bis sie den Gipfel erreichte und der Orgasmus in einer gewaltigen Woge über sie hinweg-rollte. Noch bevor er endete, hatte Gabe sich bereits über sie gekniet, ein Kondom über seinen Schaft gerollt und den Vibrator durch seinen Penis ersetzt. Wieder und wieder stieß er so heftig in sie hinein, dass sie ihre Hände erneut um die Stäbe des Kopfteils legen musste, um nicht im Bett nach oben geschoben zu werden. Während ihr Höhepunkt langsam abebbte, blickte sie in Gabes Gesicht. Deutlich war seine Erregung darin zu erkennen, seine Augen glühten geradezu, während er auf ihre Brüste starrte. Ihre Beine begannen zu zittern, deshalb schlang sie ihre Schenkel um seine Taille. Jetzt konnte er noch tiefer in sie eindringen, wie sie gleich darauf feststellte. Ein heiserer Laut löste sich aus ihrer Kehle. Bei jeder Vorwärtsbewegung rieben seine Haare über ihre inzwischen extrem empfindliche Klitoris und fachten das Feuer immer weiter an. Er legte seine Hände um ihren Po und zog sie seinen Stößen entgegen. Durch seinen Griff wurden ihre Pobacken gespreizt, und Julie erschrak, als etwas gegen ihren Anus gedrückt wurde. Es vibrierte, und ihre Bauchmuskeln zogen sich zusammen, als sie begriff, dass Gabe den Vibrator in eine Lage manövriert haben musste, dass er bei jeder ihrer Bewegungen die empfindliche Stelle berührte. Mit einem tiefen Stöhnen genoss sie dieses neue Gefühl und ließ es einfach geschehen.

Irgendwie musste Gabe das Gerät mit seinen Fingern oder Knien steuern, denn beim nächsten Stoß drang die Spitze ein wenig in sie ein. Der kurze Schmerz wurde sofort von unglaublichen Gefühlen abgelöst. *Oh ja, mehr!* Als er sich wieder aus ihr zurückzog, versuchte sie, ihm zu folgen, aber Gabes fester Griff hinderte sie daran. Die Leere entlockte Julie ein Wimmern, dem ein Aufschrei folgte, als er sich wieder in sie schob und der Vibrator erneut in ihren Anus glitt. Diesmal ein wenig tiefer, und das Gefühl war unglaublich. Die Muskeln in ihrem Unterleib zogen sich zusammen, und wie von Geisterhand drang er noch weiter in sie ein.

Vorsichtig öffnete sie die Augen und blickte Gabe an. Das Begehren in seinem Blick löste jede Angst, dass er es merkwürdig finden könnte, wie sehr sie die doppelte Penetration genoss. Schweiß glänzte in seinem Gesicht und auf seiner Brust, und sie konnte ihm ansehen, wie sehr er sich zurückhielt, um noch nicht zu kommen. Sie löste ihre Finger vom Kopfteil des Bettes und strich stattdessen über seine Brust. Sein nächster Stoß war noch kraftvoller, und sie musste einige Male tief durchatmen, weil ihr vor Erregung die Luft wegblieb. Besorgt blickte Gabe sie an. Als er sich von ihr lösen wollte, schlang sie ihre Beine fester um ihn.

»Bleib bei mir!«

»Sicher?« Die Muskeln in seinen Armen waren angespannt, sein ganzer Körper schien erstarrt.

»Ja.«

Ein Lächeln huschte über sein Gesicht. »Gott sei Dank.« Er beugte sich vor und küsste sanft ihre Lippen. »Ich brauche dich.«

Julie streichelte seine harten Brustmuskeln. »Du hast mich.« Als ihre Finger seine Brustwarzen berührten, begann er zu zittern.

»Ich … kann nicht mehr … warten.« Er presste die Worte hervor.

»Dann tu es nicht.« Als er immer noch zögerte, schob sie ihm ungeduldig ihre Hüften entgegen.

Mit einem harten Stoß glitt er wieder tief in sie, und gemeinsam stöhnten sie auf.

»Mehr!«

Diesmal nahm Gabe ihre Aufforderung ernst und schob den Vibrator tiefer in sie, während er sich aus ihr zurückzog. Als er wieder in sie glitt, zog sich ihr ganzer Körper zusammen. Noch nie hatte sie sich so ausgefüllt gefühlt, und die Vibrationen brachten sie innerhalb kürzester Zeit wieder an den Rand eines Orgasmus. Das Gefühl, nicht nur einen, sondern gleich zwei harte Schäfte in sich zu haben, war erotischer, als Julie es sich je erträumt hätte. Ihre Finger schlossen sich nicht gerade sanft um seine Brustwarzen. Ein Schauer überlief seinen kräftigen Körper, und Gabes Bewegungen wurden härter, schneller. Jedes Mal, wenn sein Penis an dem Vibrator entlangrieb, stöhnte er unterdrückt auf. Immer wilder wurden seine Stöße, immer tiefer drang er in sie ein.

Julies Fingernägel bohrten sich in seine Haut, während die Spannung in ihr ins Unerträgliche stieg. Als Gabe den Vibrator bewegte und sich so tief in ihr vergrub, dass er mit seinem Schambein über ihre Klitoris rieb, explodierte sie. Ihr lauter Schrei hallte durch das Zimmer, und sie presste ihn mit Armen und Beinen an sich. Wild hämmerte Gabe in sie, bis er den Kopf zurückwarf und mit einem tiefen Stöhnen ebenfalls kam. Sein Anblick über ihr war so erotisch, dass Julie sich auf die Lippe beißen musste, um ihn nicht zu bitten, bei ihr zu bleiben. Sie wünschte, sie hätte einen Fotoapparat zur Hand gehabt, um ihn für alle Ewigkeit in dieser Pose festhalten zu können.

Schließlich knickten Gabes Arme ein, und er sank schwer auf ihr zusammen. Einige Minuten lang genoss Julie seinen rasenden Herzschlag an ihrem, sein Gewicht auf ihr, doch viel zu schnell regte er sich wieder. Langsam zog er sich aus ihr zurück und setzte sich auf. Sie hielt die Augen geschlossen, um nicht sehen zu müssen, wie die Leidenschaft aus seinem Gesicht wich. Auch wenn sie wusste, dass sie keine gemeinsame Zukunft hatten, würde es doch zu sehr schmerzen, wenn er sich jetzt gleich verabschiedete und wieder aus ihrem Leben verschwand.

Gabe stand auf, und seine nackten Füße verursachten keinen Laut, als er durch das Zimmer ging. Julie lag einfach nur da, körperlich gesättigt, aber innerlich leer. Gut, bis auf den Vibrator, der immer noch tief in ihr steckte und angenehm summte. Wenn sie nicht so schwach gewesen wäre, hätte sie ihn wohl entfernt. Das Geräusch von plätscherndem Wasser zeigte ihr, dass Gabe sich im Badezimmer befand. Ihr Körper zog sich zusammen, als Julie sich daran erinnerte, was in der Dusche geschehen war. Ein kalter Luftzug strich über sie, die einzige Warnung, bevor der Vibrator aus ihr herausglitt. Unwillkürlich entfuhr ihr ein protestierender Laut.

Eine warme Hand legte sich auf ihren Bauch. »Schsch, es ist alles gut. Er kann ja nicht ewig in dir bleiben.«

Nein? Warum nicht? Gabe schien ihre Gedanken erraten zu haben, denn er lachte leise. »Obwohl das wirklich ein extrem heißer Anblick war.«

Etwas Warmes, Feuchtes strich sanft über ihre Klitoris, dann tiefer, bevor es sich über ihren empfindlichen Anus legte. Julie ließ es einfach geschehen, überrascht, dass Gabe sich so liebevoll um sie kümmerte. Mit Mühe schluckte sie ein Wimmern hinunter, als der Waschlappen verschwand.

Die Matratze bewegte sich, aber Gabe verließ sie nicht, sondern legte sich stattdessen neben sie. Sanft drehte er sie auf die Seite, zog sie an sich, sodass sich sein warmer Körper an ihren Rücken presste, und legte seine Hand auf ihren Bauch. »Schlaf jetzt!«

Mit einem zufriedenen Lächeln schmiegte Julie sich dichter an ihn und folgte seinem Befehl.

4

Regungslos lag Gabe im Bett und genoss das Gefühl ihrer weichen Haut an seiner. Julie war sofort eingeschlafen, und auch wenn er die Anstrengungen des Tages noch spürte, war er hellwach. Als er Julie gerettet hatte, wäre er nie auf den Gedanken gekommen, dass er nur kurze Zeit später mit ihr im Bett landen würde. Und er bereute keine einzige Sekunde. Im Gegenteil, am liebsten würde er sofort weitermachen. Was hatte sie nur an sich, das seinen Verstand völlig ausschaltete und ihn nur noch daran denken ließ, sich so tief in ihr zu versenken, wie es ging? Bei keiner anderen Frau wäre Gabe auf die Idee gekommen, gleich ihr Sexspielzeug mit einzubeziehen, geschweige denn, sie damit zu penetrieren, während er gleichzeitig in ihr war. Normalerweise baute er erst ein Vertrauensverhältnis auf, bevor er auch nur an so etwas dachte.

Anscheinend waren durch die gemeinsam durchgestandene Extremsituation in dem See sämtliche Barrieren zwischen ihnen fortgewischt worden, obwohl sie sonst kaum etwas über einander wussten. Unwillkürlich schlang er seinen Arm fester um Julie, als er sich daran erinnerte, wie er sie leblos aus dem Wasser gezogen hatte. Es hätte nicht viel gefehlt, und er hätte sie nie kennengelernt, nie gewusst, wie es sich anfühlte, wenn sie sich an ihn schmiegte, ihre samtige Hitze und wie sich ihre Muskeln um ihn herum zusammenzogen. Mühsam lockerte er seinen Griff und strich stattdessen sanft mit seinen Fingerspitzen über ihren Bauch. Ihre Haut war überall so glatt und weich … Die Finger glitten tiefer, über ihre rasierte Scham.

Sein Schaft regte sich an ihrem Po, doch er ignorierte ihn. Sie brauchte ihren Schlaf, und er würde ja wohl bis zum Morgen warten können. Wenn sie ihn dann noch wollte …

Bei dem Gedanken, dass Julie sich für das schämen könnte, was sie getan hatten und ihn wegschicken würde, zog sich sein Herz zusammen. Auch wenn Gabe wusste, dass eine längere Beziehung mit ihr unmöglich war, wollte er nicht, dass sie irgendetwas bereute. Er würde sich ganz sicher noch lange daran erinnern und sich wünschen, sie würde in seiner Nähe wohnen, damit sie Gelegenheit hätten, herauszubekommen, was da wirklich zwischen ihnen war. Als SEAL war er viel unterwegs, und wenn er zu Hause in San Diego war, stand er in Bereitschaft. So war es unmöglich, eine Fernbeziehung zu führen. Gabe vergrub sein Gesicht in ihren Haaren. Wahrscheinlich dachte er auch viel zu weit, und sie hatte sich ihm nur aus dem Moment heraus hingegeben.

Sein Schaft schob sich tiefer zwischen Julies Beine, als wollte er die Verbindung zu ihr nicht verlieren. Sie war immer noch feucht, und er brauchte all seine Beherrschung, um sich nicht tief in sie zu schieben. Vorsichtig öffnete er mit den Fingern ihre Schamlippen und schob seinen Penis dazwischen. Damit war er so nah bei ihr, wie er es ohne Kondom nur sein konnte. Wie sie sich wohl an seiner nackten Haut anfühlen würde? Bisher hatte er noch nie eine Frau ungeschützt genommen … Sanft strich er über ihren weichen Hügel und ließ die Finger langsam wieder nach oben gleiten. Über ihren Bauch, höher bis zu ihren Brüsten. Vorsichtig schloss er seine Hand darum und spürte, wie sich ihre Brustwarze in seine Handfläche bohrte. Gleichzeitig drang neue Feuchtigkeit an seinen Schaft. Offensichtlich war Julie auch im Schlaf nicht gegen seine Berührungen immun.

Solange er sie damit nicht aufweckte, sah er nicht, was es schaden konnte, sie ein wenig zu streicheln. Seine Fingerspitzen glitten über ihre Nippel und reizten sie zu festen Punkten. Ihre Brüste waren nicht übermäßig groß, aber wunderschön geformt. Zu schade, dass er sie nicht sehen konnte, weil er hinter ihr lag. Stattdessen lernte Gabe sie mit seiner Hand kennen, liebkoste sie, knetete sie, bis sie sich ihm entgegendrückten. Noch immer schien Julie tief zu schlafen, aber er war sich beinahe sicher, dass sie erotische Träume hatte. Sie gab kleine, hungrige Laute von sich, die es ihm noch schwerer machten, nicht die Beherrschung zu verlieren. Er schob ein Bein zwischen ihre Oberschenkel, um sie weiter für ihn zu öffnen. Sein Schaft glitt an ihr entlang und …

Ein Geräusch ließ Gabe erstarren. Jeder Instinkt in seinem Körper schlug Alarm. Zwar kannte er das Haus nicht gut, aber er war sich ziemlich sicher, dass es das Knarren einer Treppenstufe gewesen war. Jemand war im Haus!

Er legte seine Hand über Julies Mund und beugte sich über ihr Ohr. »Wach auf!« Es dauerte einige Sekunden, bis sie wach genug war, um die Augen zu öffnen. Als sie merkte, dass jemand sie umschlungen hielt, geriet sie in Panik. Beruhigend strich er über ihren Rücken. »Keine Angst, ich bin es. Hast du ein Haustier?« Seine Stimme war fast lautlos.

Erst als sich ihre Muskeln etwas entspannten, löste er seine Hand von ihrem Mund. Julie drehte den Kopf in seine Richtung, Verwirrung stand in ihren Augen. »Nein, wieso?« Glücklicherweise flüsterte sie ebenfalls.

»Weil ich eben ein Geräusch gehört habe.«

Angst stand deutlich sichtbar in ihren Augen. »Oh Gott! Ich hätte wissen müssen …« Sie verstummte.

»Was? Weißt du, wer das ist?«

»Ja. Der Gleiche, der die Schuld an meinem Unfall trägt. Ich hätte nicht gedacht, dass Jeff sich traut einzubrechen, während ich im Haus bin und noch dazu Besuch habe.«

»Ich sehe nach. Schließ die Tür hinter mir ab.« Gabe ließ sie los und rollte sich lautlos aus dem Bett.

Julie packte seinen Arm. »Sei vorsichtig, er ist vermutlich bewaffnet.«

Gabe nickte und löste sich von ihr. Da sich seine Ersatzhose immer noch in der Tasche befand, ging Gabe nackt zur Tür. Zwar zog er es vor, in Kampfsituationen bekleidet zu sein, aber es war wichtiger, dass er den Kerl erwischte, bevor er das Schlafzimmer erreichte. Dumm nur, dass seine Waffen im Auto waren, so musste er den Einbrecher mit bloßen Händen besiegen – was für ihn normalerweise auch kein Problem darstellte. So leise wie möglich öffnete er die Tür und schlüpfte hindurch. Hinter sich hörte er ein leichtes Schaben, als Julie den Schlüssel herumdrehte. Beruhigt, dass sie wenigstens für den Moment in Sicherheit war, sah Gabe sich rasch um und suchte dann hinter einer Kommode Deckung.

Ein Schatten kam die Treppe herauf, diesmal ohne einen Laut zu verursachen. Hätte er ihn vorher nicht gehört, wären sie dem Einbrecher jetzt ausgeliefert gewesen. Wut stieg in Gabe auf, als er sich vorstellte, dass Julie ganz allein zu Hause gewesen wäre. Und was meinte sie damit, dass der Kerl die Schuld an ihrem Unfall trug? Hatte er sie von der Straße gedrängt und war dann einfach weitergefahren? Etwas blitzte im Mondlicht auf, das durch ein Dachfenster fiel. Der Kerl war tatsächlich bewaffnet, so wie sie es befürchtet hatte. Genau genommen war es eine Pistole, und Jeff hielt sie so in der Hand, als wüsste er, wie man damit umgeht. Der Einbrecher war dunkel gekleidet, ein eindeutiger Vorteil gegenüber Gabes Nacktheit. Sobald Gabe aus seinem Versteck treten würde, wäre seine helle Haut im Mondlicht deutlich sichtbar.

Jeff blieb vor der Schlafzimmertür stehen und schien zu lauschen. Auf keinen Fall konnte er Gabes Jeep übersehen haben.

Er wusste also, dass Julie nicht allein war. Trotzdem brach er in ihr Haus ein. Gabe presste die Lippen zusammen, als er erkannte, was das bedeutete. Wer auch immer der Kerl war – er hatte vor, die Waffe zu benutzen. Als der Einbrecher seine Hand auf den Türknauf legte, richtete sich Gabe lautlos hinter der Kommode auf. Er musste angreifen, solange der Kerl abgelenkt war!

Gabe sprang auf den Mann zu. Im letzten Moment schien er zu merken, dass jemand hinter ihm war, und wirbelte herum. Die Waffe zielte auf Gabes Brust, und er duckte sich zur Seite. Ein leises Ploppen ertönte – ein Schalldämpfer! Entschlossen schob Gabe jeden Gedanken beiseite und verließ sich nur noch auf sein Training. Er ließ sein Bein vorschnellen und traf den Unterarm des Verbrechers. Mit einem Schmerzenslaut ließ der Mann die Waffe fallen, aber er gab nicht auf. Mit einem wütenden Knurren stürzte Jeff sich auf ihn. Damit hatte Gabe gerechnet und stieß mit dem Ellbogen zu. Der Schlag wurde abgeblockt, und Gabe erkannte, dass er den Einbrecher unterschätzt hatte. Er schien eine Nahkampfausbildung zu haben, jedenfalls wusste er genau, wie man Angriffe parierte.

Es war in der Dunkelheit schwer zu sehen, aber er glaubte, eine Art Uniform zu erkennen. Gabe griff nach dem Stoff und schleuderte den Mann gegen die Wand. Viel zu schnell erholte der sich und griff wieder an. Diesmal war Gabe nicht schnell genug, um dem Stiefel auszuweichen, der seinen Oberschenkel traf. Schmerz durchzuckte sein Bein, aber er ignorierte es. Solange Jeff nicht seine Weichteile traf, war alles in Ordnung. So diente es nur dazu, ihn noch wütender zu machen. Sein nächster Schlag entlockte dem Mistkerl einen Schrei. Befriedigt rückte Gabe nach, und seine Zehen stießen gegen etwas Hartes. Ein kurzer Blick nach unten bestätigte, dass er die Pistole gefunden hatte. Er kickte sie zur Seite, damit sie seinem Gegner nicht wieder in die Hände fiel.

Der nutzte die kurzzeitige Ablenkung und stürmte auf Gabe zu. Da er nicht schnell genug ausweichen konnte, beschränkte Gabe sich darauf, den Angriff mit den Armen abzublocken. Durch die Wucht des Aufpralls musste er nach hinten ausweichen und stieß mit dem Rücken gegen die Wand. Eines der Bilder fiel krachend zu Boden. Glassplitter schnitten in seine nackten Beine und Füße. Mit der Faust traf er den Solarplexus seines Gegners, sodass der zurückstolperte und gequält nach Atem rang. Vorsichtig stieg Gabe über die Glasscherben und setzte dem Mann nach. Jetzt war die Gelegenheit, ihn ein für alle Mal auszuschalten. Grenzenlose Wut durchströmte ihn, als er daran dachte, dass der Kerl Julie von der Straße abgedrängt und sich nicht um sie gekümmert hatte, als ihr Wagen im Wasser versank.

Gabe stürzte sich auf ihn und presste ihn gegen die Schlafzimmertür, den Unterarm gegen seine Kehle gedrückt. Verzweifelt wehrte sich Jeff, aber er hatte keine Chance. Es war vorbei – zumindest bis plötzlich die Tür nach innen aufschwang und Gabe ihn loslassen musste, um nicht ebenfalls ins Zimmer zu fallen. Sofort rappelte Jeff sich wieder auf und hatte Julie auch schon im Würgegriff, noch bevor Gabe ihn erreichen konnte.

»Stehen bleiben, sofort!«

Abwartend musterte Gabe den Einbrecher und versuchte, sich nicht von Julies vor Schreck geweiteten Augen ablenken zu lassen. Gabe biss die Zähne zusammen, als er sah, dass sie eine Pistole in der Hand hielt. Sie musste die Waffe irgendwo versteckt haben. Dummerweise lieferte sie dem Verbrecher damit einen weiteren Vorteil. Bevor er eingreifen konnte, hatte Jeff ihr die Pistole bereits aus der Hand gewunden und richtete sie auf ihre Schläfe.

»Sehr praktisch, vielen Dank, Julie.« Er grinste Gabe an. »Ich finde, das sieht eindeutig nach Mord und Selbstmord aus. Es wird bei deinem Ruf nicht schwer sein, jeden davon zu überzeugen, dass du dir einen Fremden ins Bett geholt hast, der dich dann getötet hat. Klarer Fall.« Angewidert glitt sein Blick über Gabes nackten Körper. »Du hättest mich haben können, doch stattdessen hast du dir so einen genommen. Wie lange kennst du ihn schon?«

Julie presste die Lippen zusammen, auf ihrer hellen Haut schimmerte Schweiß.

Jeff drückte den Lauf der Pistole fester an ihre Schläfe. »Antworte gefälligst, Hure!«

Der Kerl war eindeutig verrückt und damit unberechenbar. Gabe schob sich unauffällig näher an ihn heran. »Ich habe Julie aus dem Wasser gezogen, nachdem Sie den Unfall verursacht haben.« Seine Stimme klang völlig ruhig, aber das gelang ihm nur durch seine jahrelange Erfahrung in Krisensituationen.

Jeff richtete seinen harten Blick auf Gabe. »Und als Dank springt sie gleich mit dir ins Bett?« Verletzte Eitelkeit sprach aus jedem seiner Worte. »Wenn ich daran denke, dass ich mich ernsthaft für dich interessiert habe, wird mir schlecht.« Sein Arm schloss sich noch fester um ihre Kehle, und Julie zuckte zusammen. »Ich habe dich gegen die anderen verteidigt, die meinten, du seist eine Hure, doch jetzt weiß ich, dass sie recht hatten.«

»Ich betreibe ein Online-Datingportal im Internet, das hat weder etwas mit Pornografie noch mit Prostitution zu tun.« Julies Finger gruben sich in seinen Arm, ihre Stimme zitterte. »Warum gehst du nicht einfach, und wir vergessen, dass du hier warst.«

Gabe bemühte sich, ein neutrales Gesicht zu machen. Auf gar keinen Fall würde er den Mistkerl davonkommen lassen. Seine Augen verengten sich, als er die Uniform erkannte.

Der Einbrecher war ein Cop? Das machte die Situation noch schwieriger, denn Jeff konnte es sich nicht leisten, sie am Leben zu lassen, wenn er nicht wollte, dass sich herumsprach, was er getan hatte.

»Das hättest du wohl gerne. Nein, wir werden die Sache hier beenden.« Sein Blick glitt wieder zu Gabe. »Stell dich an die Wand und rühr dich nicht!«

»Nein.« Es würde nichts bringen, das zu tun, was der Irre verlangte.

»Glaubst du, ich werde sie nicht erschießen?«

»Doch, aber wenn Sie das so tun, werden die Indizien zeigen, dass nicht ich den Abzug betätigt habe.« Er pokerte hoch, aber er hatte keine andere Wahl, wenn er Julie irgendwie retten wollte.

Sein Gegenüber runzelte die Stirn, in seiner Wange zuckte ein Muskel. Er nahm die Waffe von Julies Schläfe und richtete sie auf Gabe. »Ich kann auch zuerst dich erschießen.«

»Das würde der Spurensicherung genauso auffallen.« Mit Mühe schaffte Gabe es, entspannt zu wirken. Immerhin befand sich die Pistole nicht an Julies Kopf, und so hatte er die Möglichkeit, etwas zu unternehmen.

»Nicht, wenn die Hure erst dich tötet und dann sich selbst.« Ein unangenehmes Lächeln zeigte sich auf Jeffs Gesicht. »Daran hast du wohl nicht gedacht, was?«

Gabe richtete sich zu voller Größe auf. »Denken Sie wirklich, es würde jemand glauben, dass diese kleine Person mich überwältigt hat? Wohl kaum.« Er schnaubte verächtlich. »Besonders nicht, wenn man die Blutergüsse an ihrem Hals entdeckt.«

»Ich werde es schon so drehen, dass es glaubhaft ist.« Sein Blick glitt über Julie, die ein dünnes Nachthemd trug, das mehr enthüllte als verbarg. »Vor allem würde mir das auch die Zeit lassen, herauszufinden, was du mir vorenthalten wolltest.« Er drängte seinen Körper an ihren. »Freust du dich schon?« Die Mündung der Waffe senkte sich.

Gabe nutzte die kurze Ablenkung zum Angriff. Geduckt hechtete er auf den Mistkerl zu und sah gerade noch, wie Julie in sich zusammensackte, bevor er gegen Jeff prallte. Der Verbrecher verlor das Gleichgewicht und stürzte gemeinsam mit Gabe zu Boden. Für einen Moment blieb Gabe die Luft weg, als ein Ellbogen direkt in seinem Magen landete, doch dann ließ er seinem Gegner keine Chance. Mit einem gezielten Schlag gegen dessen Schläfe setzte er ihn außer Gefecht. Schwer atmend setzte Gabe sich auf und blickte sich nach Julie um. Sie hockte wenige Meter entfernt, die Pistole fest in ihren zitternden Händen. Der Anblick ließ seinen Schaft sofort hart werden, und er verdrehte innerlich die Augen. Falscher Zeitpunkt.

»Du kannst die Waffe jetzt runternehmen, so bald wird er nicht aufwachen.« Gabe hätte ihn mit dem Schlag auch töten können, aber das hätte nur zu noch mehr Problemen geführt.

Julie senkte die Waffe und starrte ihn mit aufgerissenen Augen an. »Geht es dir gut?«

»Ja, alles in Ordnung. Und dir?«

Mit den Fingerspitzen berührte sie ihren Hals, auf dem sich rote Flecken abzeichneten. »G…gut.« Ein Zittern durchlief ihren Körper.

»Komm her.«

Ihre Zähne gruben sich in ihre Unterlippe, und sie schüttelte den Kopf.

»Er wird dir nichts mehr tun, keine Angst.«

»D…das ist es nicht. Ich …« Röte stieg in ihre Wangen, und sie wandte das Gesicht ab. »Ich habe nicht aus Dankbarkeit mit dir geschlafen, Gabe.«

Die Unsicherheit in ihrer Stimme tat ihm weh. »Das weiß ich.« Er hielt ihr seine Hand entgegen. »Komm zu mir.«

Diesmal zögerte sie nicht, sondern kroch auf ihn zu und schmiegte sich in seine Arme. Es fühlte sich so gut an, sie einfach nur festzuhalten, dass Gabe lediglich ihren Scheitel küsste und die Augen schloss. Eine Weile saßen sie so da, eng aneinandergepresst, bis Julies Zittern nachgelassen und sein Körper das Adrenalin einigermaßen abgebaut hatte.

Gabe bewegte sich erst wieder, als Jeff ein Stöhnen von sich gab. Sanft löste er sich aus Julies Armen. »Du solltest jetzt besser die Polizei rufen, damit sie diesen Mistkerl aus deinem Haus entfernen.«

Julie seufzte bedauernd auf. »Ja, vermutlich. Ich weiß jetzt schon, dass mir niemand glauben wird und er vermutlich davonkommt.«

Wieder loderte Wut in Gabe auf. »Nein, das wird er nicht. Ich werde dafür sorgen, dass Anklage erhoben wird. Er wollte dich umbringen, Julie, das wird er nicht einfach so beiseiteschieben können.«

»Ich hoffe, du hast recht.«

Beruhigend lächelte er sie an. »Das habe ich. Jetzt ruf die Polizei und zieh dich an.« Ein letztes Mal ließ er seinen Blick über ihren nur in ein dünnes Nachthemd gehüllten Körper gleiten. Ein Gefühl des Bedauerns breitete sich in ihm aus, und er hätte das Dreckschwein am liebsten einfach verschnürt und irgendwo weggesperrt, um Julie noch einmal lieben zu können. Leider war das nicht möglich.

Julie schien seine Gedanken erraten zu können, wenn er die Röte in ihrem Gesicht als Indiz dafür nahm. Rasch drehte sie sich um und verließ das Zimmer, während Gabe den Verbrecher an Händen und Füßen fesselte. Wenig später hörte er Julie mit jemandem reden, wahrscheinlich war es die Polizei. Als sie zurückkam, war ihr Gesicht blass, und ihre Lippen waren fest zusammengepresst.

»Was haben sie gesagt?«

»Es kommt gleich jemand vorbei.« Wut stand in ihrem Blick, als sie auf Jeff hinabblickte. »Ich habe auch seinen Partner angerufen, damit er nicht von der Sache überrascht wird.«

Dass sie in solch einer Situation an andere dachte, machte sie ihm noch sympathischer. Die Frage war nur, was mit ihr passieren würde, wenn sie in solch einer ländlichen Gegend einen der örtlichen Polizisten des versuchten Mordes beschuldigte. Julie schien davon auszugehen, dass ihr Leben hier dann noch schwieriger werden würde. Er konnte nur hoffen, dass sie sich irrte.

Während er Jeff im Auge behielt, zog er sich rasch an. Jetzt wünschte er, er hätte eine Uniform mitgenommen, damit würde er vermutlich von der Polizei mit mehr Respekt behandelt werden. Aber das war jetzt nicht zu ändern. Er sah auf, als Julie aus dem Bad kam, wo sie sich angezogen hatte. Ihre langen schwarzen Haare hatte sie zu einem ordentlichen Zopf geflochten, ihr Gesicht war ungeschminkt. Für ihn war sie wunderschön.

»Du mieses Stück! Ich werde …«

Gabe hockte sich neben Jeff und presste seine Hand über dessen Mund. »Wenn du nicht still bist, werde ich dafür sorgen, dass du starke Schmerzen hast. Verstehen wir uns?«

Wütend funkelte der Polizist ihn an. »Du kommst dir wohl richtig stark vor, weil sie dich rangelassen hat, was?«

Ohne lange zu zögern, stopfte Gabe einen Knebel in den Mund des Mannes. »Sei froh, dass ich nicht möchte, dass irgendetwas deine Verhaftung verhindert, sonst würde ich dich windelweich prügeln.«

»Hmhmhmmmm.«

»Schon besser.« Gabe blickte Julie an, die mit bleichem Gesicht einige Schritte entfernt stand. »Warum gehst du nicht schon nach unten? Je eher wir den Kerl loswerden, desto besser.«

Nach einem kurzen Zögern nickte sie. »Danke.«

Gabe sah ihr nach, als sie den Raum verließ, und wünschte sich, er könnte sie in seine Arme schließen und dort weitermachen, wo sie aufgehört hatten, anstatt auf diesen Idioten aufpassen zu müssen. Mit einem tiefen Seufzer entschloss er sich, das Bett zu machen und den Vibrator und das Massageöl wegzuräumen, damit nicht jeder sofort sah, womit sie beschäftigt gewesen waren, bevor sie von dem Verbrecher überrascht worden waren.

5

Erschöpft schloss Julie die Tür hinter dem letzten der Polizisten und lehnte ihre Stirn dagegen. Gleich als die ersten von Jeffs Kollegen eingetroffen waren, hatte sie deren Skepsis und Feindseligkeit ihr gegenüber gespürt. Sie hatten sich auch keine Mühe gegeben, das zu verhehlen. Erst als sie im oberen Stockwerk die Spuren des Kampfes und Jeffs verschnürte Gestalt gesehen hatten, waren sie etwas professioneller an die Sache herangegangen. Was vermutlich auch an Gabes Präsenz lag, der den Verlauf des Kampfes präzise schilderte und Jeffs Pistole zeigte, die immer noch auf dem Flur lag. Sie war eindeutig als Polizeiwaffe zu erkennen, und es würden nur Jeffs Fingerabdrücke darauf zu finden sein. Nachdem ihm der Knebel entfernt worden war, versuchte er es als Notwehr darzustellen, doch er kam nicht gegen Gabes und Julies Darstellung an. Sein Partner Frederic befahl ihm schließlich genervt, den Mund zu halten.

Eine warme Hand glitt über ihren Rücken, und sie schauderte.

»Alles in Ordnung?« Gabes Stimme erklang dicht an ihrem Ohr.

Mühsam löste sie ihren Blick von der Tür und sah zu ihm auf. »Nein, aber damit muss ich wohl leben.«

»Du solltest dich ausruhen, damit du morgen fit bist für deine Aussage im Sheriff's Department.« Noch immer glitt seine Hand beruhigend über ihre Wirbelsäule.

»Ich weiß nicht, ob ich schlafen kann.« Bittend blickte sie ihn an. »Kannst du noch hierbleiben?«

Er hob die Augenbrauen. »Natürlich bleibe ich. Wo sollte ich auch mitten in der Nacht hin?«

Julie drehte sich um und blickte auf die Uhr. Fast zwei Uhr morgens. »Entschuldige, mir war gar nicht bewusst ...«

Sein Arm glitt um ihre Schulter, und er zog sie an sich. »Das erwartet auch niemand nach diesen Erlebnissen. Ich bringe dich jetzt ins Bett.«

Das hörte sich so gut an, ihr wären beinahe die Tränen gekommen. Sie wollte nichts mehr, als sich in seine Arme zu schmiegen und alles um sich herum vergessen. Bevor sie etwas erwidern konnte, verlor sie den Boden unter den Füßen und gab einen erschrockenen Laut von sich, als Gabe sie auf die Arme nahm. Schnell schlang sie ihre Arme um seinen Hals, damit sie nicht herunterfiel.

»Keine Angst, ich halte dich.«

Als sie seine tiefe Stimme hörte, entspannte sie sich und legte ihren Kopf an seine Schulter. »Ich weiß, ich hatte nur nicht damit gerechnet.«

Sie hatte das Gefühl, dass er etwas sagen wollte, doch schließlich gab er nur ein zufriedenes Brummen von sich. Es fühlte sich so gut an, sicher von ihm gehalten zu werden, dass ihr die Augen zufielen. Erst als er sich hinunterbeugte und sie vorsichtig auf dem Bett absetzte, schreckte sie aus ihrem Halbschlaf. Julie blinzelte zu ihm auf und bemerkte einmal mehr, wie gut er aussah mit seinen zerzausten blonden Haaren und den warmen braunen Augen. Wie sie bei Jeff gemerkt hatte, konnte das Äußere täuschen, aber bei Gabe stimmte einfach alles. Ihr Herz zog sich voller Bedauern zusammen. Zu schade, dass er morgen schon wieder fort sein würde.

Julie schreckte aus ihren trüben Gedanken auf, als er seine Finger an ihren Hosenbund legte und den Knopf öffnete. »Was tust du da?«

Sein Lächeln wärmte sie bis ins Innerste. »Ich ziehe dich aus, damit du es bequemer hast.«

Ihr Herz begann schneller zu klopfen. »Ist das der einzige Grund?«

Sein Grinsen verbreiterte sich. »Nein. Ich sehe dich auch gerne an.«

Ja, es war eindeutig Erregung, die sich in ihr ausbreitete. Sie wusste nicht, wie er das machte, aber es reichten ein Blick und ein paar harmlose Worte, und schon ging ihr Körper in Flammen auf. »Na dann …« Sie hob die Hüften an, damit er ihr die Hose hinunterziehen konnte.

In seinen Augen konnte sie die gleiche Erregung sehen, ein gutes Gefühl. Seine Finger glitten über ihre Haut, als er ihr die Hose samt Slip an ihren Beinen herunterzog. Ohne den Blick von ihr abzuwenden, warf er beides beiseite und griff nach dem Saum ihres Pullovers. Gehorsam hob sie die Arme, als er ihr den Pulli samt T-Shirt über den Kopf zog. Julie widerstand dem Drang, ihre bloßen Brüste zu bedecken, und legte sich stattdessen zurück. Sie war nun völlig nackt, während Gabe noch vollständig bekleidet war. Gierig glitt sein Blick über ihren Körper und verursachte ein Feuer in ihr, das sie zu verbrennen drohte.

Doch dann begann er damit, seine Kleidung abzulegen. Ihre Erregung geriet in Vergessenheit, als sie die Prellungen sah, die seinen Körper überzogen. Wie hatte sie nur an sich denken können, wenn er ihretwegen verletzt worden war? Rasch setzte sie sich auf und schwang die Beine aus dem Bett.

Gabe erstarrte in der Bewegung. »Wo willst du hin?«

Mit dem Finger deutete sie auf seine Verletzungen. »Eine Salbe gegen Prellungen holen.«

Er sah an sich herab, als wäre ihm bisher nicht einmal aufgefallen, dass er verletzt war. »Das ist nicht so schlimm, ich merke es kaum.«

Julie hockte sich vor ihn und strich sanft mit den Fingerspitzen über seine Rippen. »Ich möchte gerne etwas für dich tun, wenn du schon meinetwegen in diesen Kampf verwickelt worden bist.«

Eine Weile sah er sie schweigend an, dann nickte er. »Danke.«

Während sie aufstand, setzte sich Gabe auf die Bettkante. Rasch holte Julie die Salbe aus dem Bad und blieb in der Tür stehen, als sie sah, dass er sich keinen Millimeter bewegt hatte. »Leg dich hin.«

»Julie …«

»Tu mir den Gefallen.«

Nach kurzem Zögern legte er sich mitten auf die Matratze und schloss die Augen. Eine gute Gelegenheit, noch einmal in aller Ruhe ihren Blick über seinen wunderschönen Körper wandern zu lassen. Wie schon zuvor trug er auch diesmal wieder keinen Slip, und sie konnte sehen, wie sein Schaft immer härter wurde. Julie leckte über ihre Lippen und stellte sich vor, was sie alles mit ihm anstellen wollte. Verlegen presste sie die Beine zusammen, damit Gabe ihre Erregung nicht bemerkte. Immerhin zeigte ihr seine Erektion mehr als alles andere, dass seine Verletzungen nicht allzu sehr schmerzen konnten, auch wenn sie schlimm aussahen.

Julie kniete sich neben ihn und begann die Salbe auf seinen Rippen zu verteilen. Nur im ersten Moment zuckte Gabe ein wenig zusammen, dann lag er völlig still da. »Entschuldige, die Salbe ist ein wenig kalt.«

»Kein Problem.« Seine Augen blieben geschlossen, sein Körper war – mit Ausnahme der beeindruckenden Erektion – völlig entspannt. Dieses Zeichen seines Vertrauens ließ ihr die Kehle eng werden. Hastig blinzelte sie die dummen Tränen fort und konzentrierte sich darauf, ihm ein wenig Erleichterung zu verschaffen. Innerlich stöhnte sie bei dieser Wortwahl auf. Ihr Blick ruhte weiterhin auf seinem Schaft.

»Da habe ich nichts abbekommen.«

Beim unerwarteten Klang seiner Stimme schreckte sie zusammen. Julie riss ihren Blick von seinem Schaft los und sah in seine glühenden Augen. »Zu schade.« Ihre Augen weiteten sich, als ihr bewusst wurde, was sie gesagt hatte.

Gabe begann zu lachen, und sie beobachtete fasziniert, wie sich sein Gesicht veränderte. Schließlich beruhigte er sich wieder und lächelte sie an. »Mein Körper steht dir voll und ganz zur Verfügung. Aber zuerst musst du ein wenig schlafen, um dich von den Strapazen zu erholen.«

Als ob sie jetzt hätte schlafen können! Ohne ihm eine Antwort zu geben, beugte sie sich wieder vor und verteilte weiter Salbe auf seinen Prellungen. Anscheinend dachte er, dass sie nachgegeben hatte, denn seine Augen schlossen sich wieder, und er gab ein zufriedenes Brummen von sich, das ihr direkt in den Unterleib fuhr. Erst als sie alle seine Verletzungen behandelt hatte, gestattete Julie sich, das zu tun, wonach es sie verlangte. Sie beugte sich über ihn und presste einen sanften Kuss neben seine Rippen. Langsam wanderten ihre Lippen weiter nach unten bis zu dem verletzten Oberschenkel. Jetzt wirkte Gabe gar nicht mehr entspannt, wie sie zufrieden feststellte. Seine Muskeln waren angespannt, sein Atem ging schwerer.

Sein Penis stand beinahe aufrecht, Feuchtigkeit glitzerte an der Spitze. Oh ja, er war eindeutig bei der Sache. Julie atmete tief durch und beobachtete fasziniert, wie der Schaft sich als Reaktion auf den warmen Luftzug bewegte.

»Julie …«

Sie schob ihre Haare beiseite und blickte ihn an. »Ja?«

»Wir wollten doch schlafen.« Es klang beinahe ein wenig verzweifelt.

Zufrieden lächelte sie ihn an. »Das wolltest nur du. Ich möchte viel lieber die Zeit genießen, solange du noch da bist.«

Seine Augen verdunkelten sich. »Du …« Seine Worte verklangen, als sie ihren Kopf senkte und über die Spitze seines Schaftes leckte.

Sein Geschmack explodierte auf ihrer Zunge, und sie hatte plötzlich das Gefühl, völlig ausgehungert zu sein. Sie öffnete den Mund und nahm seinen Schaft darin auf, so tief es ging. Seine samtige Länge füllte ihre Mundhöhle aus und streifte ihren Rachen. Ein tiefes Stöhnen zeigte ihr, dass Gabe ihre Zuwendungen genauso genoss. Langsam hob sie den Kopf und saugte gleichzeitig an ihm. Mit der Zunge tauchte sie in seinen Schlitz ein. Seine Hüften hoben sich ihr entgegen, und sie ließ ihn wieder tiefer in ihren Mund eindringen. Es fühlte sich gut an, so gebraucht zu werden.

Julie stupste seine Beine an und hockte sich dazwischen, als er sie gehorsam öffnete. Damit hatte sie noch besseren Zugang zu seinem Penis. Und zu seinen Hoden. Sanft schloss sie ihre Finger darum und massierte sie leicht. Gabes Finger gruben sich in ihre Haare, und sie überließ es ihm, den Rhythmus vorzugeben. Stattdessen konzentrierte sie sich darauf, zu saugen und ihn mit der Zunge in den Wahnsinn zu treiben. Es dauerte nicht lange, bis sich seine Hoden verhärteten und er kurz vor dem Höhepunkt stand. Julie verstärkte ihre Bemühungen und spürte, wie Gabe die Kontrolle verlor. Seine Stöße wurden härter und unregelmäßiger, er zog seine Beine an und gab ihr damit die Gelegenheit, seinen Körper noch besser zu erkunden.

Ihre Finger glitten um seine Hoden und erkundeten die glatte Haut dahinter. Wieder stöhnte Gabe und hob sein Becken, für Julie ein Zeichen, dass er mochte, was sie tat. Sie öffnete ihre Kehle und ließ ihn noch tiefer eindringen. Seine Hoden wurden noch härter, seine Beine begannen zu zittern. Diesen starken Mann durch ihre Berührungen so beeinflussen zu können gab ihr ein großes Stück ihres Selbstbewusstseins wieder, das sie durch die Ereignisse der letzten Monate verloren hatte. Sie musste daran denken, dass er lediglich für kurze Zeit da war und sie bloß nicht so etwas Dummes tun durfte, wie sich in ihn zu verlieben. Ihre Hände krampften sich unwillkürlich um seine Hoden, als ihr klar wurde, dass es dafür schon zu spät war.

Gabe erstarrte unter ihr, bevor er mit einem kehligen Stöhnen explodierte. Eifrig schluckte sie seinen heißen Samen, während sie weiter an ihm saugte. Mit den Händen streichelte sie alles, was sie erreichen konnte. Langsam kam Gabe vom Höhepunkt wieder auf die Erde zurück. Seine Beine entspannten sich und fielen zurück auf die Matratze. Sanft entließ sie seinen immer noch halb erigierten Penis aus ihrem Mund und schob sich an seinem Körper hinauf, bis sie ihren Kopf auf seine Brust betten konnte. Sein Herz pochte heftig in seiner Brust, sein Atem ging immer noch schnell.

Er schlang seine Arme um ihren Rücken und presste sie dichter an sich. In diesem Moment erinnerte sie sich an seine Prellungen, die durch ihr Gewicht höllisch schmerzen mussten. Sie versuchte, sich von ihm zu lösen, aber das ließ er nicht zu.

»Wo willst du hin?« Seine Stimme klang rau.

»Deine Verletzungen, lass mich zur Seite rücken.« Wieder versuchte sie, sich von ihm zu lösen, doch er hielt sie weiterhin fest.

»Nein. Du bist genau da, wo ich dich haben will.«

Julie gab den Kampf auf. Wenn es ihn nicht störte, warum sollte sie sich dann darüber Gedanken machen? Vor allem, da sie nirgendwo anders sein wollte als in seinen Armen. Mit einem zufriedenen Seufzer ließ sie den Kopf wieder auf seine Brust sinken und schloss die Augen. Sie könnte sich daran gewöhnen, so auf ihm einzuschlafen … Sofort versteifte sie sich. Verdammt noch mal! Warum begriff sie nicht, dass dies nur ein kleines unterhaltsames Abenteuer war und Gabe morgen – nein, heute – abreisen würde?

Weil es sich nach mehr anfühlte.

»Entspann dich, du tust mir nicht weh.« Seine Finger wanderten ihren Rücken hinauf und spielten mit ihren Haaren.

Die Geste war so liebevoll, dass ihr Tränen in die Augen stiegen. Was war nur mit ihr los? Normalerweise dauerte es Wochen, wenn nicht sogar Monate, bevor sie einen anderen Menschen so nah an sich heranließ. Doch bei Gabe war es von Anfang an anders gewesen. Wahrscheinlich lag es an den lebensbedrohlichen Umständen, unter denen sie sich kennengelernt hatten, dass ihr Schutzwall so schnell zusammengebrochen war. Konnte das, was sie fühlte, einfach nur Dankbarkeit sein? Würde sie ihn schnell wieder vergessen, wenn er abgereist war? Sie hob den Kopf und sah Gabe in die Augen. Ruhig lag sein Blick auf ihr, seine Wangen waren noch vom Sex gerötet. Nein, vermutlich würde sie ihn nie vergessen und sich immer fragen, was vielleicht hätte sein können. Mit einem stillen Seufzer ließ Julie ihren Kopf zurück auf seine Brust sinken.

»Alles in Ordnung?« Sein Brustkorb vibrierte angenehm unter ihrem Ohr, als er redete.

Gott, sie war so dumm! »Ja.«

»Das glaube ich nicht.« Sein Finger strich über ihre Wange. »Du brauchst keine Angst mehr haben. Ich lasse nicht zu, dass dir etwas geschieht.«

Eine Träne löste sich und tropfte auf seine Brust. »Und was ist, wenn du morgen fährst?« Sie hasste sich dafür, dass ihre Stimme so zittrig und wehleidig klang.

Seine Hand verharrte, sein Herz begann schneller zu schlagen, so als würde er einen inneren Kampf ausfechten. Schließlich hob er ihr Kinn an und blickte ihr in die Augen. »Ich möchte nicht weg, aber es geht nicht anders.«

Julie biss sich auf die Lippe. »Das weiß ich.«

»Darf …?« Er brach ab und schnitt eine Grimasse. »Als SEAL bin ich oft unterwegs, manchmal sogar monatelang. Das halten nur wenige Beziehungen aus.« Er holte tief Luft. »Aber ich möchte dich gerne wiedersehen, wenn ich darf.«

Fragte er tatsächlich um Erlaubnis? Dummer Mann. »Jederzeit gerne.«

Ein erleichtertes Lächeln breitete sich auf seinem Gesicht aus. »Jederzeit also? Das ist gut zu wissen.« Er hob seine Hüften, und sie konnte spüren, wie sich seine Erektion in ihren Bauch drückte. Anscheinend brauchte er keine langen Erholungspausen, was ihr sehr entgegenkam.

Rasch setzte sie sich auf und fischte in der Nachttischschublade nach einem Kondom.

»Was hast du vor?«

Sie hob eine Augenbraue. »Musst du das wirklich noch fragen?«

Mit zitternden Fingern rollte sie das Kondom über seinen Schaft und hockte sich über ihn. Anscheinend verstand er, was sie vorhatte, denn er verstummte und hielt einfach seinen Penis aufrecht, damit sie ihn in sich aufnehmen konnte. Langsam senkte sie ihr Becken und schloss die Augen, während dieses wunderbare Gefühl sie durchflutete. Es fühlte sich so gut an, wenn er sie ausfüllte. Julie keuchte auf, als er vollständig in ihr war, und begann sich zu bewegen. Gemächlich zuerst, dann immer schneller. Gabes Hände fuhren an ihrem Körper hinauf und umfassten ihre Brüste. Mit den Fingern zupfte er an den Spitzen, trieb sie immer schneller ihrem Orgasmus entgegen.

»Berühr dich.«

Seine raue Stimme sandte ein Beben durch ihren Körper. Zögernd ließ sie ihre Hände an ihrem Bauch hinabwandern, bis sie ihre Scham erreichten.

»Zeig mir, wie du dich berührst.«

Hitze loderte in ihr. Es war eine Mischung aus Verlegenheit und Erregung, doch sie tat, was er verlangte. Mit einer Hand spreizte sie ihre Schamlippen und strich mit dem Zeigefinger ihrer anderen Hand über ihre Klitoris. Ihre inneren Muskeln zogen sich um seinen Schaft zusammen.

Gabe stöhnte auf. »Ja, genau so. Schneller.«

Gehorsam ritt sie ihn schneller, und auch ihre Finger rieben fieberhafter. Gleichzeitig schlossen sich Gabes Finger fester um ihre Brustwarzen. Die Mischung aus Erregung und Schmerz ließ den Orgasmus wie eine Welle über ihr zusammenschlagen. Er raste durch ihren Körper und nahm ihr jede Kraft. Bevor sie auf Gabe zusammensinken konnte, stützte er sie mit seinen Händen, während er immer weiter in sie stieß. Und dann vermischte sich Gabes heiseres Stöhnen mit ihrem. Noch einmal tauchte er tief in sie ein, dann kam er.

Diesmal konnte er sie nicht mehr halten. Matt sank sie auf seinem schweißbedeckten Körper zusammen. Lange Zeit lag sie einfach nur da und versuchte, wieder zu Atem zu kommen. Mit den Fingern strich sie über Gabes ausgeprägte Brustmuskeln. »Danke.«

Eine Weile hörte sie nur sein heftiges Atmen. »Wofür?«

»Für alles. Besonders für die fünf – oder waren es sechs – Orgasmen.«

Ein Lachen ließ seinen Brustkorb beben. »Gern geschehen.« Er legte eine Hand wieder auf ihren Kopf. Er schien es zu lieben, mit ihren Haaren zu spielen. »Julie …«

»Ja?«

Er atmete tief durch. »Bevor du mich vorhin abgelenkt hast,

wollte ich eigentlich etwas sagen. Du arbeitest doch von zu Hause aus, habe ich das richtig verstanden?«

Sie hob den Kopf und erwartete fast, die gleiche Geringschätzung in seinen Augen zu sehen wie bei ihren Nachbarn. Doch da war nur Neugier und vielleicht ein wenig Sorge zu erkennen. »Genau. Ich betreibe eine Online-Datingseite im Internet.« Sie zuckte mit den Schultern. »Ich dachte mir, wenn ich es schon nicht hinbekomme, einen passenden Mann zu finden, dann kann ich wenigstens anderen dabei helfen.« Tatsächlich zog sie eine nicht geringe Befriedigung daraus, wenn ihr wieder ein Pärchen mitteilte, dass es mit ihrer Hilfe den richtigen Partner gefunden hatte.

»Und warum hast du noch nicht den Richtigen gefunden?«

Verlegen zuckte Julie mit den Schultern. »Ich weiß es nicht. Vermutlich habe ich zu hohe Erwartungen. Und wenn ich mal einen netten Mann gefunden hatte, kam er nicht damit zurecht, dass ich nicht nur Blümchensex will.«

Gabe grinste sie an. »Also ich habe damit absolut kein Problem.«

»Du bist die Ausnahme. Um nicht zu sagen, du wärst mein Traummann.« Julie presste die Lippen zusammen. Das hätte sie besser nicht sagen sollen.

Sofort wurde er ernst, während er sie forschend betrachtete. »Warum wäre ich das nur und bin es nicht?«

Julie beschloss, die Frage ehrlich zu beantworten. Das war sie ihm schuldig. »Weil du nur für kurze Zeit hier bist und dann nach Kalifornien zurückkehrst.«

Seine Hand schloss sich fester um ihre Haare, sein Schaft regte sich in ihr. »Ich muss zurück. Meinem Job kann ich nur dort nachkommen.«

Beruhigend strich sie über seine Brust. »Das weiß ich.« Trotzdem tat es weh.

»Willst du hier wegziehen, wenn dieser Mistkerl hinter Gittern ist?«

Allein die Erinnerung an Jeff und was er ihr beinahe angetan hätte, machte sie wütend. »Vermutlich. Die Leute mochten mich schon vorher nicht. Wenn jetzt auch noch bekannt wird, dass ich einen von ihnen der Polizei ausgeliefert habe, wird es vermutlich ausarten.« Die bloße Vorstellung schmerzte mehr, als sie gedacht hatte. Sie vergrub ihr Gesicht an seiner Brust, damit er es nicht sah.

»Hast du irgendwo Familie oder Freunde?«

Noch ein wunder Punkt. »Nicht wirklich. Meine Mutter ist gestorben, zu meinem Vater habe ich kein gutes Verhältnis. Und Freunde …« Sie zuckte mit den Schultern, um ihre Traurigkeit zu überspielen.

»Wie wäre es, wenn du in die Nähe von San Diego ziehen würdest? Dort hättest du einen Freund.«

Ein Kloß saß in ihrem Hals und hinderte sie daran zu antworten. Er wollte sie wirklich wiedersehen!

Gabe legte einen Finger unter ihr Kinn und hob es an, damit sie ihn ansehen musste. »Ich will dich zu nichts zwingen, aber ich würde mich sehr freuen.« Er lächelte schief. »Und es würde unsere Beziehung erheblich vereinfachen.«

Wohlige Wärme breitete sich in ihr aus. »Haben wir denn eine?«

Als Antwort schob er seinen Schaft noch einmal tief in sie hinein. »Und ob!«

Julie strahlte ihn an. »Dann mach dich darauf gefasst, mich ab sofort öfter zu sehen.«

Gabe lächelte nur. Dann küsste er sie.

Flammende Leidenschaft

1

»Kommst du einen Moment alleine zurecht? Ich muss noch schnell eine Besorgung machen.« Mit schlechtem Gewissen blickte Alyssa Thomas die ehrenamtliche Mitarbeiterin an. Wenn Phyllis wüsste, was sie zu erledigen hatte, würde die Siebzigjährige sicher einen Herzinfarkt bekommen.

Phyllis lächelte ihr zu. »Natürlich. Keine Angst, die Bibliothek wird für eine halbe Stunde auch ohne dich auskommen.«

Natürlich wusste Alyssa das, aber seit sie vor neun Monaten hierhergekommen war, um die Leitung der kleinen Stadtbücherei zu übernehmen, war es *ihre* Bibliothek geworden, und sie sorgte dafür, dass der Bürgermeister nie bereute, sie eingestellt zu haben. Gut, Leitung war eigentlich zu viel gesagt, schließlich war sie die meiste Zeit allein hier, nur hin und wieder wurde sie von ehrenamtlichen Mitarbeitern vertreten, zum Beispiel, wenn sie eine Pause machen wollte oder Urlaub nahm. Nicht, dass sie das schon mehr als ein paar Tage am Stück getan hatte. Sie hatte einfach keine Lust, allein irgendwo hinzufahren. Zwar wusste sie schon, mit wem sie gern eine Reise machen würde, doch sie bezweifelte, dass er überhaupt wusste, dass sie existierte.

Alyssa schüttelte die Gedanken ab und konzentrierte sich auf Phyllis, die sie bereits merkwürdig ansah, weil sie so lange für ihre Antwort brauchte. »Ja, das denke ich auch. Danke für deine Hilfe.«

»Aber gerne. Es ist wesentlich besser, hier zu sein, als nur in meiner Wohnung zu sitzen und auf den Tod zu warten. Immerhin könnte ich hier noch auf einen tollen Mann treffen.« Phyllis zwinkerte ihr zu.

»Man weiß es nie. Viel Glück dabei!« Alyssa ging zur Tür und trat in den strahlenden Sonnenschein hinaus.

Einen Moment lang blinzelte sie in die Helligkeit, dann machte sie sich auf den Weg. Obwohl der Ort nicht besonders groß war, hatten sich viele der kleinen Geschäfte gehalten und wurden auch von den Einwohnern der Nachbarorte frequentiert. Um nicht in die mittägliche Rushhour zu kommen, war sie etwas früher losgegangen. Genau genommen wollte sie auch nicht unbedingt von so vielen Leuten dabei gesehen werden, wie sie genau diesen Laden betrat. Eigentlich konnte es ihr egal sein, aber das hier war nicht San Francisco, wo sie vorher gelebt hatte, sondern ein kleiner Ort auf dem Land, wo jeder jeden kannte – und sich auch jeder in die Angelegenheiten der anderen einmischte.

Deshalb blickte sie sich noch einmal um, bevor sie das Dessousgeschäft betrat, das sich inmitten einer kleinen Ladenzeile mit zweigeschossigen Häusern befand. Rasch ging Alyssa an den Auslagen vorbei zur Theke. Die Dessous im Laden fielen geschmackvoll, aber eher konservativ aus, deshalb hatte sie etwas Ausgefalleneres bestellt, das nun eingetroffen war.

Carrie, die Ladenbesitzerin und eine ihrer engsten Freundinnen, grinste sie an. »Da bist du ja. Ich habe die Sachen schon in die Umkleidekabine gehängt, du kannst sie gleich ausprobieren.« Sie fächelte sich mit der Hand Luft zu. »Ich kann nur sagen, die Sachen sind echt heiß. Wenn du sie nicht nimmst, werde ich sie mir schnappen.«

Alyssa lachte auf. »Das glaube ich nicht, meine Größe passt dir nicht.« Während sie selbst eher mollig war, mit breiter Hüfte und großen Brüsten, war Carrie wesentlich schmaler gebaut – überall.

Ihre Freundin seufzte. »Das stimmt leider. Ich wünschte, ich hätte deine Kurven.«

»Du weißt, ich würde jederzeit gerne tauschen.«

Carrie schüttelte den Kopf. »Was ich immer noch nicht verstehen kann. Ich würde töten für Brüste, die den Männern die Augen aus dem Kopf fallen lassen.«

Alyssa spürte, wie ihre Wangen heiß wurden. »Die Männer hier scheinen sich jedenfalls nicht dafür zu interessieren.« Im Gegenteil, sie war geradezu unsichtbar.

»Weil du sie ihnen überhaupt nicht zeigst. Woher sollen sie wissen, was du unter deiner figurverhüllenden Kleidung versteckst?«

Damit hatte Carrie unglücklicherweise recht. Sie fühlte sich einfach nicht wohl, wenn jeder ihre überflüssigen Pfunde sah, deshalb trug sie immer Kleidung, die ihre Brüste und Hüften verdeckte. »Ich kann schlecht im Minikleid in der Bibliothek arbeiten.«

Carrie hob eine Augenbraue. »Das habe ich auch nicht gesagt. Aber du könntest auch mal abends weggehen und dabei keinen Blazer tragen. Oder im Sommer ein Kleid mit tieferem Ausschnitt.«

»Dann fällt mir alles raus, sowie ich mich bücke.«

Carrie grinste sie an. »Und?«

Alyssa schnitt eine Grimasse, als sie sich das bildlich vorstellte. »Ich will niemanden erschlagen oder jemandem etwas zumuten, was er gar nicht sehen will.« Sie schnitt Carries Erwiderung mit einer Handbewegung ab. »Ich probiere jetzt die neuen Sachen an, vielleicht gefällt mir ja was.«

»Mach das. Ich bin sicher, es ist etwas dabei.«

Ihr Herz klopfte schneller, als sie in die Kabine trat und die Tür hinter sich schloss. Wie immer drehte sie dem Spiegel den Rücken zu, um sich nicht ansehen zu müssen, und berührte mit den Fingerspitzen die Dessous, die an einem Haken an der Wand hingen. Es war kaum Stoff daran, genau so, wie sie es mochte. Auf den Preis blickte sie lieber nicht, denn der würde wie immer extrem hoch sein, aber da sie sich sonst kaum etwas gönnte, konnte sie es sich leisten. Schnell zog sie sich bis auf den Slip aus und nahm das erste Ensemble vom Bügel. Es bestand aus weinrotem Satin und schwarzer Spitze. Sie zog es an und drehte sich dann zögernd zum Spiegel um. Wie immer zuckte sie zusammen, als sie die Polster sah, die um ihre Taille und Hüfte lagen. Immerhin hatte Carrie es aber geschafft, die Beleuchtung so zu gestalten, dass unschöne Dellen verborgen blieben.

Um sich nicht zu frustrieren, konzentrierte sie sich auf das Oberteil, das sich um ihre Brüste schmiegte, als wäre es dafür gemacht. Es drückte die Hügel empor, ohne sie einzuengen, und die Farbe ließ ihre helle Haut leuchten. Sie musste selbst zugeben, dass sie gut aussah, zumindest wenn sie alles andere ausblendete. Schließlich warf sie auch einen Blick auf den Slip, der hoch geschnitten war und dadurch ihre Hüfte ein wenig schmaler wirken ließ.

»Und, wie sieht es aus?« Carries Stimme erklang von der anderen Seite der Tür.

»Gut, würde ich sagen.« Alyssa öffnete die Tür und trat einen Schritt zurück.

Carrie pfiff leise durch die Zähne. »Wow! Ganz großes Kino, Lys. Ehrlich, wenn die Männer dich so sehen könnten …«

»Bitte nicht schon wieder.« Aber Alyssa lächelte dabei, denn Carries Lob tat ihr immer gut. »Dann probiere ich mal das andere an.«

»Also wenn dieses hier schon so gut aussieht, dann wird das andere das Haus zum Einstürzen bringen.«

Alyssa lachte. »Das wollen wir nicht hoffen.«

Sie schloss die Tür wieder und zog die Unterwäsche vorsichtig aus. Als Nächstes griff sie zu dem BH, in den sie sich spontan im Katalog verliebt hatte. Er war anthrazitfarben mit gleichfarbiger Spitze und so knapp geschnitten, dass ihre Brustspitzen beinahe hinausschauten. Ihre Hügel quollen förmlich daraus hervor, und es würde eine kleine Bewegung reichen, um sie ganz zu befreien. Erregung rieselte durch ihren Körper, als sie sich vorstellte, wie ein Mann sie ansehen würde, wenn sie so vor ihm stand. Okay, nicht irgendein Mann, sondern ihr Traummann. Mit einem Finger strich sie über ihre Aureole, und die Berührung sandte einen Stromstoß direkt in ihren Unterleib.

Alyssa riss die Augen auf und schüttelte den Kopf. Ihr Traummann blickte sie noch nicht einmal an, wenn sie an ihm vorbeiging. Er wechselte häufig sogar auf die andere Straßenseite, was sie ihm nicht verdenken konnte, nachdem sie ihm ein schweres Buch auf den Fuß hatte fallen lassen. Seinem Gesichtsausdruck hatte sie angesehen, dass er dachte, sie wäre vor ihm erschrocken, doch das Gegenteil war der Fall: Als er so plötzlich vor ihr stand, war ihr Verlangen, ihn zu berühren, so übermächtig geworden, dass sie keine Kraft mehr in den Händen gehabt hatte. *Deshalb* war ihr der Stapel Bücher heruntergefallen. Mit einer gemurmelten Entschuldigung hatte sie sich gebückt, um sie aufzuheben, und als sie wieder aufblickte, war er verschwunden.

»Lebst du noch?«

Bei Carries Frage tauchte sie abrupt aus ihren Erinnerungen auf. Sie räusperte sich. »Ja, kleinen Moment noch.«

Mit zitternden Fingern nahm sie den winzigen Tanga vom Bügel. Wie sollte sie da reinpassen? Egal, sie würde das Ensemble schon allein wegen des Oberteils nehmen. Daher zog sie rasch ihren Slip aus, den sie vorher aus hygienischen Gründen angelassen hatte, und schlüpfte in den Tanga. Er bestand aus einem winzigen, spitzenumsäumten Dreieck, das den größten Teil ihrer rasierten Scham freiließ, und drei dünnen Bändern, die es in Position hielten. Zusammen mit dem BH war der Anblick umwerfend, als sie sich im Spiegel betrachtete. Ihre Brustspitzen zogen sich zusammen, und Verlangen pulsierte in ihrem Unterleib. Oh verdammt, wenn das hier schon im Laden anfing, wie würde sie sich erst fühlen, wenn sie jemals darin vor einem Mann stand?

Alyssa wollte gerade Carrie rufen, als die Türglocke einen weiteren Kunden ankündigte. Sie erstarrte, als sie eine männliche Stimme hörte, die Carrie nach dem Weg zum Postamt fragte. Vermutlich ein Tourist, der sich verirrt hatte. Erleichtert atmete sie auf, als kurz darauf die Glocke erneut ertönte und der Mann das Geschäft wieder verließ.

»Carrie?«

Als keine Antwort kam, öffnete sie die Tür der Ankleidekabine einen Spaltbreit und blickte hindurch. Carrie war nirgends zu sehen. Vielleicht war sie hinausgegangen, um dem Mann den Weg zu erklären? Alyssa zuckte mit den Schultern und wandte sich wieder zum Spiegel um. Mit den Fingern strich sie über die weiche Spitze, die ihre Haut bedeckte. Ja, sie würde die Dessous auf jeden Fall kaufen, auch wenn nur sie selbst sie jemals sehen würde. Alyssa beugte sich vor und stützte ihre Hände auf die niedrige Bank, die vor dem Spiegel angebracht war. Ihre hellbraunen Augen weiteten sich, als die Bewegung reichte, um ihre Brustspitzen herausschauen zu lassen. Zögernd glitten ihre Hände an ihrem Körper nach oben, um den BH wieder zurechtzuziehen, bevor Carrie zurückkam.

Ein dumpfer Knall ertönte, und sie zuckte erschreckt zusammen. »Carrie?«

Bevor sie irgendetwas tun konnte, knallte es erneut, begleitet von einem ominösen Knacken und Grollen. Das ganze Gebäude wackelte, und Alyssa versuchte, sich an der Wand festzuhalten, um nicht hinzufallen. Doch die Wand bewegte sich auf sie zu, während um sie herum das Holz der Umkleidekabine barst. *Oh Gott!* Alyssa versuchte, durch die Tür zu entkommen, wurde jedoch zurückgeschleudert und landete auf dem Boden. Über ihr ertönte lautes Krachen, Holzsplitter und Putz rieselten auf sie nieder. Sie musste hier weg! Rasch richtete sie sich auf und kroch auf Händen und Knien in Richtung des Ausgangs. Doch bevor sie aus der Kabine entkommen konnte, brach alles über ihr zusammen.

Alyssa schützte ihren Kopf mit den Armen und presste sich so dicht an die Wand, wie sie konnte. Der Krach war ohrenbetäubend, als immer mehr Holz und anderes Baumaterial auf sie niederregneten. Eine Staubwolke hüllte sie ein, und sie begann zu husten. Dann wurde es dunkel um sie. Es dauerte eine lange Zeit, bis – abgesehen von einem gelegentlichen Knacken – alles still war. Alyssa öffnete die Augen, schloss sie aber gleich wieder, als sofort etwas hineinrieselte. Staub drang in ihren Mund, und sie musste erneut husten. Ihre Lunge schmerzte, sie hatte das Gefühl, keine Luft mehr zu bekommen.

Was war passiert? War die Umkleidekabine zusammengebrochen? Aber das hätte doch sicher nicht so viel Krach gemacht. Mit den Händen erkundete Alyssa vorsichtig ihre Umgebung. Doch nirgends fand sie einen Ausweg – sie war vollständig von Holz und allen möglichen anderen Trümmern umgeben. *Nein!* Es musste eine Möglichkeit geben, aus diesem Grab zu entkommen. Doch sosehr sie auch suchte, sie fand nichts. Und vor allem konnte sie sich kaum bewegen. Verzweifelt versuchte sie, die über ihr liegenden Schichten wegzuschieben, aber sie war nicht kräftig genug. Als wieder ein ominöses Knacken ertönte, erstarrte sie. Ihre flachen Atemzüge klangen laut in der engen

Kammer. Würde sie hier ersticken, wenn sie nicht rechtzeitig gefunden wurde?

Alyssa geriet in Panik und schlug mit den Fäusten gegen die Decke aus Schutt über ihr. »Hilfe! Ich bin hier gefangen, holt mich raus!« Durch die Schläge verrutschten die Trümmer und ließen die kleine Kammer weiter schrumpfen. Alyssa erstarrte. Als die Decke nicht über ihr zusammenbrach, atmete sie erleichtert durch. Wenn sie erdrückt wurde, bevor Hilfe kam, würde sie das auch nicht weiterbringen, deshalb beschränkte sie sich darauf, nur noch zu rufen. Das Herz hämmerte in ihrer Brust, und das Blut rauschte in ihren Ohren, sodass sie nichts außer ihren eigenen Schreien hörte.

Carrie würde doch sicher bemerkt haben, dass hier etwas zusammengebrochen war, und Hilfe holen. Es sei denn, sie war auch irgendwo unter dem Schutt begraben. Tränen traten in Alyssas Augen. Nein, es musste ihrer Freundin gut gehen. Sie war gerade draußen gewesen, als das Unglück passierte, daran musste sie glauben, sonst würde sie verrückt werden. Ein Zittern lief durch ihren Körper. Wäre sie doch nur in ihrer Bibliothek geblieben! Aber nein, sie hatte ja unbedingt neue Dessous kaufen müssen. Vielleicht war jetzt das geschehen, was Carrie ihr prophezeit hatte: Die Dessous hatten das Gebäude einstürzen lassen. Ein verzweifeltes Lachen entfuhr ihr, und sie presste eine Hand auf ihren Mund. *Oh Gott, sie wurde verrückt!*

Kyle Barnes rieb mit dem kalten Glas über seine Stirn, während er dem Polizeifunk lauschte, und fragte sich, warum er sich das immer noch antat. Er war schon seit Jahren kein Feuerwehrmann mehr, und in dieser kleinen Stadt passierte sowieso nichts, das das kleine Feuerdepartment nicht auch ohne seine Hilfe erledigen konnte. Meist beschränkten sich die Notfälle auf betrunkene Fahrer, die Rettung von Katzen aus Bäumen und den ein oder anderen Diebstahl. Vor einiger Zeit brannten ein paar Strohballen, und der ganze Ort war in Aufruhr. Nichts, das ihn an die Nacht erinnerte, als er sein Leben verloren hatte.

Mit einem harschen Laut beugte er sich vor, um den Funk abzuschalten. Sein Drink schwappte über, und er stieß einen Fluch aus. Das war eine weitere Folge jener Nacht, auch wenn er es inzwischen geschafft hatte, aus dem Teufelskreis von starken Schmerzmitteln und Alkohol auszubrechen. Jetzt hielt er den Whisky nur noch in der Hand, anstatt ihn zu trinken. Ein toller Zeitvertreib, besonders weil er jetzt den ganzen Tag nichts anderes zu tun hatte. Seinen Dienst konnte er nicht mehr verrichten, und er lebte jetzt von dem, was seine Eltern ihm hinterlassen hatten. Vielleicht wäre es besser gewesen, kein Erbe zu haben, dann wäre er gezwungen gewesen, etwas zu tun.

Ein lautes Knacken riss ihn aus seinen trüben Gedanken, als der Funk zum Leben erwachte. Unzählige Stimmen redeten wild durcheinander, und Kyle hatte Mühe, zu verstehen, worum es ging. »… Gebäude … Explosion … mehrere Verletzte … vermisst …«

Ruckartig setzte er sich auf und stellte sein Glas auf den Couchtisch. Das hörte sich nicht so an, als wäre es harmlos. Kyle stand auf und ging im Raum auf und ab, während er den Meldungen lauschte. Es war kein Feuer, immerhin, aber anscheinend war mitten auf der Hauptstraße ein Gebäude eingestürzt und hatte mehrere andere in Mitleidenschaft gezogen. Sein Magen zog sich zusammen, und er blickte sehnsüchtig auf den Drink. Abrupt wandte er sich ab und durchquerte das Zimmer. Ohne weiter darüber nachzudenken, steckte er Handy und Schlüsselbund in seine Hosentaschen und verließ das Haus. Vermutlich war es ein Fehler, in die Stadt zu fahren, aber der Feuerwehrmann in ihm konnte einfach nicht fernbleiben. Selbst wenn er wusste, dass er nicht helfen konnte.

Die Fahrt zur Stadt verging unendlich langsam, aber schließlich erreichte er die Hauptstraße. Die Unglückszone war weiträumig abgesperrt, sodass er seinen Wagen stehen ließ und zu Fuß weiterging. Unzählige Schaulustige hatten sich bereits versammelt, aber er beachtete sie nicht und drängte sich durch die Menge, bis er in der Nähe des eingestürzten zweigeschossigen Gebäudes ankam. Es sah aus, als hätte ein Tornado es auseinandergerissen und in seine Einzelteile zerlegt. Wenn sich jemand darin aufgehalten hatte, war er vermutlich tot oder schwer verletzt. Sein Magen zog sich zusammen, und er blickte rasch woandershin.

Kyle ballte die Fäuste, als er sah, dass die Polizisten und Feuerwehrmänner zu sehr unter Schock zu stehen schienen, um etwas zu unternehmen. Kein Wunder, da hier ja nie etwas Derartiges passierte, aber wenn jemand in dem Gebäude war, mussten sie sich mit der Rettung beeilen. Schließlich konnte es passieren, dass sich austretendes Gas entzündete. Er drängte sich näher heran und ignorierte die entsetzten, angewiderten und mitleidigen Mienen der Menschen um sich herum, die ihm rasch Platz machten. Normalerweise hielt er sich genau deswegen nicht mitten am Tag an einem öffentlichen Ort auf, aber im Moment gab es Wichtigeres, als auf die Gefühle seiner Mitmenschen Rücksicht zu nehmen.

Dicht hinter dem Chief der Feuerwehr blieb er stehen und lauschte dem Gespräch, das er mit Sheriff Sam Mayweather führte. Anscheinend sollte das Gebäude erst stabilisiert werden, bevor sie jemanden hineinschickten. Was vermutlich eine gute Idee war. Zumindest, wenn sich niemand mehr darin aufhielt.

»Es ist Carrie Bishops Dessous-Laden. Da sie selbst uns gerufen hat, ist sie wohl rausgekommen. In den Nachbargeschäften gab es mehrere Leichtverletzte, aber es sieht so aus, als hätten sie Glück gehabt. Anscheinend gab es zu der Zeit keine Kundschaft, sonst würde die Sache sicher anders aussehen.«

Erleichtert wollte Kyle sich abwenden, als er einen lauten Ruf hörte. Sein Blick glitt zu Carrie, die auf Sam zugerannt kam. Sie war kreidebleich, ihre Kleidung zerrissen, und ihre kurzen roten Haare standen zu allen Seiten ab. Ein langer Kratzer zog sich über ihre Wange. »Sheriff, Sie müssen etwas unternehmen! Meine Freundin Alyssa war im Laden, als er einstürzte!« Atemlos kam sie bei ihnen an und wirkte, als würde sie jeden Moment zusammenbrechen. Ein Sanitäter legte ihr eine Decke um die Schultern, aber sie schien es gar nicht zu bemerken. »Ich war gerade draußen und habe einem Touristen den Weg erklärt, als das Gebäude hinter mir zusammenbrach. Sie ist noch da drin!« Tränen rannen über ihre Wangen.

Unwillkürlich trat Kyle einen Schritt vor, als er den Namen Alyssa hörte. Er kannte hier nur eine Alyssa …

Sam presste die Lippen zusammen. »Sind Sie sicher?« Stumm nickte sie. »Verdammt! Reden Sie von Alyssa Thomas?«

»Ja. Sie war gerade in der Umkleidekabine im Erdgeschoss, als ich nach draußen ging.« Carrie ergriff die Hand des Chiefs. »Bitte, Sie müssen irgendetwas tun.«

»Es tut mir leid, Ma'am, wir können momentan noch niemanden in das Gebäude schicken, es ist zu instabil …«

Kyle hörte nicht länger zu, sondern bahnte sich einen Weg zur Rückseite des Gebäudes. Auch hier war alles weiträumig abgesperrt, aber er ignorierte die Warnung und bückte sich unter dem Band hindurch. Er handelte wie auf Autopilot, seit er den Namen der Verschütteten gehört hatte. Sein Herz begann schmerzhaft zu klopfen, als er sich vorstellte, dass Alyssa bereits tot sein könnte. Zwar hatte sie sich wie so viele andere entsetzt von ihm abgewendet, als er sich ihr einmal in der Bibliothek genähert hatte, aber trotzdem war es ihm nicht gelungen, sie aus dem Kopf zu bekommen. Im Gegenteil, immer wenn er sie sah, wurde seine Sehnsucht nach ihr noch stärker. Nur eine weitere Art der Tortur, die er sich selbst zuzuschreiben hatte.

Entschlossen ging er auf das zerstörte Gebäude zu. Auch wenn es jemand anders gewesen wäre, hätte er den Wunsch verspürt, ihn zu retten. Das Wissen, dass es Alyssa war, verstärkte diesen Drang noch um ein Vielfaches. Zugleich nagte beinahe etwas wie Angst an seinen Eingeweiden.

»Hey, Sie, bleiben Sie da weg, das ist zu gefährlich!«

Kyle drehte sich nach der Stimme um und erkannte einen der Feuerwehrmänner. »Ich weiß, was ich tue. Es ist noch jemand im Gebäude.«

Der Mann stellte sich ihm in den Weg und blickte ihn durchdringend an. Offensichtlich hatte er ihn erkannt, was ja nicht weiter schwer war. »Ich habe die Anweisung, niemanden dort reinzulassen.«

Kyle senkte seine Stimme. »Wenn Sie nicht wollen, dass die Bibliothekarin stirbt, tun Sie so, als hätten Sie mich nicht gesehen.«

»Aber …«

Ungeduldig blickte Kyle ihn an. »Es ist ganz einfach: Entweder Sie schlagen mich nieder – was Sie gerne versuchen können –, oder Sie lassen mich durch. Wir haben keine Zeit zu verlieren.«

Stumm trat der Feuerwehrmann zur Seite. »Seien Sie vorsichtig.«

»Das bin ich immer.«

Der Blick des Mannes glitt zu den Narben, die die rechte Seite seines Gesichts bedeckten, bevor er davoneilte. Kyle schüttelte den Kopf. Man konnte so gut ausgebildet und so vorsichtig wie möglich sein, es war trotzdem keine Garantie, dass man heil herauskommen würde. Diese Lektion hatte er teuer bezahlt. Doch darüber konnte er momentan nicht nachdenken, es zählte nur, Alyssa zu finden und möglichst unversehrt wieder herauszubringen.

Schnell legte er die letzten Meter zum Haus zurück und suchte nach dem Kellereingang. An einem der anderen Geschäfte hatte er mal beobachtet, wie Waren angeliefert und in den Keller gebracht worden waren, deshalb hoffte er, bei Carries Laden auch so etwas zu finden. Falls nicht, würde es schwer werden, überhaupt tief genug vorzudringen, um zu der Umkleidekabine im Erdgeschoss zu kommen. Wenig später entdeckte er den gemauerten Eingang und atmete tief durch. Sein Herz klopfte hart gegen seine Rippen, Schweiß trat auf seine Stirn, während er auf den schmalen Durchlass starrte, der nicht von Brettern und Steinen verdeckt war. Es war Wahnsinn, hier hineinzugehen, das wusste er selbst. Aber er musste es tun. Und wenn er dabei starb, war es auch nicht weiter tragisch, solange er erst Alyssa rettete.

2

Kyle schob seinen massigen Körper durch den Spalt und ging geduckt die Treppenstufen hinunter, die zur Kellertür führten. Glücklicherweise versperrten nur wenige Bretter den Eingang, sodass er ihn rasch freiräumen konnte. Die Tür selbst stand noch im Rahmen – und sie war abgeschlossen. Mit einem kritischen Blick auf die kreuz und quer verlaufenden Balken über sich entschied er, dass er es wagen musste. Er hatte keine Zeit, erst noch einen Schlüsseldienst anzufordern oder sich eine Axt zu besorgen. Mit einem gezielten Tritt gegen das Schloss brach er die Tür auf. Durch den Schwung stolperte er vorwärts in das dunkle Innere, konnte sich aber abfangen, bevor er mit einem heruntergestürzten Balken kollidierte. Schmerz zuckte durch seine Schulter, doch er ignorierte ihn.

Mit dem Arm schützte er sein Gesicht vor herabrieselndem Schutt und blieb einen Moment still stehen, bis sich die Trümmer wieder gesetzt hatten. Vorsichtig hob er den Kopf und blickte sich um. Er konnte kaum die Hand vor Augen erkennen, deshalb holte er sein Handy heraus und schaltete die Taschenlampe darin an. Mit Wehmut dachte er an seine Ausrüstung zurück, die ihm früher die Arbeit erleichtert hatte. Kyle biss die Zähne zusammen, bis sie knirschten. Früher war das Stichwort: Er war kein Feuerwehrmann mehr, sondern ein Zivilist – und der musste sich eben mit einem Handy behelfen.

Vorsichtig bewegte er sich vorwärts in die Richtung, in der er die Treppe ins Erdgeschoss vermutete. Staubkörner tanzten im Licht der Lampe und erschwerten die Sicht noch zusätzlich.

Was auch immer hier geschehen war, schien den Keller zumindest weitgehend intakt gelassen zu haben. Vermutlich, weil die Decke aus Beton bestand, während der Rest des Gebäudes aus Holz gebaut war. Irgendetwas hatte dazu geführt, dass es ohne Vorwarnung in sich zusammengebrochen war. Aber darüber brauchte er jetzt nicht nachzudenken, wichtig war nur, Alyssa zu finden und sie sicher wieder hinauszubringen. Wenn sie noch lebte. Das Gehäuse seines Handys knackte Unheil verkündend, und er lockerte rasch seinen Griff. Er würde Alyssa retten, koste es, was es wolle.

Kyle atmete auf, als er im Lichtschein den Treppenaufgang sah, der zum Verkaufsraum führte. Mit wenigen Schritten erreichte er die ersten Stufen und begann hinaufzusteigen. Am Anfang kam er gut durch, aber als die Treppe eine Biegung machte, erkannte er, dass ein Teil der Decke darüber zusammengebrochen sein musste. Das erschwerte das Durchkommen beträchtlich, aber er biss nur die Zähne zusammen und begann damit, sich einen Weg durch den Schutt zu bahnen. Vorsichtig schob er einzelne Bretter beiseite und quetschte sich durch die frei gewordene Lücke. Jetzt wäre es von Vorteil gewesen, wenn er etwas kleiner und weniger breit gebaut wäre, andererseits brauchte er teilweise seine ganze Kraft, um sich den Weg zu bahnen.

Schweiß ließ das T-Shirt an seinem Körper kleben, doch er spürte es kaum. Es gab nur einen einzigen Gedanken in seinem Kopf: Alyssa. Endlich erreichte er die oberste Stufe und erkannte, dass auch der Rest des Weges so beschwerlich werden würde. Wenn nicht noch schwerer, denn soweit er das erkennen konnte, gab es nur einen Durchgang von höchstens einem Meter Höhe unter dem Schutt des oberen Stockwerks. Wie er im Schein der Lampe sehen konnte, war es an den meisten Stellen sogar ganz bis zum Boden durchgebrochen, nur dort, wo die Verkaufstische standen, war etwas mehr Raum. Hoffentlich hatten die Wände der Umkleidekabine dem Druck standgehalten und boten Alyssa einen sicheren Raum. Wenn sie von den Balken getroffen worden war … Nein, darüber durfte er jetzt nicht nachdenken.

Nach einem letzten tiefen Atemzug ging Kyle in die Hocke und quetschte sich durch eine schmale Öffnung. Die rauen Kanten des geborstenen Holzes kratzten über seine Narben, und er unterdrückte gerade noch einen Schmerzenslaut. Er konnte sich jetzt nicht damit befassen, was diese Tortur seinen alten Verletzungen und ihm antun würde, denn das hätte nur seine Konzentration gestört. Und die brauchte er, wenn er sich durch diesen Schuttberg bewegen wollte, ohne in Gedanken zurück in die furchtbaren Ereignisse geworfen zu werden, die ihn beinahe sein Leben gekostet hatten.

Flach sog er die stauberfüllte Luft ein. Zumindest roch es nicht nach Gas oder Rauch. Wenn er Glück hatte, würde die Ruine zumindest so lange stehen bleiben, bis er Alyssa herausgeholt hatte. Bei der Vorstellung, in den Trümmern verschüttet zu werden und bei lebendigem Leibe zu verbrennen, war er kurz davor, in Panik zu geraten. Der Drang, umzudrehen und sich in Sicherheit zu bringen, wurde immer stärker, aber Kyle biss die Zähne zusammen und schob sich weiter vorwärts. An einer besonders flachen Stelle musste er über den Boden robben und sich seitwärts drehen, damit seine breiten Schultern überhaupt hindurchpassten. Früher hatte ihm das nichts ausgemacht, doch seit seinem »Unfall« hasste er es, sich nicht frei bewegen zu können.

Kyle hörte einen Laut und hielt den Atem an. Es war schwer, etwas über dem wilden Hämmern seines Herzens und den knackenden Geräuschen des Holzes über ihm wahrzunehmen, aber er hätte schwören können, dass er eine schwache Frauenstimme rufen hörte. Alyssa! Mit neuer Energie arbeitete er sich weiter in die Richtung vor, in der er die Umkleidekabine vermutete. Der Boden war voller Glassplitter, aber Kyle ignorierte die Schmerzen der unzähligen Schnitte. Mühsam schob er eine Holzplatte beiseite, die ihm den Weg versperrte, bis er sich hindurchschlängeln konnte. Erneut hörte er einen Ruf, und diesmal war er sicher, dass es tatsächlich Alyssa war. Noch schneller arbeitete er sich vor, bis er ihre hektischen Atemzüge hören konnte.

»Es ist alles in Ordnung, ich hole Sie hier raus.« Seine Stimme klang durch die staubige Luft noch rauer als sonst, und er räusperte sich. »Sprechen Sie mit mir, damit ich Sie leichter finde.« Einen Moment lang herrschte Totenstille, dann ertönte ein furchtbarer Laut, der ihm einen kalten Schauer über den Rücken trieb.

»Oh Gott, bitte, machen Sie schnell! Ich weiß nicht, wie lange …« Der Rest ihrer Worte ging in einem lauten Knacken unter.

Verdammt! Ohne Rücksicht auf seine eigene Gesundheit schob er sich rasch vorwärts. »Alyssa? Reden Sie mit mir!«

»Ich …« Sie hustete keuchend, aber immerhin konnte er so weiterhin ihre Richtung bestimmen, während er sich zu ihr vorarbeitete.

»Okay, bleiben Sie ganz ruhig, ich bin gleich da.« Jedenfalls hoffte er das, denn es konnte immer noch sein, dass er keinen Weg zu ihr fand. Aber immerhin würde er mit ihr reden und sie beruhigen können, bis die regulären Hilfskräfte zu ihr durchdrangen. Schließlich kam er an eine hölzerne Wand, die ihm den Weg versperrte. Mit den Händen tastete er sich daran entlang, bis er eine Lücke fand. »Sind Sie noch da?«

Ein Laut, halb Schluchzen, halb Lachen, antwortete ihm. »Wie sollte ich hier schon rauskommen?«

Kyle schnitt eine Grimasse. »Ich weiß, ich wollte nur Ihre Stimme hören.«

Einen Moment herrschte Stille. »Sie hören sich so nah an.«

»Das bin ich. Ich suche nur noch einen Zugang.« Er streckte seine Hand durch die Lücke, weil sie zu klein für seinen Kopf war. »Können Sie meine Hand sehen?«

»Nein, hier ist es stockdunkel.«

Natürlich war es das, daran hätte er auch gleich denken können. Er holte sein Handy wieder heraus und schaltete die Lampe an. »Sehen Sie den Lichtschein?«

»N… Ja! Ja, da ist etwas Helleres in der Ecke, an meinen Füßen.«

Kyle schob seine Hand wieder durch das Loch und tastete nach ihr. Schließlich berührten seine Finger einen eiskalten Fuß. Eigentlich war es im Raum ziemlich warm, aber sie war vermutlich durch den Schock ausgekühlt.

Alyssa stieß einen erschrockenen Laut aus. »S…sind Sie das an meinem Fuß?«

»Ja. Die Lücke ist hier zu klein, ich versuche, einen besseren Zugang zu Ihnen zu finden.« Er konnte das Zittern spüren, das ihren ganzen Körper erfasste.

»Sie lassen mich nicht allein?«

»Auf keinen Fall.« Er drückte noch einmal beruhigend ihren Fuß und zog dann vorsichtig seinen Arm zurück. Ihr protestierender Laut tat ihm weh, aber es musste sein, wenn er ihr helfen wollte. Langsam kroch er an der hölzernen Barriere entlang weiter, bis er auf ein Hindernis traf, das den Zugang verhinderte. Hoffentlich hatte er auf der anderen Seite mehr Glück, sonst würde er Alyssa nicht befreien können.

Angestrengt lauschte Alyssa, doch sie konnte nicht sagen, ob ihr Retter noch da war oder nicht. Sie presste eine Hand auf ihren

Mund, um den verzweifelten Laut zurückzuhalten, der in ihrer Kehle aufstieg. Natürlich war er noch da, er hatte sich nicht extra zu ihr vorgearbeitet, um sie dann im Stich zu lassen, wenn er sie gefunden hatte. Erneut tastete sie ihr Gefängnis ab, aber sie konnte immer noch keine Stelle entdecken, durch die sie sich hätte zwängen können. Allerdings konnte sie sich nicht umdrehen, deshalb wusste sie nicht, ob es weiter unten einen Zugang gab. Mehr als alles andere wünschte sie sich, diese raue Stimme noch einmal zu hören, wenigstens eine kurze Berührung zu spüren, damit sie sich nicht mehr so allein vorkam.

Alyssa schlang die Arme um ihren Oberkörper, um das Zittern zu unterdrücken, das ihren Körper immer wieder durchlief. Noch immer hatte sie das Gefühl, dass ihr die Luft zum Atmen fehlte und sie ersticken musste. Vermutlich war das nur Einbildung, aber sie konnte nicht sicher sein. Sie hörte einen Laut auf ihrer rechten Seite und drehte den Kopf in diese Richtung. Ein Lichtschimmer drang durch die Balken und blendete sie. »Ich sehe Licht.«

»Gut, das heißt, dass die Lücke bis zu Ihnen führt. Allerdings ist sie auch nicht groß genug, dass Sie hindurchpassen würden. Ich könnte versuchen, die Bretter zu entfernen, aber ich möchte nicht riskieren, dass dann der ganze Schuttberg über uns zusammenstürzt.«

Alyssa schob sich ein wenig dichter an ihren Retter heran. »Und was machen wir dann?« Sie konnte nicht verhindern, dass ihre Stimme zitterte.

»Ich werde der Feuerwehr Bescheid sagen, wo Sie sind, damit sie wissen, wo sie genau suchen müssen.«

»Sie lassen mich wieder alleine?« Diesmal klang eindeutig Panik in der Frage mit.

»Nein, ich bleibe hier, bis Sie befreit werden.« Ein Piepsen erklang. »Schicken Sie die Rettungskräfte an folgende Koordinaten des eingestürzten Hauses, hier ist eine Frau verschüttet.« Er diktierte die Koordinaten und legte auf, ohne seinen Namen zu nennen oder auf eine Antwort zu warten.

Ihr ging auf, was er gesagt hatte. »Gehören Sie nicht zur Feuerwehr oder den Rettungskräften?«

Ein kurzes Zögern, dann drang seine Stimme durch die Dunkelheit zu ihr. »Nein.«

Am liebsten hätte sie gefragt, warum er dann hier war, aber sie wollte nicht undankbar erscheinen oder ihn verärgern. »Danke, dass Sie die Gefahr auf sich genommen haben, um mir zu helfen. Kennen wir uns?«

Wieder zögerte er. »Gerne, und nein, wir kennen uns nicht.«

Warum hatte sie das Gefühl, dass er log? Und vor allem, welchen Grund konnte er dafür haben? Aber auch das war egal, solange er sie nur hier herausbrachte. Das Licht war inzwischen verschwunden, und für einen winzigen Moment war sie sicher, dass er sie allein gelassen hatte. Sofort setzte die Panik wieder ein, die durch seine Anwesenheit ein wenig gedämpft worden war. Sie schob ihre Hand durch den Spalt und tastete nach ihm. Als sie nichts außer Schutt ertastete, zog sich ihre Kehle zusammen, und sie rang nach Luft. Ein Wimmern entfuhr ihr, und sie presste ihre andere Hand über ihren Mund.

»Alyssa? Alles in Ordnung?«

Seine Stimme legte sich wie Balsam über ihre Nerven, und sie schloss die Augen, um ihre Tränen zurückzuhalten. Die Erleichterung ließ ihren gesamten Körper beben.

Eine warme Hand legte sich über ihre. »Alyssa?«

»E…es g…geht schon. Ich m…möchte nur h…hier raus.«

»Das kann ich verstehen. Sie müssen nur noch ein wenig durchhalten, die Feuerwehr muss das Gebäude erst sichern, bevor sie jemanden reinschicken. Aber ich bleibe bei Ihnen.« Sein Daumen rieb beruhigend über ihren Handrücken.

»Aber ist das nicht f…furchtbar gefährlich für Sie? Warum tun Sie das für eine Fremde?« Sowie die Worte heraus waren, wollte sie sie zurücknehmen. Es war dumm, ihn darauf hinzuweisen, dass er keinen Vorteil davon hatte, bei ihr zu bleiben. Wenn er sie jetzt verließ …

»Ich kann die Gefahr abschätzen und möchte, dass Sie weiterleben. Außerdem weiß ich, wie schwer es ist, in einer solchen Situation auf Hilfe warten zu müssen.«

Seine Stimme klang gepresst, und sie hatte das Gefühl, dass er tatsächlich wusste, wovon er sprach. Ob er etwas Ähnliches erlebt hatte? Ein Bild erschien vor ihren Augen, das ihren Atem stocken ließ. Konnte es wirklich Kyle sein? Alyssa schloss die Augen und erinnerte sich daran, wie er sie auf dem Bibliotheksbasar angesprochen hatte. Sie hatte gerade einen Stapel Bücher im Arm, als von hinten seine Stimme kam. »Miss Thomas?« Die Stimme war tief und rau, genau wie die ihres Retters.

Wie schon so oft zuvor fragte sie sich, was passiert wäre, wenn sie ihm nicht die Bücher auf den Fuß hätte fallen lassen. Vielleicht hätte er mehr gesagt als nur diese zwei Wörter, und es hätte der Beginn einer Freundschaft sein können. Bis heute wusste sie nicht, warum er sie damals angesprochen hatte, aber sie konnte ihn jetzt schlecht fragen, denn er wollte offenbar nicht, dass sie erfuhr, wer er war. Allerdings konnte sie sich nicht erklären, warum er das tun sollte. Er hatte sich extra die Mühe gemacht und vor allem die Gefahr auf sich genommen, zu ihr in ein eingestürztes Haus zu kriechen, also konnte sie ihm nicht völlig egal sein.

»Geht es Ihnen gut?«

Rau umschmeichelte seine Stimme ihren Körper, und Alyssa fühlte, wie sie sich langsam entspannte – soweit das in dieser Situation überhaupt möglich war. »Halb…wegs.«

»Sind Sie verletzt?« Diesmal klang die Stimme näher und besorgt.

War sie verletzt? Sie hatte keine Ahnung. Einen Moment horchte sie in sich hinein, konnte aber nichts feststellen. Aber das war kein Wunder, bei dem Adrenalin, das durch ihren Körper floss. »Ich weiß es nicht.«

Kyles Finger berührten ihre Schulter. »Haben Sie irgendwo Schmerzen?«

Auch das wusste sie nicht. Oder anders gesagt, es taten ihr so viele Stellen weh, dass sie gar nicht wusste, wo sie anfangen sollte. »Ja.«

Seine Finger glitten an ihrem Arm hinunter. »Wo?«

Ein Beben lief durch ihren Körper, was allerdings mehr an seiner Berührung lag. »Überall.«

Seine Hand schloss sich fester um ihren Arm. »Können Sie das näher eingrenzen?«

»N…nein.«

Einen Moment lang schwieg Kyle, dann atmete er tief durch. »Okay, probieren wir es anders. Können Sie sämtliche Gliedmaßen frei bewegen, oder sind Sie irgendwo eingeklemmt?«

Diverse schmerzhafte Stellen meldeten sich, als sie vorsichtig ihre Arme und Beine bewegte. Als sie damit fertig war, ging ihr Atem keuchend. »Ich kann alles bewegen, denke ich.«

Kyles Hand glitt wieder nach oben und legte sich um ihre Schulter. »Haben Sie etwas dagegen, wenn ich Sie nach Verletzungen abtaste?«

Alyssa biss auf ihre Unterlippe und versuchte, ihre automatische Reaktion zu unterdrücken. Wie sollte sie es aushalten, von ihm berührt zu werden? Hitze strömte durch ihren Körper und sammelte sich in ihrer Mitte. »Ich …«

»Es geht ganz schnell, ich will nur überprüfen, ob Sie irgendwo bluten.«

Verlegen räusperte Alyssa sich. »Ich bin nicht … vollständig bekleidet.«

Ein undeutbarer Laut drang durch den Spalt. »Das ist mir schon aufgefallen.« Ein Finger zupfte an dem schmalen Träger ihres BHs.

Als Reaktion zogen sich ihre Brustspitzen zu festen Punkten zusammen. Gänsehaut bildete sich auf ihrem gesamten Körper. Alyssa keuchte auf.

»Es tut mir leid, ich weiß, dass Ihnen das unangenehm ist, aber es muss sein. Ich möchte nicht, dass Sie unbemerkt verbluten.« Kyles Stimme klang noch näher, er musste jetzt ganz nah an dem Spalt liegen. »Rücken Sie etwas weiter in meine Richtung, wenn es geht, damit ich Sie überall erreichen kann.«

Sie schauderte, tat aber, worum er sie bat. Kyles Hand verschwand, und sofort kroch die Angst wieder in ihr hoch. Nervös lauschte sie seinen Atemgeräuschen, um sich zu vergewissern, dass er noch da war. Als seine Finger ihre andere Schulter berührten, zuckte sie erschrocken zusammen. Sie ballte ihre Hände zu Fäusten, während Kyle methodisch ihren Arm nach Wunden absuchte. Er erwischte eine Schramme, und sie gab einen kleinen Schmerzenslaut von sich.

»Entschuldigung.« Weiter bewegten sich seine Finger nach unten, dabei strich sein nackter Arm über ihre Brustspitzen.

Alyssa presste die Augen zusammen und versuchte, ihre körperliche Reaktion zu unterdrücken. Oh Gott, es fühlte sich so gut an, seine warme, behaarte Haut auf sich zu spüren. Beinahe stöhnte sie enttäuscht auf, als er den Arm sofort anhob und nur noch seine Fingerspitzen sie berührten. Aber da sie ihn kaum bitten konnte, sie richtig zu berühren, schwieg sie. Er drückte ihre Hand, und sie hatte Mühe, ihre Tränen zurückzuhalten. Wie konnte eine einfache Geste sie so aufwühlen? Sie musste endlich hier raus, bevor sie sich in ein wimmerndes Geschöpf verwandelte. Unruhig bewegte sie sich.

Kyles Arm legte sich quer über ihren Oberkörper. »Bleiben Sie ganz ruhig liegen, ich kümmere mich um Sie.«

In Alyssas Vorstellung legten sich seine Hände auf ihre Brüste und über ihre Scham, und sie gab ein tiefes Stöhnen von sich.

Kyle hörte ihren Laut und biss die Zähne zusammen. Verdammt, die arme Frau war völlig verängstigt, und er stellte sich vor, wie sie sich vor Verlangen unter ihm wand. Was war nur mit ihm los? Auf keinen Fall konnte er die Tatsache ausnutzen, dass sie hier hilflos und offensichtlich halb nackt vor ihm lag. Natürlich konnte sie nicht vollständig bekleidet sein und ihn weniger in Versuchung führen, das wäre ja zu einfach. Wobei die Schuld eindeutig nicht bei ihr lag, er sollte etwas aus den letzten beiden Jahren gelernt haben. So geschäftsmäßig wie möglich ließ er seine Hand über ihren Körper gleiten und spürte das Beben in ihren Muskeln.

»Tue ich Ihnen weh?«

»Nein.« Das Wort war nur ein Hauch.

»Sie brauchen wirklich keine Angst zu haben, die Rettungskräfte werden uns bald hier raushaben, und ich werde dafür sorgen, dass Ihnen bis dahin nichts geschieht.« Gut, das war nicht ganz die Wahrheit. Er würde auf jeden Fall versuchen, sie zu schützen, aber der Schutt konnte sich jederzeit verschieben und einen von ihnen erdrücken.

»D…danke.«

Sein Schaft regte sich bei ihrer atemlosen Antwort. Beinahe schmerzhaft presste er sich gegen den harten Boden, da er auf dem Bauch lag, um Alyssa besser erreichen zu können. Vorsichtig bewegte er seine Hand von ihrer Schulter abwärts und spürte den Träger, der in einem spitzenbesetzten Körbchen endete. Er bemühte sich, ihre Brustwarze nicht zu berühren, sondern sich seitlicher zu halten. Die Erinnerung an ihre harten Spitzen, die sich in seinen Arm bohrten, ließ sich jedoch nicht verdrängen. Lag es an Alyssas Angst, oder ließ seine Berührung sie reagieren? Wie sehr wünschte er sich Letzteres! Aber selbst wenn es so sein sollte, war dies nicht der richtige Moment dafür.

Seine Finger glitten über ihre Rippen, und er atmete auf, als er feststellte, dass sie anscheinend nicht verletzt waren. Das wiederholte er auf der anderen Seite, und auch hier fand er keine Wunden oder Brüche. Alyssas Haut war unfassbar weich, als er über ihren Bauch strich. Etwas tiefer stieß er auf einen winzigen Streifen Stoff. Sein Herz klopfte schneller bei dem Gedanken, seine Finger darunterzuschieben und ihre Weiblichkeit zu erkunden. Beinahe glaubte er, den Geruch ihrer Erregung wahrzunehmen, aber das war sicher nur seine Einbildung.

Kyle schob sich tiefer, um den Rest ihres Körpers untersuchen zu können. Bisher hatte er nur ein paar kleinere Abschürfungen ertasten können, und langsam setzte Erleichterung ein, dass Alyssa tatsächlich nicht schwerer verletzt schien. Vorsichtig setzte er seine Erkundung an ihren Beinen fort. An ihren Knien fand er weitere Schürfwunden und schnitt eine Grimasse, als Alyssa zusammenzuckte. Er mochte es nicht, ihr Schmerzen zu verursachen, aber er konnte sie auch nicht der Gefahr aussetzen, vielleicht stundenlang mit einer stark blutenden Wunde hier zu liegen. Seine Finger glitten über ihren kalten Fuß, und er schloss seine Hand darum.

Von Alyssa kam ein weiteres Stöhnen und Schaudern.

»Schmerzen?«

»Nein, das fühlt sich gut an. Ich habe das Gefühl, dass ich schon seit Stunden hier liege, und langsam kühle ich aus.«

Jetzt wünschte er, er hätte an eine Decke gedacht, als er in das Haus gerannt war. Stattdessen hatte er nur daran denken können, zu Alyssa zu kommen. *Sehr professionell.* Aber jetzt war es nicht mehr zu ändern, und er musste das Beste daraus machen. »Können Sie sich umdrehen, damit ich Ihre Rückseite überprüfen kann?«

»Ich versuche ... es.« Er zog seine Hand zurück, und eine Weile hörte er nur ihr schweres Atmen. »Okay.«

Zögernd berührte er erneut ihre kühle Haut und arbeitete sich langsam wieder nach oben vor. Als er bei ihrer Hüfte ankam, stöhnte er innerlich auf. Sie trug keinen Slip, sondern einen verdammten Tanga, der nur aus drei extrem schmalen Stoffstreifen bestand und ihre Pobacken frei ließ. Und sie war nicht etwa eine von diesen dürren Frauen, bei denen man jeden Knochen spürte, sondern seine Finger glitten über genau die richtigen Polster, die ein Mann gerne berührte. Ein leiser Seufzer erklang, und Kyle erstarrte. Den Laut hatte er sich sicher nur eingebildet, oder? Als er nichts weiter hörte, verließ er bedauernd die warmen Hügel und untersuchte ihren Rücken und die Schultern. Schließlich tat er das, was er schon vor Monaten hatte tun wollen: Er grub seine Finger in ihre Haare. Als er sichergestellt hatte, dass sie keine Kopfverletzung hatte, zog er bedauernd seinen Arm zurück.

Er räusperte sich. »Es scheint, als hätten Sie großes Glück gehabt, ich habe nur ein paar Abschürfungen feststellen können.«

»Glücklicherweise haben die Holzwände das meiste abgehalten. Wäre ich nicht in der Kabine gewesen, als das Haus zusammengestürzt ist ...« Ein Zittern klang deutlich hörbar in ihrer Stimme mit.

Um sie davon abzulenken, wechselte er das Thema. »Frieren Sie noch?«

Eine kleine Pause entstand. »Ja, ein wenig.«

Unter einigen Verrenkungen schlüpfte Kyle aus seinem T-Shirt und schob es durch den Spalt. »Hier. Es ist zwar nicht sauber, aber vielleicht wärmt es Sie ein wenig.« Und vor allem würde es dafür sorgen, dass niemand das zu Gesicht bekam, was er nur ertastet hatte.

Ihre Hand legte sich auf seine. »Vielen Dank. Ich dachte schon, ich müsste so vor allen Leuten ...« Sie brach ab und schauderte.

Eine Weile hörte er nur ihr Schnaufen und hartes Atmen, dann lag sie wieder still. »Das tut gut, danke.«

Kyle versuchte, es sich auf dem harten Boden etwas bequemer zu machen, aber der raue Schutt kratzte unangenehm auf seinen Narben. Aber das war jetzt nebensächlich, denn in diesem Moment hörte er ein unheilvolles Knacken. Instinktiv presste er sich näher an den Spalt und bedeckte Alyssas Kopf und Nacken mit seinem Arm. Er wünschte, er könnte ihren gesamten Körper bedecken, um sie so zu schützen, aber dazu war der Spalt zu schmal. Seinen anderen Arm schlang er um seinen eigenen Kopf und wartete darauf, dass die Trümmer über ihnen zusammenbrachen und sie begruben.

3

Alyssa schob sich dichter an die Wand, die sie von Kyle trennte, als sie das Krachen und Rumpeln über sich hörte. Oh Gott, würden sie beide hier sterben? Vermutlich war es falsch, das zu denken, aber sie war froh, dass sie nicht allein hier war. Kyles Arm lag beschützend über ihr, und als sie ihre Hand durch den Spalt schob, konnte sie ihre Finger auf seine nackte Brust legen. Sein beruhigender Herzschlag half ihr dabei, nicht völlig in Panik zu verfallen. Staub und kleinere Schuttbrocken fielen auf sie nieder und erschwerten ihr das Atmen. Sie begann zu husten und spürte, wie Kyle sie noch näher an sich heranzog, sodass ihre Nase durch den Spalt beinahe seine Brust berührte. Von seiner Haut ging der gleiche Geruch aus wie von seinem T-Shirt: Mann, ein holziges Aftershave und Schweiß.

Kyle zuckte zusammen und gab einen dumpfen Laut von sich, hielt aber seinen Arm weiter schützend über sie. Dann war es plötzlich wieder still, und Alyssa atmete vorsichtig durch. Sie lebten noch! Beruhigt fühlte sie Kyles Herzschlag an ihrer Hand. Noch immer war die Luft von Staub erfüllt, aber zumindest schienen keine größeren Teile mehr herunterzufallen. Es konnte jederzeit wieder passieren, aber für den Moment lebten sie. Freude durchströmte sie, und sie spürte den unaufhaltsamen Drang, Kyle zu küssen. Da das nicht möglich war, beschränkte sie sich darauf, über seine Brust zu streichen. Sie spürte seine Brusthaare unter ihren Fingerspitzen und wünschte, sie könnte ihr Gesicht darin vergraben. Stattdessen ließ sie ihre Finger weitergleiten und traf auf eine Brustwarze, die sich bei ihrer Berührung aufstellte. Bevor sie seinen Körper jedoch weiter erkunden konnte, legte sich Kyles Hand über ihre und presste sie fest an sich.

»Sind Sie verletzt worden?« Seine Stimme klang noch rauer als vorher, aber ob das an der staubigen Luft lag oder an ihrer Berührung, konnte sie nicht sagen.

»Nein, alles okay. Und Sie?«

Seine Hand spannte sich über ihrer an. »Gut.« Er zog seinen Arm zurück, und sie fühlte sich plötzlich seltsam schutzlos. Ein protestierender Laut entfuhr ihr. Sofort berührte Kyle ihre Schulter. »Was ist? Habe ich Ihnen wehgetan?«

»Nein. Es ist nur …« Alyssa brach ab und schluckte schwer. Normalerweise war sie völlig unabhängig, sie brauchte keine anderen Menschen. Rational wusste sie, dass es an der ungewöhnlichen Situation lag, aber trotzdem war es ihr peinlich, wie sehr sie diese Berührung brauchte, das Gefühl, dass jemand bei ihr war und sie hielt.

Kyle strich sanft über ihre Wange. »Was?«

»Könnten Sie … mich vielleicht weiter festhalten? Dann fühle ich mich sicherer.« Als Kyle zögerte, ruderte sie schnell zurück. »Es tut mir leid, Sie haben schon so viel für mich getan, es ist wirklich nicht nötig. Ich kann …«

Kyles Hand legte sich über ihren Mund. »Sei still, ich bin gerne für dich da.«

Bevor Alyssa darauf reagieren konnte, dass er sie duzte, glitten seine Finger in ihre Haare und begannen ihre Kopfhaut zu massieren. Ein behagliches Schnurren entstand in ihrer Kehle, und sie drängte es rasch zurück. Es war eine Sache, Kyle um menschliche Nähe zu bitten, aber eine ganz andere, dabei Erregung zu empfinden. Er tat das nur, um sie zu beruhigen, das war alles. Mühsam entspannte Alyssa ihren Körper und ließ sich in seine Berührung sinken. Sie schloss die Augen und atmete lange aus.

Eine Weile lagen sie so still beieinander, bis Kyles Stimme in der Dunkelheit erklang. »Besser?«

»Ja, danke.« Noch immer hielt er ihre Hand mit seiner an seiner Brust gefangen. Anscheinend hatte er nichts gegen ihre Berührung, wollte aber nicht, dass sie seinen Körper weiter erkundete. Vielleicht wegen der Narben? Trauer stieg in Alyssa bei der Vorstellung auf, wie sehr er gelitten haben musste und es offensichtlich immer noch tat, wenn er sich von anderen Menschen fernhielt. Jedenfalls hatte Carrie ihr das erzählt; ob es stimmte, konnte sie nicht beurteilen. Ob er eine Geliebte hatte, jemanden, der ihn all das wenigstens für kurze Zeit vergessen ließ? Alyssa biss auf ihre Lippen, um ihm die Frage nicht zu stellen.

Kyles Hand wanderte von ihrem Kopf über ihren Nacken zu ihrem Rücken. Jetzt wünschte sie fast, sie hätte das T-Shirt nicht an. Zu gern würde sie noch einmal seine schwielige Hand auf ihrer Haut fühlen. Die Erinnerung daran, wie er sie beinahe überall berührt hatte, weckte erneut ihr Verlangen. Ein Beben lief durch ihren Körper.

»Es ist alles in Ordnung, wir sind bald hier raus.«

Offensichtlich hielt er ihre Erregung für Angst, was vermutlich auch besser war. »Wie lange wird es noch dauern?«

»Das kommt darauf an, wie instabil die ganze Sache ist. Aber Chief Perry hat gute Leute, ich bin sicher, dass sie bereits fieberhaft daran arbeiten, dich hier rauszuholen.« Wenn er sprach, vibrierte sein Brustkorb unter ihrer Handfläche.

»Uns.«

»Was?«

»*Uns* hier rauszuholen.« Ihre Finger gruben sich in seine Brusthaare. »Ich werde nicht ohne dich gehen.«

Sein Herzschlag beschleunigte sich. »Natürlich. Was wirst du machen, wenn du hier raus bist?«

»Draußen tief einatmen und mich freuen, dass ich noch am Leben bin. Und dann werde ich mich so oft wie möglich im Freien aufhalten; ich weiß nicht, wie lange es dauern wird, bis ich mich wieder in Gebäuden wohlfühlen werde.« Ein Schauer lief durch ihren Körper, und Kyles Griff verstärkte sich automatisch.

»Das wird einige Zeit dauern, aber irgendwann kommt der Tag, an dem man nicht mehr aktiv darüber nachdenkt, was passieren könnte.«

Vermutlich hatte er damit recht. Sie konnte sich nur vorstellen, wie er sich gefühlt haben musste, als er in dem brennenden Gebäude gewesen war. Nicht nur war er dabei allein gewesen, sondern hatte auch noch schwere Verletzungen davongetragen. Dagegen hatte sie es mit ihren paar Abschürfungen und Kyles beruhigender Gegenwart regelrecht kuschelig. Am liebsten hätte sie ihn gefragt, ob sie sich danach treffen könnten, aber sie wollte nicht, dass er sich wegen der Situation verpflichtet fühlte. Er kannte ihren Namen und wusste, wo sie arbeitete – wenn er weiteren Kontakt mit ihr haben wollte, konnte er sie jederzeit aufsuchen.

»Hoffentlich geschieht das bald, denn bei meiner Arbeit muss ich mich ja zwangsläufig in einem Gebäude aufhalten. Und ich möchte auch sehr ungern im Garten schlafen müssen.« Sie hatte es noch nie so mit Zelten gehabt, aber zur Not würde sie es tun.

»Ich bin sicher, du bekommst einige Tage frei, bis du dich erholt hast.«

Die Vorstellung, ihre Bibliothek jemand anderem zu überlassen, ging ihr gegen den Strich. Ihr Kinn schob sich vor. »Da ich nicht großartig verletzt bin, werde ich so schnell wie möglich wieder arbeiten.«

Kyle wickelte ihre Haarsträhnen um seine Hand. »Lass dir Zeit, der Schock setzt meist erst später ein, wenn man wieder zu Hause ist und gar nicht damit rechnet.«

Damit konnte er recht haben. Und dann wäre er nicht da, um sie zu beruhigen. Alyssa biss auf ihre Lippe. Ohne weiteren Gedanken schob sie auch ihre zweite Hand durch den Spalt und legte sie auf seinen Bauch. Seine heiße Haut brachte sie zum Zittern. Gierig sog sie die Wärme durch ihre Handfläche auf. Kyles Hand löste sich von ihrem Rücken.

»Nein, bitte halt mich weiter fest.« Die Verzweiflung in ihrer Stimme war deutlich hörbar.

Spürbar zögerlich legte er seine Hand wieder auf ihren Rücken. »Alyssa …«

»Ich brauche die Gewissheit, dass ich hier nicht alleine bin. Ich muss einen anderen Menschen spüren.«

»Das kann ich verstehen, aber …« Er brach ab und atmete tief durch. »In Ordnung, berühr mich, wie du es brauchst.«

Bei seinen Worten zog sich ihr Unterleib vor Sehnsucht zusammen, aber sie unterdrückte diese Regung. Kyle hatte damit sicher nicht gemeint, dass sie ihn überall berühren durfte – obwohl sie sich damit sicher wunderbar ablenken könnte. Also beschränkte sie sich darauf, ihre Hand über seinen Bauch gleiten zu lassen, um möglichst viel von seiner Wärme in sich aufzunehmen. Was hätte sie dafür gegeben, jetzt in einem Bett zu sein und die Muskeln unter seiner warmen Haut nicht nur zu ertasten, sondern auch sehen zu können. Kyle zuckte zusammen, als sie mit ihrem Finger versehentlich den Bund seiner Jeans streifte. Ob er wohl eine Erektion hatte? Es juckte in ihren Fingern, das herauszufinden, aber sie beherrschte sich.

Ein Vibrieren ließ sie erstarren. »Was ist das?«

Kyle stieß einen Fluch aus. »Mein Handy.« Er ließ ihre Hand los und zog das Handy aus seiner Hosentasche. »Ja?«

Alyssa konnte den Anrufer nicht verstehen, deshalb wartete sie stumm ab, bis Kyle das Gespräch beendete. Ihre Hand ließ sie still auf seiner Brust liegen, um ihn nicht abzulenken und auch nicht in ein Gebiet zu geraten, das er ihr nicht zeigen wollte.

»Ihr müsst von oben kommen, von der Seite gibt es keine Möglichkeit, zu ihr vorzudringen, das habe ich schon probiert.« Es entstand eine Pause. »Uns geht es so weit gut, aber der Schutt hat sich noch nicht vollständig gesetzt, und es kann jederzeit wieder etwas von oben nachkommen. Beeilt euch also möglichst.«

Als Kyle das Gespräch beendet hatte, steckte er das Handy weg, hielt ihre Hand auf der Brust aber nicht wieder fest. Anscheinend vertraute er ihr inzwischen, nicht zu weit zu gehen.

»Kommen sie?«

»Ja. Das schwere Gerät ist angekommen, und sie versuchen jetzt, den Schutt über uns vorsichtig zu entfernen, damit nichts nachrutscht.«

Alyssas Fingerspitzen berührten seine Brustwarze. »Das ist positiv, oder?«

»Ja.« Der raue Laut war kaum als ein Wort zu verstehen. Kyle räusperte sich. »Es dauert nur etwas länger, als wenn sie sich irgendwo unterhalb des Schuttbergs einen Weg zu uns bahnen könnten.«

»Okay.« Wenn sie ehrlich war, wollte sie hier zwar dringend raus, aber fast genauso sehr wollte sie diese erzwungene Nähe zu Kyle noch nicht aufgeben. »Danke, dass du bei mir bleibst, obwohl du es nicht müsstest.«

»Das mache ich gerne.« Und er klang auch noch so, als meinte er das ernst.

Der Drang, ihm noch näher zu kommen, wurde übermächtig. Alyssa presste sich in den Spalt, bis sie meinte, fast seine Wärme spüren zu können. Auf jeden Fall konnte sie ihn so riechen.

»Au! Warte, lass mich erst meinen Arm zurückziehen, sonst klemmst du ihn ein.« Widerwillig machte Alyssa wieder ein wenig Platz, bis Kyle seinen Arm befreit hatte. »Okay, jetzt kannst du wieder näher kommen.«

Das ließ sie sich nicht zweimal sagen. Besonders als Kyle seine Hand auf ihre Taille legte, wo anscheinend genügend Platz dafür war. Wenn sie ihre Wange auf den Boden presste, konnte sie ihre Nase durch den Spalt stecken. Zu ihrer Überraschung bewegte sich Kyle ebenfalls auf sie zu, bis ihre Nase seine Brust berührte. Sie konnte nicht widerstehen und rieb sich an der warmen Haut. Oh Gott, es fühlte sich so gut an! Mit einiger Mühe schaffte sie es, einen Kuss auf seine Brust zu hauchen. Anschließend leckte sie über ihre Lippen und genoss den salzigen Geschmack.

Kyle gab ein Brummen von sich, und seine Finger bewegten sich über ihre Taille in Richtung Hüfte, bis sie unter das T-Shirt schlüpften. Anscheinend war sie nicht die Einzige, die es genoss, Haut unter ihren Fingern zu spüren. Seine große Hand legte sich über ihre Hüfte, und es fehlte nicht viel, bis er sie an ihrer intimsten Stelle berühren konnte. Doch er tat es nicht.

Stattdessen stieß er einen tiefen Seufzer aus. »Ruh dich aus, damit du bei Kräften bleibst, bis die Rettungsmannschaften durchkommen.«

Das war vermutlich sinnvoll, deshalb folgte sie seinem Vorschlag, zog den Kopf zurück und schloss die Augen. Auch wenn es nicht sonderlich bequem war, ließ sie trotzdem ihre Hände an seinem Körper, um die Verbindung zu ihm nicht zu verlieren. Was sie aber wirklich beruhigte, waren die leichten Bewegungen seiner Finger an ihrer Hüfte. Es fühlte sich beinahe so an, als würde er sie streicheln. Mit einem Lächeln schlief sie schließlich ein.

Kyle atmete tief durch, als sich ihr Körper schließlich entspannte. Es war ihm unheimlich schwergefallen, die Situation nicht auszunutzen und Alyssas zögernde Berührungen zu erwidern. Viel zu lange war es her, dass er so von einer Frau berührt worden war, doch es wäre nicht richtig gewesen. Alyssa wusste nicht, wer er war, und wenn sie es je erfahren sollte, würde sie ihn vermutlich mit Abscheu oder Mitleid ansehen, so wie alle anderen auch. Und das würde er nicht ertragen. Verdammt, als sie seine Brust geküsst hatte, war er beinahe in seiner Hose gekommen wie ein Teenager. Er konnte sich nicht erklären, welche Macht sie über ihn hatte, dass er so reagierte.

Seine Finger spannten sich um ihre Hüfte, und er zwang sich dazu, sie wieder zu lockern. Er war froh, dass sie endlich schlief, so würde ihr die Wartezeit nicht so lang werden. Allerdings hatte das zur Folge, dass er selbst auch nicht mehr abgelenkt wurde und ihm bewusst wurde, wie viele Tonnen Schutt sich über ihm befanden und ihn jederzeit hier begraben konnten. Deshalb war es gut, dass er sich damit beschäftigen konnte, die Beschaffenheit ihrer Haut zu erkunden. Es war vermutlich das einzige Mal, dass er sie würde berühren können, deshalb nutzte er die Gelegenheit aus.

Ihre Haut war samtig weich, und er wünschte, sie wäre völlig nackt, damit seine Finger freie Bahn hätten. So stießen sie an ihrer Taille auf sein T-Shirt und weiter unten auf die Bänder ihres Tangas. Wenn er sie doch nur sehen könnte! Er war sicher, dass sie ihm den Atem rauben würde, sollte sie je nur mit den Dessous bekleidet vor ihm stehen. Das Bild schob er rasch beiseite, als seine Hose wieder unangenehm eng wurde. Auf keinen Fall wollte er die Rettungskräfte mit einem feuchten Fleck im Stoff begrüßen. Deshalb beschränkte er sich darauf, in langsamen, leichten Bewegungen Alyssas Hüfte zu streicheln. Das zufriedene Murmeln im Schlaf und die Art und Weise, wie sich ihre Hände noch näher an ihn schmiegten, brachten ihn zum Lächeln.

Er wusste nicht, wie viel Zeit vergangen war, als er schließlich über ihnen Geräusche hörte und ein schwacher Lichtstrahl an seine Augen drang. Erleichterung mischte sich mit Bedauern. Er ließ seine Hand nach oben gleiten und berührte sanft Alyssas Wange.

»Alyssa? Wach auf.«

Es dauerte ein wenig, bis sie sich rührte. »Was? Wie spät ist es? Warum ist es so dunkel?«

Offensichtlich hatte sie vergessen, wo sie war. Damit sie sich nicht aufsetzte und sich den Kopf stieß, hielt er sie sanft fest. »Die Rettungskräfte sind bald hier.«

»Ret…?« Sie atmete scharf ein. »Ich muss eingeschlafen sein. Sind sie wirklich hier?«

»Ja. Ich höre Geräusche und sehe schon ein wenig Licht.«

»Warum sehe ich nichts?« Angst klang in ihrer Stimme mit.

»Weil über dir ein breites Holzbrett liegt.« Er drückte ihre Schulter beruhigend. »Vertrau mir.«

Einen Moment lang war nur ihr lautes Atmen zu hören. »Das tue ich.«

Wärme breitete sich in ihm bei ihren Worten aus. »Gut. Sie werden dich gleich hier rausholen und ins Krankenhaus bringen, um dich durchzuchecken. Es wird alles gut.«

Ihre Hand rieb über seine Brust. »Was ist mit dir?«

Der Gedanke daran, was passieren würde, wenn er hier rauskam, ließ ihn eine Grimasse schneiden. »Mich werden sie hoffentlich auch rausholen.«

»Wie meinst du das?« Ein Zittern klang in ihrer Stimme mit.

»Das war nur ein Scherz. Ich werde gleich hinter dir sein, keine Angst.«

Ihre Finger wanderten an seinem Hals hinauf und legten sich auf seine Wange. Da es die unzerstörte Seite war, ließ er sie gewähren. Mit geschlossenen Augen genoss er ihre zaghaften Berührungen. Sie zog seine Augenbraue nach, erforschte seinen Wangenknochen und kam schließlich bei seinem Mund an. Mit einem Finger fuhr sie die Konturen nach, und Kyle hatte Mühe, dem Impuls zu widerstehen, den Finger in den Mund zu nehmen. Stattdessen hauchte er nur einen Kuss auf die Spitze. Ein Zittern lief durch Alyssas Körper, und Kyle wünschte, er könnte sie an sich ziehen und sie mit seinem gesamten Körper spüren und beschützen.

Doch er konnte nur beruhigend mit der Hand über ihren Rücken streichen. Wann hatte sich seine Hand unter das T-Shirt geschoben? Aber da es Alyssa nicht zu stören schien, sah er keinen Grund, sich nicht dieses kleine Vergnügen zu gönnen, solange es noch ging. Ihre Haut fühlte sich überall an ihrem Körper so weich an. Er wusste nicht, wie er es schaffen sollte, sie bald nicht mehr zu berühren, ihr nicht mehr so nah zu kommen wie in den letzten Stunden. Aber es musste sein, er wollte nicht, dass sie ihn mit Abscheu in den Augen ansah. Bei fast jedem konnte er das ertragen, aber bei Alyssa würde es ihn vernichten. Deshalb hatte er sich auch nach dem Desaster in der Bibliothek nicht noch einmal getraut, sie anzusprechen.

»Hallo? Sind Sie da unten?«

Der Ruf brach in ihre Zweisamkeit, und Kyle befürchtete schon fast, dass sich Alyssa jetzt von ihm zurückziehen würde, doch sie behielt weiterhin ihre Hände auf seinem Körper.

Er räusperte sich. »Ja, wir sind hier.« Er hob eine Hand und schob sie durch eine neu entstandene Lücke über sich. »Miss Thomas liegt direkt neben mir. Holt sie zuerst raus.« Mit der Hand deutete er in die Richtung, in der Alyssa lag.

»Alles klar. Es kann noch ein wenig dauern, weil wir versuchen, so wenig Schutt wie möglich zu bewegen, damit er nicht noch weiter zusammenbricht.«

Dafür war Kyle wirklich dankbar. »Okay, wir gehen nirgendwohin.«

Über ihm ertönte ein leises Lachen, dann das Geräusch von Stimmen, die den Einsatz koordinierten.

Bedauernd zog Kyle seine Hand unter Alyssas T-Shirt hervor. »Gleich ist es vorbei.« Hitze stieg in seine Wangen, als er hörte, wie bedauernd er klang.

Ihre Finger strichen über seine Brust. »Danke für deine Hilfe, ich weiß nicht, was ich ohne dich getan hätte.«

»Du hättest die Sache ohne Zweifel auch alleine ausgestanden.«

»Vielleicht, aber zu zweit war es wesentlich angenehmer.«

Dem konnte er nur zustimmen.

»Kannst du ein Stück runterrutschen?«

Ihre Frage überraschte ihn, doch er tat einfach nur, worum sie ihn bat, auch wenn das einige Verrenkungen zur Folge hatte. Sein Gesicht befand sich jetzt direkt vor dem Spalt, und wenn es nicht so dunkel gewesen wäre, hätte er sie sehen können. Er spürte ihren Atem auf seinem Gesicht und lehnte sich automatisch vor. Ein Hitzestoß fuhr durch seinen Körper, als sich ihre Lippen berührten. Es war fast nur ein Hauch – zumindest bis Alyssa mit einem hungrigen Laut den Kuss vertiefte. Ihr Geschmack, das Gefühl, wie ihre Zunge seine berührte, ihre Zähne, die sich in seine Unterlippe gruben, ließen Kyle beinahe die Beherrschung verlieren.

»Achtung, wir kommen jetzt durch!«

Der Ruf von oben ließ sie auseinanderfahren. Kyle wollte protestieren und Alyssa wieder an sich reißen, doch die Gelegenheit war vertan. Jetzt konnte er nur noch dafür sorgen, dass sie möglichst unverletzt hier herauskam. Wie schon zuvor legte er seinen Arm über ihren Kopf und Hals, damit sie geschützt waren. »Mach die Augen zu, es wird sicher noch etwas herunterrieseln.«

Schon jetzt vermisste er ihre Hände an seiner Brust, die sie zurückgezogen hatte, doch dafür legten sich ihre Finger jetzt auf seinen Arm. »Werden wir uns wiedersehen?«

Kyles Kehle zog sich zusammen. Bevor er antworten konnte, gab es ein krachendes Geräusch, und eine Staubwolke senkte sich über sie. Gleich darauf drang Helligkeit durch den Spalt zu Alyssas Gefängnis, und er spürte, wie jemand seinen Arm vorsichtig von ihr entfernte. Zögernd zog er ihn zurück.

»Okay, wir haben Sie, Miss Thomas. Sie sind in Sicherheit.«

Kyle ballte seine Hände zu Fäusten und wartete darauf, dass sie ihn ebenfalls befreiten.

4

Alyssa blickte auf die Dessous hinab, die Carrie ihr vor einigen Stunden vorbeigebracht hatte. Als Ersatz für die bei dem Einsturz des Gebäudes zerstörten Stücke, hatte ihre Freundin gesagt und ihr dabei zugezwinkert. Sie hätte Carrie nie davon erzählen sollen, was zwischen ihr und Kyle unter den Trümmern geschehen war, doch schließlich hatte Alyssa von ihr auch eine Information haben wollen, und das war der Preis dafür gewesen. Als sie vor einer Woche aus dem Schutt gezogen worden war, hatte sie Carrie noch auf der Trage gebeten, vor Ort zu bleiben und zu beobachten, ob ihr Retter auch gut herauskam.

Ihre Freundin war danach ins Krankenhaus gekommen und hatte ihr erzählt, dass es tatsächlich Kyle Barnes gewesen war und eine seltsame Stimmung unter den Zuschauern geherrscht hatte, als er schließlich von dem Trümmerberg heruntergebracht worden war. Dadurch, dass er ihr sein T-Shirt gegeben hatte, waren seine Narben für alle sichtbar gewesen. Alyssa tat es jetzt noch weh, darüber nachzudenken, wie furchtbar das für ihn gewesen sein musste. Seit Tagen hatte sie darauf gewartet, dass er sie anrief oder sogar aufsuchte, doch das hatte er nicht getan. Entweder war alles, was dort unter den Trümmern geschehen war, für ihn nicht weiter wichtig gewesen, oder er hatte die seltsame Vorstellung, dass sie ihn in einer normalen Umgebung nicht sehen wollte.

Sie hoffte auf Letzteres und hatte sich deshalb nach einer Woche des Wartens entschlossen, zu ihm zu gehen, wenn er nicht zu ihr kam. Wahrscheinlich war es völlig irrsinnig, dabei genau die Dessous zu tragen, die sie während des Einsturzes angehabt hatte. Als würde er die überhaupt zu Gesicht bekommen! Aber die Hoffnung starb bekanntlich zuletzt, und sie wünschte sich nichts mehr, als endlich seinen Körper ohne irgendwelche Barrieren an ihrem spüren zu können. Allerdings konnte sie schlecht einfach auf seiner Türschwelle stehen und ihm die Kleidung vom Leib reißen, deshalb hatte sie sich eine Entschuldigung ausgedacht, warum sie bei ihm auftauchte.

Sorgfältig faltete sie das gewaschene T-Shirt zusammen und steckte es in ihre Tasche. Ein letzter Blick in den Spiegel zeigte ihr, dass es besser nicht werden würde. Immerhin hatte sie Carries Rat befolgt und ein etwas tiefer ausgeschnittenes Sommerkleid angezogen, das ihre füllige Figur umschmeichelte und nicht ganz so langweilig wirkte wie ihre normale Kleidung. Sie konnte nur hoffen, dass es Kyle gefiel. Dass *sie* ihm gefiel, nachdem sie nun nicht mehr unter den Trümmern steckte und seine Hilfe brauchte.

Mit vor Aufregung feuchten Fingern parkte sie schließlich kurze Zeit später vor seinem Haus, das ein Stück außerhalb lag. Auf dem Weg hierher hatte sie erst gemerkt, wie einsam die Gegend war. Wenn er ihr etwas antun wollte … Nein, so ein Unsinn! Das Schlimmste, was er tun konnte, war, sie gleich wieder wegzuschicken. Das würde vielleicht ihr Herz brechen, aber er würde ihr nie körperlich wehtun. Nicht nachdem er sie so sanft berührt und auf Kosten seiner eigenen Sicherheit vor herabfallendem Schutt beschützt hatte.

Alyssa befeuchtete ihre trockenen Lippen und stieg entschlossen aus dem Wagen. Ihre Tasche schlang sie über die Schulter und schloss das Auto ab. Ihr Herz klopfte wild, als sie sich zum Haus umdrehte und über den Plattenweg auf die Tür zuging. Sie hätte nie gedacht, dass er in so einem großen Haus lebte, irgendwie passte es gar nicht zu ihm. Mit zitternden Fingern drückte sie auf den Klingelknopf und erwartete fast, dass ihr ein Butler die Tür öffnete.

Eine Weile passierte gar nichts, dann ging die Tür einen Spaltbreit auf. »Ja?«

Diese raue, tiefe Stimme hätte sie überall wiedererkannt, und sie löste die gleiche Reaktion in ihr aus wie vor einer Woche. Ein Schauer lief über ihren Körper, während sich in ihrer Mitte Hitze sammelte. Alyssa räusperte sich. »Hallo, ich hoffe, ich komme nicht ungelegen. Ich wollte mich nur bei dir dafür bedanken, dass du mich ...«

Kyle unterbrach sie brüsk. »Das ist nicht nötig.«

Sie fühlte, wie bei seiner Reaktion das Blut aus ihrem Gesicht wich. »Oh ...« Um ihn nicht die Tränen sehen zu lassen, die sich in ihren Augen bildeten, wühlte sie rasch in ihrer Tasche. »Ich wollte dir auch dein T-Shirt zurückgeben. Danke, dass du es mir geliehen hast.« Sie hielt es ihm hin, doch er streckte nicht seine Hand danach aus. »Ich habe es auch gewaschen.« Als er weiterhin keine Anstalten machte, es entgegenzunehmen, hängte sie es über den Türknauf. Das Geschenk behielt sie in ihrer Tasche, weil sie wusste, dass er es sowieso nicht annehmen würde. »Entschuldige die Störung.« Sie zwang sich, den Kopf zu heben. »Danke für deine Hilfe.« Obwohl alles in ihr sich dagegen sträubte, drehte sie sich um und ging auf ihren Wagen zu. Nur mit Mühe konnte sie die Tränen zurückhalten. Wie hatte sie sich einreden können, dass Kyle Interesse daran haben könnte, sie kennenzulernen? Sie war so dumm ...

»Warte!«

Erschrocken zuckte Alyssa zusammen. Tief holte sie Atem, bevor sie sich wieder zum Haus umdrehte. Die Tür war ein Stück weiter auf, aber Kyle war im dämmrigen Flur immer noch nicht zu sehen. Nur seine Hand lag auf dem Türknauf samt T-Shirt.

»Komm herein. Bitte.«

Unentschlossen blickte Alyssa zum Haus hin. Kyle hatte es sehr deutlich gemacht, dass er sie nicht sehen wollte, warum sollte er sie dann jetzt in sein Haus einladen? Das würde nur wieder eine Enttäuschung für sie werden, und es würde ihr noch schwerer fallen, ihre Hoffnungen zu begraben. Es wäre besser, wenn sie sich jetzt umdrehte und nach Hause fuhr. Dort konnte sie sich einen Tee machen, eine Tafel Schokolade vertilgen und sich in einen Roman vertiefen, der sie hoffentlich vergessen ließ, dass wieder einmal der Mann, der sie interessierte, nichts mit ihr zu tun haben wollte.

»Bitte, Alyssa.«

Die Art, wie er ihren Namen sagte, beeinflusste ihre Entscheidung, wieder zum Haus zurückzugehen. Leise, rau und mit einem Hauch Sehnsucht. Vielleicht bildete sie sich das auch nur ein, aber es zog sie trotzdem zu Kyle wie eine Motte zum Licht. Zögernd blieb sie einen Meter vor der Tür stehen. Wortlos hielt Kyle ihr seine Hand hin, und sie machte automatisch einen Schritt nach vorn. Als ihre Fingerspitzen sich berührten, ging etwas wie ein elektrischer Stoß durch ihren Arm, und ihr Herz begann zu rasen. Oh Gott, wenn sie schon auf eine solch unschuldige Berührung so reagierte, was würde erst passieren, wenn Kyle etwas anderes tat? Doch er ließ sie los, sobald sie in das Haus trat, und schloss die Tür hinter ihr. Der Flur war so düster, dass sie kaum etwas von ihm sehen konnte, und sie hatte das Gefühl, dass genau das seine Absicht war. Ihr Herz zog sich vor Mitleid zusammen. Es musste schlimm sein, das Gefühl zu haben, sich wegen seiner Narben vor anderen Menschen verstecken zu müssen. Sie wünschte, sie könnte ihn berühren und ihm klarmachen, dass es sie nicht störte.

Kyle führte sie in ein Esszimmer, in dem es ein wenig heller war. Er drehte sich zu ihr um und hielt sich dabei so, dass seine

Brandnarben im Schatten blieben, während er sie eingehend betrachtete. Sein Blick glitt kurz zu ihrem tiefen Ausschnitt, und sie glaubte, etwas wie Verlangen in seinen Augen aufblitzen zu sehen. »Entschuldige, dass ich so unhöflich war, ich bin Besuch nicht gewöhnt.«

Alyssa legte ihre Tasche auf den Tisch und schlang ihre Arme um ihren Oberkörper. »Ich hätte nicht unangemeldet kommen sollen. Ich hatte gehofft, etwas von dir zu hören, aber im Krankenhaus sagte man mir, dass du nur ambulant behandelt wurdest. Und in der Stadt habe ich dich nicht gesehen …«

Ein Muskel in seiner Wange zuckte. »Ich bin nicht gerne in der Stadt. Und ich dachte mir, dass du das Erlebnis lieber vergessen möchtest. Meine Anwesenheit hätte dich nur daran erinnert.«

Ihre Arme fielen herunter, und sie streckte unwillkürlich eine Hand nach ihm aus. »Vermutlich hast du damit recht, aber auch wenn es schrecklich war, unter den Trümmern gefangen zu sein, erinnere ich mich gerne daran, dass du für mich da warst.« Zögernd trat sie näher und legte ihre Hand an seine Brust. »Ich weiß nicht, was ich ohne dich getan hätte, Kyle.« An ihrer Handfläche spürte sie das harte Klopfen seines Herzens.

Nach einer gefühlten Ewigkeit legte sich seine Hand auf ihre, so wie es schon in dem eingestürzten Gebäude gewesen war. »Ich war gerne für dich da.«

Sie lächelte ihn zittrig an. »Danke.« Widerwillig trat sie einen Schritt zurück. »Dein T-Shirt …«

»Du hättest es auch behalten können.« Er zögerte. »Es … hat mir gefallen, mir dich darin vorzustellen.« Als Alyssa ihn mit offenem Mund anstarrte, während sich Hitze in ihrem Unterleib bildete, färbten sich seine Wangen dunkler. »Entschuldige, das klang irgendwie …« Er brach ab und wandte sich um.

Alyssa legte ihre Hand auf seinen Rücken. »Mir hat es auch

gefallen, es zu tragen.« Sie lachte verlegen. »Besonders weil ich kaum etwas darunter anhatte.«

Unter ihren Fingern spürte sie, wie sich seine Muskeln anspannten. »Das ist mir aufgefallen.«

Hitze erfasste ihren Körper, und sie wusste, dass ihr Gesicht knallrot sein musste. Rasch ließ sie ihre Hand sinken.

Kyle drehte sich zu ihr um und schnitt eine Grimasse, als er ihre Gesichtsfarbe sah. »Entschuldige, ich habe die Sache mit dem Small Talk wohl irgendwie verlernt.«

Es tat ihr unendlich gut, zu sehen, dass er genauso unsicher war wie sie selbst. Sie straffte ihren Rücken und lächelte ihn an. »Es ist mir sowieso lieber, wenn du sagst, was du wirklich denkst.«

Eine Augenbraue hob sich. »Bist du sicher?«

Alyssa nickte bestimmt. »Ja. Ich denke, nach dem, was wir zusammen erlebt haben, können wir schlecht so tun, als wären wir völlig Fremde.«

Ein leichtes Lächeln hob seine Mundwinkel. »Du überraschst mich immer wieder.«

Die Lachfältchen um seine strahlend grünen Augen ließen ihn gleich viel nahbarer aussehen, und Alyssa hielt automatisch den Atem an. Sie musste sich zwingen, sich nicht einfach an ihn zu schmiegen, so wie sie es unter den Trümmern getan hatte. Um sich abzulenken, öffnete sie den Mund. »Womit habe ich dich davor überrascht?«

»Mit … äh …« Er strich durch seine schwarzen Haare. Dabei drehte er sich ein Stück, und die Narben auf seiner rechten Gesichtshälfte gerieten stärker ins Licht. Als er bemerkte, dass Alyssa dorthin sah, drehte er sich abrupt um.

Bestürzt blickte Alyssa auf seinen abweisenden Rücken, als er sich auf eine Stuhllehne stützte. »Es ist besser, wenn du jetzt gehst.«

Nicht schon wieder! »Warum?«

Wenn das überhaupt möglich war, wurden seine Schultern noch steifer. »Reicht es nicht, wenn ich dich darum bitte?«

Alyssa holte tief Luft. Wenn sie sich jetzt von ihm vertreiben ließ, würde sie nicht den Mut aufbringen, ihn noch einmal aufzusuchen. »Doch, wenn es wirklich das ist, was du möchtest, und nicht nur die Angst, dass wir uns näherkommen könnten.«

Das brachte ihn dazu, sich wieder umzudrehen. Seine Augen hatten sich zu Schlitzen verengt, eine Ader pochte in seiner Schläfe. »Was meinst du damit?«

Vermutlich sollte sie jetzt Angst vor ihm haben, denn sie kannte ihn nicht wirklich, stattdessen meldete sich wieder ihr Mitgefühl. »Du musst dich nicht vor mir verstecken, Kyle.«

»Tue ich das?«

Langsam spürte sie Wut in sich aufsteigen. »Ja, ich denke schon, dass du das tust.«

Er trat näher an sie heran und drehte den Kopf so, dass sie seine Narben sehen konnte. »Ist es das, was du sehen wolltest?«

Alyssa atmete scharf ein, als sie die Narben deutlich sah, die seine rechte Gesichtshälfte bedeckten. An der Stirn verschwanden sie im Haaransatz, liefen an seiner Schläfe und seinem Wangenknochen entlang, um dann über seinen Kiefer und an seinem Hals nach unten zu kriechen, wo sie im Ausschnitt seines T-Shirts verschwanden. Kyle wollte sich wieder umdrehen, doch das ließ sie nicht zu.

Sie packte seinen Arm und stellte sich dicht vor ihn. »Nein, ich wollte das nicht sehen. Es tut mir weh, zu wissen, dass du so schwer verletzt wurdest und furchtbare Schmerzen leiden musstest. Aber ich möchte auch nicht, dass du es vor mir versteckst.«

Kyle zuckte zurück, als sie ihn im Gesicht berühren wollte. »Nicht.«

»Tut es dir weh, wenn ich dich anfasse?«

Sein Blick bohrte sich in ihren. »Nein.«

»Dann lass mich, bitte.«

Ein Muskel zuckte in seiner Wange, und seine Augen verdunkelten sich, aber er ließ es zu, dass sie mit einem Finger über seinen Wangenknochen strich. Als ihre Fingerspitze die Narbe berührte, stieß er zischend den Atem aus. Die Muskeln in seinem Arm spannten sich an, und Alyssa befürchtete schon, er würde sie wegstoßen, doch er blieb still stehen. Durch seine Reaktion ermutigt, stellte Alyssa sich auf die Zehenspitzen und hauchte einen Kuss auf sein Kinn. Ein feines Zittern lief durch seinen Körper, und Alyssa bekämpfte mühsam den Drang, ihre Arme um ihn zu schlingen und sich an ihn zu lehnen. Stattdessen trat sie einen Schritt zurück und blickte ihm ins Gesicht. Es lag ein solches Verlangen in seinen Augen, dass ihr der Atem stockte.

Kyle sah, wie ihre Augen sich weiteten, und fluchte innerlich. Für einen Moment hatte er gedacht, in Alyssa eine Frau gefunden zu haben, die seinen Anblick und seine mehr als raue Art ertragen konnte, doch offensichtlich hatte er sie jetzt doch erschreckt. Es war seine eigene Schuld, weil er zu lange mit keiner Frau mehr zusammen gewesen war und dem Verlangen erlaubt hatte, sich in ihm auszubreiten, bis er es nicht mehr zurückhalten konnte. Er sollte sich umdrehen und weggehen, doch auch das schaffte er nicht mehr. Seine Füße schienen aus Blei zu bestehen, und er konnte sich keinen Millimeter bewegen.

Aber anstatt Alyssa zu verängstigen, wie er es erwartet hatte, brachte er sie zum Lächeln. Röte breitete sich in ihrem Gesicht aus und lief weiter bis zu ihrem mehr als großzügigen Dekolleté. »Ich glaube, du wolltest mir noch sagen, womit ich dich überrascht habe.«

Kyle ballte die Hände zu Fäusten, um nicht in Versuchung zu geraten, nach ihr zu greifen. »Besser nicht.« Er presste die Worte durch seine Zähne.

Sie trat wieder näher und legte ihre Hand auf seine Brust in einer Geste, die inzwischen so vertraut war, dass er nicht glaubte, noch ohne sie leben zu können. »Ich dachte, wir hatten abgemacht, ehrlich zu sagen, was wir denken.«

»Ich …« Kyle schloss die Augen und atmete tief durch. »Die Art deiner Dessous hat mich überrascht.«

Ihre Wangen färbten sich noch eine Spur dunkler, doch sie ließ ihn nicht los und flüchtete auch nicht aus dem Haus, wie er es schon befürchtet hatte. »Du hast sie doch gar nicht gesehen.«

»Nein, aber … gefühlt.« Und wie gut sich das angefühlt hatte, ihre weiche Haut, nur von wenigen Stoffstreifen bedeckt.

Alyssa biss auf ihre Lippe und wirkte seltsam unsicher. »Haben sie dir gefallen?«

Kyle unterdrückte ein Stöhnen. Sie würde ihn umbringen, wenn sie nicht bald das Thema wechselte. »Es war zu dunkel, um etwas zu sehen.«

»Kyle.«

»Ja, okay? Sie fühlten sich so gut an dir an, dass ich am liebsten …« Er brach ab und presste seine Lippen aufeinander. Sein Blick fiel auf ihre Brüste, deren Spitzen sich deutlich sichtbar unter dem Stoff abzeichneten. Kyle schluckte schwer.

Alyssas Hand legte sich über sein Herz, ihre Fingerspitzen streiften dabei seine Brustwarze, und er zuckte zusammen. »Was hättest du am liebsten getan?«

Seine Erektion presste sich schmerzhaft gegen den Reißverschluss. »Ich hätte sie gerne gesehen und dich überall berührt.« Seine Stimme war so rau, dass sie kaum zu verstehen war.

»Das hätte mir auch gefallen, wenn auch nicht unbedingt unter den Trümmern eingesperrt.« Sie zog ihre Hand zurück, und er fühlte sich seltsam leer ohne ihre Berührung. Dann begann sie den obersten Knopf ihres Kleides zu öffnen, und Kyle vergaß zu atmen. Der Stoff klaffte über ihren Brüsten auseinander, und dunkelgraue Spitze blitzte auf, die ihre Hügel einfasste.

Sein Mund fühlte sich an wie ausgedörrt, während er auf ihre blass schimmernde Haut starrte. »Was … machst du … da?« Nicht, dass es ihn nicht absolut faszinierte und er sich nichts sehnlicher wünschte, als dass sie auch die anderen Knöpfe öffnete.

»Ich will dir deinen Wunsch erfüllen.« Alyssas Lachen klang ein wenig unsicher. »Wenn du noch fragen musst, mache ich es wohl nicht richtig, aber ich habe einfach nicht so viel Erfahrung darin, mich vor einem Mann auszuziehen.«

»Du … machst das toll.« Kyle blickte ihr in die Augen und ließ sie die Hitze sehen, die sie in ihm entfachte. »Ich weiß nur nicht, wie lange ich es durchhalte.«

Alyssas Finger zitterten, als sie den zweiten Knopf in Angriff nahm. »Die Dessous vom Einsturz waren nicht mehr zu retten, aber Carrie war so nett, mir das gleiche Modell noch einmal zu besorgen.«

Das Kleid klaffte noch weiter auf, und jetzt konnte er erkennen, dass der Stoff ihre Brustspitzen nicht bedeckte, sondern sie nur emporhob. Ohne Aufforderung trat er einen Schritt vor und schob Alyssas Hände beiseite. Eine Weile stand er nur da und betrachtete die wunderschönen Brüste, deren Spitzen sich unter seinem Blick noch weiter verhärteten und förmlich um eine Berührung bettelten. Kyle schob seine Hände in den Ausschnitt und legte sie unter die weichen Hügel. Dadurch quollen sie noch weiter aus dem BH heraus und verlockten Kyle dazu, den Kopf zu senken und mit seinen Bartstoppeln darüberzustreichen.

Alyssa gab einen atemlosen Laut von sich, ihre Hände gruben sich in sein T-Shirt. Da sie nicht protestierte oder ihn von sich schob, berührte er die steife Spitze mit seiner Zunge. Ihr Griff verstärkte sich, und er folgte ihrer wortlosen Bitte und schloss seinen Mund über ihrer Brustwarze. Ein Stöhnen stieg aus seiner Kehle auf, und er begann zu saugen. Sie schmeckte und roch so gut, dass er gar nicht genug von ihr bekommen konnte. Ihre Finger legten sich um seinen Kopf und pressten ihn enger an sich. Er saugte stärker, während er gleichzeitig die anderen Knöpfe ihres Kleides öffnete. Mit zitternden Fingern schob er es von ihren Schultern. So ungern er auch ihre Brustspitze aus seinem Mund entließ, wollte er Alyssa doch endlich in all ihrer Pracht sehen.

Kyle hob den Kopf und erstarrte. Sie war noch viel schöner, als er es sich in seinen kühnsten Träumen ausgemalt hatte. Und er hatte in den letzten Monaten sehr viel von ihr geträumt. Fast jede Nacht war sie zu ihm gekommen und hatte ihn verführt und geliebt, bis er morgens aufgewacht war. Doch sie jetzt wirklich zu sehen, sie berühren und schmecken zu können war viel besser.

»Kyle …«

Und es machte ihn ganz wild, wie sie mit atemloser Stimme seinen Namen sagte. Anstelle einer Antwort ließ er seine Hände über ihren Körper gleiten und fuhr die schmalen Streifen ihres Tangas nach, der kaum etwas von ihr bedeckte. Sie hatte eine unglaubliche Figur, genau an den richtigen Stellen gerundet und stabil genug, dass er sie mit seinen großen Händen nicht zu zerbrechen drohte.

»Wunderschön.«

Mit der Zunge fuhr er über ihre Rippen nach unten und hinterließ eine feuchte Spur auf ihrer Haut. Seine Hände legten sich um ihren Po, und er zog sie enger an sich. Der Geruch ihrer Erregung stieg in seine Nase, und er hatte Mühe, sich zu beherrschen. Am liebsten hätte er ihr die restliche Kleidung vom Leib gerissen und sie hier und jetzt geliebt, doch das konnte er nicht tun. Alyssa hatte etwas Besseres verdient, als von ihm auf dem Boden in seinem Esszimmer geschändet zu werden. Ihre Finger gruben sich in seine Schultern, aber der Schmerz half ihm nicht dabei, seine Erregung zu unterdrücken, denn es bewies, wie sehr sie seine Berührungen genoss.

Ein Blick an ihrem Körper hinauf zeigte ihm, dass ihre Brustwarzen immer noch zu harten Punkten zusammengezogen waren. Alyssas Augen waren geschlossen, ihre Wangen und Lippen gerötet. Mit einem Finger fuhr er am Beinausschnitt des Tangas entlang, bis er bei ihrer glatten Scham ankam. Der Stoff war feucht, ein weiterer Beweis dafür, dass Alyssa genauso erregt war wie er. Er kniete sich vor sie und leckte über ihren Bauch, während seine Fingerspitze leicht über das winzige Stoffdreieck zwischen ihren Beinen strich. Ein Beben lief durch ihren Körper, und sie stöhnte kehlig. Sofort drang neue Feuchtigkeit an seinen Finger, und er intensivierte das Streicheln.

Ohne Vorwarnung zog Alyssa ihm das T-Shirt über den Kopf. Sein erster Impuls war, sich wieder zu bedecken, doch dann erkannte er, dass Alyssa überhaupt nicht nach unten blickte, sondern ganz in ihren Gefühlen gefangen war. Und vor allem brachte er es nicht fertig, sie loszulassen. Nicht jetzt, wenn sie ihm verlangend die Hüfte entgegenstreckte, damit er sie berührte. Er vergrub sein Gesicht an ihrem Schoß und atmete tief ihren erregenden Duft ein. Ihre Hände legten sich auf seinen Kopf und hielten ihn an sich gepresst. Mit einem Finger schob er den Stoff beiseite und berührte mit der Zungenspitze ihre Schamlippen. Ihr Geschmack verteilte sich in seinem Mund, und er brummte genießerisch.

Kyle stützte Alyssa, als sie zu schwanken begann, während er sie gleichzeitig mit dem Mund liebte. Er schob ein Knie zwischen ihre Beine, damit er mehr Platz für seinen Kopf hatte, und begann ihre Klitoris mit der Zunge zu streicheln. Der Anblick ihrer glatt rasierten Scham ließ das Blut in seinen Ohren rauschen, sein Schaft füllte sich weiter, und es würde nur eine kleine Berührung brauchen, um ihn kommen zu lassen. Doch das musste warten, jetzt wollte er nur dafür sorgen, dass Alyssa den Höhepunkt erreichte. Wenn er von den Lauten ausging, die sie ausstieß, und der Art, wie sich ihr Eingang um seine Zunge herum zusammenzog, würde das nicht mehr lange dauern.

5

Alyssa konnte nicht glauben, dass sie hier fast nackt mitten im Esszimmer von Kyles Haus stand und sich von ihm mit der Zunge befriedigen ließ. Bisher hatten sie noch nicht einmal eine normale Unterhaltung miteinander geführt, und trotzdem ließ sie so etwas Intimes zu. Sie stöhnte auf, als seine Zungenspitze ihre Klitoris berührte und die Erregung sie noch weiter hinauftrug. Mit einer Hand stützte sie sich auf seine Schulter, damit sie nicht das Gleichgewicht verlor, die andere grub sich in seine Haare und presste sein Gesicht noch dichter an sie. Kyle folgte ihrer stummen Bitte und begann an ihr zu saugen. Alyssa biss auf ihre Lippe, um bei dem Ansturm der Gefühle nicht aufzuschreien. Ohne weiter darüber nachzudenken, öffnete sie ihre Beine weiter für ihn.

Kyle gab ein zufriedenes Brummen von sich, das an ihrer Klitoris vibrierte und sie noch weiter hinauftrug. Mit den Fingern hielt er ihre Schamlippen auseinander und fuhr mit der Zunge von ihrer Klitoris bis zu ihrem Eingang. Dort tauchte er tief in sie ein, und Alyssa schrie nun doch auf. Oh Gott, es fühlte sich so gut an! Nachdem er einige Male in sie eingedrungen war, verließ er sie wieder, aber bevor sie enttäuscht aufstöhnen konnte, schob er einen Finger tief in sie. Gleichzeitig kehrte sein Mund zu ihrer Klitoris zurück, und er bearbeitete sie mit Zunge und Zähnen, bis ihre Beine so stark zitterten, dass sie sich kaum noch aufrecht halten konnte.

Ein weiterer Finger drang in sie, dicht gefolgt von einem dritten. Die Fülle war mehr, als sie ertragen konnte. Als Kyle hart an ihrer Klitoris saugte und gleichzeitig tief in sie stieß, erstarrte alles in ihr, bevor sie in einem gewaltigen Orgasmus explodierte, der ihr jeden klaren Gedanken raubte. Ein Schrei entrang sich ihr, und sie klammerte sich an Kyle fest, der weiterhin an ihr saugte und ihren Höhepunkt damit immer weiter verlängerte.

Schließlich verließ sie jede Kraft, ihre Beine gaben nach. Sie fiel, doch bevor sie den Boden erreichte, hatte Kyle sie aufgefangen und hob sie auf seine Arme. Eigentlich wollte sie ihm sagen, dass sie viel zu schwer sei, um von ihm getragen zu werden, aber der intensive Orgasmus hatte ihr die Sprache geraubt. Außerdem fühlte es sich so gut an, getragen zu werden, dass sie es nicht fertigbrachte, diese neue Erfahrung jetzt schon zu beenden. Mit einem Seufzer schmiegte sie ihre Wange an Kyles Brust und lauschte dem Hämmern seines Herzens. Das zeigte ihr mehr als alles andere, wie sehr er die Episode genossen hatte.

Als etwas Kaltes ihre nackte Rückseite berührte, zuckte sie erschrocken zusammen. Ihre Augen flogen auf, und sie blickte direkt in Kyles Gesicht, das sich dicht über ihrem befand. Es lag ein solches Verlangen in seinen Augen, dass ihr der Atem stockte. Nervös leckte sie über ihre Lippen und sah, wie sich Kyles Blick auf ihren Mund heftete. Bevor sie etwas sagen konnte, senkte er den Kopf und berührte sanft ihre Lippen mit seinen. Ihr Mund öffnete sich, und Kyles Zunge schob sich in sie. Die Mischung aus Kyles Geschmack und ihrem eigenen war ungewohnt, aber gleichzeitig ungeheuer erregend. Mit einem hungrigen Laut hieß sie ihn in ihrer Mundhöhle willkommen und wand ihre Zunge um seine.

Wie von selbst schlangen sich ihre Arme um seinen Nacken, und sie zog ihn dichter an sich. Sie stöhnte auf, als sich ihre empfindlichen Brustspitzen an seine warme, behaarte Brust pressten. So schön es auch gewesen war, von ihm mit Mund und Fingern befriedigt zu werden, gefiel es ihr noch viel besser, ihn über sich zu haben, seinen Körper an ihrem zu spüren. Die kalte, harte Fläche unter ihr trug nur zu ihrer Erregung bei. Verlangend hob sie sich ihm entgegen und rieb ihre harten Brustwarzen an ihm. Hitze schoss durch ihren Körper, und ihr Unterleib zog sich sehnsüchtig zusammen.

Alyssa schlang ihre Beine um Kyles Hüfte und versuchte, ihn noch näher an sich zu ziehen, um die Leere in sich zu füllen, doch er bewegte sich nicht weiter auf sie zu. Enttäuscht beendete sie den Kuss und blickte Kyle verwirrt an. Der hob langsam den Kopf, seine großen Hände legten sich um ihre Schultern.

Eine Weile sah er stumm auf sie herunter, dann lief ein Beben durch seinen Körper. »Alyssa.«

Ihr Name klang so sehnsüchtig, dass sich Gänsehaut an ihrem gesamten Körper ausbreitete. »Kyle.« Als er nichts weiter sagte, hielt sie es nicht mehr aus.«Entschuldige, ich wollte dich zu nichts zwingen.«

Zuerst sah er sie erstaunt an, dann hoben sich seine Mundwinkel. »Das hast du nicht.« Seine Stimme strich rau über sie.

»Warum hast du dann …?« Hitze stieg in ihre Wangen. Wie sollte sie ihn fragen, warum er nicht zugelassen hatte, dass sie sich an seinem Schaft rieb?

Seine Augen verdunkelten sich. »Du glaubst nicht, wie gern ich dich lieben würde, aber ich denke nicht, dass mein Esszimmertisch der richtige Ort dafür ist. Außerdem will ich dich nicht ausnutzen.«

Oh bitte, nutz mich aus! Doch Alyssa sagte es nicht laut, sondern sah sich stattdessen um. Tatsächlich, sie lag auf dem polierten Holz eines riesigen Tisches. Wieder lief ein Beben durch ihren Körper, ihre Brustspitzen wurden noch härter. »Oh, das ist es? Ich dachte schon, es wäre der Boden.«

Kyle legte seine Stirn an ihre. »Das ist nicht hilfreich.«

Behutsam strich Alyssa über seinen Rücken. »Mir ist es ehrlich egal, wo wir uns befinden. Du fühlst dich so gut auf mir an.«

Ein gequältes Stöhnen entfuhr ihm. »Weißt du, was du mir antust?«

Alyssa legte ihre Hand an seine Schulter und schob ihn zurück, bis er sich über ihr aufrichtete. »Was tue ich dir an? Ich dachte eigentlich, wir hätten eine schöne Zeit zusammen, aber wenn du das anders siehst, kann ich auch gehen.«

»Nein!« Das Wort schien tief aus seinem Inneren zu kommen. »Ich …« Er stieß seinen Atem hart aus. »Ich möchte dich berühren und zum Höhepunkt bringen und so tief in dich eindringen, wie es nur geht. Es ist nur …«

Schnell unterbrach Alyssa ihn. »Genau das möchte ich auch. Wie wäre es, wenn du weniger redest und es einfach tust?«

»Aber …«

»Kyle, willst du mich?« Ihr Herz hämmerte, weil sie wusste, wie viel von seiner Antwort abhing.

»Natürlich.«

Alyssa legte sich auf den Tisch zurück und streckte ihre Arme über ihren Kopf, bis sie ihre Hände um die Tischkante legen konnte. Die Bewegung ließ ihre Brustwarzen noch weiter aus dem BH herauskriechen. »Dann nimm mich. Jetzt, hier.« Unsicher hielt sie den Atem an. Noch nie war sie so mutig gewesen, einem Mann klar und deutlich zu sagen, was sie wollte. Wenn Kyle ablehnte …

Mit einem hungrigen Laut stürzte er sich auf sie, seine Hüfte presste sich an ihren Eingang, seine Hände legten sich auf ihre Brüste, während er ihren Mund verschlang. Alyssa krallte sich an die Tischkante und bog ihm ihren Körper entgegen. Kyle beendete den Kuss und ließ seinen Mund an ihrem Hals hinunterwandern. Mit den Fingern reizte er ihre Brustwarzen zu festen

Punkten, während sich sein harter Schaft an ihrem Unterleib rieb. Obwohl sie vor wenigen Minuten einen Orgasmus erlebt hatte, stieg die Spirale der Lust bereits wieder höher in ihr.

Kyle küsste eine Spur von ihrem Hals zu ihren Brüsten und saugte eine Spitze in seinen Mund. Während er daran knabberte, reizte er die andere weiterhin mit seinen Fingern. Seine nun freie Hand wanderte an ihrem Leib hinunter und legte sich um ihre Hüfte. Er hob ihren Körper höher und konnte seinen Schaft damit noch dichter an sie pressen. Es war unglaublich, seine steife Länge so dicht an ihren geschwollenen Schamlippen zu fühlen, der Stoff seiner Jeans reizte sie noch zusätzlich. Ein verlangender Laut entwich ihrer Kehle, und Kyle saugte noch härter an ihrer Brustwarze. Ein Pfeil reiner Lust ging von der Spitze direkt in ihren feuchten Unterleib. Oh Gott, wenn er so weitermachte, würde sie noch einmal kommen, ohne ihn in sich zu fühlen.

»Bitte, Kyle!«

Ihre beinahe verzweifelten Worte drangen wie Feuerhaken in ihn. Am liebsten hätte er ihr den Tanga vom Körper gerissen, doch es wäre zu schade um das Kleidungsstück gewesen. Er hoffte darauf, es noch öfter sehen zu können, deshalb zwang er sich, Alyssas Beine von seiner Hüfte zu lösen. Ihre protestierenden Laute und der Versuch, ihn wieder an sich zu ziehen, verstärkten seine Erregung noch. Obwohl das kaum noch möglich schien, denn sie dort so auf dem Tisch liegen zu sehen, reichte schon, um ihn beinahe kommen zu lassen. Rasch zog er den Tanga an ihren Beinen herunter und warf ihn auf den Boden. Einen Moment lang genoss er die ungehinderte Sicht auf ihre feucht glitzernden Falten und strich mit den Fingern darüber.

Der Anblick, wie drei seiner Finger in ihr versanken und

Alyssa sich ihm wieder entgegenbog, um ihn noch tiefer in sich aufzunehmen, brachte ihn an den Rand eines Orgasmus. Ihr verlangendes Stöhnen ließ ihn rasch seine Hose aufreißen und seinen Penis aus dem einengenden Kleidungsstück befreien. Er machte sich nicht die Mühe, sich ganz auszuziehen, sondern schob die Jeans nur so weit herunter, bis keine Gefahr mehr bestand, Alyssa oder sich selbst am Reißverschluss zu verletzen. Bedauernd zog er seine Finger aus ihr heraus und zog sie stattdessen an sich heran, bis sein Schaft an ihrer Falte lag. Ein Stöhnen brach aus ihm heraus, als ihre feuchte Hitze sich an seine Erektion presste.

Er ließ seinen Penis an ihr entlanggleiten, von ihrer Klitoris bis zu ihrem Anus und wieder zurück. Jeder Muskel in seinem Körper war angespannt, das Herz hämmerte in seiner Brust. Mühsam kämpfte er den Orgasmus zurück, denn er wollte nicht, dass es jetzt schon vorbei war. Wer wusste schon, ob er Alyssa noch einmal so nah kommen würde. Der Gedanke versetzte ihm einen Stich, und er drängte ihn rasch zurück. Sie war jetzt hier, und das war alles, was zählte. Also beugte er sich wieder über sie und schloss seinen Mund erneut über ihrer verlockenden Brust. Hart saugte er an ihrer Spitze und spürte an seinem Schaft die Zuckungen in ihrem Unterleib. Neue Feuchtigkeit drang an ihn und ließ ihn leichter an ihr entlanggleiten.

Alyssas Beine schlangen sich wieder um seine Hüfte und öffneten damit ihren Eingang weiter für ihn. Er könnte mit einem Zug in sie hineingleiten, doch das konnte er ohne Kondom nicht tun, sosehr er es sich auch wünschte. Zwar hatte er keine Krankheiten – er war während seiner Krankenhausaufenthalte mehrmals getestet worden und hatte seither keine sexuelle Beziehung mehr gehabt –, doch es wäre Alyssa sicher nicht recht. Dummerweise hatte er auch keine Kondome im Haus.

Alyssas Hände glitten über seinen Körper und machten ihm

die Sache nicht gerade leichter. Sie reizte seine Brustwarzen zu harten Punkten, bevor ihre Finger nach unten wanderten und schließlich den Ansatz seines Penis berührten. Kyle presste die Augen zusammen und drängte seinen Orgasmus mühsam zurück. Seinen Kopf an ihre Brust gedrückt atmete er keuchend ein, als ihre andere Hand sich um seine Pobacke legte. Automatisch schob sich seine Hüfte nach vorne und rieb gegen ihren Eingang.

»Komm zu mir, Kyle.«

Ein heißes Prickeln schoss bei ihren Worten über sein Rückgrat. »Kein … Kondom.« Dass er die Worte überhaupt herausbrachte, während ihre Finger sich zwischen seine Beine schoben und dabei über seine Hoden strichen, war ein Wunder.

»In meiner Tasche.«

Kyle erstarrte und hob den Kopf. »Was?«

»Ein Kondom.« Röte breitete sich in ihrem Gesicht aus, als sie seinen ungläubigen Blick bemerkte.

Da er nichts lieber wollte, als sich endlich in ihr vergraben zu können, schob er alle Fragen beiseite und trat schnell zurück. Er hielt seine Hose hoch, damit sie ihn nicht behinderte, als er rasch zu ihrer Tasche ging, die sie auf den Tisch gelegt hatte, und darin wühlte, bis er die Kondomverpackung fand. Beinahe noch schneller kehrte er wieder zu Alysssa zurück, die ihm auf ihre Ellbogen gestützt entgegenblickte. Sie biss auf ihre Lippe, und ihr Blick lag auf seinem Schaft, den er nicht zurück in die Hose gesteckt hatte. Ihre Beine öffneten sich für ihn, und er vergaß alles andere.

Rasch öffnete er das Kondom und rollte es über seinen Penis. Als Alyssa ihre Beine wieder um seine Hüfte schlingen wollte, legte er seine Hände um ihre Fesseln und kippte sie stattdessen in Richtung ihres Körpers, sodass ihre Scham offen vor ihm lag. Alyssa schien zu verstehen, was er vorhatte, denn sie legte die Hände um ihre Beine und zog sie noch näher an ihren Körper. Damit hatte er seine Hände frei und konnte Alyssas Klitoris berühren. Ein Beben lief durch ihren Körper und setzte sich in seinem fort. Mit einem Finger glitt er in ihren Eingang, um ihre Bereitschaft zu testen. Sie war so feucht, dass sie kein Gleitmittel brauchen würden.

Er beugte sich über sie und wartete, bis sie die Augen öffnete und ihn ansah. »Sicher?«

Alyssa lächelte ihn an. »Ja.«

Kyle positionierte seinen Schaft und schob ihn langsam in einer gleitenden Bewegung in sie. Alyssas Lider senkten sich ein wenig, ein erregtes Stöhnen drang über ihre Lippen. Es fühlte sich so gut an, endlich in ihr zu sein, dass Kyle beinahe zu atmen vergaß. Gierig schnappte er nach Luft, als er endlich vollständig in ihr war. Ihr enger Tunnel umschloss und massierte ihn gleichzeitig, und Kyle brauchte seine gesamte Beherrschung, um nicht jetzt schon zu kommen.

»Warum … hörst du … auf?« Alyssas Stimme klang rau und atemlos. Schweiß schimmerte auf ihrer Haut.

Sein Lachen klang verzweifelt. »Weil du dich so gut anfühlst.«

»Du dich … auch. Und jetzt …. beweg dich!«

Er unterdrückte ein Stöhnen. Der Befehl half ihm nicht gerade dabei, sich zu beherrschen. Vorsichtig zog er sich wieder aus ihr zurück, bis nur noch die Spitze seines Schaftes in ihr war. Dann schob er sich wieder in sie, diesmal mit mehr Kraft. Alyssas Körper passte sich ihm an, als wäre er für ihn gemacht. Kyle schob seine Hände unter ihre Hüfte und zog sie näher an die Tischkante, damit er durch den besseren Winkel noch tiefer in sie eindringen konnte und bei jeder Bewegung über ihre Klitoris strich. Danach stützte er sich über ihr auf und senkte seinen Kopf. Mit der Zunge strich er über ihre Brustwarze und brummte zufrieden, als Alyssa sich ihm noch näher entgegenbog. Wieder zog er sich aus ihr heraus und stieß in sie, doch diesmal saugte er gleichzeitig an ihrer Brustspitze.

Alyssa gab einen atemlosen Schrei von sich. »Oh Gott, mehr!«

Da es genau das war, was er selbst auch mehr als alles andere wollte, begann er einen regelmäßigen Rhythmus, bei dem die Stöße immer stärker wurden und noch tiefer gingen. Seine Hoden prallten gegen ihren Po, und er spürte, wie der Höhepunkt immer näher rückte. Während er sich mit einer Hand über ihr abstützte, ließ er die andere zwischen sie gleiten und hielt damit ihre Schamlippen zur Seite. Jedes Mal, wenn er in sie eindrang, erhöhte er so den Druck auf ihren Eingang, während er gleichzeitig mit einem Finger ihre Klitoris reizte. Alyssas Körper spannte sich unter ihm an, und er wusste, dass sie kurz vor dem Höhepunkt stand. Er saugte stärker an ihrer Brust und presste seinen Finger hart gegen ihre Klitoris.

Alyssas innere Muskeln schlossen sich um ihn, als der Orgasmus sie überrollte. Hart stieß er in sie, immer wieder, bis auch er explodierte. Mit beiden Händen umfasste er ihren Po und presste sie so eng an sich, wie es nur ging. Wie von weit her hörte er durch das Rauschen in seinen Ohren ihren Schrei, sein gesamter Körper kribbelte, und sein Penis zuckte immer wieder in ihrem engen Tunnel. Kyle nahm nichts mehr um sich herum wahr, während er seine Wange gegen Alyssas Brust presste und die Gefühle genoss, die ihn durchströmten.

Erst als sich sein Herzschlag wieder halbwegs beruhigt hatte, hob er widerstrebend den Kopf. Alyssas Augen waren geschlossen, ihre helle Haut und die zerzausten blonden Haare bildeten einen sinnlichen Kontrast zum dunklen Holz des Tisches. Ihre geröteten Lippen waren leicht geöffnet, und Kyle musste den Drang bezwingen, sie noch einmal zu küssen. Alyssa war offensichtlich völlig erschöpft, deshalb schob er vorsichtig seine Hände unter ihren Körper und hob sie an. Wie von selbst schlangen sich ihre Beine um seine Hüfte, und ihre Arme legten sich um seinen Nacken.

»Kyle.« Der warme Ton des Wortes drang direkt in sein Herz. Seine Arme schlossen sich fester um sie, und er richtete sich auf. Dabei schob sich sein Schaft wieder tiefer in Alyssa und entlockte ihr ein Stöhnen.

»Tue ich dir weh?«

»Nein! Das fühlt sich so … gut an.« Sie wackelte mit der Hüfte, und diesmal war es an Kyle, aufzustöhnen.

Seine Hände schlossen sich um ihren Po, um sie daran zu hindern, sich weiter zu bewegen. Es fiel ihm so schon schwer genug, an sich zu halten. Sein Herz begann schneller zu hämmern, als er Alyssas Lippen an seinem Hals spürte. Wenn sie so weitermachte, konnten sie gleich in die nächste Runde gehen. Und obwohl er nichts lieber tun würde als das, wäre es wohl besser, der Frau in seinen Armen die Gelegenheit zu geben, sich ein wenig zu erholen. So schnell es ihm mit Alyssas zusätzlichem Gewicht und der rutschenden Hose möglich war, trug er sie die Treppe zu seinem Schlafzimmer hinauf. Mit dem Ellbogen öffnete er die Tür und durchquerte rasch den Raum.

Mit dem Knie stützte er sich auf das Bett und ließ Alyssa sanft auf die Matratze sinken. Dabei glitt er aus ihr heraus, und Alyssa gab einen protestierenden Laut von sich. Er konnte das nachempfinden, aber es war besser so, schließlich musste er auch das Kondom entfernen. Und die Versuchung, sie sofort wieder zu lieben, war etwas geringer, wenn er nicht mehr in ihr war. Rasch ging er ins angeschlossene Bad und tränkte einen Waschlappen mit warmem Wasser, bevor er ins Schlafzimmer zurückkehrte. Nur wenige Lichtstrahlen durchbrachen die Barriere der Jalousien und brachten Alyssas Körper auf seinem Bett zum Leuchten. Wie oft hatte er in den letzten Monaten davon geträumt, sie hier liegen zu sehen? Noch dazu größtenteils nackt und mit dem Beweis für ihre Leidenschaft in ihren Gesichtszügen und zwischen ihren Beinen.

Sanft strich er mit dem Waschlappen über ihre Scham, bevor er seinen Penis säuberte und den Waschlappen in Richtung Badezimmer warf. Anschließend entfernte er ihren BH und genoss den Anblick ihres völlig nackten Körpers. So erotisch er die Dessous auch fand, ganz ohne Kleidung gefiel ihm Alyssa noch besser. All diese cremige Haut ließ seinen Schaft bereits wieder anschwellen, und er konnte sich nichts Schöneres vorstellen, als jede Rundung mit Mund und Händen zu erkunden. Da er sie aber nicht stören wollte, blieb er einfach neben dem Bett stehen und sah sie nur an.

Ihre Augen öffneten sich, und ihr Blick glitt über seinen Körper. Als sie bei seinem Penis ankam, spielte ein Lächeln um ihre Lippen. Wortlos streckte sie die Hand nach ihm aus. Einen winzigen Augenblick zögerte Kyle, dann zog er seine Hose aus und kroch zu Alyssa ins Bett. Sowie er sich neben ihr auf den Rücken gelegt hatte, drehte sie sich zu ihm und bettete ihren Kopf auf seine Schulter. Ihre Hand legte sich auf seine Brust, während sie ihr Bein über seine Oberschenkel schob. Innerhalb von Sekunden hing sie an ihm wie eine Ranke – und Kyle genoss es, sie so dicht bei sich zu haben. Einen Arm schlang er um ihren Rücken, und er legte seine Hand auf ihre Hüfte. Mit seiner anderen Hand fing er eine Haarsträhne ein und wickelte sie um seinen Finger.

Alyssa hauchte einen Kuss auf seine Brust und stieß einen zufriedenen Seufzer aus. »Genau das habe ich mir gewünscht, als wir zusammen unter den Trümmern lagen.«

Kyle versuchte, seinen Schaft zu ignorieren, der ein hoffnungsvolles Zucken von sich gab. »Nackt im Bett?«

Sie schob sich noch dichter an ihn, bis sie halb auf ihm lag.

»Kein Bett, ich wollte nur möglichst nah bei dir sein. Du hast mir ein solches Gefühl von Sicherheit gegeben.«

Sanft streichelte er ihre Hüfte. »Ich freue mich, dass dir meine Anwesenheit geholfen hat, und es tut mir leid, dass ich nicht mehr tun konnte, um dich dort herauszuholen.«

Alyssas Hand legte sich über sein Herz. »Wenn ich die Wahl hätte, früher aus den Trümmern zu kommen oder die Zeit mit dir dort unten zu verbringen, würde ich immer Letzteres wählen – natürlich nur, solange wir beide nicht verletzt werden.«

Sein Herz klopfte schneller. »Du bist verrückt.«

Sie lachte auf, der Laut wurde durch seine Brust gedämpft. »Vielleicht. Aber ich habe so lange darauf gewartet, dir endlich näherzukommen, dass es mir fast wie Schicksal erscheint.«

Kyle hielt den Atem an. Konnte es sein, dass er ihr Verhalten in der Bibliothek völlig falsch gedeutet hatte? »Warum wolltest du mir näherkommen?«

»Was denkst du wohl?«

»Um mir noch mehr Bücher auf die Füße zu werfen?«

Strafend zupfte sie an seinen Brusthaaren. »Das war ein Versehen. Als ich deine Stimme hinter mir gehört habe, wollte ich dich so gerne berühren; da habe ich mich zu schnell umgedreht, und dabei ist der Stapel Bücher, den ich gerade wegräumen wollte, ins Rutschen gekommen.« Sie hob den Kopf und blickte ihn besorgt an. »Ich hoffe, ich habe dich dabei nicht verletzt?«

»Nein. Aber ich hatte den Eindruck …« Er brach ab, weil ihm die Worte fehlten.

»Was?«

Das Gefühl ihres weichen Körpers an seinem gab ihm den Mut, weiterzusprechen. »Dass ich dich erschreckt hätte.«

»Höchstens, weil plötzlich der Mann meiner heimlichen Fantasien vor mir stand.« Sowie die Worte aus ihrem Mund waren, breitete sich heiße Röte auf ihren Wangen aus, und sie presste den Kopf wieder an seine Brust.

Die Vorstellung, dass sie sich zu ihm genauso hingezogen gefühlt haben könnte wie er sich zu ihr, war berauschend. Sein Schaft lag inzwischen voll erigiert an ihrem Oberschenkel. Trotzdem musste er sicherstellen, dass sie es auch wirklich so meinte. »Meine Narben …«

Alyssa unterbrach ihn. »Machen mir nichts aus. Ich finde es furchtbar, dass du so leiden musstest, aber sie beeinflussen nicht, was ich für dich fühle. Das müsste dir inzwischen auch aufgefallen sein.« Zur Bekräftigung ihrer Worte rieb sie ihren Eingang an seinem Oberschenkel.

Obwohl er ihr glaubte und auch glauben wollte, gab es immer noch einen kleinen Teil von ihm, der ihm einflüsterte, dass sie die Brandwunden bisher noch nie in vollem Ausmaß und in hellem Sonnenlicht gesehen hatte. Es würde ihn umbringen, wenn sie sich von ihm abwandte, weil sie seinen zerstörten Körper einfach nicht ertragen konnte. Verdammt, er schaffte es selbst nicht, sich anzusehen, ohne dass sich ihm der Magen umdrehte. Aber wenn es so sein sollte, würde er jetzt jede Sekunde in ihrer Gegenwart auskosten, damit er hinterher davon zehren konnte, wenn er wieder allein war.

Mit zitternden Fingern strich er ihre Haare zurück. »Schlaf jetzt, wir können nachher weiterreden.«

Er konnte Alyssa ansehen, dass sie dagegen protestieren wollte, doch schließlich beugte sie sich nur vor und küsste ihn sanft auf den Mund, bevor sie ihren Kopf wieder auf seine Brust bettete. »Okay, aber denk nicht, dass ich es vergessen werde.«

Kyle antwortete nicht, sondern vergrub stattdessen sein Gesicht in ihren Haaren. Zum ersten Mal seit der Nacht, die sein Leben so drastisch verändert hatte, schlief er mit einem Lächeln im Gesicht ein.

6

Als Alyssa aus einem tiefen Schlaf aufwachte, fühlte sie sich für einen Moment desorientiert. Dann erkannte sie, dass die warme Matratze unter ihr in Wirklichkeit ein muskulöser Männerkörper war, und riss die Augen auf. Vorsichtig hob sie den Kopf und blickte in Kyles Gesicht. Seine Lider waren geschlossen, und er schien tief zu schlafen. Wenn sie die Signale ihres Körpers richtig deutete, dann waren sie beide nackt – und sie hatte es nicht nur geträumt, dass er sie auf dem Esszimmertisch geliebt hatte. Hitze breitete sich in ihrem Körper aus, und sie musste sich zwingen, still liegen zu bleiben. Sie lag inzwischen ganz auf ihm, sein selbst im Schlaf erigierter Schaft presste sich gegen ihren Eingang. Instinktiv schloss sie ihre Beine und klemmte ihn dadurch dazwischen ein. Erregung stieg in ihr auf, ihre Brustspitzen verhärteten sich und rieben über Kyles Brust.

Es war ihr peinlich, dass sie so stark auf ihn reagierte, besonders wenn er schlief und nichts davon wusste. Aber in den letzten Monaten hatte sie erkannt, dass sie nichts dagegen machen konnte. Kyle war in ihrem Kopf und in ihrem Blut und ließ sich nicht daraus vertreiben. Erst recht nicht, nachdem sie jetzt wusste, wie gut es sich anfühlte, seine Haut an ihrer zu spüren, sein Schaft tief in ihr vergraben. Schließlich hielt sie es nicht mehr aus und begann seine Brust mit ihren Händen und Lippen zu erkunden. Ihre Fingerspitzen berührten seine flachen Brustwarzen und reizten sie zu harten Punkten. Als Reaktion darauf wuchs sein Schaft zwischen ihren Beinen und rieb über ihre Klitoris. Alyssa presste die Lippen zusammen, um keinen Laut von sich zu geben.

Mit der Zungenspitze berührte sie seine Brustwarze und spürte unter ihrer Hand, wie sein Herz schneller klopfte. Alyssa schloss den Mund um den kleinen Nippel und begann gierig zu saugen. Er schmeckte so gut, nach Mann und leicht salzig, sie konnte gar nicht genug von ihm bekommen. Vor allem wollte sie auch den Rest von ihm berühren und schmecken, deshalb bewegte sie sich langsam an seinem Körper hinunter. Rötliche Sonnenstrahlen bildeten Lichtpunkte auf seiner Haut und den Laken, anscheinend ging bereits die Sonne unter. Das Licht brachte Kyles muskulösen Körper perfekt zur Geltung, und sie hätte ihn stundenlang einfach nur betrachten können.

Alyssa setzte sich auf und rutschte nach hinten, bis sie auch seinen Penis sehen konnte. Er war voll erigiert, schwarze Haare umgaben den breiten Ansatz und seine Hoden. Ein Schauer lief bei dem Gedanken durch ihren Körper, die samtige Haut zu lecken und ihn schließlich in ihren Mund zu nehmen. Ob es Kyle gefallen würde, wenn sie ihn verwöhnte, bis er kam? Als könnte er ihre Gedanken lesen, hob sich sein Schaft und bewegte sich ihr entgegen. Ihr Unterleib zog sich verlangend zusammen, als sich Feuchtigkeit an seiner Spitze bildete.

»Was tust du da?«

Erschreckt blickte Alyssa beim Klang von Kyles rauer Stimme auf. Hitze stieg in ihre Wangen. »Ich … habe dich angesehen.«

Eine seiner Hände legte sich um ihren Po. »Warum?«

Zumindest schien er sich nicht darüber aufzuregen, dass sie ihn beobachtet hatte, während er schlief, wie sie erleichtert feststellte. Das gab ihr den Mut, ihre Finger über seinen Bauch gleiten zu lassen. »Weil du wunderschön bist.«

Kyle gab ein Schnauben von sich. »Das sagst du nur, weil es hier dunkel ist.« Ein Finger fuhr ihre Spalte nach. Sein Blick lag auf ihren Brüsten, deren Spitzen sich fest zusammengezogen hatten.

»Dann mach das Licht an.«

Sofort zog er seine Hand zurück und wandte seinen Blick ab. »Nein.«

Alyssas Herz zog sich zusammen. Sie beugte sich vor und klemmte ihn damit effektiv unter sich ein. »Kyle, sieh mich an.« Nur zögernd drehte er den Kopf und blickte ihr in die Augen. Schmerz und Scham standen deutlich sichtbar darin. »Vertraust du mir?«

Wieder zögerte er. »Ja.«

Es tat ihr zwar weh, aber sie wusste, dass sie sich noch nicht gut genug kannten, damit Kyle ihr bedingungslos vertraute. Sie beugte sich noch weiter vor und küsste ihn sanft. Sofort legte Kyle eine Hand in ihren Nacken und übernahm den Kuss. Seine Zunge schob sich in ihren Mund, und er erkundete ausgiebig ihre Mundhöhle. Das war so erregend, dass Alyssa beinahe vergaß, weshalb sie ihn überhaupt geküsst hatte. Während sie eine Hand in seine Brusthaare grub, tastete sie mit der anderen nach dem Lichtschalter. Schließlich fand sie ihn und knipste ihn an. Helles Licht durchflutete den Raum.

Kyle erstarrte unter ihr, sein Atem ging in schweren Zügen. Alyssa hob den Kopf und blickte ihm direkt in die Augen. Erregung mischte sich darin mit Panik, und Alyssa wusste, dass sie nicht viel Zeit haben würde, bevor er flüchtete. Sie legte eine Hand an seine Wange und strich mit dem Daumen über seine Lippen. »Vertrau mir bitte.«

Als er knapp nickte, drehte sie sein Gesicht so, dass die Narben angeleuchtet wurden. Die Vorstellung, wie furchtbar es für ihn gewesen sein musste, in dem Feuer gefangen zu sein, sandte einen Schauer durch ihren Körper. Kyles Muskeln spannten sich unter ihr an, und sie ahnte, dass er ihr Beben falsch gedeutet hatte. Rasch beugte sie sich herunter und begann eine Spur aus Küssen über die Narben zu legen. An der Schläfe ging die Narbe beinahe bis zum Augenwinkel, er hatte Glück gehabt, dass sein Auge nicht betroffen gewesen war. An manchen Stellen waren die Narben ganz glatt, an anderen wulstig, aber das war Alyssa egal, denn sie gehörten zu Kyle, und sie liebte alles an ihm.

Sie rutschte weiter nach unten, als sie am Hals ankam. Es sah beinahe aus, als hätte sich das Feuer am Kragen unter seine Kleidung gefressen. Noch immer war Kyles Körper angespannt, aber sein Atem ging schneller, und auch sein Schaft regte sich wieder gegen ihren Bauch. Zaghaft berührten seine Finger ihren Rücken, und Alyssa bog sich ihm entgegen. Auch an seiner Schulter und an seinem Oberarm waren Brandwunden, genauso wie über seinen Rippen. Auch diese küsste Alyssa und strich vorsichtig mit ihren Fingern darüber. »Tue ich dir weh?«

»Nein.« Seine Stimme klang gepresst. »An vielen Stellen wurden die Nervenenden zerstört, und ich spüre gar nichts. Ganz wenige Punkte sind dafür besonders empfindlich.«

Alyssa küsste seine Armbeuge. »Irgendwann zeigst du mir, wo sie sind.« Sie formulierte es extra nicht als Frage, um ihm gar keine Gelegenheit zu geben, abzulehnen. »Dreh dich um.«

»Alyssa …«

»Glaubst du immer noch, dass ich weglaufe, wenn ich deine Narben sehe? Ich dachte, ich hätte inzwischen bewiesen, dass ich den Anblick gut aushalte.« Sie kletterte von ihm herunter, und nach einem Moment drehte er sich auf den Bauch, sein Gesicht von ihr abgewandt. Mit einem lautlosen Seufzer beugte sich Alyssa wieder über ihn. Ihr Herz krampfte sich zusammen, als sie die großflächigen Verbrennungen an seinem Rücken sah. Wahrscheinlich hatte er sich im Feuer zusammengekauert, seine Unterseite und den Kopf geschützt und damit seinen Rücken den Flammen ausgesetzt.

Vorsichtig strich sie mit ihren Fingern über die Narben. »Wie ist es passiert?«

Kyles Rücken hob sich, als er tief einatmete. »Ein Supermarkt ist in Flammen aufgegangen. Während andere Feuerwehrmänner den Brand von außen bekämpft haben, ist mein Team reingegangen, um mögliche Opfer herauszuholen. Wir hatten nicht viel Zeit, durch die Regale waren die Räume verwinkelt, außerdem gab es so viel brennbares Material, das die Flammen nährte.« Er schwieg einen Moment, vermutlich durchlebte er in Gedanken dieses furchtbare Erlebnis noch einmal.

Alyssa legte ihre Wange auf seine Narben und wartete geduldig darauf, dass er weiterredete. Es tat ihr gut, seine regelmäßigen Herzschläge zu hören und seine warme Haut zu fühlen. Beinahe wäre er damals gestorben, und sie hätte ihn nie kennengelernt. Tränen traten in ihre Augen, und sie biss auf ihre Lippe, um sie zurückzuhalten.

»Wir schafften es, alle Leute rauszubringen. Mein Partner und ich machten einen letzten Rundgang, um sicherzugehen, als plötzlich das Dach über uns einstürzte. Manolo wurde von einem Balken getroffen und ging zu Boden. Ich habe versucht, ihn darunter herauszubekommen, doch der Balken ließ sich nicht bewegen. Das Feuer kam immer näher, ich konnte ihn dort nicht verbrennen lassen. Seine Frau erwartete gerade ihr erstes Kind.« Seine Stimme klang erstickt, und Alyssa wusste, wie schwer es ihm fiel, darüber zu reden. »Ich habe alles versucht, doch es hat nicht gereicht. Das Feuer und die Trümmer hatten uns eingeschlossen, die anderen kamen nicht mehr zu uns durch. Zumindest nicht schnell genug, um uns zu retten. Ich habe mich über ihn gebeugt, um ihn vor den Flammen zu schützen, aber …« Er brach ab und schauderte. »Ich höre immer noch seine Schreie, als uns das Feuer erreichte. Es war so heiß, dass unsere Schutzkleidung einfach geschmolzen ist. Hinterher habe ich erfahren, dass der Brandstifter Brandbeschleuniger verwendet hat; durch die vielen Kunststoffe und anderen Materialien kam es zur Freisetzung von Pyrolysegasen, die sich dann entzündet haben.« Ein Schauer lief durch seinen Körper, und Alyssa presste sich dichter an Kyle, um ihn durch ihre Gegenwart zu beruhigen.

»Wie bist du rausgekommen?«

Kyle gab einen unartikulierten Laut von sich. »Ein paar meiner verrückten Kollegen haben sich in die Hölle gewagt, um uns rauszuholen. Sie hätten es lassen sollen, es war viel zu gefährlich.«

Alyssa setzte sich ruckartig auf. »Aber sie haben dich gerettet! Wie kannst du sagen, dass sie es nicht hätten tun sollen?«

Kyle schwieg einen Moment. »Manolo ist an seinen schweren Verletzungen gestorben, und ich …« Er brach ab und schluckte schwer. »Vielleicht wäre es besser gewesen, wenn ich auch gestorben wäre.«

Wut kam in ihr auf. »Das ist der größte Unsinn, den ich je gehört habe! Ja, du hast Schlimmes erlebt, und du hast Narben davongetragen, aber du lebst und bist fit genug, um in Trümmer zu kriechen und mir zu helfen. Glaubst du nicht, dass dein Freund gerne an deiner Stelle gewesen wäre?«

Kyle drehte sich wieder auf den Rücken, einen Arm hatte er über seine Augen gelegt. »Ja, das glaube ich, und ich hätte gerne mit ihm getauscht. Zumindest hätte seine Tochter dann einen Vater.«

Alyssa beugte sich über ihn und ließ ihre Stimme möglichst sanft klingen. »Es war nicht deine Schuld, Kyle. Du hast alles versucht, mehr konnte niemand von dir erwarten.«

Er stieß ein Lachen aus, das keinerlei Fröhlichkeit enthielt. »Seltsam, das haben mir mein Vorgesetzter und die Psychologin auch gesagt, aber ich fühle mich schuldig. Ich hätte irgendetwas tun müssen …«

Alyssa legte ihre Finger über seine Lippen. »Du musst akzeptieren, dass du nicht mehr tun konntest, sonst reibst du dich nur auf. Ich bin jedenfalls sehr froh, dass du noch lebst.«

Zu ihrer Überraschung küsste Kyle ihre Finger, bevor er sie von seinem Mund wegzog und mit seinen Fingern verschränkte. »Ob du es glaubst oder nicht, im Moment bin ich das auch.« Seine andere Hand ließ er über ihre Schulter gleiten. »Es war mir noch vor einer Woche tatsächlich egal, ob ich lebe oder sterbe. Als ich dachte, dass du bei dem Hauseinsturz getötet worden sein könntest …« Er brach ab, und ein Ausdruck reiner Qual legte sich über sein Gesicht. »Ich wollte dich unbedingt retten, weil ich wusste, dass ich ohne dich nichts mehr zu verlieren hatte.«

Ihre Augen füllten sich mit Tränen. »Oh, Kyle, du hast so viel, wofür es sich zu leben lohnt.«

Er blickte sie ernst an. »Jetzt ja.«

Eine Träne lief über ihre Wange, und sie beugte sich vor, um Kyle zu küssen. Er wich ihrem Mund aus und rieb stattdessen die Feuchtigkeit von ihrer Wange. »Ich bin so froh, dass du mich gerettet hast.«

Er zog sie zu sich herunter und schlang seine Arme um ihren Rücken. »Du hast *mich* gerettet, Alyssa.« Sein Mund legte sich auf ihren. »Danke.«

Da er sie daran hinderte zu sprechen, zeigte sie ihm mit ihrem Körper, wie viel ihr das bedeutete. Sie griff zwischen ihre Körper und legte ihre Hand um seinen Schaft. Er zuckte in ihrer Hand und hob sich ihr entgegen. Unter der samtigen Haut war er stahlhart, und Alyssa wünschte sich nichts mehr, als ihn endlich schmecken zu können. Bedauernd löste sie sich aus dem Kuss und rutschte wieder tiefer. Kyles Hände strichen über ihren Rücken und gruben sich schließlich in ihre Haare. Genüsslich ließ sie ihre Hände über seine vor Anspannung hervorstehenden Muskeln gleiten, bis sie bei seiner Hüfte ankam. Ihre Finger schlossen sich um den Penis, und sie genoss das Gefühl seiner gebändigten Kraft.

Kyle stöhnte und hob ihr seine Hüfte entgegen, während er gleichzeitig ihren Kopf sanft nach unten drückte. Doch das war ihr nicht genug. Rasch schob sie seine Beine auseinander und hockte sich dazwischen, damit sie mehr Platz hatte, ihn zu berühren. Vor allem konnte sie ihn endlich auch richtig sehen, da das Licht immer noch an war. Feuchtigkeit sickerte aus seiner Spitze und lief an seinem Schaft entlang. Als sie es nicht mehr aushielt, beugte Alyssa sich vor und leckte den Tropfen auf. Sein Geschmack war so berauschend, dass sie gleich noch eine Probe nahm. Diesmal senkte sie allerdings ihren Mund über seine Spitze und saugte leicht daran. Unruhig bewegte sich Kyle unter ihr, sein Griff in ihren Haaren wurde fester.

Lächelnd senkte Alyssa ihren Mund tiefer über seinen Penis, während sich ihre Hand um seine Hoden legte. Hart saugte sie an seiner Länge, ihre Finger erkundeten den Sack zwischen seinen Beinen. Kyle öffnete seine Beine noch weiter, und sie folgte seiner wortlosen Bitte. Sie ließ den Schaft aus ihrem Mund gleiten und leckte daran entlang nach unten. Mit der Hand hielt sie ihn aufrecht, während sie ihre Zunge über seine Hoden gleiten ließ. Schließlich saugte sie eine der beiden Kugeln in ihren Mund. Wieder ertönte ein lautes Stöhnen von Kyle, eine Hand löste sich aus ihren Haaren und legte sich stattdessen über ihre Finger um seinen Penis. Er drückte zu und hob gleichzeitig seine Hüfte. Unter ihren Fingern konnte sie fühlen, wie er noch einmal härter und größer wurde.

»Alyssa, bitte …«

Bei seiner rauen Bitte lief ein Prickeln durch ihren Körper, und sie wandte sich wieder seinem Schaft zu. Sie löste ihre Hand und schloss Kyles wieder um seine Erektion, bevor sie die Spitze mit der Zunge umrundete. Kyles Hand fuhr seine Länge entlang, und sie leckte erneut die austretende Feuchtigkeit ab. Da sie mehr davon wollte, schloss sie ihren Mund um seine Spitze. Ihre Finger glitten unter seine Hoden und weiter, bis sie die glatte Haut dahinter fühlte. Kyles Bewegungen wurden immer schneller, und sie wusste, dass er kurz vor dem Orgasmus stand. Er zog seine Beine an und hob ihr die Hüfte entgegen. Alyssa nahm seinen Schaft tiefer in den Mund und nutzte gleichzeitig die Gelegenheit, ihre Hände unter seinen Po zu schieben. Mit den Daumen reizte sie weiter seine Hoden, während ihre anderen Finger seine muskulösen Pobacken erforschten.

Gerade als sie mit einem Finger seine Spalte entlangfuhr und Kyles Reaktion genoss, ertönte ein lauter Gong. Vor Schreck verschluckte sie sich beinahe, Kyles ganzer Körper erstarrte.

Rasch hob sie den Kopf. »Was ist das?«

Kyle stöhnte laut. »Meine Türklingel.« Schließlich hob er ihr wieder die Hüfte entgegen. »Mach bitte weiter, ich bekomme nie Besuch, das ist sicher nur ein Vertreter, der gleich wieder verschwindet.«

Alyssa hoffte, dass er recht hatte. Mit der Nase strich sie an seinem Schaft entlang und wollte gerade die Spitze in den Mund nehmen, als es erneut klingelte. Sie setzte sich bedauernd auf. »Ich glaube, du solltest wirklich …«

Kyle presste die Hände über seine Augen. »Verdammt!«

Schneller, als sie reagieren konnte, hatte er sein Bein über sie gehoben und sprang auf. Er war bereits am Fenster, bevor sie sich überhaupt aufgesetzt hatte. Jetzt konnte sie sich vorstellen, wie er als Feuerwehrmann gewesen war.

Kyle hob eine Lamelle der Jalousie, blickte hinaus und stieß einen Fluch aus, als er seinen Besucher erkannte. »Es ist Sheriff Mayweather.«

Mit großen Augen blickte Alyssa ihn an, die Decke hatte sie bis zu ihrem Kinn hochgezogen. »Was kann er von dir wollen?«

»Ich habe keine Ahnung. Aber ich muss wohl leider aufmachen. Du kannst aber gerne hier oben bleiben, wenn du möchtest.«

»Ich glaube nicht, dass das was bringt, er wird mein Auto schon gesehen haben.« Sie schlug ihre Hand vor den Mund, Röte stieg in ihre Wangen. »Und meine Kleidung liegt noch unten.«

Inzwischen dröhnte ein lautes Klopfen durch das Haus, gefolgt von einer befehlsgewohnten Stimme. »Kyle, mach auf, ich weiß, dass du da bist. Es ist wichtig.«

Kyle schlüpfte rasch in seine Jeans. »Komm mit, ich lenke ihn ab, während du dich anziehst.« Er hielt Alyssa seine Hand hin und half ihr auf die Beine. »Lass die Bettdecke hier.«

Zögernd ließ sie die Decke sinken, die sie vor ihren Körper gehalten hatte. »Aber …«

»Ich finde dich wunderschön, und vor allem habe ich bereits alles von dir gesehen. Du brauchst dich nicht vor mir zu verstecken.«

Alyssa presste ihre Lippen zusammen, nickte aber. Hinter ihm lief sie die Treppe hinunter. Rasch hob er ihr Kleid auf und warf es ihr zu. »Zieh dich im Esszimmer an.«

Erneut polterte es an der Tür. »Ist ja gut, ich komme!«

Er glaubte etwas wie »Na endlich« zu hören und spürte, wie sich seine Mundwinkel hoben. Unglaublich, nachdem der Sheriff gerade einen grandiosen Orgasmus verhindert hatte. Noch einmal warf er einen Blick auf Alyssa, die gerade im Esszimmer verschwand. Er seufzte lautlos. Rasch hob er sein T-Shirt vom Boden auf und zog es über den Kopf, während er zur Tür ging.

Mit einem Ruck öffnete er sie und blickte den Sheriff missmutig an. »Wo brennt es, Sheriff?«

Der lehnte sich an den Türrahmen und ließ seinen Blick über Kyle wandern, von seinen nackten Füßen bis zu seinen zerzausten Haaren. »Störe ich?«

Kyle blitzte ihn wütend an. »Halt dich zurück, Sam.« Auch wenn sie zusammen zur Schule gegangen waren, gab das dem Sheriff nicht das Recht, sich in seine Privatangelegenheiten zu mischen.

Sam richtete sich auf und nahm seinen Hut ab. Sorgenfalten zogen sich über seine Stirn. »Kann ich reinkommen? Ich muss mit dir reden.«

Es war offensichtlich, dass es um etwas Wichtiges ging, deshalb trat Kyle schweigend zur Seite und ließ seinen alten Freund eintreten. »Was gibt es?«

»Es geht um den Einsturz von Carries Laden.«

Kyle stöhnte innerlich auf. »Jetzt komm bitte nicht wieder mit deinen Vorhaltungen, dass ich nicht dort hätte reingehen sollen. Darüber haben wir letzte Woche schon zur Genüge gesprochen.«

»Das denke ich auch, besonders weil ich weiß, wie dickköpfig du bist.« Er blickte sich um. »Kannst du Miss Thomas rufen? Dann brauche ich nicht alles zweimal zu erzählen, es betrifft auch sie.«

Sams ernster Gesichtsausdruck machte ihm langsam wirklich Sorgen. Was könnte es zu besprechen geben, das sowohl ihn als auch Alyssa betraf? Kyle nickte knapp und ging zum Esszimmer. In dem offenen Durchgang blieb er stehen und musste lächeln, als er sah, wie Alyssa versuchte, ihre Haare mit den Händen zu glätten.

Kyle nahm ihre Hand. »Lass sie so, du siehst großartig aus.«

»Aber der Sheriff wird sofort wissen, was wir hier getan haben.«

Er beugte sich vor und küsste sie sanft auf den Mund. »Das weiß er sowieso schon.«

Alyssa löste sich von ihm und sah ihn mit großen Augen an. »Hast du es ihm etwa gesagt?«

»Das brauchte ich gar nicht, er ist nicht umsonst Sheriff. Nachdem ich so lange gebraucht habe, um zur Tür zu kommen, und so wie ich aussehe, wird er es sich zusammenreimen können.«

Sie betrachtete ihn von Kopf bis Fuß, und Röte stieg in ihre Wangen. »Damit hast du vermutlich recht.« Verlegen strich sie über ihr Kleid. »Meinst du, es fällt auf, dass ich keinen BH trage?«

Mit einem Finger berührte Kyle ihre durch den Stoff hervorstehende Brustwarze. »Mir schon, aber wenn Sam auch nur in die Richtung schaut, werde ich ihm sämtliche Knochen brechen.« Er hielt ihr seine Hand hin. »Komm jetzt, Sam möchte mit uns sprechen.«

Sie legte ihre Finger in seine Hand. »Mit uns beiden? Aber worüber denn?«

»Über den Einsturz, mehr hat er nicht gesagt.«

Alyssa wurde schlagartig blass. »Aber sie haben nicht noch jemanden unter den Trümmern gefunden, oder?«

Beruhigend drückte er ihre Hand. »Nein, die Aufräumarbeiten sind schon seit Tagen vorbei.«

Nach einem tiefen Atemzug nickte Alyssa. »Dann lassen wir ihn nicht länger warten.«

7

Zögernd trat Alyssa an Kyles Seite in das Wohnzimmer, wo der Sheriff am Fenster stand und hinausblickte. Sie versuchte, ihre Hand aus Kyles zu lösen, doch er hielt sie weiter fest. Ein warmes Gefühl breitete sich in ihr aus, und sie blickte ihn von der Seite an. Zum ersten Mal hatte er nicht daran gedacht, sie nur seine unverletzte Seite sehen zu lassen, und das zeigte ihr, dass er sie wirklich um sich haben wollte.

»Hallo, Miss Thomas.« Sam Mayweather trat auf sie zu und schüttelte ihre Hand. »Ich freue mich zu sehen, dass Sie sich von der Tortur so gut erholt haben.«

Alyssa spürte Hitze in ihre Wangen schießen. »Danke, Sheriff. Aber bitte, nennen Sie mich Alyssa.«

Er lächelte sie an, Lachfältchen bildeten sich um seine Augen. »Sehr gerne, wenn Sie Sam sagen.«

Kyle gab ein Grollen von sich, und Sam ließ ihre Hand los.

Fragend blickte Alyssa ihn an, aber er war damit beschäftigt, den Sheriff mit seinen Augen zu erdolchen. Besitzergreifend schlang er seinen Arm um ihre Taille und zog sie an sich. Alyssa verdrehte die Augen. Es fehlte eigentlich nur noch, dass er sich mit beiden Fäusten auf die Brust trommelte. Dachte er, sie würde sich jetzt dem Sheriff zuwenden, nachdem sie mit ihm das Bett geteilt hatte? Alyssa strich mit einer Hand unauffällig über seinen Rücken und spürte, wie er sich langsam entspannte. Trotzdem hielt er sie weiterhin fest, und Alyssa gefiel das sogar. Es war wie eine öffentliche Besitzerklärung; noch nie hatte sich ein Mann ihr gegenüber so verhalten.

»Nachdem wir die Höflichkeiten jetzt erledigt haben, sagst du uns endlich, worum es geht?«

Sam grinste ihn wegen des Tones an, bevor er sofort wieder ernst wurde. »Vielleicht sollten wir uns setzen.«

Das sagte er mit einem Seitenblick auf Alyssa, die sich gleich wie eine Invalide vorkam. Aber sie reagierte nicht darauf, sondern folgte den Männern zum Sofa. Kyle setzte sich auf die Couch und zog sie neben sich, während Sam einen der Sessel wählte.

Sam legte seinen Hut auf den Tisch und strich durch seine hellbraunen Haare. »Unsere Untersuchungen bezüglich der Ursache des Einsturzes sind jetzt abgeschlossen.« Sein Mund verzog sich grimmig. »Es war eindeutig Fremdverschulden.«

Unsicher blickte Alyssa ihn an. »Und was heißt das genau?«

Sam wechselte einen Blick mit Kyle, bevor er sich ihr wieder zuwandte. »Jemand hat das Gebäude durch eine Explosion zum Einsturz gebracht. Genau genommen mehrere; wie es aussieht, wurden die Stützpfeiler so präpariert, dass sie bei einer Detonation zusammenbrachen.«

Alyssa erinnerte sich sofort wieder an das Knallen, das sie gehört hatte, bevor alles über ihr eingestürzt war. Das Blut rauschte in ihren Ohren, und sie schwankte leicht. Sofort zog Kyle sie an seine Brust. »Aber … warum?«

»Damit das Haus wie bei einer Gebäudesprengung in sich zusammenfällt und nicht etwa Feuer fängt oder andere Häuser in Mitleidenschaft zieht.«

Alyssa schüttelte den Kopf. »Das habe ich schon verstanden, ich verstehe nur nicht, warum jemand es auf Carries Haus abgesehen haben sollte. Jeder mag sie.«

Sam rieb über sein Hosenbein. »Das waren auch meine Gedanken, deshalb habe ich sie befragt. Carrie sagte, sie wüsste keinen Grund dafür, und sie hat auch keine Drohungen oder

Ähnliches erhalten. Ich habe auch in ihre Vergangenheit geschaut, aber da sticht nichts heraus.«

Alyssa lehnte sich vor. »Geht es Carrie gut? Das ist sicher ganz furchtbar für sie.«

Sam lächelte leicht. »Carrie ist nicht so schnell zu verschrecken. Wenn überhaupt, ist sie ziemlich wütend. Sie hat mich angewiesen, den Übeltäter zu finden, und zwar schnell.«

Erleichtert lächelte Alyssa ebenfalls. »Das hört sich ganz nach Carrie an. Aber ich denke, ich sollte nachher bei ihr vorbeifahren und …«

»Nein.« Das kam gleich aus zwei Richtungen.

Verwirrt blickte sie die Männer an. »Warum nicht?«

Kyle antwortete zuerst. »Wenn es irgendjemand auf Carrie abgesehen hat, könntest du in Gefahr geraten, wenn du in ihrer Nähe bist.«

»Und wenn der Anschlag nicht Carrie galt, waren *Sie* das wahrscheinliche Ziel.«

Es dauerte einen Moment, bis Sams Worte bei ihr ankamen. »Sie glauben, dass es jemand auf *mich* abgesehen haben könnte?« Ein Schauer lief über ihren Rücken. »Aber warum? Ich bin Bibliothekarin, um Gottes willen. Soweit ich weiß, habe ich mir nie Feinde gemacht. Außerdem konnte der Täter ja nicht wissen, dass ich genau in dem Moment in den Laden kommen würde.«

Sam zog einen Block hervor und stützte die Ellbogen auf seine Beine. »Hatten Sie einen Termin bei Carrie wegen der Anprobe?«

»Keinen festen. Carrie hatte mich angerufen, dass die Lieferung angekommen ist, und ich hatte ihr gesagt, dass ich in der Mittagspause vorbeikomme.« Hitze stieg in ihre Wangen.

Sam notierte etwas. »Also war das sehr kurzfristig?«

»Ja. Wie sollte der Täter in so kurzer Zeit die Sprengsätze so exakt anbringen?« Ihr kam ein Gedanke. »Und wie ist er überhaupt dort reingekommen? Carrie wohnt – wohnte – doch über dem Laden.«

Sam schnitt eine Grimasse. »Das ist auch eine Frage, die wir noch klären müssen. Aber ich gehe davon aus, dass die Sprengsätze bereits einige Tage vorher dort deponiert worden sind.«

Kyle mischte sich ein. »Warum denkst du, dass Alyssa das Ziel gewesen sein könnte?«

»Sie war die Einzige im Laden. Kurz vor dem Einsturz ist Carrie aus dem Gebäude gegangen.«

Alyssa setzte sich auf, ihr Herz klopfte schneller. »Da war ein Mann, ein Tourist, der sie nach dem Weg gefragt hat, wenn ich das richtig verstanden habe.«

Sam blickte sie scharf an. »Haben Sie ihn gesehen?«

»Nein, ich war … äh … nicht vollständig bekleidet und bin in der Umkleidekabine geblieben.« In Kyles Augen konnte sie sehen, dass er genau wusste, was sie angehabt hatte, und vermutlich hatte auch Sam gesehen, dass sie nur mit Kyles T-Shirt bekleidet aus den Trümmern geborgen wurde.

»Carrie hat berichtet, dass der Mann sie nach dem Weg zum Postamt gefragt hat und dass er sie, als sie ihm den erklärt hatte, in ein Gespräch verwickeln wollte. Sie hat versucht, ihn höflich loszuwerden, aber er war sehr hartnäckig.« Sam rieb über seinen Nacken. »Nach dem Einsturz war er verschwunden, wir haben nicht herausbekommen, woher er kam und wohin er wollte. Was ganz harmlose Gründe haben kann – eben wenn er ein Tourist war und weitergefahren ist –, oder es war eine Finte, um Carrie aus dem Geschäft herauszubekommen.«

»Vielleicht wusste er dann gar nichts davon, dass sich noch ein Kunde darin befand.«

Sam schüttelte schon den Kopf, bevor Kyle geendet hatte. »Carrie hat ihm gleich am Anfang gesagt, dass sie den Laden nicht verlassen kann, weil sie eine Kundin hat. Entweder hat er es in Kauf genommen, dass jemand verletzt oder getötet wird, oder genau das war von vornherein seine Absicht, und er wollte nur nicht, dass noch jemand anders zu Schaden kommt. Ich gehe von Letzterem aus.«

Kyle blickte ihn scharf an. »Was hast du uns noch nicht gesagt? Du wärst mit alldem nicht zu mir gekommen, sondern gleich zu Alyssa gegangen.«

Sam stieß einen tiefen Seufzer aus. »Du hättest mein Angebot annehmen sollen, auf Polizist umzuschulen.«

»Sam.« Es war nur ein Grollen.

»Wir haben mit Carries Hilfe ein Phantombild des Touristen angefertigt.« Er zog ein zusammengefaltetes Blatt Papier aus seiner Jackentasche und strich es sorgfältig glatt, bevor er es Alyssa reichte. »Haben Sie ihn schon mal gesehen?«

Alyssa betrachtete den gut aussehenden Mann eine Weile und schüttelte dann den Kopf. »Nein, ich glaube nicht. Er kommt mir zwar vage vertraut vor, aber das kann eigentlich nicht sein.«

Kyle nahm ihr das Blatt aus der Hand und stieß einen Fluch aus. Seine Finger zerknitterten das Papier, so fest hielt er es umklammert. »Das kann nicht sein.«

Mit einem schlechten Gefühl im Magen blickte Alyssa ihn an. »Kennst du ihn?«

»Er hat Ähnlichkeit mit meinem Cousin Sean. Ich habe ihn allerdings seit Jahren nicht gesehen.« Er wandte sich an Sam. »Du weißt, dass Sean nicht mehr hier war, seit sein Vater meinem Vater alle Anteile an der Firma verkauft hat. Das ist jetzt sicher schon zehn Jahre her.«

»Das dachte ich bisher auch, aber anscheinend war er letzte Woche hier und hat sich als Tourist ausgegeben, dabei kennt er sich besser aus als Carrie, nachdem er hier zur Schule gegangen ist und später seine Urlaube bei euch verbracht hat.« Sam holte ein weiteres Papier aus seiner Tasche. »Ich habe seinen Namen in unsere Datenbank eingegeben und ein Foto von ihm gefunden.« Er reichte es Kyle. »Carrie hat ihn identifiziert.«

Auf dem Bild hatte er einen wilden Ausdruck in den Augen, seine Haare waren zerzaust, und er war unrasiert. Ein Muskel zuckte in Kyles Wange. »Was hat er getan?«

»Nur ein minder schwerer Fall von Trunkenheit am Steuer, danach ist er nie wieder aufgefallen.«

Alyssa legte eine Hand auf Kyles Oberschenkel. »Jetzt weiß ich auch, warum er mir vertraut vorkam, er hat eine gewisse äußerliche Ähnlichkeit mit dir.«

Kyle schnitt eine Grimasse. »Danke.«

»Das meinte ich positiv, ich bin sicher, unter anderen Umständen sieht er sehr gut aus.« Alyssa strich eine Haarsträhne hinter ihr Ohr. »Aber ich verstehe immer noch nicht, was das alles miteinander zu tun hat. Warum sollte sich Kyles Cousin als Tourist ausgeben und gerade in einem Dessous-Laden jemanden nach dem Weg fragen? Die meisten Männer würden doch eher einen Bogen darum machen.«

»Das ist die große Frage. Aber so, wie es aussieht, ist Sean im Moment mein Hauptverdächtiger, er hat seine Identität geheim gehalten, er war zum Tatzeitpunkt vor Ort, und er hat sich verdächtig benommen.«

Kyle fuhr mit den Händen durch seine Haare. »Aber welchen Grund könnte er haben, Carries Laden zu zerstören? Ich glaube nicht, dass er etwas gegen erotische Unterwäsche hat, und ich wüsste auch nicht, was er gegen Carrie haben könnte, zumal er sie ja auch gar nicht kennt.«

Sams Blick ging zu Alyssa, und ihre Nackenhaare richteten sich auf. »Ich kenne ihn auch nicht. Was für einen Grund könnte er haben, mir etwas anzutun?«

»Genau das müssen wir herausfinden. Wobei ich denke, es könnte eher etwas mit Kyle zu tun haben.« Sam sah ihn ernst an. »Du hast in all den Jahren nichts mehr von Sean gehört?«

Stumm schüttelte er den Kopf. »Kein Wort. Onkel Harold hat meinem Vater bis zu seinem Tod hin und wieder eine Nachricht geschickt oder ihn angerufen. Danach ist der Kontakt völlig abgebrochen.« Kyle stand auf und ging zum Fenster. »Ich habe mich aber mit Sean immer gut verstanden, ich wüsste nicht, warum er etwas gegen mich haben sollte. Und vor allem, warum er dann Carries Laden in die Luft sprengen oder Alyssa verletzen sollte.«

Sam hob eine Augenbraue. »Wirklich nicht? Jeder mit Augen im Kopf konnte sehen, dass du dir etwas aus Alyssa machst.«

Röte stieg in Kyles Wangen. »Das kann gar nicht sein. Unter den Trümmern haben wir das erste Mal mehr als ein Wort miteinander geredet.«

»Das mag sein, aber wer dich gut kennt, konnte dir deine Gefühle ansehen, glaub es mir. Wenn du überhaupt in die Stadt gekommen bist, hast du dich in der Nähe der Bibliothek aufgehalten oder beim Diner, wo Alyssa manchmal essen geht.«

Kyle drehte sich abrupt um und starrte aus dem Fenster. »Selbst wenn es so wäre, gibt es keinen Grund für Sean, Alyssa etwas anzutun.«

Nachdenklich blickte Sam ihn an. »Aber vielleicht will er dir wehtun. Ich würde dir jedenfalls raten, sehr vorsichtig zu sein.«

Sams warnende Worte klangen noch immer in Kyles Ohren, als er einige Tage später die Bibliothek betrat. Er hatte sich extra von Alyssa ferngehalten, doch jetzt hielt er es nicht mehr aus, er musste selbst sehen, dass es ihr gut ging. Zwar hatte er versucht, ihr zu erklären, warum er sie im Moment nicht treffen konnte, aber er glaubte nicht, dass sie es verstanden hatte. Vermutlich dachte sie, er habe nur das eine von ihr haben wollen und sie abgeschoben, als er es bekommen hatte. Nichts konnte der Wahrheit ferner sein. Wenn es nach ihm gegangen wäre, hätte er jede einzelne Sekunde mit ihr zusammen verbracht. Aber nicht, wenn er sie damit in Gefahr brachte. Zwar konnte er sich immer noch nicht vorstellen, dass es wirklich Sean gewesen war, und er wusste nicht, was sein Cousin gegen ihn haben könnte, aber wenn es um Alyssas Leben ging, war er lieber übervorsichtig.

Deshalb hatte er auch beschlossen, sie heute in der Bibliothek aufzusuchen und nicht zu Hause. Hier waren genug Leute in der Nähe, sodass sie relativ sicher sein konnten. Außerdem hatte Sam sowohl ihm als auch Alyssa einen Notrufsender gegeben, über den sie jederzeit Hilfe herbeirufen konnten. Kyle hatte versucht, Alyssa dazu zu bewegen, für einige Zeit zu Hause zu bleiben, aber davon wollte sie nichts wissen. Ihrer Meinung nach würde die Bibliothek zugrunde gehen, wenn sie nicht jeden Tag dort war. In der Beziehung war sie äußerst dickköpfig und ließ nicht mit sich reden.

Trotz seiner Anspannung lächelte Kyle, als er sich in der Bibliothek umsah. Bevor Alyssa hierhergekommen war, hatte es sich mehr um eine wüste Ansammlung von Büchern gehandelt. Jetzt stand alles an seinem Platz, war katalogisiert, signiert und allen zugänglich. Die Holzböden glänzten genauso wie die Regale und die Geländer, die die Ausleihtheke umgaben. Alyssa thronte dort ein paar Meter über den Besuchern und hatte damit einen perfekten Rundumblick. Im Moment war sie damit beschäftigt, etwas in den Computer einzugeben, und bemerkte ihn erst, als er direkt vor ihr stand. Ihr höfliches Lächeln verschwand, als sie ihn erkannte.

»Hallo, Kyle. Wie kann ich dir helfen?«

Bei der Frage schossen ihm so viele erotische Antworten

durch den Kopf, dass sein Schaft sich hob und Alyssa ihm sicher seine Gedanken ansehen konnte. »Ich würde gerne mit dir reden.« Er sah sich in der mäßig besuchten Bibliothek um. »Allein.«

Röte stieg in ihre Wangen. »Vielleicht wäre es besser …«

Er ließ sie nicht ausreden. »Nein, das wäre es nicht. Bitte, Alyssa.«

Nach einem langen Blick nickte sie schließlich zögernd. »Okay. Geh schon mal in mein Büro, ich komme gleich nach, wenn meine Aushilfe mich hier vertreten kann.« Sie deutete mit dem Kopf nach links, zu dem Büro hin, das sich hinter der Theke in der Mitte des Gebäudes befand.

»Danke.« Erleichtert zog er sich schnell in ihr Büro zurück, damit sie es sich nicht noch einmal anders überlegen konnte.

Neugierig sah er sich in dem mit Regalen und einem großen Schreibtisch vollgestopften Raum um. Obwohl es kaum eine freie Fläche gab, wirkte doch alles sauber und aufgeräumt. Lächelnd nahm er einen Briefbeschwerer in Schildkrötenform von ihrem Schreibtisch. Er zeigte deutlich, dass Alyssa auch eine verspielte Seite hatte, die sie nur selten preisgab. Wenn diese ganze Sache mit seinem Cousin – oder wer auch immer hinter dem Einsturz steckte – erledigt war, würde er sich Tag und Nacht der Aufgabe widmen, diese Seite an ihr zu erforschen. Erregung breitete sich in ihm aus, und er versuchte, sie zu unterdrücken. Jetzt war weder die Zeit noch der Ort dafür. Obwohl er sich nichts Schöneres vorstellen konnte, als Alyssa über ihren breiten Schreibtisch zu biegen und …

Die Tür ging auf, und er wirbelte herum. Glücklicherweise war es nur Alyssa und nicht jemand anders, der sich fragte, was er mit einer deutlich durch seine Hose sichtbaren Erektion in ihrem Raum tat. Alyssas Blick ging von der Schildkröte in seinen Händen an seinem Körper herunter bis zu der Beule in seiner Jeans. Anstelle eines Kommentars schloss sie nur die Tür und lehnte sich mit dem Rücken dagegen.

»Hier bin ich. Worüber wolltest du mit mir reden?«

Jetzt, wo er sich endlich wieder in ihrer Gegenwart befand, fehlten ihm plötzlich die Worte. Kyle räusperte sich. »Ich möchte dir noch einmal erklären, warum ...«

Sie ließ ihn nicht ausreden. »Das ist nicht nötig, ich habe es schon beim ersten Mal verstanden.«

»Alyssa ...« Er machte einen Schritt auf sie zu.

Vorsicht trat in ihre Augen, und sie hob abwehrend die Hände. »Nein, Kyle, ich meine das ernst.«

Behutsam stellte Kyle die Schildkröte zurück und lehnte sich dann mit der Hüfte an die Schreibtischkante. »Weißt du, wie gerne ich dich jetzt umarmen möchte?« Er ließ sie all seine Gefühle in seinen Augen sehen.

Alyssa begann zu zittern. »Ja, vermutlich genauso gern, wie ich umarmt werden möchte.«

Sein Herz machte einen freudigen Satz. »Warum lässt du mich dann nicht?«

»Weil ich dich dann nicht mehr loslassen kann.« Feuchtigkeit schimmerte in ihren Augen. »Kannst du dir vorstellen, was es mich gekostet hat, dich einmal gehen zu lassen? Ich kann das nicht noch mal, Kyle. Ich kann meine Gefühle nicht nach Belieben an- und abschalten, so wie du anscheinend.«

Ohne bewussten Befehl bewegte Kyle sich vorwärts, bis er Alyssa berührte. Mit einem Stöhnen schloss er seine Arme um sie und presste sich an sie. Einen winzigen Moment lang machte sie sich steif, dann gab sie einen beinahe verzweifelten Laut von sich und schmiegte sich in seine Umarmung. Ihren Kopf legte sie an seine Brust, während sich ihre Hände in seinen Rücken krallten.

Kyles Kehle zog sich zusammen. »Es bringt mich um, nicht

in deiner Nähe sein zu dürfen! Aber es würde mich zerstören, wenn dir meinetwegen etwas passieren sollte. Ich möchte, dass du in Sicherheit bist, Lys, das ist das Wichtigste für mich.«

Ein Schauer lief durch ihren Körper, ihr Bauch presste sich dichter an seinen schmerzenden Schaft. »Wie lange soll das dauern? Was ist, wenn die nächsten Wochen, Monate oder sogar Jahre überhaupt nichts passiert? Schieben wir unsere Gefühle so lange beiseite? Das funktioniert nicht, Kyle.«

Anstelle einer Antwort senkte er den Kopf und küsste sie so verlangend, dass das Blut in seinen Ohren rauschte. Alyssa reagierte nicht minder leidenschaftlich, ihre Hände schoben sich unter sein T-Shirt und fuhren gierig über seine nackte Haut, während sie ihn küsste, bis er keine Luft mehr bekam. Schließlich riss er sich mühsam los und presste seine Stirn an ihre. »Ich konnte seit Tagen an nichts anderes mehr denken.«

Ein rauchiges Lachen entfuhr Alyssa. »Das ging mir genauso.« Ihre Hand kroch unter seinem T-Shirt nach vorn und legte sich über seine Brust. »Weißt du, was mir die ganze Zeit durch den Kopf ging, während ich hier saß?«

Kyle hatte Mühe, seine Gedanken zu sammeln, weil sie gleichzeitig mit ihrem Fingernagel über seine Brustwarze strich. »Nein, was?«

Alyssa schob ihn vorwärts, bis seine Hüfte an die Tischkante stieß. »Du, nackt, über dem Schreibtisch.«

Das restliche Blut verließ sein Gehirn und sammelte sich in seinem Penis. Eine Antwort war ihm nicht mehr möglich, deshalb schob er nur seine Hüfte vor und rieb seine schmerzende Erektion an Alyssa.

Sie schien ihn auch so zu verstehen, denn sie lächelte zufrieden und schob rasch einige Gegenstände auf dem Tisch beiseite. »Leg dich zurück.«

»Lys …«

Mit einem Finger über seinem Mund brachte sie ihn zum Schweigen. »Das hier ist meine Fantasie, du hast nichts dazu zu sagen.«

Verdammt, das ließ seinen Schaft noch härter werden. Gehorsam legte er sich mit Rücken und Po auf den Tisch und spreizte seine Beine, damit Alyssa dazwischentreten konnte.

Alyssa nutzte die Gelegenheit sofort und beugte sich über ihn. »Hmmm, genau so, allerdings hast du noch zu viel an.«

Ohne Zeit zu verschwenden, schob sie sein T-Shirt hoch, bis sie den Großteil seiner Brust enthüllt hatte. Mit den Händen fuhr sie vom Bauch über die Rippen bis zu seinen Brustwarzen. Während sie die Spitzen mit den Fingern reizte, folgte sie der Spur mit ihrem Mund. Sie küsste, leckte und knabberte sich ihren Weg nach oben, bis Kyle sich unruhig unter ihr bewegte. Gott, wenn sie so weitermachte, würde er in wenigen Sekunden in seiner Hose kommen. Er konnte sich nicht erklären, warum sie eine solche Macht über ihn hatte, aber es war ihm auch egal, solange sie nicht aufhörte, ihn zu berühren.

Ihre Zunge berührte seine Brustwarze, und sein Oberkörper bäumte sich auf. Sofort drückte Alyssa ihn zurück. »Oh nein, du wirst schön dort liegen bleiben. Ich bin dir noch etwas schuldig, nachdem wir von Sam gestört wurden.«

Die Erinnerung an seinen Schaft in ihrem Mund half ihm auch nicht gerade dabei, sich zu beruhigen, ganz im Gegenteil. Zur Strafe wühlte er seine Hände in ihre Haare und zog die Haarspangen heraus, die sie an ihrem Hinterkopf zusammenhielten. Die Strähnen lösten sich und strichen federleicht über seine Haut. Kyle schloss die Augen und versuchte, irgendwie die Beherrschung wiederzuerlangen. Was Alyssa ihm nicht einfacher machte, denn jetzt begann sie an seiner Brustwarze zu saugen, während ihre Hände sich am Bund seiner Hose zu schaffen machten. Er sollte die Sache jetzt beenden, aber er schaffte es nicht. Zu sehr wünschte er sich ihre Berührung.

Kühlere Luft drang an sein erhitztes Fleisch, und Kyle schauderte. Sofort legte sich eine Hand um seinen Penis, ein Finger strich über seinen Schlitz und verteilte die Feuchtigkeit, die sich dort gesammelt hatte. Kyle öffnete seine Augen und versank in Alyssas Anblick. Sie war immer noch über ihn gebeugt, doch ihr Blick lag jetzt auf seinem Schaft. Verlangen glänzte in ihren Augen und spiegelte sich in ihrem Gesichtsausdruck wider. Ihre Finger schlossen sich härter um seine Erektion.

»Lys, bitte …«

Ihr Mund verzog sich zu einem Lächeln. »Aber gerne.« Damit beugte sie sich herunter und leckte über die Spitze seines Schaftes.

Unglaubliche Gefühle durchströmten ihn, und er vergaß alles um sich herum, als er ihr die Hüfte entgegenhob. Selbst ein Tornado hätte ihn jetzt nicht vom Platz bewegen können, so gefangen war er in Alyssas Zauber. Deshalb nahm er auch erst verspätet wahr, dass sich die Tür hinter Alyssa geöffnet hatte.

»Ich dachte mir, dass ich euch hier finde.« Ein hartes Lachen erklang. »Aber nicht unbedingt in dieser Position.«

8

Vor Schreck erstarrte Alyssa, als sie die fremde Stimme hinter sich hörte. Dann wirbelte sie herum und verdeckte mit ihrem Körper die Sicht auf Kyle, obwohl er auf ihrem Schreibtisch wohl kaum zu übersehen war. Hitze schoss in ihre Wangen, und sie blickte den Fremden verlegen an, der die Tür hinter sich geschlossen hatte und sich nun mit dem Rücken dagegenlehnte. Sie spürte, wie Kyle sich hinter ihr die Kleidung zurechtrückte, und atmete erleichtert auf, als er schließlich neben sie trat. Allerdings ließ sein harter Gesichtsausdruck ihren Atem stocken.

»Hallo, Sean, lange nicht gesehen.« Selbst seine Stimme klang ungewohnt hart.

Sean? Jetzt erst fiel Alyssa die Ähnlichkeit zu der Phantomzeichnung auf, und sie erkannte Kyles Cousin.

Wieder lachte der Mann. »Das kann ich eigentlich nicht behaupten, ich beobachte dich schon eine ganze Weile.«

»Warum hast du dich dann nicht gemeldet? Du weißt, dass du immer in unserem Haus willkommen warst.«

Seans Gesicht verzerrte sich. »In *eurem* Haus! Mir war klar, dass du das so siehst. Du hast kein Recht dazu, dort zu leben, es müsste mir zustehen!«

An ihrem Arm konnte Alyssa spüren, wie Kyles Körper sich versteifte. »Ich habe das Haus von meinen Eltern geerbt, es gehört jetzt mir. Warum denkst du, dass es dir zusteht?«

Alyssa wusste nicht, wie Kyle es schaffte, so ruhig zu bleiben. Sean war genauso groß und kräftig wie er, und jede Faser seines Körpers drückte blanken Hass aus. Auch wenn er sie noch nicht offen bedrohte, war überdeutlich, dass er ihnen etwas antun wollte. Was konnten sie tun? Wenn sie schrien, würde sicher jemand kommen, aber sie bezweifelte, dass die Bibliotheksbenutzer oder Phyllis ihnen helfen konnten. Der Notrufsender hing an einem Band um ihren Hals, aber es würde Sean sicher auffallen, wenn sie ihn jetzt betätigte. Sie musste abwarten, bis er abgelenkt war.

Sean trat einen Schritt vor, seine Hände ballten sich zu Fäusten. »Mein Vater war der ältere Bruder, es hätte ihm gehören müssen, genauso wie die Firma.«

»Unsere Väter haben die Firma gemeinsam aufgebaut und hatten gleiche Anteile. Onkel Harold wollte nach einigen Jahren weder die Firma noch das Haus haben und hat deshalb beides an meinen Vater verkauft. Und zwar zu einem fairen Preis. Es tut mir leid, wenn du dich dadurch ungerecht behandelt fühlst, aber das hättest du mit Harold ausmachen müssen.« Kyles Stimme war immer noch ruhig; anscheinend hoffte er, Sean damit zur Vernunft zu bringen. Allerdings konnte Alyssa sehen, dass es nicht funktionierte; wenn möglich regte er Sean damit nur noch mehr auf.

»Wie ungeheuer großzügig von dir, Narbengesicht!« Er grinste hämisch. »Wie gefällt es dir, wenn du dich im Spiegel ansiehst?« Er wandte sich an Alyssa. »Mich wundert, dass Sie ihm überhaupt ins Gesicht schauen können, so wie er aussieht.«

Alyssa berührte Kyles Rücken, um ihm zu zeigen, dass sie immer noch bei ihm war. »Ich finde ihn sehr attraktiv. Und dazu noch sehr nett und hilfsbereit.«

»Hat er Ihnen schon erzählt, wie sich die Frauen früher darum gerissen haben, von ihm beglückt zu werden? Keine Woche, in der er keine neue Flamme hatte. Seltsamerweise wollten sie nach dem Feuer nichts mehr von ihm wissen. Tragisch, oder?«

Alyssa schwieg, dafür übernahm Kyle die Unterhaltung wieder. »Was willst du, Sean?«

»Ich will alles, was mir gehört. Und um das zu erreichen, musst du sterben, denn nur dann erbe ich dein Vermögen. Leider hat es beim ersten Versuch nicht ganz geklappt, aber noch einmal wirst du nicht so viel Glück haben.«

Kyles Rückenmuskeln spannten sich unter ihrer Hand an, und sie hielt ihn rasch am T-Shirt fest, damit er sich nicht auf Sean stürzte. »Du hast das Feuer in dem Supermarkt gelegt? Wie konntest du das tun? Es waren Menschen darin, die dir nichts getan haben! Du hast Manolo getötet!«

Sean zuckte nur mit den Schultern. »Das war keine Absicht, aber in jedem Krieg gibt es unbeteiligte Opfer.«

Eine Ader pochte an Kyles Schläfe. »Krieg? Mit eurer Verschwendungssucht haben deine Mutter und du das Geld innerhalb weniger Jahre durchgebracht, das dein Vater mühsam verdient hatte. Das ist eure eigene Schuld, nicht die von meinem Vater und ganz sicher nicht meine.«

Inzwischen war Seans Gesicht so rot, dass er aussah, als würde er jeden Moment explodieren. »Mein Vater war ein Idiot, das Angebot anzunehmen, sich auszahlen zu lassen! Wäre er noch Teilhaber gewesen, hätten wir viel mehr Geld aus der Firma ziehen können.«

»Sie wäre innerhalb kürzester Zeit bankrottgegangen, und Harold wusste das auch.«

Hasserfüllt blickte Sean ihn an. »Du hast mir wesentlich besser gefallen, als du dich in deinem Haus verkrochen und Trübsal geblasen hast. Ich dachte schon, dass du innerhalb kürzester Zeit Selbstmord begehen würdest, aber leider ist dann die Kleine hier aufgetaucht. Ich habe bemerkt, wie du sie angesehen hast, und wusste, dass du sie irgendwann ansprechen würdest.« Er lachte. »Du hättest dein Gesicht sehen sollen, als sie dich in der Bibliothek abgewiesen hat. Aber trotzdem bist du ihr weiter gefolgt wie ein treuer Hund. Ich war mir sicher, dass es dich über die Kante stoßen würde, wenn ihr etwas passiert.«

»Also hast du Carries Laden in die Luft gejagt und gehofft, dass sie dabei stirbt.«

»Es hätte ja auch fast geklappt. Aber du musstest natürlich sofort den Helden spielen und sie retten.« Er grinste widerlich. »Und hast dafür offensichtlich auch gleich deine Belohnung bekommen.«

Diesmal konnte sie Kyle nicht halten, er stürzte sich auf seinen Cousin. Mit einem krachenden Geräusch landeten sie an der Tür, Kyle als der Angreifer war deutlich im Vorteil. Alyssa wollte eingreifen, ihm helfen, aber sie wusste nicht wie. Schließlich drückte sie den Notfallknopf unter ihrer Bluse. Hoffentlich schickte Sam schnell einige seiner Leute vorbei. Suchend blickte sie sich im Raum um, doch es gab nichts, womit sie Kyle hätte helfen können. Schließlich nahm sie eine von den schweren metallenen Buchstützen aus ihrem Regal und bewegte sich vorsichtig auf die beiden Kämpfenden zu.

Bevor sie jedoch etwas tun konnte, erklang Seans Stimme. »Stopp, oder ich erschieße ihn!«

Alyssa erstarrte, als sie sah, dass er die Mündung einer Pistole gegen Kyles Brust presste. Hilflos blickte sie ihn an.

Kyle lächelte sie beruhigend an. »Keine Angst, das wird er nicht tun, denn dann wird er keinen Penny erben.«

»Das stimmt. Andererseits habe ich nicht mehr viel zu verlieren. Und es wäre mir eine große Freude, dich sterben zu sehen.«

Traurig blickte Kyle ihn an. »Was ist mit dir geschehen, Sean? Früher haben wir uns gut verstanden.«

»Glaubst du? Vielleicht habe ich dir aber auch nur nicht gezeigt, wie leid ich es war, dass du immer der tolle Barnes warst, der alles erreicht hat, was er sich vorgenommen hatte, der bei allen beliebt war, den mein Vater mir immer als leuchtendes Beispiel genannt hat.« Er hob seine Pistole und presste sie über Kyles Herz. »Nein, ich denke, du hast keine Ahnung, was ich jemals gedacht oder gefühlt habe. Und jetzt geh zu deiner kleinen Freundin.« Abschätzig betrachtete er sie. »Ganz schön fett für deine Verhältnisse, oder? Deine früheren Mädchen haben mir besser gefallen.«

Alyssa bemühte sich, ihm nicht zu zeigen, wie sehr seine Worte sie getroffen hatten. Es zählte sowieso nur, wie Kyle sie betrachtete, nicht, was dieser Verbrecher sagte. Sean schubste Kyle in ihre Richtung, der sofort einen Arm um sie schlang und sie hinter sich schob.

»Ein Held bis zuletzt, wie nobel.« Während Sean die Pistole weiter auf sie gerichtet hielt, öffnete er die Tür hinter sich und trat nach draußen. »Mach es gut, Cousin. Ich werde mit Freude dein Erbe antreten.«

»Du wirst nicht damit durchkommen, Sean.« Doch der hörte Kyle nicht mehr, denn er hatte die Tür bereits geschlossen, und es ertönte das Geräusch eines Schlüssels, der sich im Schloss drehte.

Eine Sekunde später stürzte Kyle zur Tür und drückte die Klinke hinunter. Sie bewegte sich nicht. »Verdammt, wo hat er den Schlüssel her?« Als er sich umdrehte, bemerkte er, dass Alyssa ihn mit blassem Gesicht beobachtete. »Was hast du?«

Sie deutete an die Wände. »Wir sind hier eingeschlossen, es gibt nur die eine Tür und keine Fenster.«

Er konnte sich vorstellen, wie sich das für sie anfühlen musste, nachdem sie unter den Trümmern gelegen hatte, deshalb ging er zu ihr und zog sie in seine Arme. »Es ist alles gut, wir kommen hier schon raus. Hast du einen Schlüssel?«

Alyssa zitterte in seinen Armen. »J…ja. An meinem Schlüsselbund.«

»Und wo ist der?«

Einen Moment lang blickte sie ihn ratlos an, dann zeigte sie auf einen Schrank. »In meiner Tasche müsste er sein.« Sie holte tief Luft und löste sich von ihm. »Ich hole ihn.«

Besorgt beobachtete Kyle, wie sie auf wackeligen Beinen zum Schrank ging. Genau das hatte er verhindern wollen, als er ihr ferngeblieben war, doch es hatte nichts gebracht. Und wenn er Sean richtig verstanden hatte, hätte er Alyssa noch einmal zu töten versucht, nachdem es in Carries Laden nicht geklappt hatte. Nur um ihm wehzutun und ihn in einen Selbstmord zu drängen. Wie krank musste Sean sein, dass er so etwas tat, um an das Erbe zu kommen? Hätte er ihn einfach gefragt, hätte Kyle ihm etwas von seinem Erbe abgegeben, denn er hatte schon vor langer Zeit gemerkt, dass Geld ihn nicht glücklich machte. Stattdessen hatte sein Cousin ein Feuer gelegt und das Leben unschuldiger Menschen riskiert, um ihn zu beseitigen. Seine Narben kribbelten, so als würde er jetzt noch das Feuer auf seinem Körper spüren. Mühsam schob er diese Gedanken beiseite, jetzt zählte nur, Alyssa hier unbeschadet herauszubringen.

Kyle zog sein Handy aus der Hosentasche und wollte gerade Sams Nummer wählen, als er merkte, dass kein Funknetz zur Verfügung stand. Verdammt!

»Hier funktionieren Handys nicht, es hat irgendwas mit der Bauweise und den verwendeten Metallstreben zu tun. Versuch es mit dem normalen Telefon.« Alyssa deutete auf den Schreibtisch.

Kyle hielt sie auf, als sie mit dem Schlüssel zur Tür gehen wollte. »Warte, ich mache das. Lass mich nur schnell Sam anrufen.« Er nahm den Hörer ab und hielt ihn ans Ohr. Es gab kein

Freizeichen. Ein paarmal drückte er auf die Gabel, doch das brachte auch nichts. Langsam ließ er den Hörer sinken. »Das normale Telefon ist tot.« Das schlechte Gefühl nahm zu, denn Sean hatte sich offensichtlich sehr viel Mühe damit gegeben, sie hier stranden zu lassen, ohne die Möglichkeit, Hilfe zu rufen.

Alyssa kam zu ihm. »Ich habe vorhin den Notrufknopf gedrückt, den Sam uns gegeben hat, vielleicht schickt er Hilfe.«

Kyle rollte seine verspannten Schultern. »Davon können wir nicht ausgehen, da er auch auf Funk beruht. Wenn es hier kein Funknetz gibt …«

Bei seinen Worten wurde Alyssa noch blasser. »Was machen wir denn dann?«

Er presste seine Zähne zusammen. »Wir sehen zu, dass wir hier herauskommen. Stell dich dort hinten an die Wand, falls Sean anfängt, durch die Tür zu schießen.« Er selbst näherte sich der Tür auch von der Seite, sodass er durch die Wand geschützt war, während er den Schlüssel ins Loch steckte und herumdrehte. Nach einem Blick auf Alyssa, die hinter ihm stand, aber Platz ließ, damit er im Notfall genug Bewegungsfreiheit hatte, legte er seine Hand auf die Klinke und drückte sie herunter. Doch die Tür bewegte sich nicht. Noch einmal versuchte er es mit mehr Kraft, doch es bildete sich nur ein kleiner Spalt, bevor die Tür erneut stoppte. Kyle spähte hindurch und entdeckte ein Regal, das schräg vor dem Ausgang hing.

Dieser Bastard! Es war klar, dass Sean verhindern wollte, dass sie herauskamen, aber was sollte ihm das bringen? Irgendwann würde jemand nach ihnen suchen und sie hier finden. Außer er hatte das Gebäude auch mit Sprengsätzen versehen und würde sie hier begraben. Kyles Herz begann zu hämmern, und er blickte sich in dem Raum nach einem Ausweg um. Aber da war nichts, nur Wände und die verbarrikadierte Tür. Durch den Spalt sah er, wie sich vorn in der Bibliothek etwas bewegte.

»Hallo, wir sind hier eingeschlossen!«

Die einzige Antwort waren Lachen und ein Zischen, das er jede Nacht in seinen Albträumen hörte. Ein Schauer lief durch seinen Körper, und er versuchte verzweifelt, die Tür weiter aufzustemmen, doch sie rührte sich nicht. Sie mussten hier raus, bevor es zu spät war! Er betrachtete den Türrahmen, doch wie erwartet befanden sich die Scharniere auf der anderen Seite, er konnte sie also nicht aufhebeln. Hätte er seine Feuerwehraxt oder eine Brechstange hier gehabt, hätte er die Tür einfach einreißen und sie durch das Regal nach draußen klettern können. Doch mit bloßen Händen war das kaum möglich. Noch einmal blickte er durch den Spalt und sah die ersten flackernden Flammen, die sich durch die Bücher fraßen und langsam auf die hölzernen Einrichtungsgegenstände wie Regale, Tische und Stühle übergriffen. Da fast alles in der Bibliothek aus Papier und Holz bestand, würde ihnen nicht viel Zeit bleiben.

Er zog die Tür zu und lehnte sich mit dem Rücken dagegen. Sein Blick traf Alyssas, und sein Herz zog sich zusammen. Sie hatte mit alldem nichts zu tun, aber das würde ihr auch nicht helfen. Weil sie sich mit ihm abgegeben hatte, würde sie hier zusammen mit ihm sterben, wenn nicht noch ein Wunder geschah.

»Es tut mir leid.«

Wut ersetzte die Angst in ihrem Gesicht. »Was sollte dir leidtun? Es ist nicht deine Schuld, dass dein Cousin ein Psychopath ist! Wenn wir hier rauskommen, werde ich dafür sorgen, dass er nie wieder frei herumläuft.«

Trotz der Situation musste Kyle lächeln. Seine Lys war eine ganz besondere Frau. Beinahe sofort verschwand das Lächeln wieder. Zu gern hätte er sie noch näher kennengelernt und alles über sie erfahren. Warum hatte er so viel Zeit verschenkt, nur aus Angst, dass sie ihn wegen seiner Narben ablehnen könnte?

Sie hätten bereits seit Monaten zusammen sein und jede Nacht gemeinsam einschlafen können …

»Ist das Rauch?« Alyssas Frage drang durch seine Selbstvorwürfe.

Kyle atmete tief ein und schloss kurz die Augen, als der altbekannte Geruch in seine Nase stieg. »Ja.«

»Oh nein, die Bücher!«

Wäre es nicht um ihr Leben gegangen, hätte er es lustig gefunden, dass Alyssa zuerst an ihre geliebten Bücher dachte. »Für die können wir nichts tun, zuerst müssen wir selbst lebend hier herauskommen.« Kyle drängte die Erinnerungen an sein letztes Feuer beiseite und konzentrierte sich darauf, einen Weg nach draußen zu finden. »Woher kommt die Luft in diesen Raum?«

Alyssa deutete an die Wand hoch oben unter der Decke. »Dort ist ein Schacht, der die Luft aus dem äußeren Raum hier hereinpumpt.«

»Kein Frischluftzustrom von außen?« Stumm schüttelte Alyssa den Kopf. Also würden sie hier in kürzester Zeit in den Rauchgasen ersticken – wenn sie nicht vorher verbrannten. Er klopfte an die Wände und schnitt eine Grimasse, als sie hohl klangen. Vermutlich eine Holzbalkenkonstruktion mit Gipskartonplatten. Die würden zwar dem Feuer eine gewisse Zeit standhalten, aber nicht besonders lange, vor allem wenn die Holzbalken Feuer fingen und zusammenbrachen. »Dann sitzen wir hier in der Falle.«

»Aber wenn es brennt, wird die Feuerwehr kommen. Meinst du nicht, wir können hier drin auf Rettung warten?«

»Wenn wir das tun, ersticken wir innerhalb kürzester Zeit. Und ich denke auch, dass das Feuer hier durchbrechen wird, bevor die Feuerwehrmänner zu uns durchkommen. Sean wird dafür gesorgt haben, dass der Eingang unzugänglich ist.«

Alyssa war bei jedem seiner Worte blasser geworden. Es tat ihm leid, sie zu ängstigen, aber sie musste den Ernst der Situation verstehen. Nur mit viel Glück würden sie hier noch lebend herauskommen, und sie mussten sich beeilen, wenn sie das tun wollten. Schon jetzt drang der Rauch in dicken Wolken durch den Lüftungsschacht und würde sich bald auf sie herabsenken.

Beruhigend strich er über ihren Arm. »Ich werde alles tun, um uns hier herauszubringen. Du hast nicht zufällig eine Axt oder Ähnliches hier?«

»Nein. Geht auch ein Hammer? Er ist aber nicht sonderlich groß.«

»Ja, besser als nichts. Hol ihn bitte.« Die Tür war massives Holz und würde nicht so leicht zu zerstören sein, aber die Gipskartonplatten waren weniger stabil.

Als Alyssa ihm den Hammer reichte, schüttelte er den Kopf. Sie hatte nicht untertrieben, der Hammer war wenig mehr als ein Spielzeug. Aber er würde reichen. Kyle stellte sich vor das kleine Stück freie Wand und klopfte mit den Fingerknöcheln dagegen, bis er ein Stück ausgemacht hatte, hinter dem es hohl klang. Er drehte sich noch einmal zu Alyssa um. »Hast du hier etwas wie eine Decke, Plane oder Ähnliches? Falls du eine Jacke dahast, zieh sie an. Je mehr Schichten, desto besser.« Suchend sah er sich um. »Hast du einen Feuerlöscher?«

Verlegen blickte Alyssa ihn an. »Der hängt draußen vor der Tür.«

Kyle verkniff sich einen Kommentar dazu und zog Alyssa stattdessen noch einmal zu sich heran. Sanft berührte er ihre Lippen mit seinen. »Egal was jetzt passieren wird, ich freue mich, dass ich dich kennenlernen durfte.«

Alyssa erwiderte seinen Kuss und legte ihre Hand an seine Wange. »Das geht mir auch so. Und ich hoffe sehr, dass wir hier lebendig und in einem Stück herauskommen, denn ich glaube, ich schulde dir immer noch etwas, nachdem wir schon wieder unterbrochen wurden.« Ein Lächeln huschte über ihr Gesicht.

Kyle unterdrückte ein Stöhnen. Unglaublich, wie Alyssa es schaffte, dass er selbst in solch einer Situation eine Erektion bekam. »Halt den Gedanken fest, bis wir draußen sind, dann stehe ich dir voll zur Verfügung.«

Ein letzter Druck ihrer Hand, dann wandte Alyssa sich ab und ging zu ihrem Schrank, während Kyle den Hammer hob und mit aller Kraft gegen die Wand schlug. Ein Loch entstand in der Gipskartonplatte, und er atmete erleichtert aus. Nur gut, dass es kein anderes Material war. Noch einige Male schlug er in Oberschenkelhöhe zu, dann ließ er den Hammer sinken, machte einen Schritt zurück und trat schließlich kräftig zu. Wie erwartet brach die Platte durch. Mit Mühe zog er sein Bein zurück, das sich darin verfangen hatte, und trat noch ein paarmal zu, bis eine Lücke entstanden war, durch die sie hindurchklettern konnten. Allerdings war das nur die halbe Miete, denn hinter dem Zwischenraum war eine zweite Platte angebracht, die der Außenseite des Raumes eine glatte Optik gab.

Alyssa trat neben ihn und blickte in das Loch. »Es kommt immer mehr Rauch durch den Lüftungsschacht, die Bibliothek muss schon sehr verraucht sein.«

»Hast du eine Decke gefunden?«

»Nur ein paar alte Tischdecken, die wir für unseren Basar benutzen.«

»Das ist besser als nichts. Hast du hier einen Wasserhahn? Dann tränk sie mit Wasser und bring sie her.« Er wartete, bis sie das erledigt hatte, bevor er weitersprach. »Bind dir ein Stück Stoff über Mund und Nase, damit du nicht so viel Rauch einatmest. Wenn ich die Wand geöffnet habe, gibt es kein Zurück mehr. Wir müssen dann so schnell wie möglich durchklettern, die nassen Tischdecken werfen wir uns über und rennen zum nächsten Fenster. Folge mir so dicht wie möglich, ich werde versuchen, uns einen Weg zu suchen, der noch nicht so stark verraucht ist.« Die Frage war nur, ob ihm das gelingen würde, aber das behielt er für sich. Er brauchte Alyssa stark und zuversichtlich, denn er wusste nicht, wie er reagieren würde, sobald er mitten in einem brennenden Raum stand. »Wenn mir etwas passieren sollte, renn weiter, schlag ein Fenster ein und spring raus.«

»Ich lasse dich nicht allein.«

Kyle legte seine Hände um ihr Gesicht. »Das Wichtigste ist, dass du überlebst, Lys. Du kannst mich nicht tragen, sollte ich nicht laufen können. Also läufst du los und holst Hilfe, okay?«

Ihre Zähne bohrten sich in ihre Unterlippe, aber Alyssa nickte zögernd. »Aber sorg dafür, dass das nicht eintrifft, denn ich wäre ziemlich sauer, wenn dir etwas passieren würde.«

»Ich werde mich bemühen.« Und das meinte er völlig ernst. »Gut, dann werde ich jetzt die äußere Wand durchbrechen. Tritt ein wenig zurück.« Wenn er Pech hatte, stand etwas davor oder noch schlimmer: Die Flammen wären schon dort angekommen.

Mit dem Hammer schlug er ein Loch in die Platte und hielt seine Hand davor. Erleichtert, als ihm zwar Wärme und Rauch, aber noch keine extreme Hitze entgegenschlug, vergrößerte er rasch das Loch und blickte hindurch. Er blinzelte, als der beißende Rauch seine Augen reizte, konnte aber genug erkennen, um festzustellen, dass es in unmittelbarer Nähe kein Feuer gab. Schnell brach er mit dem Fuß durch die Wand und schaffte ihnen damit einen Ausgang.

Er nahm eine der Tischdecken entgegen, die Alyssa ihm hinhielt. »Ich gehe vor, und wenn alles okay ist, kommst du nach.«

Alyssa nickte. »Sei vorsichtig.«

Schnell schlug er sich die nasse Tischdecke über seinen Kopf und Rücken und kroch durch das Loch in den Hauptraum der Bibliothek. Er begann zu husten und hielt sich rasch den Stoff vor Mund und Nase. Mit den Augen suchte er den besten Weg zu den Fenstern, bevor er sich bückte und Alyssa durch den Durchbruch half. Quer durch die Bibliothek brannten Bücher und Regale, selbst einige Tische und die große Ausleihtheke hatten schon Feuer gefangen. Es würde nicht lange dauern, bis auch das restliche Mobiliar in Flammen stand und schließlich das gesamte Gebäude, bis hin zur Holzdecke.

Alyssa hatte Tränen in den Augen, aber ob das am Rauch lag oder daran, dass ihre geliebten Bücher verbrannten, konnte er nicht sagen. So oder so musste er sie schnellstmöglich hier herausbringen.

»Immer geduckt halten, unten ist die Luft etwas besser.«

Kyle nahm Alyssas Hand fest in seine und bewegte sich mit ihr durch den immer dichter werdenden Rauch in Richtung der Helligkeit, hinter der sich die Fenster verbargen. Immer wieder wollten Erinnerungsfetzen an die Tortur in dem brennenden Supermarkt durchbrechen, doch der Druck von Alyssas Fingern erdete ihn. Mühsam bahnte er ihnen einen Weg durch umgestürzte Möbel und Regale. Bücher lagen überall herum, manche fast unversehrt, andere stark verkohlt. Einzelne Blätter flogen von der heißen Luft bewegt durch den Raum.

Hinter sich hörte er einen leisen Schrei; Alyssas Hand verschwand. Sofort blieb er stehen und drehte sich um. Alyssa lag auf dem Boden, das Tuch war von ihrem Gesicht gerutscht. Für einen Moment erstarrte er, als er stattdessen Manolos Leiche vor sich sah, doch dann bewegte sie sich, und er ließ sich neben ihr auf die Knie fallen.

»Geht es dir … gut?« Rauch nahm ihm den Atem und ließ ihn husten.

»Nur … gestolpert.« Alyssa setzte sich auf.

Kyle zog die inzwischen beinahe trockene Tischdecke über ihrem Kopf zurecht und half ihr auf die Beine. Zusammen stolperten sie die letzten Schritte bis zum Fenster. Noch war das Glas intakt, deshalb nahm Kyle einen der Stühle, bedeutete Alyssa zurückzutreten und schlug die Scheibe ein. Glassplitter regneten auf ihn nieder, doch das war ihm egal. Mit brennenden Augen blickte er hinaus, während hinter ihm das Feuer aufheulte, als es von neuem Sauerstoff genährt wurde. Sie hatten nicht mehr viel Zeit. Ein Schatten erschien vor dem Fenster, und für einen Moment glaubte er, dass es Sean war, der sie endgültig vernichten wollte, doch dann erschien ein Feuerwehrmann in der Öffnung. Kyle konnte sich nicht erinnern, sich jemals so über den Anblick eines Kollegen gefreut zu haben – nicht einmal, als sie ihn aus dem brennenden Supermarkt zogen.

Rasch nahm er Alyssa auf die Arme und hob sie durch das Fenster in die wartenden Arme des Feuerwehrmanns. So kam sie nicht in Kontakt mit den scharfen Glaszacken, die noch im Fensterrahmen steckten. Ein Blick über die Schulter zeigte ihm, dass eine Feuerwand auf ihn zurollte, deshalb stemmte er sich schnell hoch und sprang aus dem Fenster. Schmerz schoss durch seine Hände und seinen Oberschenkel, doch dann kam er auf dem Boden auf und drehte sich rasch auf den Rücken. Über ihm schoss mit einem tiefen Grollen eine Stichflamme aus dem Fenster. Kyle glaubte, einen Schrei zu hören, und wälzte sich herum, um sicherzugehen, dass es Alyssa gut ging. Erleichtert atmete er auf, als er sah, dass sich die Rettungskräfte um sie kümmerten. Sie hatten es geschafft!

Nachdem sich das Feuer wieder in das Gebäude zurückgezogen hatte, kroch Kyle aus der unmittelbaren Gefahrenzone. Schon nach mehreren Metern waren Feuerwehrleute an seiner Seite, die ihn dorthin trugen, wo Alyssa schon auf ihn wartete. Kyle packte einen der Männer am Arm. »Sind alle draußen?«

»Ja, der Verrückte hat alle rausgeschickt, bevor er die Tür verschlossen und das Feuer angezündet hat. Der Sheriff wurde sofort verständigt, und er hat alles abriegeln lassen.«

»Ist Sean verhaftet worden?«

»Er ist mit einer Schusswunde im Krankenhaus. Er wollte sich nicht verhaften lassen und fuchtelte mit einer Pistole rum.«

Kyle seufzte und blickte auf das brennende Gebäude zurück. »Kann man irgendwas retten?«

Der Feuerwehrmann zuckte bedauernd mit den Schultern. »Unwahrscheinlich, zu viel Holz. Und selbst wenn das Feuer nicht alle Bücher zerstört, wird das durchs Löschwasser geschehen.«

Alyssas tränenfeuchtes und rußgeschwärztes Gesicht bewirkte, dass sich sein Herz zusammenzog. Sie verlor nicht nur ihre geliebten Bücher, sondern auch ihren Arbeitsort. Würde sie wegziehen, wenn keine neue Bibliothek aufgebaut wurde? Aber egal wohin sie ging, er würde ihr folgen – zumindest, wenn sie das noch wollte. Als könnte sie seine Gedanken hören, beugte sich Alyssa über ihn. Ihre zitternden Lippen strichen über seinen Mund, und er schmeckte Rauch und Salz von ihren Tränen.

»Bleibst du bei mir?« Er hatte jetzt nicht fragen wollen, aber es rutschte ihm einfach heraus.

Alyssa lächelte ihn durch ihre Tränen an. »Natürlich.«

»Entschuldigen Sie, aber Sie müssen jetzt beide Sauerstoff bekommen, und dann bringen wir Sie ins Krankenhaus.«

Kyle setzte sich auf. »Das ist nicht nötig, ich bin okay. Nehmen Sie Alyssa mit, und ich komme dann später, um sie abzuholen.« Mit Schaudern erinnerte er sich an die langen Monate, die er in diversen Krankenhäusern und Reha-Einrichtungen verbracht hatte.

Sam trat zu ihnen und schüttelte den Kopf. »Dickköpfig wie

immer. Hast du dir mal deine Hände angeschaut? Oder deinen Oberschenkel?«

Verwirrt blickte Kyle nach unten und verzog das Gesicht, als er das Blut sah, das aus einigen tiefen Schnitten floss. Mit Verspätung setzte auch der Schmerz ein, und er presste die Zähne zusammen.

Sam schien zu merken, dass er jetzt nichts sagen konnte, denn er winkte den Sanitäter zu sich. »Nehmt sie beide mit.«

Kyle wollte dagegen protestieren, dass er auf eine Trage gelegt wurde, doch da Alyssa inzwischen vor Erschöpfung schwankte, wehrte er sich nicht länger dagegen. Hauptsache, sie kam schnell in ein Krankenhaus und wurde versorgt. Im Krankenwagen versuchte er, die ganze Zeit den Blickkontakt aufrechtzuerhalten, doch irgendwann konnte er seine Augen nicht mehr offen halten. Unaufhaltsam versank er in der Bewusstlosigkeit.

9

Mit einem tiefen Seufzer betrachtete Alyssa die geschwärzten Trümmer ihrer Bibliothek. Endlich war die Ruine freigegeben worden, und sie konnte sichten, was von ihrer Arbeitsstätte noch übrig geblieben war. Vorsichtig bahnte sie sich einen Weg durch die kreuz und quer umherliegenden Regale, Bücher und Möbel. Kaum zu glauben, dass sie vor drei Tagen noch in einer voll funktionsfähigen Bibliothek gestanden hatte und jetzt nur noch verkohlte Reste übrig waren. Tränen traten in ihre Augen, und sie riss sich eisern zusammen. Es war furchtbar, ja, aber glücklicherweise waren keine Menschen zu Schaden gekommen – wenn man von Kyles Schnittwunden und einer leichten Rauchvergiftung bei ihr absah. Auch wenn einige Bücher nicht so leicht zu ersetzen sein würden, konnte sie doch das meiste neu oder antiquarisch besorgen. Allerdings nur, wenn die Bibliothek neu aufgebaut wurde, was der Stadtrat noch nicht entschieden hatte.

Aber sie konnte verstehen, dass sie noch zögerten. Es war viel Geld, und die Finanzen waren immer knapp. Was würde sie tun, wenn es hier keinen Job mehr für sie gab? Sie konnte sich nicht vorstellen, den ganzen Tag nur herumzusitzen; sie brauchte die Arbeit, auch weil sie irgendwie Geld verdienen musste. Alyssa hob eines der verkohlten Bücher auf und schlug es auf. Sofort zerbröselte die geschwärzte Seite unter ihren Fingern. Ihr Herz zog sich zusammen, und sie legte das Buch sorgfältig in einen Korb. Es lag eine furchtbare Aufgabe vor ihr, denn sie musste den gesamten Bestand durchgehen und sortieren, bevor der Abriss in Angriff genommen werden konnte.

Jeder tiefe Atemzug erinnerte sie daran, wie knapp sie mit dem Leben davongekommen waren. Immerhin war aber Sean in Gewahrsam und erwartete einen Prozess wegen Mordes und mehrfachen versuchten Mordes. Sie konnte sich nur vorstellen, wie Kyle sich fühlen musste, nachdem sein eigener Cousin versucht hatte, ihn zu töten. Auch wenn sie gedacht hatte, dass sie sich nach den Ereignissen noch näher kommen würden, hatte sie Kyle inzwischen seit zwei Tagen nicht mehr gesehen. Sowie er aus dem Krankenhaus entlassen wurde, hatte er sich auf den Weg zu der Witwe seines früheren Feuerwehrkollegen gemacht, um ihr zu erklären, weshalb ihr Mann gestorben war. Hoffentlich verstand diese, dass Kyle keinerlei Schuld daran trug.

Alyssa bückte sich gerade nach dem nächsten Buch, als hinter ihr ein Ruf ertönte. Vor Schreck ließ sie das Buch fallen und wirbelte herum. Erleichtert atmete sie auf, als sie Carrie erkannte.

»Entschuldige, ich wollte dich nicht erschrecken.« Carrie umarmte sie heftig. »Ich dachte mir, dass du hier ein wenig Hilfe brauchen kannst.« Mit einer Grimasse blickte sie sich um. »Es ist noch schlimmer, als ich es mir vorgestellt hatte. Ich bin so froh, dass ihr heil hier herausgekommen seid!«

Alyssa lächelte sie an. »Ja, das bin ich auch. Und danke, Hilfe kann ich sehr gut brauchen.«

Zu ihrem Erstaunen stieß Carrie einen durchdringenden Pfiff aus, und weitere Personen betraten die Ruine. Als sie Alyssas fragenden Blick sah, zuckte sie mit den Schultern. »Je mehr Leute, desto schneller geht es. Schließlich wollen wir bald wieder eine Bibliothek haben.«

Ihre Kehle zog sich zusammen. »Ich weiß noch nicht, ob es

überhaupt eine neue geben wird, Carrie. Ich möchte niemanden mit falschen Versprechungen …«

Carrie unterbrach sie. »Natürlich wird es wieder eine Bibliothek geben. Es gibt bereits eine Initiative, die um Bücherspenden bittet. Es sind schon ein paar Hundert Bücher eingegangen, und jeden Tag kommen neue hinzu. Und nicht nur hier aus der Stadt.«

Rasch wischte Alyssa sich eine Träne ab, die über ihre Wange lief. »Ich weiß nicht, was ich sagen soll, du bist unglaublich.«

»Dank nicht mir, die Initiative hat Kyle gestartet, und sie wird von den Mitarbeitern des Bürgermeisters betreut.« Carrie grinste sie an. »Ich würde sagen, unser Held will nicht, dass du gehst.«

Es sah so aus, aber lieber wäre es ihr, er wäre hier und würde es ihr persönlich sagen. Da inzwischen die anderen bei ihnen angekommen waren, zwang Alyssa sich ein Lächeln aufs Gesicht, dankte ihnen für ihre Hilfe und erklärte ihnen, nach welchen Kriterien sie die Bücher aussortieren sollten.

Während die Helfer sich um die äußeren Bereiche kümmerten, trat sie in ihr Büro. Es wirkte seltsam unberührt, obwohl es auch nach Rauch roch und an der Wand, die Kyle aufgerissen hatte, die Flammen bis ins Innere vorgedrungen waren. Zögernd öffnete Alyssa die Schubladen ihres Schreibtischs und fand ihre Utensilien unversehrt darin vor. Anstatt wieder die drohenden Tränen zuzulassen, räumte sie die Schubladen schnell aus und wandte sich dem Schrank zu. Auch hier das gleiche Bild. Erleichtert, dass nicht alles zerstört war, packte sie die Sachen ein. Ein paar besonders wertvolle Bücher hatte sie hier auch aufbewahrt und konnte sie nun retten.

Die Bücher in den Regalen, die noch auf die Bearbeitung gewartet hatten, waren in etwas schlechterem Zustand, aber wenn sie es schaffte, den Rauchgeruch loszuwerden, konnten sie eventuell noch benutzt werden. Oh Gott, sie hoffte, dass Carrie recht hatte und eine neue Bibliothek aufgebaut wurde. Sie wollte nicht hier weg, von diesem Ort, an dem alle sie so nett empfangen hatten und sie den Mann gefunden hatte, den sie liebte. Noch nie war sie so glücklich gewesen wie in den Momenten, in denen sie mit Kyle zusammen gewesen war. Okay, vielleicht nicht unbedingt während des Brandes, aber auch diese Erfahrung war nicht so schlimm gewesen, wie sie hätte sein können, weil er bei ihr gewesen war.

»Bist du fertig?«

Carries Stimme riss sie aus ihren Gedanken. Alyssa drehte sich zu ihr um und lächelte. Ihre sonst stets so modisch gekleidete Freundin trug alte, verschmutzte Jeans, ein ebensolches Sweatshirt und Turnschuhe. »Ja, ich habe hier alles rausgenommen, was gerettet werden kann.« Sie trug eine Kiste zur Tür. »Wie sieht es draußen aus?« Sie trat hinaus und riss die Augen auf. »Was ist denn hier los?« Der Raum wimmelte von Menschen. Unter anderem entdeckte sie auch einige Polizisten und Feuerwehrmänner, die Kisten nach draußen trugen.

Carrie lächelte. »Es kamen noch ein paar mehr Helfer vorbei.«

»Ihr seid unglaublich.« Dankbarkeit stieg in ihr auf.

»Wir helfen gerne, und du hättest auch geholfen, wenn jemand anderem so etwas passiert wäre.«

Nachdem die letzten Kisten hinausgetragen und auf einen Lastwagen geladen worden waren, schloss Alyssa die Tür ab und bedankte sich bei den Helfern. Ohne die Hilfe hätte sie wahrscheinlich Wochen, wenn nicht Monate gebraucht, um des Durcheinanders Herr zu werden. Jetzt konnte sie die Zeit verwenden, in einer leer stehenden Lagerhalle alle Kisten zu kontrollieren und zu entscheiden, was damit geschehen würde.

Müde, aber auch zufrieden fuhr sie schließlich zu ihrem Haus und freute sich auf ein ausgiebiges Bad. Aus jeder Pore schien ihr der verbrannte Geruch entgegenzuströmen. Als sie in ihre Einfahrt bog, sah sie, dass Kyles Auto vor ihrem Haus stand. Ihr Herz begann schneller zu klopfen, die Müdigkeit fiel ein wenig von ihr ab. Rasch parkte sie dahinter und stieg aus. Kyles Autotür öffnete sich zur gleichen Zeit, und er schob ein Bein aus dem Wagen. Als sie bei ihm ankam, hatte er sich aufgerichtet und blickte ihr entgegen.

Besorgt musterte sie die neuen Falten in seinem Gesicht. In seinen Augen stand so viel Schmerz, dass es ihr den Atem verschlug. »Hallo, Kyle.«

»Lys.«

Wie immer, wenn er den Kosenamen benutzte, lief ein Prickeln durch ihren Körper. Aber die Zukunft war zu ungewiss, und sie waren beide offensichtlich viel zu erschöpft, um ihren körperlichen Gelüsten nachzugeben. »Möchtest du hereinkommen?«

»Gerne.« Während sie zur Tür gingen, legte Kyle seine Hand auf ihren Rücken.

Sie kam sich durch die Geste seltsam beschützt vor und wünschte, der Weg würde ewig dauern, doch leider waren es nur wenige Sekunden. Rasch schloss sie die Tür auf und trat in das Haus. Wie immer musste sie lächeln, als sie den warmen Holzboden und die leuchtenden Bilder an den Wänden sah. Es war nur ein kleines, einstöckiges Haus, aber sie fühlte sich sehr wohl darin und war froh, dass sie es bereits kurz nach ihrem Umzug hierher gefunden hatte.

Als sie sah, dass sich Kyle neugierig umsah, wurde ihr bewusst, dass er bisher noch nie hier gewesen war. Auch wenn es ihr so vorkam, als würde sie ihn schon ewig kennen, war sie ihm bisher nur in Extremsituationen begegnet. Und den Sex in seinem Haus zählte sie auch dazu. Unruhig führte sie ihn ins Wohnzimmer.

»Schön hast du es hier, so gemütlich.«

»Danke, das finde ich auch. Es ist natürlich nicht mit deinem Haus zu vergleichen, aber ich fühle mich wohl hier.« Sie legte ihre Tasche auf einen Beistelltisch.

Kyle sah sie lange an. »Ich habe das Haus von meinen Eltern geerbt, aber ich kann nicht sagen, dass es jemals meins geworden ist. Ich habe mich nur nach dem Brand dorthin zurückgezogen, um meine Ruhe zu haben.«

»Du bist hier jederzeit willkommen.« Sie lächelte ihn an. »Kann ich dir etwas anbieten?«

Einen Moment lang schwieg Kyle, dann kam er auf sie zu. »Vielleicht später, derzeit brauche ich nur eine einzige Sache: eine Umarmung von dir.«

Wie konnte sie da Nein sagen? Es war das, was sie sich auch wünschte. Ohne ein weiteres Wort schlang sie ihre Arme um ihn und presste sich dicht an ihn. Kyle zögerte einen Augenblick, dann hielt er sich wie ein Ertrinkender an ihr fest und vergrub sein Gesicht an ihrer Halsbeuge. Ein tiefer Seufzer wehte über ihre Haut, und sie spürte, wie sich Kyles Muskeln langsam entspannten. Sanft streichelte sie lange Zeit seinen Rücken und genoss es, ihm endlich wieder so nahe zu sein.

Schließlich hielt sie es aber nicht mehr aus. »Wie lief es bei Manolos Frau?«

Ein Schauer lief durch Kyles Körper, und sie hielt ihn noch fester. Als sie schon dachte, dass er nicht mehr antworten würde, ertönte seine raue Stimme. »Sie war sehr traurig, dass Manolo wegen der Geldgier eines Mannes gestorben ist, aber sie sagte auch, dass mich keine Schuld treffe und sie nicht wolle, dass ich mein Leben weiter vergeude.« Sein Lachen klang dumpf. »Sie sagte, ich solle mir eine gute Frau suchen und ein Kind machen, dann wüsste ich, wofür ich lebe.«

Alyssa hob den Kopf und trat ein wenig zurück, sodass sie ihm in die Augen sehen konnte. »Ein kluger Rat. Wirst du ihn beherzigen?«

Ernst blickte Kyle sie an. »Die Frau habe ich hoffentlich schon gefunden, und was die Kinder angeht – da würde ich lieber erst noch ein wenig üben.« Der Kummer in seinen Augen wurde durch Humor und Leidenschaft ersetzt. »Was meinst du dazu?«

Ihr Herz begann schneller zu schlagen. »Das kommt darauf an, wer die Frau ist, mit der du üben möchtest.«

Anstelle einer Antwort senkte Kyle den Kopf und küsste sie mit so viel Verlangen, dass ihr Körper sich in Gelee verwandelte. Sie schlang ihre Arme um seinen Nacken und stürzte sich in den Kuss. An ihrem Bauch konnte sie die harte Länge seiner Erektion spüren, und sie begann sich an ihm zu reiben. Kyles Hände schoben sich unter ihr T-Shirt und glitten an ihrem nackten Rücken hinauf. Alyssa gab einen protestierenden Laut von sich, als sich seine Lippen von ihren lösten.

»Du natürlich, Lys.« Bevor sie etwas sagen konnte, zog er das T-Shirt über ihren Kopf und warf es zur Seite. Innerhalb von Sekunden hatte er auch ihren schlichten Sport-BH entfernt. »Gott, du bist so schön!«

Sie stöhnte auf, als sich seine Hände wieder auf ihren Rücken legten und er mit den Daumen über die Seiten ihrer Brüste strich. Ihre Brustspitzen zogen sich unter seinem Blick zusammen und bettelten ihn förmlich um Beachtung an. »Kyle.«

Er sah sie mit heißen Augen an. »Ja?«

Sie befeuchtete ihre Lippen. »Eigentlich wollte ich erst in die Wanne steigen, ich bin schmutzig und rieche nach kaltem Rauch.«

Kyles Daumen strichen über ihre Brustspitzen. »Das macht mir als Feuerwehrmann nichts aus. Ich bin die Gerüche gewöhnt.«

Alyssa unterdrückte ein weiteres Stöhnen und ließ ihre Hände über seine Brust gleiten. Der Gedanke an ein Bad ging im Strudel ihrer Gefühle unter. Es war so lange her, seit sie ihn hatte berühren können – drei ganze Tage. Ungeduldig riss sie an seinem T-Shirt, bis er die Sache übernahm und es sich rasch über den Kopf zog. Ihre Handflächen glitten über seine nackte Haut und folgten dem Pfad schwarzer Locken bis zu seinem Bauchnabel. Kyle machte sich bereits an ihrer Hose zu schaffen, deshalb folgte sie seinem Beispiel und öffnete den Knopf seiner Jeans. Mit den Fingerspitzen strich sie dabei über seinen Schaft, anscheinend hatte er wieder keinen Slip an.

Bevor sie mehr tun konnte, hatte Kyle schon ihre Hose und ihren Slip heruntergezogen und hob ihr Bein, um ihr beides vom Fuß zu ziehen. Anschließend sah er zu ihr auf. »Ich brauche dich, Lys.«

Ihr Herz machte einen Sprung. »Du hast mich.«

Ein Lächeln überzog sein Gesicht. »Noch nicht ganz, aber gleich.«

Ohne Vorwarnung hob er sie hoch und trug sie zum Sofa. Er bettete sie auf die Sitzfläche und kniete sich dann über sie. In seinen grünen Augen stand so viel Verlangen, dass Alyssa eine Gänsehaut bekam. Mit zitternden Fingern zog sie den Reißverschluss herunter und befreite seinen harten Schaft. Er fühlte sich so gut an in ihrer Hand, sie könnte ihn stundenlang streicheln, doch im Moment wollte sie ihn nur in sich fühlen, wieder mit ihm verbunden sein. Deshalb schlang sie ihre Beine um seine Taille und versuchte, ihn zu sich herunterzuziehen.

Kyle folgte ihr ein Stück, doch er drang nicht in sie ein. Die

Muskeln in seinem Brustkorb waren angespannt. »Warte … ein Kondom.«

Tief sah sie ihm in die Augen. »Wir brauchen keines. Ich nehme die Pille und habe keine Krankheiten.« Als er zögerte, ruderte sie zurück. »Wenn du natürlich willst, kann ich auch ein Kondom holen.«

»Darum geht es nicht.« Er legte seine Stirn an ihre. »Ich möchte nichts lieber, als ohne eine Barriere in dir sein. Seit meinen Verletzungen werde ich regelmäßig untersucht, und es wurde nichts gefunden. Es ist nur …« Er atmete scharf aus. »Ich kann nur dann ungeschützten Sex mit dir haben, wenn ich auch weiß, dass wir zusammenbleiben werden. Ich habe bisher noch nie …« Röte überzog seine Wangen.

Alyssas Herz begann schneller zu klopfen. »Noch nie was?«

Ein Muskel zuckte in seiner Wange. »Noch nie ohne Schutz mit einer Frau geschlafen. Wenn ich das tue, soll es etwas Besonderes sein, weil es mit der Frau ist, die ich liebe.«

Anscheinend war Kyle ein heimlicher Romantiker, wer hätte das gedacht. Dann kam ihr der Gedanke, dass er gezögert hatte – weil sie eben nicht diese Frau für ihn war. Sie biss auf ihre Lippe, um den Schmerz zurückzuhalten. »Ich verstehe.« Sie löste ihre Beine von seiner Taille.

Kyle legte seine Hand um ihre Wange. »Nein, offensichtlich verstehst du mich nicht.« Sein Blick bohrte sich in ihren. »Ich liebe dich, Lys. Ich könnte es nur nicht ertragen, wenn deine Gefühle für mich nicht so tief sind oder nur vorübergehend.«

Wärme breitete sich in ihr aus, und sie lächelte ihn an. »Ich bin letzte Woche zu dir gekommen, Kyle. Und ob du es glaubst oder nicht, ich habe normalerweise keinen Sex mit einem nahezu Fremden, mit dem ich gerade mal ein paar Sätze gewechselt habe.« Sie legte ihre Hand auf sein Herz. »Ich weiß nicht, wie es passiert ist oder warum, aber du hast mich von Anfang an fasziniert. Und als du dann zu mir unter die Trümmer gekrochen bist, habe ich mich in dich verliebt.«

Kyle senkte den Kopf und küsste sie so verlangend, dass Alyssas Beine sich fast von selbst wieder um seine Taille schlangen. Die Spitze seines Schafts berührte ihren Eingang, und ein Kribbeln lief durch ihren Körper. Auffordernd hob sie ihm ihre Hüfte entgegen, und er drang mit einem Stoß in sie ein. Gemeinsam stöhnten sie auf, als sein Penis tief in sie glitt. Alyssa schloss die Augen und genoss die unglaublichen Gefühle, die durch ihren Körper strömten. Ihre Finger gruben sich in seinen Po, und sie trieb ihn zu einem immer schnelleren Tempo an. Immer härter und tiefer stieß er in sie, bis sie nicht mehr wusste, wo ihr Körper aufhörte und seiner begann.

Kyles Mund verließ ihren und glitt hinunter zu ihrem Hals. Mit den Zähnen knabberte er die Länge entlang nach unten, bis er die empfindliche Stelle zwischen Hals und Schulter erreicht hatte. Die Erregung in ihr steigerte sich immer mehr, bis sie glaubte, explodieren zu müssen, wenn sie nicht endlich kam.

»Kyle.«

Mit einer Hand stützte er sich über ihr auf, die andere glitt zu ihrer Brust. Seine Finger zupften an ihrer Brustwarze, während sein Schaft immer schneller in sie stieß. Alyssa bog ihm ihren Rücken entgegen und spürte, wie sich die Spannung in ihr immer mehr steigerte. Kyle schien das ebenfalls zu bemerken, denn seine Finger schlossen sich härter um ihre Brustspitze, und er biss gleichzeitig in ihre Halsbeuge. Mit einem lauten Schrei erreichte sie den Höhepunkt. Sie klammerte sich an Kyle und spürte, wie auch er kam. Wärme füllte ihren Unterleib, er stieß noch einige Male in sie, bevor er auf ihr zusammenbrach.

Sein schwerer Körper presste sie in die Kissen des Sofas, und sie fühlte sich beschützt und geliebt zugleich. Wäre es nach ihr gegangen, hätten sie hier bis in alle Ewigkeit so liegen können. Zufrieden schloss Alyssa die Augen und genoss einfach Kyles Nähe. Sie konnte noch gar nicht glauben, dass ihre Wünsche und Träume wahr geworden waren. Kyle war hier, und er liebte sie!

»Lys?«

Sie lächelte, öffnete aber nicht die Augen. »Ja?«

»Vermutlich sollte ich von dir runtergehen, um dich nicht zu erdrücken.« Mit den Fingern strich er eine Haarsträhne aus ihrem Gesicht.

»Nicht nötig, ich finde es schön, dich so dicht bei mir zu haben.«

Noch einmal tauchte er tief in sie. »Oh Gott, ich auch.« Er atmete tief ein, und seine Brusthaare strichen über ihre empfindlichen Brustspitzen. »Ich möchte für immer bei dir bleiben.«

Ihr Herz begann wieder schneller zu klopfen. »Dann tu das doch. Ich werde dich jedenfalls nicht mehr loslassen.«

Kyle hob den Kopf, und sie öffnete die Augen. Es lag so viel Liebe in seinem Blick, dass ihr ganz schwindelig wurde. Schließlich begann er zu lächeln, so glücklich und frei, wie sie es bei ihm noch nie gesehen hatte. »Das will ich auch hoffen, denn du gehörst jetzt zu mir.«

Zufrieden schmiegte Alyssa sich an ihn. »Das klingt gut.«

Atemloses Begehren

1

Sam Mayweather blickte missmutig auf den Stapel Papiere vor sich. Er hasste Büroarbeit, aber als Sheriff einer Kleinstadt im Norden Kaliforniens blieb es nicht aus, dass er sich irgendwann darum kümmern musste. Das meiste waren Bußgeldbescheide oder Nachbarschaftsstreitigkeiten oder auch mal die eine oder andere Kneipenschlägerei. Eigentlich hatte er sich gerade wegen der Ruhe hier in seiner Heimatstadt zum Sheriff wählen lassen, doch manchmal wünschte er sich das aufregende Leben und die Kameradschaft aus seiner Zeit als Soldat zurück. Dieser Wunsch hielt allerdings nur so lange an, bis er sich an das Elend der afghanischen Bevölkerung, an Kampf und Tod erinnerte. Dann war er froh, jetzt hier zu sein und nicht wie einige seiner ehemaligen Kameraden schwer verletzt oder im Sarg zurückzukehren.

Mit einem tiefen Seufzer rieb er seine Augen und nahm schließlich einen Kugelschreiber zur Hand. Wenn er noch länger herumtrödelte, würde der Stapel auch nicht kleiner werden. Nach einem letzten Blick auf die Uhr, der dankenswerterweise zeigte, dass er bald in die Mittagspause gehen konnte, vertiefte er sich in die Unterlagen.

Ohne jede Vorwarnung ertönte ein lauter Knall, der den Boden erzittern ließ und die Fensterscheiben zum Klirren brachte. Nach einer Schrecksekunde rutschte Sam von seinem Stuhl und kauerte sich hinter seinem Schreibtisch auf den Boden, während weitere Explosionen erfolgten, dazu ein lautes Rumpeln, das in ohrenbetäubendes Krachen und Bersten überging.

Wie von selbst hatte er plötzlich seine Pistole in der Hand und versuchte herauszufinden, woher die Bedrohung kam. Das Lager war schon öfter das Ziel von Rebellengruppen gewesen, doch bisher waren sie nie so nahe gekommen. Sie mussten eines der großen Gebäude auf dem Stützpunkt angegriffen haben, und die Geräusche deuteten darauf hin, dass sie erfolgreich gewesen waren.

Sam musste nach draußen und sehen, ob er irgendwie helfen konnte. Und wenn er die Angreifer fand, würde er sie eigenhändig zur Strecke bringen. Geduckt lief Sam zur Tür und riss sie auf. Der hell erleuchtete Flur ließ ihn verwirrt innehalten.

»Sheriff!«

Eine Stimme erklang hinter ihm, und Sam wirbelte herum. Er blinzelte und erkannte John Coen, seinen Deputy. Langsam ließ er die Waffe sinken, als er bemerkte, dass er für einen Moment in einem Flashback seiner Zeit in Afghanistan gefangen gewesen war. Erleichtert atmete er durch und lehnte sich an die Wand.

Besorgt musterte John ihn. »Geht es dir gut?«

Mit einer zitternden Hand rieb er über sein schweißfeuchtes Gesicht. »Ja. Nur eine Erinnerung, glücklicherweise.«

Anstatt Erleichterung spiegelte Johns Gesichtsausdruck noch größere Besorgnis wider. »Sicher? Was soll ich wegen der Explosionen unternehmen?«

Sam erstarrte. »Explosionen?« Konnte es sein, dass es gar keine Erinnerung gewesen war?

»Sag nicht, die hast du nicht gehört! Das ganze Gebäude hat gewackelt.« Falten waren tief in Johns Gesicht gegraben. Aus den Büros waren klingelnde Telefone zu hören.

»Weißt du, was explodiert ist?« Gott, hoffentlich nichts, in dem sich Menschen aufgehalten hatten!

»Einer der Läden auf der Hauptstraße. Feuerwehr und Krankenwagen sind auf dem Weg.«

Den Rest hörte Sam nur noch verschwommen, denn er war bereits losgerannt. Er stürzte aus dem Gebäude und blickte hinüber zu der Zeile aus zweistöckigen Häusern, in der die meisten Geschäfte der Kleinstadt untergebracht waren. Wie erstarrt blieb Sam stehen. Mitten in der Zeile klaffte eine Lücke. Das aus Holz gebaute Gebäude war zusammengebrochen, ein Berg aus Schutt bedeckte das, was einmal ein Laden gewesen war. Auch auf Gehweg und Straße lagen zerfetzte Holzbalken und Inventar. Glas glitzerte in der Sonne. Menschen irrten umher, Schreie ertönten.

Sam drehte sich zu John um. »Lass alles sofort abriegeln, wir wissen nicht, wie stabil der Schutt ist und ob die anderen Gebäude in Mitleidenschaft gezogen wurden. Niemand betritt die Trümmer, bis wir die Standfestigkeit überprüft haben. Lass auch alle Gebäude in der Umgebung räumen.«

John nickte und verschwand im Gebäude. Einen Moment lang starrte Sam auf das, was von dem Haus übrig geblieben war, dann setzte er sich in Bewegung. Je näher er kam, desto offensichtlicher wurde das Ausmaß der Zerstörung. Die Explosion musste eine ungeheure Wucht gehabt haben, anders war das Bild, das sich ihm jetzt bot, nicht zu erklären. Sein Magen verkrampfte sich, als er erkannte, dass es Carrie Bishops Laden war, der jetzt in Trümmern lag. Mitten am Tag war sie sicher in ihrem Dessous-Geschäft gewesen, als sich die Detonation ereignete. Die Wahrscheinlichkeit, dass sie überlebt hatte, erschien ihm sehr gering.

Am liebsten wäre er sofort losgestürmt und hätte wenn nötig auch mit bloßen Fingern in den Trümmern nach ihr gegraben, doch er wusste, dass das zu unsicher war. Zuerst musste er dafür sorgen, dass die Sicherheit gewährleistet wurde. Sein Herz verkrampfte sich, als er sich vorstellte, dass Carries Leben einfach so ausgelöscht sein könnte. Ihre Lebendigkeit und Lebensfreude, das schelmische Lächeln, das so oft um ihren Mund spielte. Gut, wenn sie ihn sah, hatte sie meist eine sarkastische Bemerkung auf den Lippen, aber selbst die würde er jetzt liebend gerne hören. Die Vorstellung, ihre blitzenden graugrünen Augen vielleicht nie wieder zu sehen, war furchtbar.

Einige Meter vor dem Gebäude blieb Sam stehen und blickte auf den Trümmerhaufen. Immer wieder ertönten im Innern schabende oder krachende Geräusche, aber er konnte keine Stimme hören, die um Hilfe rief. Beruhigt, dass seine Männer bereits damit begonnen hatten, den Unglücksort weiträumig abzusperren, bewegte er sich vorsichtig vorwärts.

»Carrie?« Nur Stille antwortete ihm.

Eine heulende Sirene näherte sich, und Sam war froh, dass endlich die Feuerwehr vor Ort war. Chief Perry war ein Veteran und kannte sich mit allen Arten von Unglücken aus. Er würde besser einschätzen können, ob jemand in den Schuttberg vordringen konnte, um nach Überlebenden zu suchen. Gott, er hoffte es, aber er würde keine weiteren Menschenleben gefährden, wenn es nicht sicher war. Rasch drehte er sich um, als er aus den Augenwinkeln eine Bewegung sah. Einen Moment lang sah er ungläubig zu, wie sich Carrie durch die Menge schob, die sich inzwischen rund um die Absperrbänder angesammelt hatte. *Sie lebte!* Aber sie wirkte, als wäre sie in einen Tornado geraten. Ihre sowieso schon blasse Haut war totenbleich, ein langer Kratzer zog sich über ihre Wange. Die roten Haare standen zu allen Seiten ab, ihre Kleidung war schmutzig und zerrissen.

Am liebsten wäre er zu ihr gelaufen und hätte sie in die Arme gezogen, doch er konnte seinen Job nicht vernachlässigen. Sam hob das Funkgerät zu seinem Mund. »John, gerade habe ich Carrie Bishop gesehen. Sie scheint leicht verletzt, aber sie kann noch laufen. Kannst du bitte dafür sorgen, dass sie von einem Arzt untersucht wird?«

»Ich kümmere mich darum.«

Erleichtert wandte Sam sich wieder dem Haus zu. Da Carries Laden um diese Uhrzeit nie besonders gut besucht war, könnten sie Glück haben, dass niemand unter den Trümmern begraben lag. Auf jeden Fall wusste er jetzt, dass er sich nie wieder über den Papierkram und die Langeweile beschweren würde! Das war ihm tausendmal lieber als eine Situation, in der jemand, den er kannte und mochte, möglicherweise ums Leben gekommen sein könnte. Wem machte er etwas vor? Carrie interessierte ihn schon, seit sie sich vor zwei Jahren hier angesiedelt hatte. Ihre Idee, einen Dessous-Shop aufzumachen, hatte im Ort für einige Kontroversen und Proteste gesorgt, weshalb er einige Male mit ihr aneinandergeraten war, aber das hatte seine Faszination eher verstärkt.

Kopfschüttelnd konzentrierte Sam sich auf seinen Job und ging rasch zum Feuerwehr-Chief hinüber, der seinen Leuten in seiner gewohnt ruhigen Art Anweisungen erteilte. »Hallo, Perry, ich bin froh, dass du da bist. Ich habe das Gebäude weiträumig absperren lassen und den Befehl gegeben, niemanden hineinzulassen, solange wir die Statik noch nicht überprüft haben.«

Perry zog seinen Helm unter dem Kinn fest. »Sam. Ich habe das Gas für die gesamte Straße abstellen lassen, damit hier nicht noch mehr in die Luft fliegt. Weißt du schon, ob sich jemand im Gebäude befand?«

»Nein. Carrie Bishop habe ich gerade gesehen, sie scheint leicht verletzt, aber sonst in Ordnung. Soweit ich weiß, hatte sie auch den zweiten Stock des Gebäudes als Wohnung angemietet. Ob jemand im Geschäft war, weiß ich noch nicht, halte es aber für relativ unwahrscheinlich.«

Der Chief nickte ernst. »Wir gehen aber trotzdem davon

aus. Zuerst schicke ich allerdings niemanden ins Gebäude.« Sein Blick glitt über den Schuttberg. »Das erscheint mir alles sehr instabil.«

Ein lauter Ruf ließ sie beide herumwirbeln. Carrie rannte auf sie zu, ignorierte den Deputy, der sie aufzuhalten versuchte, und schrie: »Sheriff, Sie müssen etwas unternehmen! Meine Freundin Alyssa war im Laden, als er einstürzte!«

Sams Erleichterung verflog schlagartig.

Schwer atmend kam Carrie bei den Männern an und bemühte sich, auf den Beinen zu bleiben. Die ganze Welt schien um sie herum zu schwanken, und ihr Kopf schmerzte höllisch. Sie musste ihn sich irgendwo angestoßen haben, als die Druckwelle sie zu Boden schleuderte. Ihr Blick glitt zu ihrem Laden – oder vielmehr dem, was davon übrig geblieben war –, und ihre Kehle zog sich zusammen. *Oh Gott, Alyssa!* Sie konnte sich nicht vorstellen, dass ihre Freundin tot war, aber wie sollte sie das überlebt haben?

Jemand legte ihr eine Decke um die Schultern, aber sie nahm es kaum wahr. »Ich war gerade draußen und habe einem Touristen den Weg erklärt, als das Gebäude hinter mir zusammenbrach. Alyssa ist noch da drin!« Tränen rannen über ihre Wangen.

Sam wirkte, als wäre er um Jahre gealtert. Scharfe Falten standen zwischen seinen Augenbrauen. Er presste die Lippen zusammen. »Sind Sie sicher?« Carrie nickte stumm. »Verdammt! Reden Sie von Alyssa Thomas?«

Ihre Brust zog sich zusammen, und sie bekam kaum Luft. »Ja. Sie war gerade in der Umkleidekabine im Erdgeschoss, als ich nach draußen ging.« Impulsiv ergriff Carrie die Hand von Chief Perry, der bisher schweigend danebengestanden hatte. »Bitte, Sie müssen irgendetwas tun.«

Perry drückte ihre Hand. »Es tut mir leid, Ma'am, wir können momentan noch niemanden in das Gebäude schicken, es ist zu instabil.«

Verzweiflung überkam sie. »Aber das könnt ihr doch nicht tun! Alyssa ist da drin, wir müssen sie retten! Wer weiß, welche Schmerzen sie gerade hat …« Ihre Stimme brach, und sie drehte sich um, damit die Männer nicht sahen, wie sie mit ihren Gefühlen kämpfte.

Eine Hand legte sich auf ihre Schulter, und in ihren vor Schock kalten Körper drang Wärme. »Wir tun alles, was wir können, Carrie. Sowie es sicher ist, werden wir alles unternehmen, um Ms Thomas herauszuholen.«

Wut stieg in ihr auf, wie immer, wenn der Sheriff in ihre Nähe kam. Es war inzwischen schon fast eine automatische Reaktion. Heftig schüttelte sie seine Hand ab und drehte sich zu ihm um. »Ach ja, eure Sicherheit ist wichtig, aber Alyssa kann dort sterben! Die Polizei, dein Freund und Helfer, ja sicher.« Sie wusste selbst, dass sie ungerecht war, aber ihre Angst um Alyssa war zu groß, um sich darum zu kümmern.

»Carrie …«

Sie konnte seiner Miene ansehen, dass sie ihn getroffen hatte. Beinahe tat es ihr leid, denn er machte ja nur seinen Job. »Bitte, Sam, wir müssen Alyssa dort herausbekommen. Sie darf nicht sterben.« Ihre Stimme wackelte, und immer mehr Tränen schossen in ihre Augen.

Sams Miene wurde weicher. »Gehen Sie bitte zum Krankenwagen zurück, und lassen Sie sich untersuchen. Ich sage Ihnen sofort Bescheid, wenn sich etwas Neues ergibt. Ich verspreche, dass wir alles tun werden, um Ms Thomas zu retten.«

Carrie wollte protestieren, aber sie wusste, dass es nichts bringen würde. Ohne ein weiteres Wort drehte sie sich um und ließ sich vom Sanitäter zum Krankenwagen zurückbringen. Sie konnte selbst nicht sagen, warum sie sich gerade von dem Sheriff so enttäuscht fühlte. Sicher war es vor allem Aufgabe der Feuerwehr, mögliche Überlebende aus dem Gebäude zu bergen. Warum hatte sie erwartet, dass er persönlich durch den Schutt robben würde, wenn *sie* verschüttet wäre? So etwas kam doch nur in den Liebesromanen vor, die sie heimlich in jeder freien Minute verschlang. Reale Männer waren völlig anders, sie würden sich nie in Gefahr begeben, um die Frau ihrer Träume zu retten. Carrie verzog den Mund. Gut, vermutlich war sie eher die Frau aus Sams *Albträumen*.

Wortlos setzte sie sich auf die Stufen des Krankenwagens und ließ sich von dem Sanitäter untersuchen. Sie fühlte nichts, außer dieser unheimlichen Kälte, die sie immer wieder schaudern ließ. Alyssa durfte einfach nicht tot sein! Sie war vor etwa einem halben Jahr hierhergezogen, um die Bibliothek zu leiten. Beinahe vom ersten Augenblick an hatten sie sich angefreundet, was sicher nicht zuletzt an ihrer gemeinsamen Liebe zu schönen Dessous lag. Carrie rieb über ihre Brust, um den Schmerz zu vertreiben, der auf ihre Lunge drückte. Ihr Blick irrte zu dem Haus, das bis vor wenigen Minuten noch ihr Lebensmittelpunkt gewesen war. Sie hatte ihr gesamtes Geld und ihre Leidenschaft in dieses Geschäft gesteckt, und in der Wohnung darüber war ihr gesamtes Leben gewesen. Erneut ließen Tränen ihren Blick verschwimmen. Aber das alles war egal, solange Alyssa lebend aus den Trümmern geborgen werden konnte.

Es schien unendlich lange zu dauern, bis endlich der Deputy auf sie zukam. Seinem Gesichtsausdruck konnte sie nichts entnehmen. »Wurde Alyssa gefunden?«

»Wir haben einen Anruf bekommen, dass sie lebt und weitgehend unverletzt ist, allerdings unter den Trümmern gefangen. Jetzt müssen wir sehen, wie wir sie dort herausbekommen, ohne die Trümmer noch weiter abrutschen zu lassen.«

»Gott sei Dank!« Tränen der Erleichterung liefen über Carries Wangen. »Hat sie sich selbst gemeldet?«

Deputy Coen verzog den Mund. »Nein. Anscheinend hat sich ein Zivilist gedacht, es wäre eine gute Idee, sich durch den Schuttberg zu wühlen und Ms Thomas zu retten.«

Carries Augen weiteten sich. »Wer?«

»Kyle Barnes. Wenigstens war er früher Feuerwehrmann und weiß, was er tut.«

Sie presste die Hand auf den Mund, um das hysterische Lachen zu unterdrücken, das in ihr aufsprudelte. Da war Alyssa seit Monaten untröstlich, weil sie dachte, dass Kyle nichts mit ihr zu tun haben wollte, und jetzt kroch er sogar in ein eingestürztes Gebäude, um sie zu retten. Deutlicher konnte er wohl nicht zeigen, wie viel er sich aus ihr machte.

»Ich dachte, es wäre zu gefährlich, eine Suchmannschaft loszuschicken.«

Eine steile Falte erschien auf Coens Stirn. »Das ist es auch immer noch, aber Kyle hat nicht gefragt, sondern sich einfach leichtsinnigerweise in Gefahr begeben.«

Und sie würde ihm ewig dankbar dafür sein. »Wird er Alyssa beschützen können?«

»Wenn alles zusammenstürzt, nein. Dann werden sie beide sterben. Aber immerhin haben wir jetzt den genauen Standort und können gezielt versuchen, von oben an die Verschütteten heranzukommen.« Der Deputy rang sich ein Lächeln für sie ab. »Ich muss wieder zurück. Wir werden Sie informieren, wenn es etwas Neues gibt.«

»Danke.« Carrie blickte ihm nach, als er wieder zum Einsatzteam zurückging. Ihr war klar, dass der Sheriff derzeit viel zu tun hatte, aber sie wünschte, er wäre selbst gekommen, um ihr die Nachricht zu überbringen.

Langsam machten sich die Aufregung und Erschöpfung bemerkbar, und Carrie lehnte ihren Kopf an die geöffnete Tür des Krankenwagens.

»Sollen wir Sie ins Krankenhaus bringen, Ms Bishop?«

Carries Augen öffneten sich, und sie sah, dass der Sanitäter vor ihr stand. »Nein, danke. Ich möchte hier sein, wenn Alyssa geborgen wird.«

Der Sanitäter schien das für keine gute Idee zu halten, nickte aber nur. »Wenn Sie Ihre Meinung ändern, sagen Sie mir Bescheid.«

»Das werde ich.« Die Wahrscheinlichkeit war aber ziemlich gering. Sie würde ganz sicher nicht von hier weggehen, bis sie wusste, dass Alyssa in Sicherheit war.

Als sie sah, wie kurz darauf die Leiter des Feuerwehrwagens in Position gebracht wurde, sodass sie über dem Trümmerhaufen schwebte, stand Carrie auf und zog die Wärmedecke fester um sich. Es musste ihnen einfach gelingen, Alyssa und Kyle zu bergen! Da sie nicht wusste, wie weit ihre Beine sie tragen würden, blieb sie in der Nähe des Krankenwagens stehen und beobachtete angespannt, wie ein Feuerwehrmann auf der Leiter liegend einen Bagger dirigierte, der vorsichtig Trümmer zur Seite räumte. Carrie schnappte heftig nach Luft, als sie bemerkte, dass sie vor Anspannung den Atem angehalten hatte. Ihre Hände krampften sich in die Decke, während sie jede Bewegung verfolgte.

Schließlich war es so weit. Ein krachendes Geräusch ertönte, dann wurde ein großes Brett zur Seite gehoben, das wie einer der Spiegel aussah, die ihre Umkleidekabinen bestückt hatten. Carrie kam rasch näher, um besser sehen zu können, was vorging. Ihr Atem stockte, als der Feuerwehrmann eine Gestalt in einem viel zu großen T-Shirt zu sich auf die Leiter hob. Alyssa! Die Leiter wurde eingefahren und Alyssa auf den Boden zurückgebracht. Automatisch lief Carrie los und stoppte erst, als sie direkt neben den Sanitätern stand, die ihre Freundin jetzt auf eine Trage hoben.

Schmutz und Kratzer bedeckten Alyssas Körper, ihre Augen waren geschlossen. Oh Gott, hoffentlich war sie nicht schwer verletzt! Carrie drängte sich zu ihr durch und nahm ihre Hand.

»Alyssa, ich bin es, Carrie. Geht es dir gut?«

»Miss, gehen Sie bitte zur Seite.«

Alyssas Augen öffneten sich, und ihr Blick traf Carries. »Du bist in … Sicherheit, das ist gut. Ich hatte schon … Angst, dass du auch unter den Trümmern liegst.«

Tränen ließen ihre Sicht verschwimmen. »Nein, ich war gerade draußen, als es passierte. Es tut mir so leid, Alyssa.«

Alyssa drückte schwach ihre Hand. »Nicht … deine Schuld.« Ihr Griff wurde fester. »Tu mir einen … Gefallen.«

Carrie beugte sich über sie. »Natürlich, jeden.«

»Bleib hier und … sag mir, wer mein … Retter war.« Ein Lächeln huschte über ihr Gesicht. »Ich glaube, es war Kyle, aber in … der Dunkelheit konnte ich ihn nicht … sehen. Und er hat … seinen Namen nicht …gesagt.«

Carrie war sich nach dem, was Deputy Cohen gesagt hatte, ziemlich sicher, dass es sich um Kyle gehandelt hatte, aber wenn es Alyssa so wichtig war, würde sie so lange hierbleiben, bis ihr Retter geborgen wurde.

»Okay. Ich bleibe hier, beobachte seine Rettung, und dann komme ich zum Krankenhaus und berichte.«

»Danke.« Alyssas Augen schlossen sich. »Ohne ihn wäre es ein ganz furchtbares Erlebnis gewesen. Ich schulde ihm so viel.«

Carries Kehle zog sich zusammen. »Das hat er sicher gern gemacht.«

Alyssa antwortete nicht mehr, und Carrie wurde von den Sanitätern sanft zur Seite geschoben, damit sie ihre Arbeit machen konnten. Schweren Herzens trat Carrie zurück. Nachdem Alyssa abtransportiert worden war, beobachtete Carrie wieder die Rettungsarbeiten. Jemand trat neben sie, und sie zuckte zusammen, als sie aus den Augenwinkeln Sam erkannte.

»Ich dachte, Sie wären schon längst im Krankenhaus.«

»Ich habe Alyssa versprochen, hierzubleiben, bis ihr Retter außer Gefahr ist.« Carrie konnte nicht verhindern, dass ihre Antwort defensiv klang.

Sam schwieg einen Moment, und sie riskierte einen kurzen Seitenblick. Sein Blick lag auf dem Gebäude, ein Muskel zuckte in seiner Wange. »Haben die Sanitäter Sie untersucht?«

Irritiert blickte sie ihn an. »Ja, natürlich haben sie Alyssa untersucht, kurz bevor sie ins Krankenhaus gefahren wurde.«

Langsam wandte er ihr sein Gesicht zu. In seinen blauen Augen blitzte ein undeutbares Gefühl auf. »Das war mir klar. Es ging mir um Sie, Carrie.«

»Oh!« Einen Moment lang wusste sie nicht, was sie sagen sollte. »Ja, mit mir ist alles in Ordnung, ich bin nur noch ein wenig zittrig.«

Einen langen Augenblick sah er sie schweigend an, dann nickte er. »Gut.« Es wirkte, als wollte er noch mehr sagen, aber dann wandte er sich wieder ab.

Carrie folgte seinem Blick und erkannte, dass nun Kyle aus den Trümmern geborgen wurde. Im Gegensatz zu Alyssa kletterte er selbst auf die Leiter. Totenstille herrschte, als er langsam nach unten gefahren wurde. Ebenso wie Alyssa war sein nackter Oberkörper mit Schmutz und Kratzern bedeckt, aber auch das konnte nicht die über Brust und Schulter laufenden furchtbaren Narben verdecken. Ein Kloß bildete sich in ihrer Kehle, als sie sich vorstellte, wie sehr er gelitten haben musste. Und immer noch litt, wenn sie von seinem Gesichtsausdruck ausging, als er die Menge bemerkte, die ihn offen anstarrte.

Am liebsten würde sie zu ihm gehen und ihn in den Arm nehmen, aber sie wusste, dass er dafür jetzt sicher nicht empfänglich wäre. Sie würde erst zum Krankenhaus fahren, nach Alyssa sehen und ihm dann irgendwann ordentlich danken, wenn er bekleidet war. Ihr Herz zog sich zusammen, als sie bemerkte, wie einsam er aussah, während er dort von den Rettungskräften umgeben war.

Unwillkürlich griff sie nach Sams Arm. »Können Sie ihm in meinem Namen danken, dass er Alyssa geholfen hat, wenn Sie mit ihm reden? Ich könnte mir vorstellen, dass er jetzt erst mal seine Ruhe haben möchte.«

Offensichtlich erleichtert nickte Sam. »Natürlich.« Er blickte sie abwartend an.

Es dauerte eine Weile, bis sie bemerkte, dass sie ihn immer noch festhielt, als wollte sie ihn nie wieder loslassen. Sie riss ihre Hand zurück. »Danke.« Abrupt wandte sie sich um und eilte davon, damit sie nicht doch noch in Versuchung geriet, sich in Sams Arme zu werfen.

2

»Das ist nicht dein Ernst.« Sam schob seinen Hut weiter nach hinten und lehnte sich im Sitz seines Dienstwagens zurück, während er das Funkgerät anstarrte, über das ihm sein Deputy gerade einen Vorfall meldete. »Sag das noch mal.«

John räusperte sich. »Es wurde ein 10–15 gemeldet.«

»Ungebührliches Verhalten in der Öffentlichkeit? Hat der alte Higgins wieder seine Hose vergessen?« In einer so kleinen Stadt gab es unweigerlich ein paar skurrile Figuren, aber die meisten waren harmlos. Vor zwei Wochen wäre er davon noch genervt gewesen, aber inzwischen war er dankbar, dass langsam wieder Normalität einkehrte. Die hatten sie nach den Mordversuchen an Kyle und Alyssa auch dringend nötig. Selbst wenn der Täter inzwischen verhaftet war, herrschte immer noch eine gewisse Unruhe in der Stadt.

»Äh, nein.«

Sam verlor langsam die Geduld. »Was denn sonst?«

Sein Deputy atmete tief durch. Ein sicheres Zeichen, dass Sam nicht gefallen würde, was er zu sagen hatte. »Carrie Bishop hat mitten in der Stadt einen Stand aufgebaut.« Er senkte seine Stimme. »Sie verkauft dort sehr … äh … gewagte Dessous.«

Innerlich stöhnend schloss Sam die Augen und widerstand nur mit Mühe der Versuchung, seinen Kopf gegen das Lenkrad zu schlagen. »Kann sich nicht jemand anders darum kümmern?«

»Nein, Sheriff, das ist eindeutig Chefsache.«

Natürlich. Als hätte er in den letzten Wochen nicht schon

genug mit Carrie zu tun gehabt. Zuerst hatte er sie befragen müssen, um herauszufinden, ob möglicherweise sie das Ziel des Anschlags gewesen war, dann hatte sie beinahe jeden Tag bei ihm nachgefragt, ob der Täter endlich gefunden war. Danach hatte er auch keine Ruhe vor ihr gehabt, denn sie ging nahtlos dazu über, eine Antwort darauf zu verlangen, wann das Gebäude freigegeben, und als das endlich geschehen war, wann es wieder aufgebaut werden würde. Als könnte er ihr darauf eine Antwort geben, schließlich war er nur der Sheriff und nicht der Besitzer des Grundstücks.

Und jetzt war sie anscheinend auf die glorreiche Idee gekommen, ihre Ware außerhalb eines Ladens zu verkaufen. Verdammt! Mit einem tiefen Seufzer startete er den Motor und fuhr in die Stadt zurück. Eigentlich hatte er die Umgebung patrouillieren wollen, doch das konnte er jetzt wohl abschreiben. Seiner Erfahrung nach dauerten Auseinandersetzungen mit Carrie immer unheimlich lange. Als er in die Hauptstraße einbog, die direkt zum Stadtzentrum führte, konnte er schon von Weitem den Menschenauflauf sehen, der sich um einen kleinen Stand gebildet hatte, von dem er nur den tiefroten Sonnenschirm sah.

Sam parkte einige Meter entfernt und stieg aus dem Wagen. Sowie ihn die ersten Leute bemerkten, stürmten sie auf ihn zu und redeten auf ihn ein. Schon nach wenigen Sekunden war nichts mehr zu verstehen, und Sams ohnehin schon sehr dünner Geduldsfaden riss.

»Ruhe!« Sofort herrschte Totenstille. »Gehen Sie alle nach Hause, ich kümmere mich um die Sache.«

»Aber …«

Ein scharfer Blick reichte, um den Protest abzuschneiden. »Sofort. Ich nehme jeden mit auf die Wache, den ich hier noch antreffe.«

Die Drohung half, denn innerhalb kürzester Zeit leerte sich der Platz. Übrig blieben Carrie und ihr illegaler Dessous-Stand. Sein Blick glitt über die ausgestellten Waren, und er verschluckte fast seine Zunge. Kein Wunder, dass die Sache so einen Aufruhr verursacht hatte! Die Dessous waren mehr als gewagt und konnten sicher bei Kindern oder älteren Mitmenschen zu Aufregung führen. Sam hatte eher das Problem, dass er sich sofort Carrie in dem durchsichtigen cremefarbenen Einteiler vorstellte, der an einer der Streben des Sonnenschirms hing. Er würde ihre blasse Haut zum Leuchten bringen und vor allem ihre Sommersprossen unterstreichen.

Mühsam konzentrierte er sich auf seine Aufgabe. »Hallo, Carrie.«

Ihre Augen sprühten Feuer. »Warum haben Sie meine Kundschaft verjagt?«

Sam unterdrückte einen Seufzer, rieb über seine Stirn und sah zum wolkenbedeckten Himmel. Es war furchtbar schwül, sicher würde es bald anfangen zu regnen. Bis dahin wollte er die Sache gern erledigt haben. »Das waren keine Kunden, sondern Protestler. Carrie, Sie können hier nicht einfach einen Stand aufmachen.«

»Warum nicht? Hier ist genug Platz, und irgendwo muss ich ja schließlich meine Waren verkaufen, jetzt, wo ich keinen Laden mehr habe.«

Sam zählte stumm bis drei, bevor er antwortete. »Bevor man einen Straßenstand aufmachen kann, muss man das bei der Stadt beantragen. Und ich bezweifle, dass unser Bürgermeister erlaubt, dass gewagte Dessous in aller Öffentlichkeit angeboten werden.«

Carries kämpferische Fassade begann zu bröckeln. Deutlich konnte Sam die Verzweiflung in ihren Augen sehen. »Was soll ich denn tun? Ich habe keinen Laden mehr, und so, wie es aussieht, wird es ewig dauern, bis das Gebäude wiederaufgebaut ist. Von irgendetwas muss ich leben, und wenn ich das hier nicht kann, dann muss ich wegziehen.«

Der Gedanke, dass er Carrie vielleicht bald nicht mehr jeden Tag sehen konnte, gefiel ihm gar nicht. Auch wenn sie ständig wegen irgendetwas aneinandergerieten – oder vielleicht gerade deshalb. Ohne sie würde sein Leben furchtbar langweilig sein. Vor allem aber tat es ihm weh, die sonst so starke und selbstsichere Frau jetzt so niedergeschlagen zu sehen. »Ich bin sicher, Kyle würde Ihnen gerne …«

Sofort unterbrach sie ihn. »Er hat es angeboten, aber ich nehme keine Almosen an!« Jetzt blitzte wieder die altvertraute Angriffslust in ihren Augen auf. »Ich will einfach nur meine Ware verkaufen, dann habe ich genug Geld.«

Sam rieb über seine Stirn. »Das können Sie ja auch, nur eben nicht hier an einem offenen Stand, mitten in der Stadt.«

»Und wo dann? Es gibt hier nirgends freie Ladenflächen, falls Ihnen das noch nicht aufgefallen ist.«

Doch, das war ihm völlig klar. Aber er konnte auch keinen Laden herbeizaubern. So ganz verstand er auch nicht, warum die kleine Stadt überhaupt einen solchen Laden brauchte, aber er würde sich hüten, das laut zu sagen. »Wie wäre es mit einem Internetshop?«

Müde strich Carrie sich eine Haarsträhne aus den Augen. »Davon gibt es schon so viele. Langfristig wäre es eine Überlegung wert, aber es braucht Zeit, so einen Shop aufzubauen. Und dadurch wäre er dann ja noch lange nicht bekannt. Ich kann nicht einfach Däumchen drehen und warten, bis ihn irgendwann mal ein Kunde entdeckt. Das würde mir bei meinem derzeitigen Problem auch nicht helfen.«

Damit hatte sie vermutlich recht, aber etwas Besseres fiel ihm auf die Schnelle auch nicht ein, um ihr die Situation zu erleichtern. Hilflos stand er neben ihr und beobachtete, wie sie mit den Fingerspitzen über den Stoff eines Bustiers strich. Es war offensichtlich, wie viel Herzblut sie in ihr Geschäft steckte. Gerade als er etwas sagen wollte, begannen schwere Regentropfen vom Himmel zu fallen.

»Oh verdammt!« Hektisch begann Carrie die Dessous einzusammeln und in Kisten zu stopfen, die sie unter dem Tisch gelagert hatte.

Ein Blick nach oben zeigte Sam, dass das kein einfacher Sommerregen werden würde, sondern vermutlich ein gewaltiger Regenguss. Ohne weiter darüber nachzudenken, schob er die Dessous neben sich zusammen und drückte sie in Carries Hände. Ihre Fingerspitzen berührten sich, und die Zeit schien stillzustehen. Ihre Blicke trafen sich für einen Sekundenbruchteil, dann senkte Carrie die Augen und bückte sich, um die Dessous einzupacken. Einen Moment lang stand Sam wie erstarrt da, dann bemerkte er wieder den Regen, der seine Kleidung durchweichte und in seinen Nacken rann.

Jetzt war eindeutig nicht der richtige Augenblick, über seine verwirrenden Gefühle für Carrie nachzugrübeln. Rasch packten sie alles zusammen, dann sah Sam sich um. »Wo steht Ihr Wagen?«

Carrie schnitt eine Grimasse. »In der Werkstatt. Durch die Explosion wurde er seitlich eingebeult, und ich dachte mir, ich lasse ihn besser jetzt reparieren, bevor ich ihn brauche. Alyssa hat mich hergefahren.«

Natürlich, wie könnte es auch anders sein. »Wir nehmen meinen Wagen.« Er drückte ihr den Schlüssel in die Hand. »Machen Sie den Kofferraum auf, ich nehme die Kisten.«

Er konnte sehen, dass Carrie bereits wieder ein Protest auf der Zunge lag, doch schließlich nickte sie nur knapp und rannte los. Da die Kisten leicht waren, stapelte Sam drei aufeinander und folgte ihr im Laufschritt. Glücklicherweise hatte er beinahe unmittelbar neben dem Stand geparkt, sodass sie alles innerhalb weniger Minuten verladen hatten.

Als Carrie den Tisch abbauen wollte, hielt Sam sie auf. »Lassen Sie den stehen, es wird ihn schon keiner klauen.«

Er hielt Carrie die Beifahrertür auf und schloss sie hinter ihr, bevor er um den Wagen herumjoggte und auf der Fahrerseite einstieg. Mit einer Grimasse wischte er seine nassen Hände an der Hose ab, wodurch sie aber auch nicht wesentlich trockener wurden. Die einzige Stelle, an der er nicht völlig nass war, befand sich unter seinem Hut. Er würde wohl einen Zwischenstopp bei sich zu Hause einlegen müssen, bevor er wieder zum Dienst erschien. Das erinnerte ihn daran, dass er sich noch bei John melden musste.

Sam schaltete den Motor an und nahm das eingebaute Funkgerät in die Hand. »John, hier ist Sam. 10–15 ist aufgelöst, ich melde mich für eine halbe Stunde ab.«

»Probleme?« Johns Stimme drang unangenehm laut durch den Lautsprecher, und er konnte Carries Blick auf sich fühlen.

Sam wischte einen Wassertropfen von seiner Nase. »Nein, alles in Ordnung. Ich bin bloß in den Regen geraten und muss mich umziehen.«

»Roger.«

Langsam hängte er das Sprechteil wieder in die Halterung und schaltete das Funkgerät aus. Er legte den Gang ein und stockte dann. »Wo soll ich Sie hinbringen?«

Carries Lippen waren fest zusammengepresst. »Alyssa war so nett, mich bei sich wohnen zu lassen. Aber die Regelung ist etwas unglücklich, besonders seit sie Kyle hat. Ich habe sie praktisch aus ihrem eigenen Haus gedrängt.«

Beim Gedanken an Kyles Herrenhaus musste Sam grinsen. »Es ist ja nicht so, als hätte Kyle nicht genug Platz für sie.«

Wütend funkelte Carrie ihn an. »Darum geht es nicht! Aber ich erwarte auch nicht, dass Sie das verstehen.«

Schlagartig wurde er ernst. »He, das ist unfair. Sie kennen mich überhaupt nicht und können nicht beurteilen, was ich verstehe und was nicht.«

Carrie nieste laut. Röte stieg in ihre Wangen. »Wie auch immer. Können wir jetzt losfahren?«

Sam unterdrückte ein Lächeln. »Wenn Sie sich anschnallen, ja.«

Wortlos tat sie, was er sagte, und starrte dann aus dem Seitenfenster. Auch eine Möglichkeit, jeder weiteren Konversation mit ihm aus dem Weg zu gehen. Aber so schnell gab er sich nicht geschlagen. Jetzt hatte er sie endlich mal in seiner Nähe, und sie konnte nicht weglaufen. Das musste er ausnutzen.

»Ich weiß, dass die Situation für Sie schwierig ist, und kann mir vorstellen, dass es unangenehm ist, sich anderen aufzudrängen. Ich fand es nur lustig, weil ich weiß, dass Kyle sehr glücklich darüber ist, Alyssa bei sich zu haben. Wahrscheinlich wird er Ihnen hinterher auch noch eine Dankeskarte schicken.«

Carrie verzog den Mund. »Das ist auch der einzige Grund, warum ich das Angebot angenommen habe. Und weil ich weiß, dass es nur für kurze Zeit ist. Entweder finde ich hier bald eine Übergangslösung, bis das Gebäude wieder aufgebaut ist, oder ich ziehe weg. So oder so ist Alyssa mich bald wieder los.«

Sam biss auf seine Zunge, um nicht damit herauszuplatzen, dass sie bleiben musste. Für ihn. Erleichtert atmete er auf, als er Alyssas Haus durch die Regenwand in den Scheinwerfern auftauchen sah. Jetzt musste er Carrie nur noch so schnell wie möglich loswerden, bevor er etwas sagte, das er besser für sich behielt.

Langsam bog er in die Einfahrt ein. Er hielt so dicht wie möglich vor dem Haus und wandte sich dann Carrie zu. »Schließen Sie die Haustür auf, ich bringe die Kisten rein.«

Wieder folgte sie seinem Vorschlag ohne Gegenworte. Offenbar hatte die ganze Situation sie doch mehr mitgenommen, als es zuerst den Anschein gehabt hatte. Sam riss den Blick von ihrem schmalen Rücken los und schüttelte den Kopf. Nicht seine Baustelle. Vor allem hatte er auch keine Lösung parat. Er war nur der Sheriff hier, die Entscheidungen traf die Stadtverwaltung. Rasch ging er um den Wagen herum und holte die ersten Kisten aus dem Kofferraum. Als er endlich alles ins Haus gebracht hatte, war er völlig durchnässt. Selbst unter seinem Hut war das Wasser inzwischen angekommen, wie er feststellte, als er ihn abnahm und über seine Haare strich.

Carrie trat in die Diele und hob eine Kiste auf, die er auf dem Boden abgestellt hatte.

»Soll ich die Kisten woanders hinstellen?«

»Ja, bitte ins Wohnzimmer. Ich muss die Sachen überprüfen und dann zum Trocknen auslegen. Wenn ich Glück habe, kann ich das meiste noch verkaufen.«

Sam konnte sich zwar nicht vorstellen, was so ein bisschen Wasser schaden konnte, aber zugegebenermaßen kannte er sich auch nicht mit Seiden- und Satin-Dessous aus. Oder woraus auch immer diese Dinger bestanden. Wortlos schlüpfte er aus seinen Schuhen, bevor er die Kisten wieder aufnahm und ins Wohnzimmer trug. Dort hatte Carrie offensichtlich schon damit begonnen, die Kartons auszupacken, denn über allen verfügbaren Oberflächen hingen Dessous. Da er nicht wusste, wo er hinsehen sollte, stellte er nur die Kisten ab und zog sich dann zur Tür zurück. Doch dort zögerte er und wandte sich noch einmal zu Carrie um.

»Ich muss dann los. Kommen Sie zurecht?«

»Ja, natürlich.« Sie hatte ihm immer noch den Rücken zugewandt, aber es schien, als stünde sie kurz vor einem Zusammenbruch.

Unentschlossen blieb er stehen und wartete darauf, dass sie mehr sagte. Oder ihm ein Zeichen gab, was sie jetzt brauchte. Doch sie stand einfach nur da und zerknüllte die Unterwäsche in ihren Händen. Das war für ihn ein eindeutiger Hinweis darauf, dass sie nicht so ruhig war, wie sie schien. Rasch durchquerte er das Zimmer und blieb dicht hinter ihr stehen. Aus der Nähe konnte er sehen, wie steif sie ihren Rücken hielt, und ihre unregelmäßigen Atemzüge hören. Er hielt eine Hand über ihre Schulter, berührte sie aber nicht.

»Ist wirklich alles in Ordnung, Carrie?« Sowie es aus seinem Mund war, erkannte er selbst, was für eine blöde Frage das gewesen war.

Carrie wirbelte zu ihm herum und schlug ihre Hände mitsamt den Dessous gegen seine Brust. »Nein, nichts ist in Ordnung! Ich habe nichts mehr! Alles, wofür ich seit Jahren gearbeitet habe, ist weg. Ich habe kein Zuhause mehr, kein Geschäft, gar nichts! Mir ist klar, dass Sie das nicht nachvollziehen können, Sheriff, aber könnten Sie dann wenigstens diese blöde Fragerei lassen?« Ihr Gesicht war nass, aber ob das am Regen lag oder an den Tränen, die unablässig aus ihren Augen strömten, konnte er nicht sagen.

Sein Magen krampfte sich zusammen, als er ihr Leid sah. Selten hatte er sich so hilflos gefühlt wie jetzt. Es gab keinen Feind, den er jagen konnte, keinen Verbrecher, den er zur Verantwortung ziehen konnte. Es zeigte sich wieder einmal, dass er im Umgang mit Frauen völlig unfähig war. Mehr aus Instinkt als aus eigenem Willen schlang er seine Arme um Carrie und zog sie an sich. Zuerst wehrte sie sich dagegen, doch dann presste sie sich an ihn und vergrub ihr Gesicht an seiner Brust. Die Dessous fielen unbeachtet zu Boden, und ihre Hände krampften sich in sein Hemd. Sam spürte, wie sein Körper zum Leben erwachte. *Nein, nicht jetzt!* Carrie brauchte Trost, keinen wilden Sex zwischen heißen Dessous. Innerlich stöhnte Sam auf, als der Gedanke seine Erregung noch verstärkte.

Carrie ließ den Tränen über ihren Verlust und ihre Hilflosigkeit, die sich in den vergangenen Wochen in ihr aufgestaut hatten, freien Lauf. Es fühlte sich überraschend gut an, dies an einer starken Männerbrust zu tun, auch wenn sie immer behauptete, dass sie keinen Mann in ihrem Leben benötigte. Das stimmte auch weiterhin, aber Männer hatten eindeutig hin und wieder Vorteile. Zum Beispiel, wenn es darum ging, Dessous vor einem Sturzregen zu bewahren. Mit einem stummen Seufzer erkannte Carrie, dass es unfair gewesen war, ihre Wut an Sam auszulassen. Es war eindeutig nicht seine Schuld, dass ein Verrückter gedacht hatte, es sei eine gute Idee, ihren Laden in die Luft zu sprengen.

Okay, sie musste es zugeben: Es lag nicht daran, dass es irgendeine Männerbrust war, an der sie sich ausweinte, sondern dass es die von Sam Mayweather war. Schon als sie ihn zum ersten Mal in Sheriff-Uniform gesehen hatte, hatte sie sich überlegt, wie es wohl wäre, von diesen starken Armen umfangen zu werden. Und jetzt, nach zwei Jahren, war es endlich so weit. Allerdings hatte sie sich das Ganze schon etwas anders vorgestellt. Weniger Tränen, weniger nasse Kleidung, deutlich mehr Leidenschaft. Verdammt, dafür, dass sie Alyssa immer wegen ihrer Angst, auf Kyle zuzugehen, Vorhaltungen gemacht hatte, war sie selbst sogar noch viel unfähiger. Und dabei war sie bisher immer stolz darauf gewesen, eine starke, unabhängige Frau zu sein.

Wärme drang durch Sams nasse Kleidung an ihre Wange, und sie wünschte, sie könnte seine Haut spüren. Wie würde er reagieren, wenn sie einfach damit begänne, sein Hemd aufzuknöpfen? Es erschreckte sie, dass sie überhaupt nicht einschätzen konnte, ob Sam ihren Vorstoß begrüßen oder sie sanft, aber bestimmt davon abhalten würde. Gott, sie konnte alles ertragen, aber nicht, dass er sie mit einem mitleidigen Blick ansah und ihr sagte, dass er sie nur hatte trösten wollen. Und das war eine sehr reale Möglichkeit. Bisher hatte er noch nicht einmal durchblicken lassen, dass er sie attraktiv fand. Im Gegenteil, sie hatte das Gefühl, dass er ihr meistens aus dem Weg ging. Carrie verzog den Mund. Kein Wunder, wenn jedes ihrer Gespräche immer in einem Streit geendet hatte.

Was vermutlich auch ihre Schuld war, weil sie immer eine Auseinandersetzung mit ihm anfing, um ihr Interesse an ihm zu kaschieren. Verdammt, sie war eine erwachsene Frau, warum benahm sie sich in Liebesdingen immer noch wie ein Teenager? Sie sollte ihm einfach in die Augen sehen und ihm sagen, dass sie ihn attraktiv fand und ihn gerne näher kennenlernen wollte. So machten das doch normale Erwachsene, oder? Ihr Herz begann zu rasen, und sie wusste, dass sie jetzt handeln musste, bevor sie ihren Mut wieder verlor.

Zögernd hob sie den Kopf und trat einen Schritt zurück. In Sams blauen Augen meinte sie Besorgnis zu erkennen und noch etwas anderes, das sie nicht deuten konnte. Seine hellbraunen Haare hingen feucht in seine Stirn und ließen ihn jünger wirken. Ihre Kehle zog sich zusammen, und sie musste sich räuspern, bevor sie etwas sagen konnte.

»Danke.« *Oh ja, grandioser Einstieg!*

»Es tut mir wirklich leid, Carrie. Ich weiß, dass diese Situation schwierig ist und …«

Weiter kam er nicht, denn sie zog ihn heftig am Hemd zu sich heran, stellte sich auf die Zehenspitzen und bedeckte seinen Mund mit ihrem. Sowie sie seine Lippen berührte, öffneten sie sich, und Carrie nutzte die Gelegenheit schamlos aus. Mit der Zunge erkundete sie seinen Mund, während sie ihren

Körper an seinen presste. *Oh Gott, das fühlte sich so gut an!* Hungrig küsste sie ihn, während sie gleichzeitig damit begann, die Knöpfe seines Hemdes zu öffnen. Ihre Erregung steigerte sich noch, als sie endlich seine Haut berühren konnte. Ihre Hände glitten über seine leicht behaarte Brust bis zu den harten Nippeln. Mehr, sie wollte mehr! Widerwillig verließ sie seinen Mund und küsste eine Spur an seinem Hals hinunter. Mit zitternden Fingern öffnete sie die letzten Knöpfe und schob das Hemd von seinen Schultern.

Gierig arbeitete sie sich mit Küssen und neckenden Bissen weiter nach unten, bis sie schließlich eine Brustwarze erreichte. Genüsslich erkundete Carrie sie mit der Zunge, bevor sie sie in den Mund nahm und daran saugte. Sam schmeckte nach Mann und Salz, genauso, wie sie es sich immer vorgestellt hatte. Nachdem sie auch den zweiten Nippel gekostet hatte, bewegte sie sich langsam nach unten. Rasch öffnete sie den Knopf seiner Hose und zog den Reißverschluss herunter. Ihr Herzschlag hämmerte so laut, dass sie kaum etwas anderes wahrnahm, während sie einen Finger unter den Bund der Boxershorts schob.

Erst als sich eine Hand auf ihren Kopf legte, blickte sie auf. Sam sah auf sie hinunter, und ja, das war eindeutig Erregung, was in seinen Augen stand. »Carrie, wir müssen damit aufhören.«

Es dauerte eine Weile, bis sie verstand, was er sagte. Ungläubig schüttelte sie den Kopf. »Was?«

Seine Finger strichen durch ihre Haare. »Wir sollten das nicht tun. Nicht hier, nicht jetzt.«

Carrie erstarrte. »Das ist nicht dein Ernst, oder?« Ihre Hand schloss sich um seinen harten Schaft. Er wollte sie eindeutig!

»Doch.« Seine Finger glitten über ihre Wange und legten sich unter ihr Kinn. »Ich bin noch im Dienst und muss zurück.«

Gut, das war ein Argument, das sie nachvollziehen konnte. »Und das sagst du erst jetzt?« Sie wusste nicht, wie viel Zeit vergangen war, aber eindeutig mehr als ein paar Minuten, in denen er die Sache hätte stoppen können.

Sam lächelte sie schief an. »Du hast mich abgelenkt.« Seine Augen wurden dunkler. »Und wenn du nicht bald damit aufhörst, vergesse ich alles andere.«

Jetzt erst merkte Carrie, dass sie immer noch seine Erektion berührte. Ihre Finger schlossen sich fester darum. »Hiermit, meinst du?«

»Gott, ja.« Sams Augen schlossen sich, und sein Kopf fiel nach hinten. Die Muskeln in seiner Brust und seinem Hals waren deutlich sichtbar.

Sie konnte es einfach nicht lassen, sie musste weitermachen. Langsam schob sie ihre Hand nach oben und hielt ihn dabei fest umschlossen. Gleichzeitig rückte sie näher heran und rieb ihre Wange über den weichen Stoff der Boxershorts.

»Carrie …« Sams Stimme klang seltsam erstickt.

Da er aber keine Anstalten machte, sie daran zu hindern, sondern sich seine Hand wieder in ihre Haare grub, sah sie keinen Anlass, sich das zu versagen, was sie begehrte. Vorsichtig begann sie durch den Stoff an Sams Penis zu knabbern, während sich ihre Finger langsam darunterschoben. Es hatte etwas seltsam Erregendes, seine Erektion nur zu fühlen, aber nicht zu sehen. Lange würde sie das allerdings nicht durchhalten, das war ihr jetzt schon klar. Und auch Sam schien immer mehr in seinen Gefühlen gefangen zu sein. Ein dumpfes Grollen stieg aus seiner Kehle, und er begann seine Hüfte in ihre Richtung zu bewegen.

Carrie hauchte warme Luft durch den Stoff und wurde mit einem Stöhnen belohnt. Seine Spitze bahnte sich einen Weg aus dem Bündchen heraus, und sie konnte die Tropfen sehen, die aus dem Schlitz quollen. Ja, er war eindeutig bei der Sache. Ihre Finger legten sich um seine Hoden und schoben damit den Schaft weiter aus der Boxershorts. Mit der Zungenspitze nahm sie einen Tropfen auf und genoss seinen Geschmack. Sams Hand grub sich fester in ihre Haare und brachte sie damit dichter an das Objekt ihrer Begierde. Carrie schloss ihren Mund um seine Spitze, und sie stöhnte gemeinsam mit Sam auf. Wie hatte sie es nur geschafft, ihm so lange fernzubleiben?

3

Sam fühlte sich wie im Himmel, als sich Carries heißer Mund um seinen Schaft schloss. Seine Muskeln spannten sich an, als ihre Zunge in seinen Schlitz tauchte, während ihre Finger seine Hoden massierten. Es fehlte nicht viel, und er würde kommen, schneller als bei jeder anderen Frau zuvor. Doch das wollte er nicht, *so* wollte er das nicht. Seine Augen öffneten sich, und er senkte den Kopf, um Carrie zu beobachten. Ihre zerwühlten Haare waren immer noch feucht, genauso wie ihre Kleidung. Wie kam es, dass er halb nackt war und Carrie immer noch vollständig angezogen? Irgendwie hatte sie ihn überrumpelt und ihn alles andere vergessen lassen. Sam schnitt eine Grimasse. Es würde wirklich wehtun, die Sache jetzt zu beenden, aber es ging nicht anders.

Mit einem bedauernden Laut trat er einen Schritt von Carrie zurück. Sofort ließ sie ihn los und blickte zu ihm auf. Ihre vollen Lippen waren gerötet, ihre Augen glitzerten.

»Du glaubst nicht, wie gerne ich weitermachen würde, aber es geht wirklich nicht.«

Langsam erhob Carrie sich, und er konnte sehen, wie sich ihre harten Brustspitzen gegen den nassen Stoff des T-Shirts drängten. Sam schluckte, schaffte es aber nach einiger Zeit, seinen Blick davon loszureißen und zu ihrem Gesicht zu heben. Auch ihre Wangen waren gerötet, aber er konnte noch ihre Sommersprossen sehen. Unwillkürlich trat er wieder einen Schritt vor, ballte dann aber die Fäuste und blieb stehen.

Carrie betrachtete seine inzwischen beinahe schmerzhafte

Erektion und lächelte ihn schief an. »Doch, das glaube ich dir. Wenn du noch zwei Minuten erübrigen kannst, könnte ich …«

Rasch unterbrach er sie. »Nein. Nicht so, Carrie.«

Ihre Miene erstarrte. »Ich verstehe. Es tut mir leid, dass ich mich dir aufgedrängt habe.«

Sam unterdrückte einen Seufzer. »Wir waren beide hier, Carrie. Du weißt, dass ich deine Berührungen sehr genossen habe.«

Offenbar besänftigte sie das nicht. »Ja, ich habe gehört, dass alle Männer so reagieren, wenn sie eine willige Frau vor sich haben.« Die Röte in ihren Wangen vertiefte sich. »Ich weiß nicht, was über mich gekommen ist. Normalerweise überfalle ich Männer nicht derart, wenn sie gar nicht an mir interessiert sind.«

Ärger regte sich in Sam. »Anscheinend hast du nicht zugehört, wie üblich. Mir ist es ein Rätsel, wie du daran zweifeln kannst, dass ich an dir interessiert bin. Müsste ich nicht zurück zur Arbeit, würden mich keine zehn Pferde hier wegbekommen.« Er beugte sich vor, bis sich ihre Nasen beinahe berührten. »Im Gegenteil, ich hätte dich schon auf das Sofa geworfen und dafür gesorgt, dass du ganz genau weißt, was ich will.«

Carrie machte eine wegwerfende Handbewegung. »Alles nur leere Worte.«

Verdammt, wie schaffte sie es nur immer, ihn so wütend zu machen? Offenbar hatte sie ein besonderes Talent dafür. Es schien fast, als wollte sie gar nicht, dass ihr jemand näherkam. »Carrie …«

Sie kreuzte ihre Arme über der Brust. »Du solltest jetzt gehen. Wir wollen ja nicht, dass du zu spät kommst, *Sheriff*.«

Sam erkannte, dass jedes weitere Wort nur zu einem Streit führen würde, deshalb drehte er sich wortlos um. Er war keine zwei Meter gekommen, als ihre Stimme hinter ihm erklang.

»Willst du dein Hemd nicht mitnehmen? Es könnte komisch wirken, wenn du halb nackt durch die Stadt läufst. Und deine Hose ist auch noch offen.«

Jetzt reichte es. Sam blieb stehen, als wäre er vor eine Wand gelaufen. Er nahm einen tiefen Atemzug, dann drehte er sich zu Carrie um, die ihm das Hemd mit spitzen Fingern entgegenhielt. Mit einem tiefen Grollen, das ihm beinahe selbst Angst machte, ignorierte er das Hemd, schlang stattdessen seine Arme um Carrie und drängte sie zurück, bis ihre Kniekehlen gegen das Sofa stießen. Sie verlor das Gleichgewicht, und er ließ sich mit ihr fallen.

Ihren erschrockenen Aufschrei stoppte er mit einem tiefen Kuss. Zuerst hatte er Angst, dass sie ihn beißen könnte, doch sowie ihre Zungen sich berührten, schlang sie ihre Arme um seinen Nacken und erwiderte den Kuss mit so viel Leidenschaft, dass Sam Sterne sah. Ihr Körper fühlte sich gut an unter seinem. Sam bewegte seine Hüfte, um seinen Schaft an ihr zu reiben. Carrie schlang ihre Beine um ihn, und sie kamen sich damit noch näher. Der Stoff ihrer Hose rieb über die empfindliche Spitze seines Schafts und ließ ihn wünschen, dass sie beide nackt wären. Wie auf eigenen Befehl begannen seine Hände damit, ihr T-Shirt nach oben zu zerren. Als er nicht weiterkam, half ihm Carrie dabei, es über ihren Kopf zu ziehen.

Sein Blick glitt über ihren Oberkörper und blieb an dem hauchdünnen BH hängen, der, nass, wie er war, ihre Brüste kaum verdeckte. Auch diese Barriere war ihm noch zu viel, und Sam schob ihn rasch nach oben. Ihre Brüste waren nicht groß, aber perfekt geformt. Besonders hatten es ihm die überraschend dunklen Spitzen angetan, die sich ihm entgegenreckten. Das konnte er nicht ignorieren. Sam rutschte ein Stück herunter und knabberte sachte an Carries Hals. Er legte eine Spur von Küssen abwärts, bis er bei ihren Brüsten ankam.

Mit dem Daumen strich er über eine Brustwarze, die sich daraufhin noch fester zusammenzog. Ein Schauer lief sichtbar durch Carries Körper, und sie bog sich ihm auffordernd entgegen.

Sam folgte ihrem Wunsch und strich mit der Zunge über ihre Brustwarze. Carrie stöhnte auf, und ihre Fingernägel bohrten sich in seinen Rücken. Erregung schoss durch seinen Körper, und er begann an ihr zu saugen. Sie schmeckte nach Sommerregen und Frau, eine unwiderstehliche Mischung. Schnell fand er heraus, wie weit er gehen musste, um Carrie zum Stöhnen zu bringen. Unruhig bewegte sie sich unter ihm, und er würde sich nicht wundern, wenn sein Rücken bereits blutig wäre. Die Narben würde er allerdings mit Stolz tragen, denn sie bedeuteten, dass er Carrie Genuss verschafft hatte. Auf jeden Fall erstreckte sich ihre kämpferische Art anscheinend auch auf den Sex, eine Tatsache, die ihm unheimlich gefiel. Er mochte es nicht, wenn Frauen passiv unter ihm lagen und erwarteten, dass er die ganze Arbeit machte. Carrie war perfekt für ihn.

Sachte knabberte er an ihrer Brustspitze, dann fester, als Carrie verlangende Laute von sich gab. Er wechselte die Seite und ließ der zweiten Brustwarze die gleiche Behandlung zuteilwerden. Mit Daumen und Zeigefinger hielt er dabei den Druck an der anderen Spitze aufrecht. Als er spürte, dass Carrie dem Orgasmus immer näher kam, hob er seine Hüfte an und presste seine Erektion dann wieder zwischen ihre Beine. Durch die Hose konnte er ihre Feuchtigkeit und die Konturen ihrer Schamlippen spüren. Er konzentrierte seine Bewegungen auf ihre Klitoris und schabte gleichzeitig mit den Zähnen über ihre Brustspitze.

Mit einem atemlosen Schrei erreichte Carrie den Höhepunkt. An seinem Schaft konnte er ihre Zuckungen spüren, ihr Herz raste unter seiner Hand. Liebevoll leckte er noch einmal über ihre Brustspitze, dann schob er sich auf ihr nach oben, bis sein Penis die weiche Haut ihres Bauches berührte. Nun überließ er sich seinem eigenen Orgasmus. Erschöpft lag er danach auf Carrie, und seine Augen schlossen sich. Es fühlte sich so gut an, ihre Haut an seiner zu spüren, ihren Atem, der über seinen Hals strich.

Zögernd berührte ihre Hand seine Schulter. »Sam?«

»Hmhm?«

»Musstest du nicht los?«

Schlagartig öffneten sich seine Augen, und er stemmte sich hoch. Verdammt, wie hatte er das vergessen können? Er wusste nicht, wie viel Zeit vergangen war, aber sicher mehr als die dreißig Minuten, die er seinem Deputy genannt hatte. Sein Blick fiel auf Carrie, die aussah, als wäre sie gerade ausgiebig geliebt worden. Automatisch senkte er den Kopf und küsste ihre roten Lippen. Sofort verlor er sich in ihrer Weichheit und drang in ihren Mund ein. Carrie gab einen Laut von sich, der zwischen Zufriedenheit und Hunger lag, und Sam vertiefte den Kuss. Erst als ihm wieder einfiel, dass er eigentlich woanders sein müsste, riss er sich schließlich los.

»Du bist äußerst gefährlich.«

Irritiert blickte Carrie zu ihm auf. »Wie kommst du denn darauf?«

Sam strich mit den Fingern an ihrem Hals entlang. »Du lässt mich alles andere vergessen.«

Ihre Miene wurde weicher. »Dito.«

Als er sich gerade wieder vorbeugte, wurde ihm klar, dass er jetzt sofort gehen musste, wenn er nicht für immer hierbleiben wollte. Rasch löste er sich von Carrie und stand auf. Er schnitt eine Grimasse, als er den feuchten Fleck auf Carries Bauch sah. Auch ihre beiden Hosen waren in Mitleidenschaft gezogen.

»Tut mir leid, ich konnte mich nicht beherrschen.«

Carrie blickte an sich hinunter und lächelte. »Mir tut es nicht leid.«

Gott, was gäbe er darum, jetzt nicht weggehen zu müssen! »Du machst es mir nicht gerade leicht.«

»Warum sollte ich das auch?« Sie tauchte einen Finger in sein Sperma und führte ihn an die Lippen. Mit der Zunge leckte sie es ab.

Sam stöhnte auf, als er spürte, wie sein Schaft sich bereits wieder füllte. Mit Mühe schob er ihn in die Boxershorts zurück und schloss seine Hose. Als er aufblickte, hatte Carrie sich aufgesetzt und wischte sich mit dem T-Shirt über den Bauch. Seltsamerweise störte ihn das, weil es sich anfühlte, als würde sie ihn aus ihrem Leben entfernen. Aber das war Unsinn; jetzt, wo er ihr endlich nähergekommen war, würde er sie nicht mehr gehen lassen.

Rasch hob er sein Hemd auf, zog es an und schloss die Knöpfe. Er steckte es nicht in die Hose, um die verräterischen Flecken zu verdecken. Zwar würde er sowieso erst nach Hause fahren, um sich umzuziehen, aber wer wusste schon, was auf dem Weg dorthin passieren konnte. Schließlich drehte er sich noch mal zu Carrie um und sah, dass sie ihren BH wieder über ihre Brüste gezogen hatte. Eine Schande, seiner Meinung nach. Wenn es nach ihm ginge, würde sie immer nur nackt herumlaufen. Aber das sagte er besser nicht laut, eine so auf ihre Unabhängigkeit bedachte Frau wie Carrie hätte sicher etwas dagegen.

Schließlich riss er sich bedauernd von ihrem Anblick los. »Kommst du zurecht?«

Carrie verzog den Mund. »Natürlich.« Es sah aus, als wollte sie noch etwas sagen, aber sie schwieg.

Etwas unschlüssig blickte Sam zur Tür. »Dann fahre ich mal los.«

»Mach das.« Ihre Miene wurde distanzierter, es war, als hätte es die leidenschaftlichen Momente zwischen ihnen gar nicht gegeben. Sam wusste nicht, was er dagegen tun sollte, und vor allem hatte er jetzt keine Zeit dafür. Das alles würde warten müssen, bis er seinen Dienst beendet hatte.

Zu gern hätte er sie zum Abschied geküsst, aber Carrie wirkte, als würde sie ihm eher etwas über den Kopf ziehen, als ihn so nah an sich heranzulassen. Mit einem hohlen Gefühl im Magen ging er zur Haustür, zog seine Schuhe an, nahm seinen Hut von der Bank und verließ das Haus.

Carrie schob die Gardine ein Stück beiseite und beobachtete, wie Sam mit gesenktem Kopf durch den strömenden Regen zu seinem Wagen lief. Sein abrupter Aufbruch schmerzte mehr, als sie zugeben wollte. Verdammt, was hatte sie getan? Auch wenn sie seit Jahren davon träumte, Sam so nahe zu kommen, hätte sie sich doch zurückhalten müssen. Was sie wollte, war kein schneller Sex in der Pause, sondern eine richtige Beziehung, in die sowohl sie als auch Sam Gefühle investierten. Und sie bezweifelte stark, dass Sam so etwas im Kopf gehabt hatte. Nein, ihm war es nur um seine Befriedigung gegangen, egal mit wem. Hauptsache, ein warmer Körper, an dem er sich reiben konnte.

Okay, das war vielleicht etwas ungerecht. Schließlich war sie es gewesen, die über ihn hergefallen war, nicht andersherum. Sam hatte sogar versucht, die Sache zu beenden. Und das schmerzte fast noch mehr. Was sagte es über sie aus, wenn sie sich einem Mann aufdrängen musste? Wahrscheinlich hatte Sam sich nur aus Mitleid mit ihr eingelassen. Carrie wandte sich vom Fenster ab und presste eine Hand vor ihren Mund, um ihr Stöhnen zu unterdrücken. Wie hatte sie so blöd sein können? Sie konnte sich nie wieder in der Stadt blicken lassen, wenn das herauskam! Langsam kehrte sie ins Wohnzimmer zurück und blickte auf das Sofa. Ihr nasses T-Shirt lag immer noch auf dem Boden und erinnerte sie daran, wie es sich angefühlt hatte, als er auf ihrem Bauch gekommen war.

Carrie hob das T-Shirt auf und ließ sich auf das Sofa sinken. Was sollte sie jetzt machen? Einfach so tun, als wäre nichts geschehen? Als hätte Sam ihre Welt nicht zum Wanken gebracht? Sie glaubte nicht, dass sie das konnte. Besonders wenn sie Sam wiedersah und er so tat, als wäre nichts passiert. Aber genau das würde er vermutlich tun, sonst hätte er sich beim Abschied anders verhalten. Er hatte sie weder umarmt noch gesagt, dass sie sich bald wiedersehen würden. Gut, in einer Stadt dieser Größe war das unvermeidlich, aber es wäre trotzdem schön gewesen, eine Perspektive zu haben. Besonders weil ihre berufliche Zukunft in der Schwebe hing.

Ihr Laden. Carrie straffte den Rücken und blickte sich im Wohnzimmer um. Überall hingen Dessous oder waren noch in die Kisten gestopft. Sie sollte sich zuerst darum kümmern, dass sie keinen Schaden genommen hatten und trotzdem noch von ihr verkauft werden konnten. Sie schnitt eine Grimasse. Falls sie jemals wieder einen Laden hatte. Nachdem sie offenbar noch nicht mal einen Stand in der Stadt aufmachen durfte, waren ihren Möglichkeiten begrenzt. Um nicht zu sagen: nicht existent. Sie war am Ende, wenn das Gebäude nicht schnellstmöglich wiederaufgebaut wurde. Und danach sah es momentan nicht aus.

Kurz entschlossen holte sie ihr Handy aus der Tasche und rief ihren Vermieter an. Mit angehaltenem Atem wartete sie darauf, dass er sich meldete.

»Ja?«

»Mr Meyers? Hier ist Carrie Bishop. Ich wollte mal nachfragen, ob es inzwischen etwas Neues bezüglich des Hauses gibt.«

»Es tut mir sehr leid, Ms Bishop, das wird alles noch ein wenig dauern, weil sich die Gebäudeversicherung erst selbst ein Bild von der Lage machen möchte. Sie bestehen auf einem eigenen Gutachten, und das kann einige Zeit in Anspruch nehmen. Leider kann ich vorher aber nicht mit dem Wiederaufbau beginnen, weil mir ohne die Versicherungssumme das Geld dafür fehlt.« Echtes Bedauern klang in seiner Stimme mit.

Carries Kehle zog sich zusammen. »Ich verstehe, danke.« Vor allem, weil ihre eigene Versicherung auch nicht schneller war und die Sache genauso handhabte.

»Ich würde Ihnen wirklich gerne für die Zwischenzeit einen Ersatz anbieten, aber die anderen Immobilien sind alle bereits vermietet. Was werden Sie jetzt tun?«

Das war die große Frage. »Ich weiß es noch nicht. Aber halten Sie mich bitte auf dem Laufenden, wie es mit dem Wiederaufbau weitergeht.«

»Selbstverständlich. Sie werden die Erste sein, der ich Bescheid sage.«

»Danke, Mr Meyers. Auf Wiederhören.« Langsam legte Carrie das Handy auf den Couchtisch und starrte ins Leere.

Es würde sicher ein halbes Jahr, wenn nicht noch länger dauern, bis das Gebäude wiederaufgebaut war. Und so lange konnte sie nicht warten. Ihre Ersparnisse steckten alle im Laden und in der Ware, die jetzt noch übrig war. Sie konnte es sich schlicht nicht leisten, zu warten. Außerdem würde sie verrückt werden, wenn sie hier nur herumsaß. Zwar hatte sie es sehr genossen, Bewohnerin einer Kleinstadt zu sein, aber vielleicht wurde es doch Zeit, wieder in eine größere Stadt zu gehen, wo ihr Kundenkreis auch deutlich größer sein würde. Hier war sie immer nur gerade so über die Runden gekommen, es wäre doch nett, sich auch mal etwas außer der Reihe leisten zu können. Allerdings war die nächste größere Stadt ein ganzes Stück entfernt, und dort wären nicht Alyssa und die anderen Freunde, die sie hier gefunden hatte. Und auch nicht Sam.

Das Handy klingelte, und sie zuckte erschrocken zusammen. Ob es Sam war? Sofort schob sie den Gedanken beiseite. Nur weil sie gerade an ihn gedacht hatte, hieß das nicht, dass er auch sie nicht aus dem Kopf bekam. Ein Blick auf das Display bestätigte, dass er es nicht war, sondern Alyssa.

Carrie atmete tief durch, bevor sie den Anruf annahm. »Hallo, Alyssa.«

»Hi! Ich wollte nur mal hören, wie es dir geht. Kyle hat über den Polizeifunk gehört, dass es Ärger mit deinem Stand gab.«

Natürlich, inzwischen wusste das vermutlich jeder hier im Ort. Mit einem stummen Seufzer gestand Carrie sich ein, dass es Dinge gab, die sie nicht vermissen würde. »Ja, der Sheriff war da und hat mir gesagt, dass ich die Dessous dort nicht verkaufen kann.«

»Verdammt! Kapiert der Dickkopf denn nicht, dass du deine Ware irgendwo anbieten musst, wenn du Geld verdienen willst?« Die Verärgerung in Alyssas Stimme tat Carrie gut.

»Doch, ich denke schon, dass er es versteht, aber wenn es nun mal verboten ist, muss er dafür sorgen, dass ich damit aufhöre. Und das hat er getan. Aber ich hätte die Sache sowieso abbrechen müssen, weil es anfing zu schütten.«

»Und es soll noch einige Tage so weitergehen. Ich werde Kyle bitten, dass er …«

Carrie unterbrach ihre Freundin. »Nein, das möchte ich nicht.« Sie rieb über ihre kurzen Haare, die inzwischen nach allen Seiten abstanden. »Es würde nichts bringen. Ich habe gerade mit Mr Meyers gesprochen, und er sagte, es würde noch länger dauern, bis mit dem Wiederaufbau des Gebäudes begonnen werden kann. Und so lange kann ich nicht warten, Alyssa.«

Einen Moment lang herrschte Stille. »Was willst du jetzt

tun?« Ihrer Stimme war anzuhören, dass Alyssa die Antwort schon kannte.

»Ich werde mich woanders nach einem passenden Laden umsehen. Irgendwo, wo es auch mehr potenzielle Kundschaft gibt.«

Am anderen Ende der Leitung hörte sie lautes Atmen, dann einen leisen Seufzer. »Ich möchte nicht, dass du gehst, aber ich kann verstehen, warum du keinen anderen Weg siehst. Wenn du in irgendeiner Weise Hilfe brauchst, dann sag Bescheid.«

»Das werde ich. Kann ich meinen Kram so lange bei dir unterstellen, bis ich etwas gefunden habe?« Nicht, dass sie noch viel hatte, aber sie wollte dafür auch nicht extra einen Lagerraum anmieten oder es mit sich herumschleppen.

»Natürlich. Wann fährst du?«

»Wohl schon morgen, es bringt ja nichts, wenn ich es noch weiter aufschiebe. Dadurch verliere ich nur Zeit und Geld.«

»Wo willst du zuerst hin?«

Carrie blickte zum Fenster. »Vielleicht Sacramento oder Oakland. Wenn es da nichts gibt, San Francisco.«

»Sieh es mal so: Da ist vielleicht auch das Wetter besser.«

Carries Lachen klang auch in ihren eigenen Ohren hohl. »Stimmt, das wäre ein Vorteil.« Sie schwieg einen Moment. »Ich würde dich vermissen, Alyssa.«

Alyssas Stimme klang erstickt. »Ich dich auch. Du kommst aber auf jeden Fall zurück, bevor du dich entscheidest, oder?«

»Ich verspreche es. Bis bald!« Schnell legte sie auf, damit ihre Freundin nicht bemerkte, dass sie zu weinen begonnen hatte.

Ärgerlich wischte Carrie die Tränen weg. Sie fing ja nicht das erste Mal von vorne an, sie würde es auch diesmal wieder irgendwie schaffen. Und wo immer es sie hinzog, würde es auch interessante Männer geben. Resolut ignorierte sie die leise Stimme, die ihr einflüsterte, dass keiner von ihnen Sam war.

4

Generwt warf Sam das Handy auf den Tisch und nahm die Wanderung durch sein Wohnzimmer wieder auf. Warum ging Carrie nicht dran? Seit vier Tagen versuchte er jetzt schon, mit ihr zu reden, aber sie schien ihm aus dem Weg zu gehen. Nicht einmal in der Stadt hatte er sie gesehen, und das, obwohl er ständig aus seinem Fenster geschaut hatte. Wie gut, dass sich die Arbeitslast inzwischen wieder normalisiert hatte, nachdem der Irre, der es auf Kyle und Alyssa abgesehen hatte, ins Gefängnis überführt worden war. Das hieß, dass Sam jetzt endlich genug Zeit hatte, sich um die Sache mit Carrie – was immer es auch war – zu kümmern. Nur leider konnte er sie nicht erreichen, um ihr klarzumachen, dass ihm ihr kurzes Zwischenspiel nicht reichte.

Warum ging sie ihm aus dem Weg? Klar, er hatte nicht gerade viel gesagt, als er gegangen war, aber er hätte erwartet, dass sie sich holen würde, was sie wollte, oder es ihm zumindest genau sagen würde. Doch stattdessen schwieg sie. Vielleicht war es so enttäuschend für sie gewesen, dass sie nichts mehr mit ihm zu tun haben wollte? Er erinnerte sich daran, wie sie ausgesehen hatte, nachdem sie gekommen war. Nein, es hatte ihr gefallen, dessen war er sicher. Also musste sie sich über sein Verhalten geärgert haben. Das konnte er verstehen. Warum sie ihm nicht die Chance gab, sich zu entschuldigen und es ihr zu erklären, hingegen nicht.

Kurz entschlossen schnappte er sich das Handy und seinen Hausschlüssel und verließ seine Wohnung. Als Sheriff bekam er eine Dienstwohnung gestellt, die sich in der unteren Etage eines zweigeschossigen Hauses befand. Wenn Carrie nicht ans Telefon ging, würde er eben persönlich mit ihr sprechen. Und wenn es sein musste, würde er so lange an ihrer Tür klingeln, bis sie ihm aufmachte. Während seiner Zeit bei den Marines hatte er es gelernt, geduldig zu sein.

Sam öffnete die Haustür und verzog den Mund, als er sah, dass es immer noch regnete. Seit Tagen hatte es nicht mehr aufgehört, und der Boden war völlig durchweicht. Sie hatten sogar schon einige Straßen in der Umgebung sperren müssen, weil sie vom Wasser unterspült waren, das aus den Hügeln in breiten Strömen herunterkam. Glücklicherweise gab es noch andere Straßen aus dem Ort heraus, sodass sie nicht völlig abgeschnitten waren. Aber wenn das Wetter so blieb, könnte das durchaus passieren. Schon das Frühjahr war zu feucht gewesen, die Böden so gesättigt, dass sie kein Wasser mehr aufnehmen konnten. Aber das war ein Problem, über das er später nachdenken würde, jetzt war erst einmal die dickköpfige Carrie an der Reihe.

Schnell lief Sam zu seinem Wagen, riss die Tür auf und warf sich hinein, um dem starken Regen zu entgehen. Mit der Hand wischte er über sein feuchtes Gesicht. Verdammt, das wurde langsam wirklich lästig. Vorsichtig suchte er sich durch den Regen den Weg zu Carries Haus – oder besser Alyssas. Er parkte in der Einfahrt hinter einem Wagen und sprintete zur Haustür. Im Vorbeilaufen erkannte er, dass es nicht Carries Auto war. Ob sich ihres immer noch in der Werkstatt befand? Sam drückte auf den Klingelknopf und wartete ungeduldig darauf, dass Carrie ihm öffnete. Mit der Hand fuhr er durch seine nassen Haare und schnitt eine Grimasse, als er erkannte, dass er wieder völlig durchnässt vor ihr stehen würde. Das musste er sich wirklich abgewöhnen. Sollte es allerdings dazu führen, dass sie ihm wieder das Hemd auszog …

Sein Schaft regte sich und drückte gegen den Reißverschluss seiner Jeans. Vielleicht hätte er sich doch noch eine Boxershorts unterziehen sollen, bevor er losgefahren war. Jetzt rächte sich das, denn der raue Stoff der Hose rieb über seine empfindliche Haut und ließ die Erektion weiter anschwellen. Gerade als er seine Hand in die Jeans schieben wollte, um seinen Penis zurechtzurücken, öffnete sich die Tür. Ruckartig zog er die Hand zurück.

Zu seiner Überraschung war es Kyle, der in der Türöffnung stand und ihn mit hochgezogenen Augenbrauen ansah. Einen Moment lang wusste Sam nicht, was er sagen sollte, dann fielen ihm seine Manieren wieder ein. »Hallo, Kyle.«

»Sam.« Sein Freund betrachtete ihn von oben bis unten. »Komm rein, du bist ja ganz nass.«

Zögernd trat Sam über die Türschwelle. »Danke.«

Kyle schloss die Tür hinter ihm und lehnte sich dann mit dem Rücken dagegen. »Bist du offiziell hier?« Besorgnis zeichnete sich in seiner Miene ab, als Sam nicht sofort antwortete. »Ist etwas passiert?«

Es dauerte ein paar Sekunden, bis Sam verstand, dass Kyle nicht meinte, ob etwas zwischen ihm und Carrie passiert war. »Nein, nein, alles in Ordnung.« Verlegenheit breitete sich in ihm aus. »Eigentlich wollte ich zu Carrie.«

Langsam zog ein Lächeln über Kyles Gesicht, wie Sam es schon sehr lange nicht mehr gesehen hatte. Genau genommen lange bevor sein Freund bei einem Brand in einem Supermarkt beinahe ums Leben gekommen wäre und schwere Brandverletzungen davongetragen hatte. Offenbar bekam es Kyle sehr gut, mit Alyssa zusammen zu sein. »Aha. Hast du dich endlich dazu durchgerungen, mit ihr zu sprechen?«

Sofort regte sich Protest in Sam. »Ich habe auch schon vorher mit ihr geredet.«

Kyle grinste ihn an. »Ich hätte das eher Streiten genannt.«

Sam beschloss, nicht darauf einzugehen. »Was machst du überhaupt hier? Ich dachte, ihr wohnt derzeit drüben bei dir.«

»Das tun wir auch, aber Alyssa wollte nach den Pflanzen sehen, solange Carrie nicht da ist.«

Sein Gehirn stürzte sich auf die einzig wichtige Aussage. »Carrie ist nicht hier? Wo ist sie?«

Kyle wurde ernst. »Weißt du das nicht? Sie ist seit Tagen unterwegs, um woanders nach einem Laden zu suchen, den sie mieten kann.«

Sam erstarrte. »Was? Wo?«

»Darüber solltest du vielleicht besser mit ihr selbst reden.«

Frustriert fuhr Sam mit beiden Händen durch seine Haare. »Das würde ich ja, wenn sie hier wäre oder an ihr Telefon gehen würde.«

Mitfühlend blickte Kyle ihn an. »Dann will sie wohl nicht mit dir sprechen.«

»Verdammt!« Sam lehnte sich an die Wand und versuchte, sich zu überlegen, was er jetzt tun konnte. Anscheinend meinte Carrie es völlig ernst damit, hier wegzuziehen. Einerseits wollte er sie fragen, wie sie das tun konnte, nach dem, was zwischen ihnen passiert war, aber andererseits konnte er ihre Beweggründe auch nachvollziehen. Carrie wollte und musste Geld verdienen, aber das konnte sie hier derzeit nicht. Das Problem war nur, wenn sie erst einmal woanders einen Laden gefunden und ihr Dessous-Geschäft eingerichtet hatte, würde sie nicht wieder zurückkommen.

Eine schwere Hand legte sich auf seine Schulter. »Hast du ihr denn mal gesagt, was du für sie empfindest?«

Sam hätte gelacht, wenn die Sache nicht so ernst gewesen wäre. »Glaubst du wirklich, dass gerade du mir Beziehungsratschläge geben solltest? Wenn ich mich recht erinnere, hast du es noch nicht mal geschafft, mit Alyssa mehr als zwei Wörter zu wechseln, bevor sie verschüttet wurde.«

Kyle zuckte nur mit den Schultern. »Stimmt, aber du musst ja nicht den gleichen Fehler begehen wie ich. Frauen legen offenbar Wert darauf, dass wir mit ihnen über Gefühle reden.«

»Und damit hast du absolut recht.« Die Stimme erklang hinter Sam, und er drehte sich schnell um. Alyssa kam mit einem Lächeln auf sie zu. »Hallo, Sam. Das, was Kyle gesagt hat, stimmt. Woher sollen wir wissen, was in euren Köpfen vor sich geht?«

»Das hätte ich ja vielleicht gemacht, wenn Carrie mir nicht immer gleich den Kopf abreißen würde, sowie ich ihr mal näher als zwei Meter komme.«

Alyssas Lächeln verbreiterte sich. »Ja, sie ist manchmal etwas … kompliziert. Aber sie ist eine wirklich tolle Frau. Und sie ist es wert, dass sich ein Mann um sie bemüht.«

»Das ist aber verdammt schwierig, wenn sie einfach abhaut, ohne etwas zu sagen.« Seine Kehle zog sich zusammen. »Glaubst du wirklich, dass sie wegzieht?«

»Ich hoffe es nicht, aber hier sind ihre Möglichkeiten sehr begrenzt. Wir haben ihr schon angeboten, dass sie hier wohnen kann, bis das Gebäude wiederaufgebaut ist, aber ich glaube nicht, dass sie es annehmen wird. Sie will es unbedingt alleine schaffen, und sie ist bereit, dem alles andere unterzuordnen.«

»Weißt du, wo sie jetzt ist? Schaut sie sich in den umliegenden Städten nach freien Läden um?«

Alyssa schüttelte den Kopf. »Sie war in Sacramento, Oakland und San Francisco.«

Sein Magen zog sich zusammen. Das war Hunderte von Meilen entfernt. Auf keinen Fall würden sie über diese Entfernung eine Beziehung führen können. »Warum will sie so weit weg?«

»Sie sagte etwas von besseren Verkaufsmöglichkeiten für

Dessous, aber ich schätze, sie hat dafür auch noch einen anderen Grund.« Alyssa blickte ihn direkt an.

Verwirrt rieb Sam über sein Gesicht. »Aber warum? Wir haben doch gerade erst …« Er brach ab und spürte, wie Wärme sein Gesicht überflutete. Es ging niemanden etwas an, was Carrie und er hier getan hatten. Auch nicht ihre Freunde.

Alyssa legte ihre Hand auf seinen Arm. »Du solltest auf jeden Fall mit ihr reden. Vielleicht schaffst du es ja, sie zu überreden hierzubleiben. Ich kann das nicht mit gutem Gewissen tun, so wenig ich meine Freundin auch verlieren möchte. Aber ich habe jetzt Kyle und dank seiner und Carries Hilfe auch bald wieder eine Bibliothek und damit ganz andere Aussichten als Carrie. Es wäre selbstsüchtig von mir, sie zu halten, wenn sie hier keine Perspektive hat.«

Die Frage war, was er Carrie bieten konnte. Er mochte sie sehr und wollte sie gerne näher kennenlernen, aber auch er konnte ihr keinen neuen Laden herbeizaubern. Und Carrie war zu unabhängig, um sich von ihm finanziell helfen zu lassen. Vielleicht wäre es besser für sie, in einer anderen Stadt neu zu starten. Geschäftlich würde es sicher besser laufen als in diesem verschlafenen Ort. Sowie der Gedanke in seinem Kopf war, schob Sam ihn von sich. Nein, so selbstlos war er nicht, sie gehen zu lassen. Nicht jetzt, wo sie endlich dort angekommen waren, wo er schon seit Langem hinwollte. Sie berühren zu können, in ihrer Nähe zu sein.

»Hat Carrie gesagt, wann sie zurückkommt?«

»Sie müsste bald da sein.« Alyssa blickte auf ihre Uhr. »Sie hat vor Kurzem angerufen und gesagt, dass sie auf dem Rückweg ist. Allerdings muss sie einige Umleitungen nehmen, weil etliche der Straßen wegen der Regenfälle gesperrt sind.«

Erleichterung kam in ihm auf, als er hörte, dass er heute noch mit ihr sprechen konnte. »Kann ich hier auf sie warten?«

Alyssa blickte ihn einen Moment prüfend an. »Solange du nicht auf die Idee kommst, in ihren Sachen zu schnüffeln …« Sie lachte, als sie seinen finsteren Blick sah. »Das war nur ein Scherz. Natürlich kannst du hier auf sie warten. Aber versuch, sie nicht zu erschrecken, wenn sie kommt.«

»Ich werde mich bemühen. Danke.«

Alyssa stellte sich auf die Zehenspitzen und küsste ihn auf die Wange. »Nichts zu danken. Wenn du es schaffst, sie zum Hierbleiben zu bewegen, würdest du mir einen großen Gefallen tun. Ich liebe Carrie.«

Kyle stieß sich von der Tür ab und schlang seinen Arm um Alyssas Taille. »Und ich liebe ihre Dessous, also gib dein Bestes.«

Kopfschüttelnd beobachtete Sam, wie die beiden Regenjacken anzogen und das Haus verließen. Er wartete, bis die Rücklichter ihres Wagens nicht mehr zu sehen waren, dann ging er langsam ins Wohnzimmer. Sofort wurde sein Blick vom Sofa angezogen. Er blinzelte, um das Bild aus seinem Kopf zu vertreiben, wie Carrie halb nackt darauf ausgesehen hatte. Das würde ihm jetzt auch nicht helfen, während er auf sie wartete. Stattdessen ging er zum Bücherregal und zog einen Thriller heraus, den er noch nicht gelesen hatte. Schon nach wenigen Minuten stellte er jedoch fest, dass er sich nicht darauf konzentrieren konnte. Genervt klappte er das Buch zu und schaltete den Fernseher an. Er zappte sich durch, bis er zum Wetterkanal kam, und versuchte, seine steigende Unruhe zu unterdrücken, als er hörte, dass der Regen nicht nachlassen würde und es in ihrer Region zu weiteren Erdrutschen und Überschwemmungen kommen konnte.

Sam rief im Sheriffsbüro an, doch dort war alles ruhig, bisher waren noch keine weiteren Sperrungen oder Notfälle gemeldet worden. Erleichtert lehnte er sich zurück und versuchte sich auszumalen, wie es sein würde, Carrie wiederzusehen.

»Verdammt!« Carrie schlug mit der Hand aufs Lenkrad und starrte die Straßenblockade, die sich vor ihr aufgetan hatte, wütend an. Hatten es inzwischen alle auf sie abgesehen? Nicht nur, dass sie ihren Laden und ihre Wohnung verloren hatte und auch ihr Versuch, neue Geschäftsräume zu finden, ein Reinfall gewesen war – jetzt war schon die zweite Straße gesperrt, die sie eigentlich nach Hause bringen sollte. Gut, Zuhause war vielleicht falsch ausgedrückt, schließlich besaß sie nicht mal mehr ein Dach über dem Kopf.

Erschöpft lehnte sie ihre Stirn an das Lenkrad und versuchte, die Kraft zum Weiterfahren aufzubringen. Oder vielmehr umzukehren. Ihr Leben schien nur noch aus Sackgassen zu bestehen, sie kam nicht mehr vorwärts, egal, was sie auch tat.

Mit einem Schnauben richtete sie sich wieder auf. Es brachte nichts, hier noch weiter herumzusitzen und darauf zu warten, dass sich ihr Leben verbesserte. Regen prasselte auf die Windschutzscheibe und verschlechterte die Sicht, als sie den Wagen langsam wendete und die Straße zurückfuhr. Sie war eng und kurvig, deshalb musste Carrie aufpassen, nicht auf den aufgeweichten Seitenstreifen zu kommen, der teilweise direkt in steile Abhänge überging. Es half auch nicht gerade, dass die Dämmerung einsetzte und es langsam immer dunkler wurde. Im Licht der Scheinwerfer sah sie nur die Regenwand, alles andere war verschwommen.

Beinahe im Schritttempo fuhr Carrie die schmale Straße entlang und versuchte, immer in der Mitte der Fahrbahn zu bleiben. Bei dem Wetter war die Wahrscheinlichkeit, dass ihr jemand entgegenkam, sehr gering. Die Einwohner der Region waren sicher schlau genug, zu Hause zu bleiben. Zwar hatte ihr Alyssa erzählt, dass es durch die lang anhaltenden Regenfälle einige Straßensperrungen gegeben hatte, aber dummerweise hatte sie geglaubt, dass es so schlimm schon nicht sein würde und sie noch einen Weg finden würde. Jetzt wusste sie, dass es schlauer gewesen wäre, sich ein Hotelzimmer zu nehmen und dort zumindest bis zum Morgen zu warten.

Angespannt krampften sich ihre Finger um das Lenkrad. Sie würde es schon schaffen, wenn sie langsam fuhr und auf die Schilder achtete, die sie hoffentlich zu einer weiteren Umleitung bringen würden. Wenn es gar nicht anders ging, würde sie zum letzten Ort zurückfahren und dort übernachten. Gerade war sie nur mit ein paar Kratzern der Explosion ihres Ladens entkommen, dann würde sie jetzt sicher nicht bei einem Unfall auf regennasser Straße sterben. Zufrieden mit dieser logischen Sichtweise, entspannte sie sich ein wenig. Sie war oft genug bei Regen gefahren, und es war nie etwas passiert.

Carrie verlangsamte die Geschwindigkeit noch mehr, als sie zu einer Abzweigung kam. Ein kaum sichtbares Schild zeigte an, dass auch diese Straße zu ihrem Ziel führen würde. Hoffentlich war es nicht wieder eine Sackgasse! Vorsichtig fuhr sie um die Kurve und landete auf einem noch schmaleren Weg, der aber immerhin noch asphaltiert war. Es ging leicht bergab, wodurch sich wenigstens keine großen Pfützen gebildet hatten und auch die Gefahr von Aquaplaning sich verringerte. Erleichtert atmete Carrie auf, als der Regen unter den hohen Bäumen etwas geringer wurde und sie besser vorankam. An der rechten Straßenseite ging die Böschung steil hoch, während auf der Fahrerseite die in graue Schatten getauchte Landschaft einem Abhang Platz machte. Bei gutem Wetter war das ein toller Ausblick, jetzt jedoch wirkte es beunruhigend.

Ihre Finger schlossen sich fester um das Lenkrad, während sie den Blick nicht mehr von der Straße nahm. Das dunkle Band schlängelte sich durch die Landschaft und war bereits nach wenigen Metern nicht mehr mit den schwachen Scheinwerfern zu erkennen. Carrie schaltete das Fernlicht an, doch das half auch nur bedingt. Die Umgebung erschien ihr dadurch noch dunkler, sie konnte nur noch den durch die Nässe spiegelnden Asphalt erkennen. Sie kniff ihre Augen zusammen, doch auch das half nicht. Inzwischen war sie fast im Schritttempo unterwegs, aber das war okay, solange sie heil ankam.

Ein gleißender Blitz spaltete den Himmel, dicht gefolgt von einem lauten Knall. Aus Reflex schloss Carrie die Augen, doch es war zu spät. Helle Punkte behinderten ihre Sicht, und sie trat automatisch auf die Bremse. Erleichtert atmete sie auf, als der Wagen langsam ausrollte und dann auf der Straße stehen blieb. Mit den Fingern rieb sie über ihre Augen. Der Ärger regte sich wieder in ihr. Es schien wirklich so, als hätte sich alles gegen sie verschworen. Vielleicht würde ihr ja als Nächstes der Himmel auf den Kopf fallen …

Ein Grollen ertönte plötzlich und wurde immer lauter. Ängstlich blickte Carrie sich um. Was war das? Carrie zuckte zusammen, als es laut krachte. Bildete sie sich das ein, oder neigte sich einer der Bäume immer weiter in ihre Richtung? Unbewusst trat sie auf das Gaspedal, und der Wagen schoss vorwärts. In diesem Moment ertönte ein ohrenbetäubendes Geräusch, und wie in Zeitlupe stürzte der Baum um. Direkt vor ihr prallte er auf die Fahrbahn. Carrie machte eine Vollbremsung und schaffte es gerade noch, zu halten, bevor ihre Stoßstange mit dem Stamm Bekanntschaft machte. Ihr Herz raste, ihr Atem klang laut in der plötzlichen Stille. Verdammt, das war knapp gewesen!

Mit brennenden Augen starrte sie auf den riesigen Baumstamm. Auf keinen Fall würde sie an ihm vorbeifahren können. Und da die Straße hinter ihr gesperrt war, gab es keine Möglichkeit, von hier zu entkommen. Carries Hand zitterte, als sie nach ihrem Handy griff. Für einen winzigen Moment dachte sie darüber nach, sich bei Sam zu melden. Was würde sie darum geben, jetzt seine Stimme zu hören! Doch sie entschied sich, Alyssa anzurufen. Vielleicht hatte Kyle eine Idee, wie sie aus dieser Situation herauskommen könnte. Die Nacht hier verbringen zu müssen stellte sie sich alles andere als gemütlich vor. Und vor allem war es viel zu gefährlich. Wer wusste schon, ob nicht noch mehr Bäume umstürzen würden?

Gerade als sie in ihrem Handy Alyssas Nummer aufgerufen hatte, hörte sie wieder ein lautes Grollen und Krachen. Ihr Kopf ruckte herum, und im ersten Moment verstand sie nicht, was sie da sah. Der dunkle Hang über ihr schien sich zu bewegen. Was zum Teufel …?

Ein Erdrutsch!

Carrie griff nach der Automatikschaltung, um den Rückwärtsgang einzulegen, doch es war zu spät. Ihr Wagen wurde von durchnässten Erdmassen erfasst. Ein lautes Knirschen ertönte, und Carrie erwartete schon fast, dass sie im Auto zerquetscht würde. Doch dann bewegte sich der Hang weiter und schob den Wagen mit sich zum Straßenrand. Aus dem Fenster konnte sie sehen, wie der Abhang bedrohlich näher kam. Sie musste hier raus!

Ihre Hand tastete nach dem Türgriff, doch bevor sie ihn fand, schleuderte ein brutaler Stoß sie gegen die Tür. Fast wie in Zeitlupe kippte der Wagen über die Kante in den Abgrund. Carries entsetzter Schrei echote durch das Wageninnere, als das Auto inmitten der Geröllmassen den steilen Abhang hinunterrollte. Hilflos hing sie im Gurt, während sich alles um sie herum drehte. Schmerz durchzuckte ihren Körper, als ihre Gliedmaßen sich verdrehten und gegen das Innere des Wagens schlugen. Schlamm klebte an den Scheiben und verwehrte ihr den Blick nach draußen. Nur durch einen kleinen Spalt hinter dem Seitenspiegel konnte sie etwas sehen – allerdings fast nur

Schwärze, bis auf sehr kurze Momente, in denen der hellere, graue Himmel zu sehen war.

Übelkeit kam in ihr auf, und ihr Kopf kippte nach vorne. Schmerzhaft schlug ihre Schläfe gegen das Seitenfenster, Blut lief in ihren Rachen, weil sie sich auf die Zunge gebissen hatte. Etwas stieß gegen das Dach und beulte es nach innen ein. Wenige Zentimeter weiter links, und es hätte ihren Kopf getroffen. *Oh Gott, sie würde sterben!* Diese Abhänge waren lang und steil, die Wahrscheinlichkeit, das hier zu überleben, war extrem gering. Hatte sie wirklich gedacht, dass es nicht noch schlimmer kommen konnte?

Während sie weiter herumgewirbelt wurde, dachte sie an Sam. Würde er es bedauern, wenn sie starb? Oder würde er einfach zum nächsten Fall, zur nächsten Frau übergehen, als hätte ihre kurze Episode überhaupt keine Bedeutung? Nein, selbst wenn er sich nicht so viel aus ihr machte, wie sie gerne hätte, würde er trotzdem dafür sorgen, dass sie geborgen wurde, und sicher um sie trauern. Oder? Bevor sie weiter darüber nachgrübeln konnte, wurde ihr Wagen ein weiteres Mal herumgeschleudert und rutschte auf dem Dach weiter den Abhang hinunter.

Mit einem unheilvollen Knirschen stoppte die Vorwärtsbewegung schließlich vollständig. Hilflos hing sie im Gurt und versuchte, sich irgendwie festzuhalten, doch die Kräfte waren zu stark. Ihr Kopf schlug erneut gegen die Scheibe, und die Welt versank um sie herum.

5

Zum sicher tausendsten Mal blickte Sam auf die Uhr. Wie lange brauchte Carrie noch, um nach Hause zu kommen? Oder war sie vielleicht doch umgekehrt oder gleich zu Alyssa und Kyle gefahren? Aber dann hätte doch sicher jemand daran gedacht, ihn zu informieren. Sam verzog das Gesicht. Vielleicht aber auch nicht. Schließlich hielt er es nicht mehr aus und wählte Carries Nummer. Anstelle eines Klingeltons erklang wieder gleich die Ansage der Mailbox. Frustriert und mehr als nur ein wenig besorgt beendete Sam die Verbindung. Entweder wollte Carrie nicht mit ihm sprechen und hatte deshalb das Handy ausgeschaltet, oder sie war in einer Gegend ohne Empfang. Das kam hier öfter vor, selbst im Ort brach manchmal die Verbindung ab. Schon wenige Meilen außerhalb zeigte das Handy oft nicht mal ein einziges Empfangssignal. Trotzdem machte er sich Sorgen; besonders bei der derzeitigen Wetterlage war es nicht ungefährlich, in der Dunkelheit durch die Hügel zu fahren, die den Ort umgaben.

Als er es nicht mehr aushielt, wählte Sam Kyles Nummer. Hoffentlich war Carrie dort oder hatte sich zumindest gemeldet! Zwar würde es ihn treffen, wenn sie ihm weiterhin aus dem Weg ging, aber wenigstens würde er dann wissen, dass es ihr gut ging.

»Ja?«

»Kyle, hier ist Sam. Hat sich Carrie noch mal bei euch gemeldet?«

Einen Moment lang herrschte Stille. »Nein, wir dachten, sie

wäre bereits angekommen und ihr hättet anderes zu tun, als anzurufen.«

Sam schnitt eine Grimasse. Er hätte es durchaus begrüßt, wenn das passiert wäre. Doch dazu hätte Carrie erst einmal ankommen müssen. »Ich habe bisher nichts von ihr gehört.« Er ging zum Fenster und blickte auf die Einfahrt. Es stand nur sein eigener Wagen dort. »Ich dachte, sie hätte vielleicht mein Auto gesehen und wäre gleich zu euch weitergefahren. Auf ihrem Handy meldet sich nur die Mailbox.«

»Mist!« Sam konnte hören, wie Kyle leise mit Alyssa redete, dann wurde seine Stimme wieder lauter. »Als Carrie vorhin angerufen hat, war sie gerade bei der Absperrung angekommen und wollte umdrehen. Selbst wenn sie wegen des Wetters extrem vorsichtig gefahren ist, müsste sie inzwischen längst da sein. Oder hast du etwas gehört, dass sich die Verhältnisse noch weiter verschlechtert haben?«

»Nein. Und wenn noch mehr abgesperrt werden müsste, hätte mich jemand informiert.« Sam fuhr mit der Hand durch seine Haare. »Ich werde mich erkundigen und dann selbst hinfahren. Es ist nur noch eine Straße offen; wenn sie dort ist, werde ich sie finden.«

Kyle gab einen zustimmenden Laut von sich. »Soll ich mitkommen?«

Sam überlegte kurz und schüttelte dann den Kopf. »Nein, danke. Es gibt keinen Grund, warum wir uns beide dem elenden Wetter aussetzen sollten. Wenn ich etwas erfahre, sage ich dir Bescheid.«

»Okay. Finde Carrie, sie ist ein Stadtkind und kennt sich mit solchen Gegebenheiten nicht aus.«

Sam biss die Zähne zusammen, als er sich vorstellte, dass Carrie dort draußen alleine war. »Das werde ich.« Er beendete die Verbindung und rief beim Sheriffsbüro an. Der dortige

Wachhabende bestätigte, dass keine weiteren Meldungen über Straßensperrungen oder unpassierbare Wege hereingekommen waren. Aber das bedeutete nur, dass bisher niemand davon wusste, nicht, dass es sie nicht gab.

Entschlossen schnappte sich Sam seinen Autoschlüssel und verließ das Haus. Diesmal bemerkte er den Regen kaum, der auf seinen Kopf prasselte und ihn in kürzester Zeit durchnässte. Alles, woran er denken konnte, war Carrie. Sam sprang in den Wagen und gab Gas.

Glücklicherweise waren die Straßen wie ausgestorben, und er konnte so schnell fahren, wie es die widrigen Wetterbedingungen erlaubten. Rasch ließ er die Stadt hinter sich und bog auf die Landstraße ein, die ihn zu Carries letztem bekanntem Standort führen würde. In zahlreichen Kurven wand sich die schmale Straße in die Hügel hinauf.

Durch die tief hängenden Wolken und die Dunkelheit war kaum etwas zu erkennen. Sam schaltete den Suchscheinwerfer auf dem Dach ein, wodurch sich die Sicht aber nur minimal verbesserte. Er mochte sich nicht vorstellen, dass Carrie hier mit ihrem kleinen Auto hätte entlangfahren müssen. Konnte es sein, dass sie wirklich wieder umgedreht war? Aber dann hätte sie sich doch sicher bei Alyssa gemeldet. Er wusste, dass Carrie normalerweise sehr verantwortungsbewusst war. Selbst wenn ihr Handy vielleicht nicht aufgeladen war oder keinen Empfang hatte, hätte sie einen Weg gefunden, ihre Freundin zu informieren, damit sie sich keine Sorgen machte.

Also war sie entweder noch unterwegs, oder sie befand sich in einer Notlage und brauchte dringend Hilfe. Je weiter er fuhr, desto mehr breitete sich das schlechte Gefühl in Sam aus. Carrie hätte ihm schon längst entgegenkommen müssen.

Sam griff nach seinem Handy, erkannte aber nach einem Blick auf das Display, dass er keine Verbindung hatte. Verdammt! Er warf es auf den Beifahrersitz und nahm das Sprechteil vom Funkgerät in die Hand.

»Hier ist Sheriff Mayweather. Ich bin gerade auf halbem Weg zur Sperrung. Wissen Sie etwas Neues über die Straßenverhältnisse auf der anderen Seite?«

Der Wachhabende meldete sich sofort. »Nein. Offenbar gibt es dort freien Zugang bis zur Sperrung.«

Wenn Carrie zurückgefahren war, müsste sie also schon aus den Hügeln heraus sein. »Überprüfen Sie, ob Carrie Bishop dort zurückgekommen ist. Vielleicht hat sie sich ein Hotelzimmer genommen.«

»In welchem Umkreis, Sheriff?«

Sam starrte auf die nasse Straße. »Höchstens dreißig Meilen. Ich denke mal, dass sie sich im nächstliegenden Ort ein Zimmer nehmen würde.«

»Okay, ich mache mich sofort dran.«

»Danke, und setzen Sie sich auch mit Kyle Barnes in Verbindung. Mein Handy hat keinen Empfang mehr. Wenn sich Carrie bei jemandem meldet, dann bei ihm.«

»Wird gemacht.«

Sam hängte das Funkgerät zurück und konzentrierte sich wieder auf das Fahren. Immer wieder glitt sein Blick aus dem Seitenfenster den steilen Abhang hinunter. Wenn Carrie die Kontrolle verloren hatte und in einer Kurve abgestürzt war, würde er sie in der Dunkelheit nie finden. Die Ungewissheit quälte ihn, und die Vorstellung, eventuell bis zum Morgen warten zu müssen, und nicht zu wissen, wo sie sich befand und was mit ihr passiert war, schnürte ihm die Kehle zu. Auf keinen Fall konnte er Suchmannschaften bei diesem Wetter hinausschicken, wenn nicht mal feststand, ob Carrie überhaupt hier gewesen war. Dafür war das Gebiet viel zu groß und die Bodenverhältnisse zu gefährlich. Er konnte keine Menschenleben riskieren, nur weil er ein schlechtes Gefühl hatte. Egal, wie viel ihm Carrie auch bedeutete. Aber das hieß nicht, dass er selbst nicht so lange suchen würde, bis er sie gefunden hatte.

Sollte sich dann herausstellen, dass sie irgendwo in Sicherheit war und sich aus Sturheit nicht gemeldet hatte, würde er ihr die Leviten lesen – und sie dann in die Arme nehmen und so lange festhalten, bis die Angst um sie aus seinem Körper vertrieben war. Und das konnte sehr, sehr lange dauern.

Beinahe zu spät bemerkte er die unförmigen Brocken, die mitten auf der Fahrbahn lagen. Schlitternd kam der Wagen zum Stehen, nur wenige Zentimeter vor der Barriere. Vom Rücksitz griff Sam sich einen Regenmantel und seinen Hut und zog sie rasch an. Dann stieß er die Fahrertür auf und stieg aus. Wasser prasselte so laut auf seine Kapuze, die er über den Hut gezogen hatte, dass er kaum etwas anderes hörte. Mit dem Fuß stupste er einen der Brocken an. Durchgeweichte Erde fiel auseinander und wurde vom Regen davongespült. Im Licht der Scheinwerfer konnte er weitere Klumpen erkennen, weiter hinten sah er nur Dunkelheit. Sein Herz klopfte schneller, als er langsam vorwärtsging. Erde, Schlamm, kleinere Felsbrocken, Vegetation. Offenbar war hier ein Stück vom Hang abgerutscht, aber das ganze Ausmaß konnte Sam nicht erkennen.

Mit einem flauen Gefühl im Magen machte er sich auf den Rückweg zum Wagen. Dort suchte er die Taschenlampe aus dem Handschuhfach und nahm dann erneut das Sprechteil des Funkgeräts zur Hand.

»Hier ist der Sheriff. Es gab offenbar einen weiteren Erdrutsch. Das genaue Ausmaß kenne ich noch nicht, aber ich brauche hier sofort eine Absperrung. Das heißt, dass dann alle Wege durch die Hügel gesperrt sind, geben Sie das auch an die Nachbarorte durch.«

»Kommen Sie jetzt zurück?«

Sam blickte in die Dunkelheit. »Nein. Ich werde sehen, ob die Straße morgen geräumt werden kann und jemand von dem Erdrutsch betroffen ist.«

»Sheriff …«

»Lassen Sie die Sperrung vor meinem Wagen aufbauen. Ich werde das Warnlicht anlassen, damit niemand in das Hindernis fährt.«

»Okay.«

»Haben Sie Ms Bishop schon gefunden?«

»Nein, sie ist in keinem der Motels abgestiegen, und auch Barnes hat nichts von ihr gehört. Ihr Handy scheint weiterhin ausgeschaltet oder ohne Empfang zu sein.«

Sams Magen zog sich weiter zusammen. Wenn sie hier gewesen war, als der Erdrutsch herunterging, könnte sie auf der Straße zwischen den Hindernissen gefangen sein. Oder noch schlimmer, von der Lawine verschüttet. Nein, das war sicher nur der Sheriff in ihm, der sofort das Schlimmste vermutete. Wie hoch war die Wahrscheinlichkeit, genau in dem Moment irgendwo entlangzufahren, wenn es einen Erdrutsch gab? Allerdings gab es immer wieder Berichte über Tote oder Verletzte in genau solch einer Situation. Nein, er würde nicht darüber nachdenken, was ihr geschehen sein konnte. Vielleicht war es nur eine kleine Schlammlawine gewesen, und er würde Carrie unverletzt auf der anderen Seite finden.

Der Gedanke setzte ihn in Bewegung. Mit der Taschenlampe in der Hand stieg Sam wieder aus, holte einen Rucksack mit Erste-Hilfe-Set aus dem Kofferraum und machte sich auf den Weg.

Zuerst waren es nur wenige Brocken, die leicht zu umgehen waren, doch bald baute sich vor ihm eine Wand aus Erde, Steinen und Bäumen auf. Vorsichtig kletterte er hinauf und fluchte, als seine Beine immer wieder im Morast stecken blieben.

Wenn ein Auto unter dem Geröll begraben war, gab es kaum eine Möglichkeit, die Passagiere noch lebend zu bergen. Das Metall würde von den tonnenschweren Felsen und Baumstämmen völlig zerquetscht worden sein. Allerdings hatte er bisher noch kein Anzeichen dafür entdeckt, dass hier überhaupt ein Wagen gewesen war. Mit dieser verzweifelten Hoffnung arbeitete er sich langsam weiter vor. Schlamm klebte an ihm und erschwerte jeden Schritt, aber Sam gab nicht auf.

Schließlich kam er auf der anderen Seite an und bewegte sich vorsichtig über die letzten Brocken. Der Schein der Taschenlampe glitt über den Boden, und Sam glaubte, etwas auf dem Asphalt zu erkennen. Parallele schwarze Spuren führten bis unter das Geröll. Sam kniete sich hin und kniff die Augen zusammen. Bremsspuren! Und wenn er sich nicht irrte, endeten sie unter den Erdschichten. Was bedeutete, dass sie schon vor dem Erdrutsch da gewesen waren. Die Frage war nur: wie viel früher? Sie konnten Wochen alt sein oder nur wenige Minuten. Mit erzwungener Ruhe prüfte Sam die Spuren genauer. Sie gehörten auf jeden Fall zu einem normalen Personenwagen, nicht zu einem Lastwagen oder Jeep, dafür waren sie zu schmal.

War es Carries Auto gewesen? Da sie ihm nicht entgegengekommen war, könnte sie zurückgesetzt haben, um einen anderen Weg zu finden. Oder sie war unter Tonnen von durchnässter Erde, Felsen und Bäumen gefangen. Sein Herz hämmerte beinahe lauter als der Regen, während er sich aufrichtete. Zum ersten Mal fühlte er sich wirklich hilflos. Verdammt, warum hatte er Carrie nicht viel früher gesagt, was er für sie empfand? Dann hätte sie diese Reise gar nicht erst unternommen, und sie würden gemütlich im Haus sitzen. Stattdessen war es gut möglich, dass er nie wieder ihr Lachen hören oder das Blitzen in ihren Augen sehen würde. Ein furchtbarer

Gedanke, den er sofort beiseiteschob. Carrie musste noch leben, etwas anderes würde er nicht zulassen.

Ein dumpfes Stöhnen drang an ihre Ohren. Es dauerte einen Moment, bis Carrie erkannte, dass sie selbst diese Laute verursachte. Mühsam atmete sie ein und begann sofort zu husten. Ein starker Druck lag auf ihrer Brust und verhinderte, dass ihre Lunge sich frei entfalten konnte. Was war passiert? Carrie öffnete ihre Augen, doch um sie herum blieb es schwarz. Oh Gott, war sie blind? Mit der Hand wedelte sie vor ihrem Gesicht herum, doch sie konnte nichts erkennen. Zumindest hoffte sie, dass ihr Arm sich bewegte und sie sich das nicht nur einbildete. Sie streckte ihn aus und keuchte auf, als ihr Handrücken schmerzhaft gegen etwas Hartes stieß.

Vorsichtig tastete sie ihre Umgebung ab. Unter ihr war etwas Glattes, das sich ein wenig wie Stoff anfühlte. Unter ihrem Po war ein Polster, doch erst als ihre Finger sich um ein rundes Plastikteil vor ihr schlossen, erkannte sie, wo sie sich befand. Im Auto! Schlagartig erinnerte sie sich: der umgestürzte Baum, der Erdrutsch, durch den ihr Auto den Abhang hinuntergeschoben worden war. Der Wagen hatte sich mehrmals überschlagen und dann … Carrie hatte keine Ahnung, was danach geschehen war, und das ließ ihre Besorgnis in unbekannte Höhen schnellen. Immerhin schien sie noch zu leben, was mehr war, als sie erwartet hatte. Oder sah so das Leben nach dem Tod aus: für immer in einem dunklen Raum gefangen?

Ein beinahe hysterisches Lachen stieg in ihr auf, das Carrie rasch unterdrückte. Unsinn, dort gäbe es sicher kein Lenkrad. Und vor allem würde sie auch nicht kopfüber hängen. Jetzt verstand sie endlich, was auf ihre Brust drückte und warum ihr Kopf so pochte. Anscheinend war der Wagen auf dem Dach zum Liegen gekommen. Vermutlich sollte sie sich zuerst vom

Gurt befreien und sich dann überlegen, wie sie am besten aus dem Auto herauskam. Ein Schauer lief durch ihren Körper, und Carrie rief sich mühsam zur Ordnung.

Okay, der Gurt. Mit zitternden Fingern tastete Carrie nach dem Verschluss. Es dauerte einen Moment, bis sie ihn gefunden hatte. Bevor sie ihn löste, kam ihr die Idee, dass es vermutlich keine gute Idee war, wenn sie nicht mit ihrem gesamten Gewicht auf dem Kopf landen wollte. Vorsichtig manövrierte sie ihre Beine und einen Arm so, dass sie sich bestmöglich abstützte, bevor sie auf den Knopf drückte. Zuerst tat sich gar nichts, doch dann löste sich der Gurt, und sie landete ziemlich unelegant auf dem Boden. Oder vielmehr dem Himmel ihres Wagens. Mit der Hand ertastete sie die Windschutzscheibe, ein Wunder, dass sie den Sturz heil überstanden hatte.

Mit etlichen Flüchen schaffte sie es schließlich, ihre schmerzenden Glieder so zu sortieren, dass sie sich ein wenig aufrichten konnte. Sofort stieß sie mit dem Kopf gegen das Lenkrad.

»Au, verdammt!« Ihre Stimme klang seltsam laut in der abgeschlossenen Welt ihres Autos. Es war fast, als existierte die Welt außerhalb ihres schützenden Kokons nicht mehr. »Jetzt reiß dich endlich zusammen, Carrie! Natürlich ist da draußen noch alles so wie vorher. Du brauchst nur die Tür aufmachen, aussteigen, und schon ist alles wieder in Ordnung.« Als Mutmachrede war das gar nicht schlecht, auch wenn Carrie bezweifelte, dass es wirklich so einfach werden würde.

Da ihr aber gar keine andere Wahl blieb, tastete sie schließlich nach dem Türgriff und betätigte ihn nach einem beruhigenden Atemzug. Nichts passierte. Noch einmal versuchte sie es und drückte gleichzeitig mit der Schulter gegen die Tür. Nichts. Okay, keine Panik. Das war vermutlich völlig normal, wenn sich ein Wagen überschlagen hatte. Der Rahmen hatte sich bestimmt verzogen. Aber es gab noch drei andere Türen, eine von denen würde auf jeden Fall funktionieren. An etwas anderes durfte sie gar nicht denken, sonst würde die Angst überschwappen, die langsam in ihr aufstieg. Und die konnte sie in dieser Situation überhaupt nicht brauchen.

Schnell kletterte sie auf die andere Seite des Wagens und schlug dabei mit dem Knie gegen etwas Hartes. Der Rückspiegel, wie sie kurz darauf feststellte. Carries Finger schlossen sich um den Griff der Beifahrertür und zogen daran. Wieder nichts. Die Panik schwappte höher, und Carrie biss sich auf die Lippen. Alles war gut, sie musste nur die Ruhe bewahren. *Leichter gesagt als getan.*

Carrie zwängte sich zwischen Kopfstütze und Dach hindurch und versuchte es bei den hinteren Türen. Beide Male erzielte sie das gleiche Ergebnis. Inzwischen erreichte ihre Furcht nie gekannte Höhen. Ihr Atem kam stoßweise, und sie hatte das Gefühl, ersticken zu müssen, wenn sie nicht sofort hier rauskam. Normalerweise litt sie nicht an Platzangst, aber dann hielt sie sich ja auch freiwillig irgendwo auf. Hier jedoch war sie eingeschlossen, ohne eine Möglichkeit zu entkommen. Nein, das würde sie nicht zulassen! Sie würde hier herauskommen, irgendwie.

Die Scheiben! Dummerweise waren sie nicht zum Kurbeln, sondern funktionierten nur mit laufendem Motor. Ungeduldig zwängte Carrie sich zwischen den Sitzen durch und tastete nach dem Schlüssel. Ja, er steckte noch! *Bitte, bitte, spring an.* Beim ersten Versuch rutschte ihre feuchte Hand ab, dann aber bekam sie den Schlüssel zu fassen und drehte ihn herum. Ominöse Stille herrschte, und ihr Herz sank. Schweiß rann in ihre Augen, sie wischte ihn ungeduldig mit dem Arm weg. Ein neuer Versuch, diesmal hielt sie den Schlüssel länger, doch wieder passierte nichts. Dann konnte sie es wohl doch nur mit Gewalt versuchen.

Carrie legte sich auf den Rücken und zog die Beine an. Tief holte sie Atem, dann ließ sie ihre Beine vorschnellen. Schmerz zuckte durch ihre Füße, als sie heftig an das Glas stießen. Erst jetzt merkte sie, dass sie irgendwann ihre Schuhe verloren haben musste. Wie sollte sie mit bloßen Füßen die Scheibe zerstören? Das würde nie funktionieren. Sie brauchte etwas Hartes, Schweres. Einen Moment lang war ihr Kopf völlig leer, dann erinnerte sie sich an den Wagenheber, der im Kofferraum beim Reserverad lag. Damit musste es klappen!

Wieder robbte sie sich unter den Kopfstützen hindurch, dann kniete sie sich hin und zog über ihrem Kopf an der Lasche, mit der die Mitte des Rücksitzes umgeklappt werden konnte. Unerwartet klappte das Teil ihr entgegen, und sie konnte gerade noch ihre Hände wegziehen, bevor sie eingeklemmt wurden. Sie musste wirklich daran denken, dass momentan alles andersherum war. Nach einem weiteren Atemzug steckte sie die Arme durch den nun freien Schlitz und tastete nach ihrem Werkzeug. Das war gar nicht so einfach, denn alles war durcheinandergeworfen. Nässe drang an ihre Finger, offenbar war die Scheibe des Kofferraums kaputt gegangen und ließ nun feuchte Erde eindringen.

Vorsichtig suchte sie weiter und stieß einen triumphierenden Laut aus, als sich ihre Finger um den Griff des Radmutternschlüssels schlossen. Das war sogar noch besser als der Wagenheber. Carrie zog ihn heraus und hielt ihn einen Moment lang nur fest, bevor sie sich zum hinteren Seitenfenster umwandte. Am besten testete sie erst, was passierte, bevor sie die ganze Scheibe zerschlug. Mit einem Arm vor ihrem Gesicht, um es vor dem Glas zu schützen, schlug sie gegen die Scheibe. Ein klickendes Geräusch ertönte, doch sonst passierte nichts. Okay, das war wohl zu schwach. Sie schlug mit deutlich mehr Kraft zu, und in der Scheibe bildeten sich Risse. Mit einem ungeduldigen Laut schwang sie den Radmutternschlüssel noch einmal, und diesmal löste sich das Sicherheitsglas in kleinen Krümeln.

Erleichtert, dass sie keine Angst vor Verletzungen haben musste, steckte sie die Hand durch das entstandene Loch. Sofort umschloss etwas Feuchtes ihre Finger, und Carrie zog sie rasch zurück. Sie hörte ein leises Geräusch, wie ein … Platschen. Es kam aus der Richtung des Fensters. Zögernd streckte sie die Hände erneut aus. Ohne Licht konnte sie nicht sicher sein, glaubte aber, nasse Erde zu fühlen, die langsam durch das Loch quoll. Konnte es sein, dass der Wagen überall davon umgeben war? Das würde auch erklären, warum sie die Türen nicht öffnen konnte und es so dunkel hier drin war.

Mit dem Mut der Verzweiflung schob Carrie erneut ihre Hand aus dem Fenster, so weit, wie ihr Arm es erlaubte. Nichts als Schlamm und Geröll. Sie war hier gefangen. Das Herz hämmerte in ihrer Brust, und sie rang schwer nach Atem. Wenn das gesamte Auto von der nassen Erde eingeschlossen war, wäre die Luft irgendwann verbraucht, und sie würde ersticken. Schon jetzt glaubte sie zu spüren, wie der Sauerstoff weniger wurde. Nein, das war nur ihre Einbildung. Sie musste sich zusammenreißen und so wenig wie möglich verbrauchen, damit sie durchhielt, bis sie gerettet wurde. Irgendjemand würde sie bestimmt vermissen und suchen, oder? Die Frage war nur, ob sie sie überhaupt finden würden, wenn das Auto vollständig von der Geröllmasse bedeckt war.

6

Nur mit Mühe schaffte Sam es, Ruhe zu bewahren und klar zu denken. Er suchte sich einen langen Stock und begann damit, in regelmäßigen Abständen in die Erdschichten zu stoßen. Wenn dort irgendwo ein Auto war, würde er es so hoffentlich entdecken. Sein Gefühl sagte ihm, dass Carries Wagen in der Nähe der Bremsspuren sein musste, deshalb konzentrierte er seine Suche auf diesen Bereich der Straße.

Langsam und methodisch arbeitete er sich bis zum Straßenrand vor, hinter dem der steile Abhang lag. Schon lange predigte er, dass sie an diesen Stellen dringend Leitplanken brauchten, um zu verhindern, dass Wagen von der Straße abkamen und hinunterstürzten. Doch nie wurde das nötige Geld dafür bewilligt. In diesem Fall hätte es allerdings vermutlich auch nicht geholfen, die Schlamm- und Geröllmassen hätten alles mit sich gerissen. Mit der Taschenlampe leuchtete Sam in die Dunkelheit. Er konnte nur wenige Meter weit blicken, doch was er sah, machte ihm nicht gerade Mut. Der gesamte Abhang war von Erde, Felsen und entwurzelten Bäumen bedeckt, alles, was im Weg stand, war offensichtlich einfach niedergewalzt worden. Ein Auto wäre ein Spielball dieser Naturgewalten geworden. Die Chance, solch eine Wucht zu überleben, war äußerst gering.

Sam biss die Zähne zusammen. Egal wie niedrig die Wahrscheinlichkeit war, er würde nicht aufgeben, bis er Carrie gefunden hatte. Noch immer hoffte er, dass sie einfach zurückgefahren war und sich nur noch nicht gemeldet hatte, aber darauf konnte er sich nicht verlassen. Mühsam suchte er sich einen Weg zurück zu seinem Wagen und erkundigte sich über Funk erneut nach dem neuesten Stand. Die Antwort war die gleiche wie vorher: Es gab keine Spur von Carrie. Hilfe war bereits auf dem Weg, doch Sam wusste, er konnte nicht darauf warten. Jede Minute zählte. Deshalb gab er Anweisungen, wie weiter verfahren werden sollte, und meldete sich dann ab. Am liebsten hätte er das Funkgerät mitgenommen, aber es war fest im Wagen eingebaut.

Aus dem Auto nahm er noch einige Wasserflaschen und einen kleinen Klappspaten mit, dann machte er sich wieder auf den Weg. Er war der Sheriff hier und musste dafür sorgen, dass die Bewohner in Sicherheit waren. Das würde er für jeden tun, aber dass es Carrie war, machte die Situation für ihn noch persönlicher. Er würde erst dann aufhören, wenn er sie gefunden hatte oder wenn ihm jemand sagte, dass sie heil wieder aufgetaucht war.

Erneut kehrte er zu der Stelle zurück, an der die Bremsspuren waren, dann arbeitete er sich langsam nach unten. Der Boden war rutschig, und mehr als einmal konnte er sich nur in letzter Sekunde irgendwo festhalten, bevor er den Abhang hinuntergestürzt wäre. Adrenalin jagte durch seine Adern und sorgte dafür, dass er neue Kraft gewann. Mit dem Stock stocherte er in den Erdmassen. Häufig traf er dabei auf Widerstand und begann zu graben, doch es waren immer nur Felsen oder Baumstämme, nie Metall. Einerseits konnte er so immer noch hoffen, dass es Carrie gut ging, andererseits verrann wertvolle Zeit.

Auf einem kleinen Absatz blieb er stehen und trank einen Schluck Wasser. Trotz der eher kühlen Temperaturen und des ständigen Regens schwitzte er unter der Regenjacke, und seine Kehle war wie ausgedörrt. Sein Rücken schmerzte von der gebückten Haltung und dem Stochern, doch er gönnte sich nur wenige Sekunden, bevor er den Lichtstrahl der Taschenlampe erneut über das Trümmerfeld vor sich gleiten ließ. In der braunen Masse war kaum etwas zu erkennen, alles war mit einer dicken Schicht Erde überzogen. Sollte Carries Wagen wirklich in die Tiefe gezogen worden sein, war von oben jedenfalls nichts davon zu sehen. Kein Metall blitzte im Licht auf, kein Glas reflektierte. Das Auto schien voll und ganz von der Natur verschluckt worden zu sein.

Ein lauter Ruf ließ ihn aufblicken. Oben am Rand der Straße tauchten Personen auf, Helfer von Polizei und Feuerwehr, die trotz der Gefahr die Arbeit aufnehmen würden. Stolz, ein Teil dieser Gemeinschaft zu sein, erfüllte ihn. Sam hob die Hand und winkte.

»Schon was gefunden?« Chief Perrys Stimme war unverkennbar.

»Nein. Hat Carrie sich gemeldet?« Schon bevor Perry verneinte, kannte er die Antwort. Er konnte es in seinem Magen spüren, dass Carrie in Gefahr war. Oder vielleicht schon tot. Hastig schüttelte er den Gedanken ab. Sie lebte. Sie musste einfach leben.

Nachdem Perry ihn auf den neuesten Stand gebracht hatte, setzte Sam seine Suche fort. Es half ihm, zu wissen, dass die anderen da waren und ebenfalls nach Carrie suchten. Sie konzentrierten sich auf den Bereich der Straße, bis sie ein System aus Sicherungsseilen in Position gebracht hatten. Sam wünschte, sie würden sich beeilen, war aber gleichzeitig froh, dass sich niemand sonst in Gefahr begab. Das, was er tat, war selbstmörderisch, und er würde jeden anderen für verrückt halten, der ein solches Risiko einging. Genau das hatte er vor zwei Wochen auch Kyle gesagt, als der unter den Trümmerberg gekrochen war, um bei Alyssa zu sein. Und jetzt war er hier und benahm sich genauso unverantwortlich. Aber das reichte nicht, um ihn zu stoppen.

»Sam!«

Sein Kopf ruckte nach oben, als wieder Perrys Stimme ertönte. »Ja?«

»Es wird zu unsicher hier, ich muss die Männer zurückziehen. Der obere Hang könnte jederzeit erneut abrutschen. Wir müssen ihn stabilisieren, und das geht erst dann, wenn wir Material dafür haben und endlich dieser verdammte Regen aufhört.«

Sams Magen zog sich zusammen. »Verstehe.« Erneut stach er mit dem Stock zu.

»Du musst da weg, Sam, es ist zu gefährlich.«

Noch einmal blickte er nach oben, wo er Perrys Silhouette im Licht der Scheinwerfer sehen konnte. »Ich suche weiter. Zieht ihr euch zurück, damit ihr in Sicherheit seid, ich lasse Carrie nicht alleine.«

»Sam, du weißt nicht mal, ob sie überhaupt dort ist!«

Er presste die Lippen aufeinander. »Sie ist hier irgendwo.«

Beinahe glaubte er, Perrys Seufzer bis ganz nach unten zu hören. »Sei bloß vorsichtig. Ich habe keine Lust, einen neuen Sheriff wählen zu müssen.«

Das brachte Sam dazu, zu lächeln. Er wusste genau, dass Perry sich Sorgen machte, es aber nicht gewöhnt war, seine Gefühle zu äußern. »Ich bemühe mich.«

Perry hob den Arm, dann zogen sich die Männer zurück, und das Licht verschwand. Sam wusste, dass sie nicht weit entfernt sein würden, trotzdem fühlte er sich plötzlich sehr allein. Es war Wahnsinn, was er tat, das war ihm völlig klar. Aber er konnte nicht aufhören, solange Carrie in Gefahr schwebte. Den Gedanken, dass sie bereits tot sein könnte, ignorierte er.

Stur machte Sam weiter. Gerade als er dachte, dass er nie etwas finden würde, erblickte er eine seltsame Form, die vor ihm aus der Erde ragte. Sie war viel zu gleichmäßig, um natürlichen Ursprungs zu sein. Sein Herz begann schneller zu schlagen, als er den Lichtstrahl seiner Taschenlampe darauf richtete. Nachdem er mit seinen Händen ein wenig Schlamm abgetragen hatte, erkannte er es. Es war ein Reifen! Und er lag nicht einfach nur herum, sondern er steckte fast senkrecht im Schlamm. Mit der Schaufel grub Sam weiter und stieß schließlich auf Metall. *Oh Gott, Carrie!*

Der Wagen war offenbar kopfüber unter den Erd- und Geröllmassen begraben, und das bedeutete, dass Carrie nicht hatte entkommen können. Wenn sie den Sturz überhaupt überlebt hatte. Sollte es so sein – was er inständig hoffte –, musste der Sauerstoff inzwischen knapp werden.

Mit neuer Dringlichkeit machte Sam sich an die Arbeit, eine Seite des Wagens freizulegen. Bald schmerzten seine Arme, doch davon ließ er sich nicht stoppen. Endlich hatte er Erde, Steine und Vegetation so weit entfernt, dass er eine Tür erkennen konnte. Sie war stark zerbeult, aber immerhin weitgehend in Form. Auch das Glas war noch vorhanden.

Sein Magen krampfte sich zusammen, als er die quietschgrüne Farbe des Metalls sah. Er bezweifelte, dass noch jemand in der Gegend solch ein Auto fuhr. Es war Carries Wagen. Sam warf die Schaufel beiseite und hockte sich vor die Tür. Seine Finger schlossen sich um den Griff, und er zog kräftig daran. Nichts rührte sich. Noch einmal versuchte er es, doch es war aussichtslos. Das Metall musste sich verkeilt haben, als der Wagen den Abhang hinuntergerollt war. Mit der Taschenlampe leuchtete Sam in das Innere, konnte aber nichts erkennen.

»Carrie, kannst du mich hören?« Sam kniete sich vor die Scheibe und brachte sein Gesicht dicht heran. Könnte sie aus dem Wagen geschleudert worden sein? Oder vielleicht war es ihr gelungen, herauszuspringen, bevor er von der Schlammlawine erfasst wurde? Aber dann wäre sie dort oben gewesen. Es sei denn, der Erdrutsch hatte sie auch verschüttet. Die Wahrscheinlichkeit, einen einzelnen Menschen in diesen schieren Massen zu finden, war noch geringer als bei einem Auto. Vor allem waren ihre Überlebenschancen dann noch schlechter. Vielleicht …

Dicht vor seinem Gesicht schlug etwas von innen gegen die Scheibe. Erschrocken zuckte Sam zurück. Dann erkannte er, dass es eine Hand war, und sein Herz begann zu rasen. Sie lebte!

»Carrie, ich kriege die Tür nicht auf. Zieh dich zurück, dann schlage ich das Fenster ein.« War es wirklich seine Stimme, die so rau klang?

»Sam!« Leise hörte er ihre Antwort durch die Scheibe. Jetzt konnte er auch ihr Gesicht sehen, das sich dicht an die Scheibe presste. »Hol mich … raus!«

Er legte seine Hand an das Glas, sodass sie über Carries Wange lag. »Das werde ich, ich verspreche es. Und jetzt geh von der Scheibe weg!«

Einen Moment lang bewegte sie sich nicht, und er dachte schon, sie hätte ihn nicht verstanden, doch dann verschwand sie in der Dunkelheit des Autos. Am liebsten hätte er sie zurückgerufen, um sich zu überzeugen, dass es nicht seine Einbildung gewesen war und sie wirklich lebte, doch dann atmete er tief durch. Obwohl sein Herz immer noch hämmerte, schaffte er es, sich so weit zu beruhigen, dass er seinen Job erledigen konnte.

Er stand auf und schlug den Griff des Spatens gegen die Scheibe. Das Glas splitterte schon beim ersten Schlag, und Sam konnte es mit dem Schuh eindrücken. Rasch entfernte er die Bruchstücke und schob dann seinen Kopf ins Innere. »Carrie?« Es dauerte einen Moment, bis sich seine Augen an die Dunkelheit gewöhnt hatten, dann sah er, dass sie sich in eine Ecke kauerte. Er streckte die Hand nach ihr aus. »Komm, ich bringe dich nach Hause.«

Langsam bewegte sie sich auf ihn zu und legte schließlich ihre Hand in seine. Erleichterung setzte ein, dass sie sich noch so gut bewegen konnte. Vorsichtig half er ihr, durch das Fenster hinauszuklettern. Erst als sie neben ihm hockte, tat er das, wonach er sich schon seit Stunden sehnte. Er schloss seine Arme um sie und vergrub sein Gesicht an ihrem Hals. *Gott, sie lebte!* Nach kurzem Zögern schmiegte sie sich an ihn, und er konnte deutlich ihr Zittern spüren. Das brachte ihn wieder zur Besinnung. So gerne er sie auch weiter im Arm halten wollte, zuerst musste er sie in Sicherheit bringen.

Als hätte die Natur seine Gedanken gehört, ertönte ein lautes Grollen. Verdammt! Offenbar hatte Perry recht gehabt. Der Hang war noch immer instabil.

Sam sprang auf und zog Carrie mit sich hoch. »Kannst du laufen?«

Verwirrt blickte Carrie ihn an. Sie war froh, dass sie endlich aus diesem Sarg entkommen war, in dem es kaum noch Luft zum Atmen gegeben hatte. Es kam ihr wie ein Wunder vor, dass Sam hier vor ihr stand. Sie wusste nicht, wie er sie gefunden hatte, aber sie war unendlich dankbar dafür. Am liebsten hätte sie sich einfach nur in seine Arme geschmiegt und alles andere vergessen. Aber er schien andere Pläne zu haben. Sein Arm schlang sich um ihre Taille und zwang sie so, ihm zu folgen. Er machte einige Schritte und blieb dann stehen. Sein Blick richtete sich nach oben, und automatisch schaute Carrie ebenfalls auf.

Entsetzen durchfuhr sie, als sie sah, wie weit der Erdrutsch ihren Wagen mit sich den Hang hinuntergerissen hatte. Es war ein Wunder, dass sie noch lebte und sich offensichtlich nicht einmal schwer verletzt hatte. Ja, ihr tat vieles weh, aber sie konnte stehen und sogar gehen, wie sie feststellte, als Sam sie mit sich zog.

»Kann ich mich nicht erst … ein wenig ausruhen?«

Als er sie ansah, erkannte sie die Besorgnis in seinem Gesicht. »Das würde ich liebend gerne, aber ich glaube nicht, dass der Hang …«

Seine Worte wurden von einem ohrenbetäubenden Grollen und Krachen übertönt. Panik regte sich in ihr, als sie die Geräusche erkannte. Genau so hatte es sich angehört, als der Hang abgerutscht war!

»Lauf!« Sam schrie ihr ins Ohr. Seine Finger schlossen sich fester um ihre Hand, und er zog sie mit sich.

Sie versuchte es wirklich, aber der Schlamm weigerte sich, ihre Beine freizugeben. Es war, als hielte er sie fest, um sie dann zu verschlingen. War sie aus dem Auto entkommen, nur um ein paar Meter weiter doch noch zu sterben? Ebenso wie Sam, der so verrückt gewesen war, sie retten zu wollen. Nein, das würde sie nicht zulassen!

Sam schien der gleichen Meinung zu sein, denn er zog sie mit einem Ruck aus dem Schlamm und warf sie sich dann über die Schulter. Carrie wollte protestieren, aber seine Schulter bohrte sich in ihren Magen, und das raubte ihr für einen Moment den Atem. Er lief los, und sie hatte alle Mühe, sich an ihm festzuklammern, um nicht bei jeder Bewegung wie eine Puppe gegen seinen Rücken zu prallen. Aus den Augenwinkeln sah sie einen bedrohlichen Berg aus Schlamm, Geröll und entwurzelten Baumstämmen auf sich zurasen. Oh Gott, sie würden es nicht schaffen!

Mit einem über dem Lärm kaum hörbaren Fluch zog Sam sie von seiner Schulter, schlang die Arme um sie und warf sich dann zur Seite. Hart kamen sie auf dem Boden auf und begannen auf dem steilen Abhang sofort zu rutschen. Carrie versuchte, sich irgendwo festzuklammern, doch Sam hinderte sie daran. Stattdessen bemühte er sich, ihren Fall so zu lenken, dass sie aus der direkten Schusslinie des Erdrutsches kamen. Zumindest glaubte sie, dass er das vorhatte. Es ging alles zu schnell und war zu furchtbar, als dass sie noch vernünftig darüber nachdenken konnte.

Ihre Rutschpartie schien eine Ewigkeit zu dauern, doch schließlich wurde sie abgebremst, und sie kamen auf einem etwas flacheren Stück der Wiese zum Liegen. Sofort sprang Sam auf und zog Carrie hoch. Die Schlammlawine donnerte an ihnen vorbei, zu nah, um sich auch nur eine Sekunde zu erholen. Rasch liefen sie in Richtung der Bäume, die hoffentlich einen gewissen Schutz vor der Naturgewalt bieten würden. Jedes Mal wenn sie stolperte, war Sam sofort da und half ihr. Sie war froh, nicht mehr in ihrem Wagen gefangen zu sein, auch wenn es dort momentan trockener gewesen wäre. Sie nahm ihr Schicksal lieber in die eigene Hand, auch wenn das mit etlichen Gefahren verbunden war.

Endlich tauchten sie zwischen den massiven Stämmen in den Wald ein. Schwer atmend lehnte Carrie sich an einen Baumstamm und rutschte schließlich daran zu Boden. Ihre Beine fühlten sich an wie aus Wackelpudding, und sie zitterte am ganzen Körper.

Sam ging neben ihr in die Hocke und blickte sie besorgt an. »Wir haben nicht viel Zeit, uns hier auszuruhen. Ich möchte so schnell wie möglich aus dem gefährdeten Gebiet raus.« Irgendwie hatte er es geschafft, seine Taschenlampe bei ihrer Rutschpartie nicht zu verlieren. Er richtete sie zu Boden, um Carrie nicht zu blenden.

Carrie schnaubte leise. »Ich auch, aber ich weiß nicht, ob ich es schaffe.«

»Bist du verletzt?« Sein Blick glitt über ihren Körper, als könnte er durch ihre Kleidung sehen.

Allerdings war das auch keine Kunst, da sie nur dünne Sommerkleidung trug, die durch den Regen an ihrem Körper klebte und vermutlich beinahe durchsichtig war. Carrie hielt ihre Augen auf Sam gerichtet, um nicht in Versuchung zu geraten, an sich hinunterzublicken und den Schaden zu begutachten.

»Ich glaube nicht.« Zumindest körperlich war sie halbwegs unversehrt. An die psychischen Schäden wollte sie lieber gar nicht erst denken.

Seine Hände schlossen sich um ihre Oberarme. »Weißt du, dass du verdammtes Glück gehabt hast? Du hättest sterben können!« Seine Stimme war rau vor unterdrückten Gefühlen.

Carrie lachte gepresst auf. »Ja, danke, der Gedanke ist mir gekommen, während mein Wagen den Hang runterkullerte.« Oder als sie darin unter den Erdmassen eingesperrt war, ohne die Möglichkeit zu entkommen. Sie begann zu zittern.

Mit einem undeutbaren Laut beugte Sam sich vor und schlang seine Arme um sie. Ihre Wange landete an seiner Brust, und sie schloss die Augen. Es fühlte sich so gut an, von seinen starken Armen umfangen zu werden. Noch besser wäre es, wenn sie nicht beide schlammig wären und Sam keine Regenjacke tragen würde.

»Gott, ich hatte solche Angst um dich!«

Ihr Herz klopfte so laut, dass sie Sams Worte kaum hörte. Langsam hob sie den Kopf und sah ihn unsicher an. Hatte er das wirklich gesagt, oder hatte sie es sich eingebildet, weil sie es so gerne hören wollte. »Was?«

Sam legte seine Stirn an ihre. »Ich bin vor Sorge fast durchgedreht, als du nicht nach Hause kamst. Zuerst dachte ich, du wärst irgendwo anders untergekommen, aber als Alyssa dann sagte, dass du nicht bei ihr seist, und sich bei deinem Handy nur die Mailbox meldete, bin ich losgefahren.«

Carrie versuchte, das zu verdauen, was er gesagt hatte. »Du bist extra bei dem Wetter losgefahren, obwohl du gar nicht wusstest, ob mir etwas passiert war? Es war furchtbar gefährlich, hier herumzulaufen.«

Langsam löste er sich von ihr. »Ich habe gespürt, dass etwas nicht stimmt.«

Darüber musste sie erst einmal nachdenken. »Was machen wir jetzt?«

»Wir müssen uns zur anderen Seite durchschlagen, wenn wir in absehbarer Zeit nach Hause wollen. Die Straßen können noch tagelang gesperrt sein, und die Hilfskräfte kommen hier nicht dran. Perry und seine Leute mussten sich zurückziehen, weil die Hänge zu instabil waren.«

Und Sam hatte trotz der Gefahr weiter nach ihr gesucht. Ein warmes Gefühl durchströmte sie trotz der furchtbaren Situation. Anscheinend gab es doch jemanden, der alles für sie tun würde und nicht nur dann in ihr Leben trat, wenn es ihm gerade passte.

Sam erhob sich und streckte ihr die Hand entgegen. »Je eher wir zurückkommen, desto schneller kannst du dich ausruhen.«

Das hörte sich verlockend an, aber die Vorstellung, jetzt noch länger durch den Regen zu laufen, besonders bei dem unebenen und mit Wasser vollgesogenen Boden, war nicht gerade verlockend. Besonders ohne Schuhe. Jetzt, wo sie darüber nachdachte, bemerkte sie auch die Schmerzen, die von ihren Fußsohlen ausgingen. Sie mochte sich lieber nicht vorstellen, wie die aussahen oder noch leiden würden, bis sie endlich wieder in der Zivilisation war.

»Du hast nicht zufällig noch ein paar Schuhe in deinem Rucksack?«

Sams Blick glitt an ihr hinunter, und er fluchte. »Nein, leider nicht. Und meine würden dir nicht passen.« Zu ihrer Überraschung setzte er sich wieder hin und begann die Schnürbänder seiner Trekkingschuhe zu lösen.

»Du musst nicht …«

Ohne sie zu beachten, zog er die Schuhe und danach seine Socken aus. Diese hielt er ihr hin. »Das wird zwar nicht viel helfen, aber vielleicht ein wenig.«

Zögernd streckte sie ihre Hand aus und stöhnte auf, als seine Wärme an ihre Finger drang.

»Ich weiß, sie sind nicht ganz sauber, aber …«

Rasch unterbrach Carrie ihn. »Nein, das ist es nicht. Sie sind nur so schön warm.«

Mit der Hand versuchte sie, ihre Füße ein wenig zu säubern, bevor sie sie in die Socken schob. Einen Moment lang schloss sie die Augen und genoss das himmlische Gefühl. Leider hielten sie den Regen und die Feuchtigkeit des Bodens nicht ab, sodass Carrie nicht lange etwas davon haben würde. Sam kramte in seinem Rucksack und zog schließlich das Erste-Hilfe-Paket heraus. Während Carrie ihm verwirrt dabei zusah, riss er ein Stück Klebeband von einer Rolle und nahm ihren Fuß in die Hand. Er wickelte das Klebeband ein paarmal um ihr Schienbein samt Socken und wiederholte die Prozedur dann auf der anderen Seite.

»Damit du sie nicht verlierst.«

Seine warme Hand verließ ihren Spann, und Carrie musste sich auf die Lippe beißen, um nicht dagegen zu protestieren. »Können wir nicht einfach hierbleiben und morgen dann im Hellen gehen? Vielleicht hört es bis dahin sogar auf zu regnen.«

Sam schüttelte mit offensichtlichem Bedauern den Kopf. »Es ist hier zu unsicher. Wir müssen dorthin, wo es flacher ist und kein weiterer Erdrutsch droht.«

Mit einem tiefen Seufzer gestand Carrie sich ein, dass er recht hatte. »Okay. Hilfst du mir hoch?«

»Natürlich. Wenn du nicht mehr kannst, sag Bescheid, dann trage ich dich.« Seine Hände schlossen sich um ihre, und er zog sie hoch.

So gern sie auch getragen werden wollte, wäre es doch unfair Sam gegenüber. Sie war nicht schwer verletzt, deshalb konnte sie auch laufen. »Nein, es geht schon.« Ein paar Schritte weiter wünschte sie bereits, sie hätte sein Angebot angenommen, doch sie biss die Zähne zusammen und schwieg.

7

Sie würden es nicht schaffen. Das wurde Sam klar, als Carries Schritte immer unsicherer wurden und sie zu schwanken begann. Was ihn wirklich wütend machte, war, dass sie dabei keinen Ton von sich gab. Er hatte ihr angeboten, sie zu tragen, und sie beharrte stur darauf, selbst zu laufen. Wusste sie denn nicht, wie sehr es ihn schmerzte, sie so zu sehen? Nein, vermutlich nicht. Doch anstatt ihr genau das zu sagen, entschied er, ihr keine Wahl zu lassen. Ohne Vorwarnung hob er Carrie auf seine Arme und blieb nur kurz stehen, um das Gewicht ein wenig zu verlagern.

Carrie gab ein erschrockenes Quietschen von sich, selbst in der relativen Dunkelheit konnte er ihre weit aufgerissenen Augen sehen. »Lass mich runter, Sam, ich bin viel zu schwer!«

Als Antwort stieß er ein Schnauben aus. Sie war kaum schwerer als ein normaler Ausrüstungsrucksack, den er als Marine ständig getragen hatte. »Nein. Du kannst dich kaum noch auf den Füßen halten. Nimm die Taschenlampe und leuchte uns den Weg.«

Wie kaputt sie war, merkte er daran, dass sie nicht weiter protestierte, sondern ihm lediglich schweigend die Taschenlampe aus der Hand nahm. Erleichtert atmete er aus. Der Tag war lang gewesen, und durch seine Sorge um Carrie war seine Laune nicht gerade besser geworden. Sie waren kurz vor dem Fluss, das Rauschen war bereits zu hören. Ein Stück entfernt stand in der Nähe des Ufers eine kleine Nothütte, die seines Wissens derzeit nicht benutzt wurde. Dort würden sie unterkommen können, bis die Hilfskräfte zu ihnen stießen. Vermutlich würde das erst morgen früh sein, aber immerhin wären sie im Trockenen, und er könnte sich um Carries Wunden kümmern.

Wenn er sich recht erinnerte, gab es dort auch ein Funkgerät, mit dem er Perry informieren konnte. Und einen alten Ofen. Ein Schauer lief durch seinen Körper, als er sich vorstellte, bald im Warmen zu sein. Und vor allem mit Carrie. Zwar waren die Bedingungen alles andere als optimal, aber er hatte sich schon lange gewünscht, sie endlich mal längere Zeit für sich zu haben, um ihr klarzumachen, was sie ihm bedeutete. Dazu würde er nun endlich Gelegenheit haben – und sie konnte noch nicht einmal weglaufen. Ein Grinsen huschte bei dem Gedanken über sein Gesicht.

Das gab ihm zusätzliche Kraft, und er erreichte die Hütte in Rekordzeit. Aus den kleinen Fenstern leuchtete ihnen kein Lichtschein entgegen, aber das musste nichts bedeuten, schließlich war es mitten in der Nacht. Vor der Tür blieb er stehen und blickte auf Carrie hinunter. Ihre Augen waren geschlossen, und sie schlief tief und fest. Ihr Atem streifte sein Gesicht, als er sich zu ihr hinunterbeugte.

»Carrie.«

Ihre Augenlider hoben sich langsam, und sie blickte ihn verwirrt an. »Sam? Was …?« Dann schien ihr wieder einzufallen, was geschehen war, und ihr gesamter Körper versteifte sich. Hätte er sie nicht festgehalten, wäre sie zu Boden gefallen.

Er beugte sich vor und küsste ihre Stirn. »Es ist alles in Ordnung. Kannst du stehen? Ich will die Tür aufmachen.«

»Welche Tür?« Ihr Kopf ruckte herum, und sie starrte die Hütte an. »Oh.«

Langsam ließ Sam sie an seinem Körper nach unten gleiten, bis ihre Füße den Boden berührten. Er dirigierte sie so, dass sie sich an die Wand der Hütte lehnen konnte, während er mit der Taschenlampe an die Tür klopfte. Als keine Antwort erfolgte, stieß er die Tür auf. Ein Schwall stickiger Luft kam ihm entgegen.

»Sieht so aus, als wäre schon länger niemand hier drin gewesen.« Er wollte Carrie wieder tragen, doch sie winkte ab.

»Es geht schon, die paar Schritte schaffe ich.« Neugierig sah sie sich um, nachdem Sam das Licht angeschaltet hatte. »Was ist das hier?«

»Eine Schutzhütte für Wanderer. Wir werden hier auf die Helfer warten.« Sam hockte sich vor den Ofen und steckte einige Holzscheite, die jemand dankenswerterweise hinterlassen hatte, in die Öffnung. »Okay, zieh dich schon mal aus, gleich ist es hier wärmer.« Als er aufstand und sich umdrehte, sah er, dass Carrie wie festgewurzelt am gleichen Fleck stand und ihn mit offenem Mund anstarrte. Besorgt machte er einen Schritt auf sie zu. »Was ist? Geht es dir nicht gut?«

Carrie schlang die Arme um sich. »A…ausziehen?«

Langsam ging Sam auf sie zu, um sie nicht zu verschrecken. »Deine Kleidung ist klitschnass, du kannst sie nicht anlassen.« Sein Mundwinkel zuckte. »Keine Angst, ich werde nicht gucken.« Außerdem hatte er sowieso schon einiges von ihr gesehen, aber das sagte er besser nicht. Stattdessen zog er die Decke vom Bett und schnupperte daran. Sie roch zwar muffig, war aber wenigstens trocken und sauber. »Hier, darin kannst du dich einwickeln.«

Carries Hand zitterte, als sie die Decke entgegennahm. »D…danke.«

»Soll ich dir helfen?«

»Nein!« Röte stieg in ihre viel zu blassen und schlammverschmierten Wangen. Leiser fuhr sie fort. »Danke, es geht schon.«

Nachdem er sich versichert hatte, dass sie die Wahrheit sagte, ließ er sie allein, hängte seine nasse Regenjacke über einen Haken und beschäftigte sich auf der anderen Seite der kleinen Hütte mit dem Funkgerät. Er kannte sich mit dem Modell nicht aus, aber schließlich schaffte er es, einen Funkspruch abzusetzen.

Die Antwort kam beinahe sofort. »Verdammt, Sam, ich dachte schon, du wärst tot!« Perrys Stimme drang laut und deutlich durch den Lautsprecher, und Sam musste grinsen.

»Die Meldungen darüber waren übertrieben.«

Er konnte Perrys Kopfschütteln beinahe hören. »Ich bin jedenfalls froh, dass du noch lebst. Wo bist du gerade?«

»In der Schutzhütte am Fluss. Ich habe Carrie gefunden, ihr Wagen war den Abhang hinuntergestürzt. Ihr geht es so weit gut, aber sie ist erschöpft und völlig durchnässt.«

»Unglaublich! Verdammt, ich hätte nicht gedacht, dass du sie findest. Ich schicke gleich jemanden runter, der euch abholt.«

Sam drehte sich zu Carrie um und sah, dass sie in die Decke gehüllt auf dem Bett lag und tief schlief. »Perry, bei den Bedingungen da draußen ist es viel zu gefährlich, jemanden hierher zu schicken, das weißt du genau. In der Hütte ist es warm und trocken, und wir haben alles, was wir brauchen. Wartet bis morgen, dann ist die Sicht auch besser.«

Perry gab einen unterdrückten Laut von sich, den Sam nicht deuten konnte. »Wenn du meinst … Falls sich Carries Zustand verschlechtert, melde dich.«

»Das werde ich, danke, Perry. Wir sehen uns morgen.«

Sam verstaute das Funkgerät wieder in der kleinen Kommode und wandte sich zögernd zum Bett um. Eigentlich wollte er Carrie ungern wecken, aber er musste ihren Gesundheitszustand überprüfen und wollte sie zumindest ein wenig von dem Schlamm befreien, der überall an ihrem Körper klebte.

Da die Hütte nicht über fließendes Wasser verfügte, stellte Sam eine Schüssel nach draußen, um den Regen aufzufangen. Dann suchte er sein Erste-Hilfe-Paket aus dem Rucksack und legte es neben sich auf den Fußboden, während er vor Carrie kniete. Ein Blick zeigte ihm, dass sie immer noch halb bekleidet war. Anscheinend hatte ihre Müdigkeit sie überwältigt.

Um sie nicht zu wecken, bewegte er sich ganz vorsichtig, als er die Decke von ihrem Körper löste. Sam bemühte sich, nicht auf ihre durchsichtigen Dessous zu starren, sondern konzentrierte sich auf die Blutergüsse und Kratzer, die nicht von dem Dreck verdeckt wurden. Einige sahen übel aus. Besonders die vom Gurt verursachten, quer über ihre Brust laufenden Prellungen ließen ihn zusammenzucken, aber für das, was sie durchgemacht hatte, schien Carries Körper erstaunlich wenig in Mitleidenschaft gezogen.

Vorsichtig entfernte Sam die Reste der zerfetzten Socken, die noch mit den Klebebändern an ihren Beinen befestigt waren. Er schnitt eine Grimasse, als er ihre Füße sah. Warum hatte er nicht bemerkt, dass sie keine Schuhe trug, als er sie aus ihrem Wagen geholt hatte? So schlimm ihre Fußsohlen allerdings auch aussahen, es waren zumindest keine größeren Schnitte darunter, die sofort genäht werden mussten. Und wenn sie nicht darauf laufen konnte, dann trug er sie gerne überallhin.

Nachdem das erledigt war, holte er die Schüssel mit dem Wasser in die Hütte und setzte einen Topf auf den kleinen Gasherd. Als das Wasser eine angenehme Wärme hatte, goss Sam es in die Schüssel zurück und begann damit, vorsichtig den Schmutz aus Carries Gesicht zu entfernen. Dunkle Schatten lagen unter den Augen, und an ihrer Schläfe prangte eine schillernde Prellung, aber sonst wies nichts auf das Trauma hin, das sie durchlebt hatte. Als Nächstes kamen ihre Arme an die Reihe, die einige blaue Flecken und Kratzer zierten.

Carrie bewegte sich unruhig, als Sam versuchte, den gröbsten Schmutz aus diesen Kratzern zu entfernen, damit sie sich nicht entzündeten. Er hielt inne und strich sanft mit der Hand über ihre Wange. Sofort schmiegte Carrie sich in seine Berührung und beruhigte sich wieder. Es tat ihm fast leid, dass er sie nicht einfach nur halten konnte, während sie schlief, aber es war wichtiger, sich davon zu überzeugen, dass sie nicht schwerer verletzt war.

Er wusch auch den zweiten Arm und wandte sich dann ihrem Oberkörper zu. Dorthin war durch ihre Kleidung kaum Schmutz gedrungen, deshalb nahm er nur die Salbe aus seinem Erste-Hilfe-Paket und bestrich vorsichtig die schlimmsten Prellungen. Besorgt sah er auf, als Carrie ein leises Stöhnen von sich gab. Seine federleichte Berührung dürfte eigentlich nicht so sehr schmerzen, dass sie davon aufwachte.

Ihre Miene zeigte keinen Schmerz, dafür waren ihre Wangen gerötet und ihr Mund leicht geöffnet. Furcht rieselte durch seinen Körper. Wenn sie Fieber hatte, würde er sie sofort rausbringen müssen. Sam legte seine Hand auf ihre Stirn. Sie fühlte sich kühl an. Also kein Fieber, aber was hatte sie dann? Verwirrt blickte er wieder auf ihren Brustkorb und bemerkte ihre harten Brustwarzen, die sich unter dem durchsichtigen Stoff aufgerichtet hatten. Sein Gehirn brauchte einen Moment, um dieses Signal zu deuten, doch dann setzte er sich rasch auf. Carrie war erregt!

Sam presste die Lippen aufeinander und zwang sich, seine Augen abzuwenden. So gerne er auch die verlockenden Hügel berühren wollte, er hatte hier etwas zu erledigen. Außerdem fände Carrie es sicher nicht lustig, wenn er ihre Situation ausnutzte, während sie schlief. Mit Mühe konzentrierte er sich darauf, auch ihre Beine und Füße zu säubern und zu verarzten. Als das erledigt war, richtete er sich mit einem unterdrückten Stöhnen auf. Jeder einzelne Knochen in seinem Körper schmerzte. Doch das war sofort vergessen, als Sam durch Carries leicht gespreizte Beine die Mitte ihres Slips feucht schimmern sah.

Gequält schloss er die Augen, riss sie aber sofort wieder auf, als er merkte, dass das seine eigene Erregung nur verstärkte. Er sollte Carrie ganz schnell zudecken und sie schlafen lassen. Mühsam gab er sich einen Ruck und beugte sich vor, um die Decke über ihren Körper zu ziehen. Seine Hände krampften sich in den Stoff, und er starrte auf ihren Brustkorb, der sich viel zu schnell hob und senkte. Ihre Brustspitzen hatten sich wenn möglich noch mehr verhärtet und waren dunkler geworden. Röte überzog auch ihr Dekolleté. Zu gerne würde er mit der Zunge die Sommersprossen nachfahren, die bis zum Ansatz ihrer Brüste Carries Haut sprenkelten. Aber das wäre nicht richtig. Deshalb beschränkte er sich darauf, mit einem Finger leicht darüberzustreichen, bevor er rasch aufstand.

Es kostete ihn unheimliche Überwindung, Carrie mit unpersönlichen Berührungen gerade auf die Matratze zu legen und dann die Decke über sie zu breiten. Ihren verführerischen Körper konnte er so zwar nicht mehr sehen, aber Sam stellte schnell fest, dass das seine Erregung leider nicht abklingen ließ. Schmerzhaft presste sich seine Erektion gegen den Reißverschluss seiner nassen Jeans, und er wusste, dass er so nie zur Ruhe kommen würde. Nach kurzem Zögern zog Sam seine nasse Kleidung aus. Jetzt verfluchte er den Umstand, dass er heute Morgen auf seine Boxershorts verzichtet hatte. Aber es ließ sich jetzt nicht mehr ändern. Durch die dem Ofen entströmende Wärme würde die Kleidung hoffentlich bis morgen halbwegs trocken sein.

Sam beäugte den einzigen Stuhl im Raum und entschied, dass er darauf auf keinen Fall Schlaf finden würde, auch wenn er noch so müde war. Sein Blick glitt zum Bett, das so aussah, als würden zwei Personen hineinpassen. Auch wenn er wusste, dass die Nähe zu Carrie ihn wach halten würde, schien ihm das die bessere Alternative zu sein. Außerdem konnte er so auch ein Auge auf sie halten, falls es ihr in der Nacht schlechter ging. Die Entscheidung getroffen, durchquerte er den Raum. Er sah einen Moment auf Carrie hinunter. Vermutlich würde sie es gar nicht bemerken, dass er da war. Wenn er morgens schnell genug war, müsste sie es nie erfahren.

Vorsichtig hob er sie hoch und legte sie nahe der Wand wieder ab. Dann kroch er zu ihr ins Bett und legte sich auf den Rücken. Das Licht ließ er an, damit Carrie sich nicht fürchtete, falls sie aufwachte. So müde er auch war, konnte er doch nicht schlafen. Mit brennenden Augen starrte er an die Decke der Hütte und lauschte Carries Atemzügen. Es dauerte lange Zeit, bis er in einen unruhigen Schlaf sank.

Mit einem Ruck wachte Carrie auf. Irgendetwas drückte auf ihren Brustkorb, und sie hatte das Gefühl zu ersticken. Ihre Augen öffneten sich, und sie blinzelte, bis sie etwas erkennen konnte. Desorientiert blickte sie sich um. Wo war sie? Und vor allem, mit wem war sie hier? Denn es war eindeutig, dass noch jemand mit ihr in diesem Bett war. Die haarige Brust unter ihrer Wange konnte man nicht missdeuten. Zögernd hob Carrie den Kopf und blickte auf den Mann neben sich hinunter. Sam! Wie …? Kaleidoskopartig schossen Bilder der vorangegangenen Ereignisse durch ihren Kopf, und sie atmete scharf ein. Sie wäre tot, wenn Sam sie nicht gerettet hätte!

Zum Dank war sie einfach eingeschlafen, anstatt sich ordentlich bei ihm für seine Hilfe zu bedanken. Lange Zeit betrachtete sie sein schlafendes Gesicht. Falten hatten sich um seine Mundwinkel gegraben, die ihr vorher noch nie aufgefallen waren. Selbst im Schlaf stand eine steile Falte zwischen seinen Augenbrauen. Ein dunkler Fleck zierte seinen Wangenknochen, aber sie konnte nicht erkennen, ob es sich um Schmutz oder eine Prellung handelte. Ihre Finger juckten, weil sie so gern darüberstreichen würde, doch sie wollte ihn nicht wecken.

Nach und nach wurde ihr bewusst, dass sie nur noch ihre Unterwäsche trug und in die Decke gewickelt war, während Sam in der Kälte lag. Das Feuer im Ofen war offenbar heruntergebrannt, und die Kälte zog langsam wieder von draußen herein. Trotzdem war Sams Brust unter ihrer Wange warm gewesen, und er sah auch nicht so aus, als würde er frieren, obwohl er völlig nackt war. Warum hatte er nichts an? Verlegenheit breitete sich in ihr aus, als ihr klar wurde, dass sie schon seit einiger Zeit auf seinen Penis starrte. Wie konnte sie in dieser Situation nur daran denken, wie gerne sie ihn noch einmal dort berühren wollte? Vor einigen Stunden wäre sie beinahe gestorben, da gab es doch sicher Wichtigeres, worüber sie nachdenken sollte. Ihr wollte nur gerade überhaupt nichts einfallen, sosehr sie sich auch bemühte.

Stattdessen legte sie sich wieder zurück und atmete tief Sams Geruch ein. Er erinnerte sie daran, dass er sie, ohne zu murren, durch den Regen und den aufgeweichten Boden getragen hatte, als sie dazu nicht mehr in der Lage gewesen war. Mit dem Finger fuhr sie die Linie zwischen seinen Brustmuskeln nach, überrascht, wie weich seine Haut dort war. Unter ihrem Ohr pochte sein Herz beruhigend, und sie merkte, wie ihre Anspannung langsam nachließ. Einmal davon abgesehen, dass sie beinahe gestorben wäre, ihr Körper an diversen Stellen schmerzte und ihr Auto vollkommen zerstört war, fiel ihr nichts ein, wo sie gerade lieber wäre als hier, bei Sam.

Alles andere erschien ihr plötzlich so nichtig, weit entfernt. Carrie vergrub ihre Nase in seinen Brusthaaren und presste einen leichten Kuss über sein Herz. Warum hatte sie so lange gegen ihre Gefühle für Sam angekämpft? Er war ein guter Mann, wie er gerade wieder eindrucksvoll bewiesen hatte. Trotzdem hatte sie ihn immer wieder von sich gestoßen und sich bemüht, sich von ihm fernzuhalten. Jetzt konnte sie sich gar nicht mehr erklären, warum sie das getan hatte. Nur um ihre Gefühle zu schützen? Sonst war sie doch auch nicht so feige, sondern stellte sich allen Herausforderungen. Es wurde Zeit, dass sie das auch Sam gegenüber tat. Wenn er sie nicht wollte, würde das sicher schmerzen, aber es war besser, Gewissheit zu haben, als sich die ganze Zeit zu fragen, was hätte sein können.

Carrie hob ihre Hüfte an und zog die Decke unter sich heraus. Vorsichtig breitete sie den Stoff auch über Sam. Ein Schauer lief durch ihren Körper, als ihre Haut endlich seine berührte. Sie konnte nicht anders, sie musste ihr Bein über seine Oberschenkel schieben, um noch mehr von seiner Wärme in sich aufzunehmen. Das Reiben seine Beinhaare an der empfindlichen Innenseite ihres Schenkels fühlte sich himmlisch an. Mit Mühe unterdrückte sie ein zufriedenes Schnurren. Es wäre nicht richtig, Sam aufzuwecken, er hatte einen anstrengenden Tag hinter sich und brauchte seinen Schlaf. Und sie sollte sich auch besser ausruhen, wenn sie morgen halbwegs fit sein wollte.

Doch sosehr sie sich das auch sagte, kamen ihre Gedanken nicht zur Ruhe. Wahrscheinlich pulsierte das ganze Adrenalin noch durch ihren Körper und ließ ihre Haut prickeln. Am liebsten würde sie sich wie eine Katze an Sam reiben, und es kostete sie all ihre Kraft, still liegen zu bleiben. Je länger sie sich zurückhielt, desto stärker wurden ihr Verlangen und ihre Unruhe. Schließlich hielt sie es nicht mehr aus. Sie schob ihr Bein weiter nach oben, bis es gegen Sams Schaft stieß. Sie hielt den Atem an, doch er rührte sich nicht. Oder anders gesagt, der Rest von ihm lag still da, aber seine Erektion wuchs beträchtlich. Doch sosehr Carrie ihn auch brauchte, wollte sie doch, dass er wach war und nicht nur im Schlaf auf die Berührungen reagierte, egal von wem sie kamen.

Mit einem Schnauben drehte sie sich auf den Rücken und legte einen Arm über ihre Augen. Das Blut brodelte in ihren Adern. So würde sie nie wieder einschlafen können. Allerdings war die Vorstellung, noch stundenlang neben Sam zu liegen, ohne ihn berühren zu dürfen, auch nicht gerade erfreulich.

»Geht es dir nicht gut?« Sams raue Stimme drang unerwartet an ihr Ohr und versetzte ihr beinahe einen Herzinfarkt.

Um ihm nicht in die Augen sehen zu müssen, ließ sie den Arm über ihrem Gesicht. »Alles in Ordnung.« Gut, bis auf die Tatsache, dass sie vor Verlangen bebte. Das konnte sie ihm aber schlecht sagen.

Die Matratze senkte sich, als Sam sich zu ihr umdrehte. Seine Finger glitten über ihren nackten Arm, und Carrie hatte alle Mühe, ihr Erschauern zu unterdrücken. »Carrie, sieh mich an.«

Verdammt, wenn er diesen bittenden Ton bei ihr anwandte, war sie machtlos. Zögernd nahm sie ihren Arm herunter, hielt aber die Lider geschlossen. Sie wollte nicht, dass er die Sehnsucht sah, die sicher in ihren Augen loderte.

»Carrie.« Diesmal klang deutlich der Befehl durch und löste in ihr ein weiteres Zittern aus.

Wie von selbst öffneten sich ihre Augen und versanken in Sams. Er hatte sich über sie gebeugt, sein Gesicht war nur wenige Zentimeter über ihrem. Um sie zu küssen, bräuchte er sich nur ein klein wenig herunterbeugen … aber das tat er nicht. Stattdessen zogen sich seine Augenbrauen zusammen. Seine Hand legte sich auf ihre Stirn.

»Kein Fieber. Aber du wirkst etwas erhitzt.«

Carrie verdrehte innerlich die Augen. Wie blind konnte der Mann sein? Sie vibrierte beinahe vor Verlangen nach ihm, das war kaum zu übersehen. Aber vor ein paar Tagen hatte sie sich ihm schon mal an den Hals geworfen, diesmal würde er den ersten Schritt machen müssen. Ihre Hände ballten sich zu Fäusten, als er sie einfach nur weiter anschaute, ohne etwas zu tun. Brauchte er eine schriftliche Einladung?

Mit den Fingern strich er von ihrer Stirn über ihre Wange bis zu ihrem Mundwinkel. Allein diese kleine, beinahe unschuldige Berührung war genug, um ihre Erregung weiter anzufachen. Unruhig bewegte sie sich unter ihm, und es kostete sie ihre gesamte Kraft, den Kopf nicht das winzige Stück zu drehen, um seinen Finger auf ihren Lippen zu spüren. Sie würde ihren Mund öffnen und den Finger hineinsaugen und dann … *Nein!* Warum verlor sie jedes Mal ihren Verstand, sowie Sam in ihrer Nähe war? Natürlich sah er auf eine männlich-markante Weise gut aus, und sein Körper war ein Traum, doch er war nicht der erste Mann, den sie attraktiv fand. Aber nur bei ihm neigte sie dazu zu handeln, bevor sie ihr Gehirn anschaltete.

Sam stieß einen tiefen Seufzer aus. Ihr fiel auf, dass er das in ihrem Beisein oft tat. So als wäre es eine Last, sich mit ihr zu beschäftigen. Ärger baute sich in ihr auf.

»Ich weiß wirklich nicht, was ich mit dir tun soll, Carrie.«

Ihr Herz zog sich zusammen. »Was soll das denn heißen? Schlaf doch einfach weiter, dann musst du dich gar nicht mit mir abgeben!«

Sam schüttelte den Kopf. »Siehst du, das meine ich. Wir schaffen es einfach nicht, eine normale Unterhaltung zu führen. Wenn ich dich frage, wie es dir geht, denkst du anscheinend sofort, dass ich dir etwas Böses will. Warum ist das so? Reagierst du bei jedem Mann so oder nur bei mir? Und wenn Letzteres, dann möchte ich wissen, warum es so ist. Magst du mich einfach nicht?« Sein Mundwinkel hob sich. »Nein, das glaube ich nicht. Nicht nach dem, was wir neulich miteinander geteilt haben. Aber das macht es für mich noch schwieriger, dich zu verstehen.« Ernst blickte er sie an. »Ich mag dich nämlich, Carrie Bishop, auch wenn du mir manchmal den letzten Nerv raubst.«

Carrie war sich sicher, dass sie Sam noch nie so viel auf einmal hatte sagen hören. Was natürlich auch daran liegen könnte, dass sie tatsächlich immer ganz schnell das Weite suchte, wenn sie in seiner Nähe war. Oder einen Streit vom Zaun brach, damit er nicht merkte, wie sehr sie sich wünschte, dass er sie einfach in die Arme nehmen würde.

Sie biss sich auf die Lippen. »Ganz ehrlich, ich weiß auch nicht, woran es liegt. Sowie ich dich sehe, scheint mein Gehirn auszusetzen, und ich reagiere instinktiv.« Ihr Herz klopfte schmerzhaft in ihrer Brust, ihr Mund wurde trocken. »Ich mag dich auch, Sam. Sehr sogar.«

8

Für einen Moment erstarrte Sam. Er hatte so lange darauf gewartet, diese Worte von Carrie zu hören, dass er schon glaubte, sich ihre Antwort eingebildet zu haben. Sie mochte ihn! *Sehr*. Am liebsten würde er sich auf sie stürzen und sie küssen, bis sie beide keine Luft mehr bekamen, aber das konnte er mit ihren Verletzungen nicht tun. Deshalb legte er nur eine Hand an ihre Wange und sah ihr tief in die Augen. Unsicherheit lag in ihrem Blick. Ihre Schneidezähne bohrten sich in ihre Unterlippe.

»Sam?« Selbst ihre Stimme klang viel zögerlicher als sonst.

»Ja?«

»Wäre es möglich, dass du irgendetwas sagst und mich nicht nur so seltsam anstarrst?«

Ein Lächeln breitete sich auf seinem Gesicht aus. »Tue ich das?« Ihre Augen verengten sich, und er sprach rasch weiter. »Tut mir leid, das war keine Absicht. Ich musste nur erst verdauen, dass du mich tatsächlich magst. Damit hatte ich nicht gerechnet.«

Carrie funkelte ihn an. »Warum nicht? Dachtest du, ich stürze mich auf jeden Mann und habe beinahe Sex mit ihm?«

Der Gedanke gefiel ihm gar nicht. »Nein, und darüber solltest du auch gar nicht erst nachdenken. Ich teile nicht.«

Ihre Hand schloss sich überraschend fest um seinen Nacken. »Ich auch nicht.« Sie zog ihn zu sich herunter und presste ihren Mund auf seinen.

Diese Gelegenheit ließ Sam sich nicht entgehen. Er öffnete ihre Lippen mit seiner Zunge und drang tief in ihre Mundhöhle ein. Carries Geschmack entrang ihm ein zufriedenes Knurren. Es fühlte sich so gut an, das endlich tun zu dürfen, ohne befürchten zu müssen, dass Carrie ihm den Kopf abriss. Und vor allem würde sie hier niemand stören. Sie hatten noch Stunden, um sich endlich richtig kennenzulernen. Keine Frage, dass er die Zeit bis zur letzten Sekunde nutzen würde.

Carries Finger glitten in seine kurzen Haare, und er spürte, wie sein Schaft zuckte. Verdammt, wenn so eine kleine Berührung schon solch eine Wirkung auf ihn hatte, würde er seine guten Vorsätze nie durchhalten können. Dabei wollte er Carrie doch ein für alle Mal klarmachen, dass er in ihr viel mehr als nur einen willigen Körper sah. Mit der anderen Hand strich sie über seine Schulter und berührte dann zögernd seine Brust. Sam senkte die Lider und versuchte, sich zu beherrschen. Als er sie wieder hob, starrte Carrie ihm direkt in die Augen. Die Erregung, die er in ihrem Blick sah, gab ihm den Rest. Zur Hölle mit der Vernunft. Er wollte Carrie, jetzt, hier, auf jede nur mögliche Art. Das Einzige, das ihn zögern ließ, waren ihre Verletzungen.

Mühsam riss er sich von ihren Lippen los. »Wie fühlst du dich?«

Carrie stieß ein atemloses Lachen aus. »Ich muss jetzt aber nicht ständig deine Leistung kommentieren, oder?«

Sam spürte, wie Hitze in seine Wangen stieg. »Es ging mir um deine Verletzungen.«

Grinsend strich sie mit ihren Fingern durch seine Brusthaare. »Ich weiß, ich wollte dich nur ein wenig aufziehen.«

Dass sie sich dafür sicher genug fühlte, freute ihn. »Und?«

Ihre Finger fanden seine Brustwarze und sandten einen elektrischen Stoß bis zu seinem Schaft. »Ich merke kaum etwas von meinen Verletzungen. Bitte mach weiter.«

Sam beugte sich wieder herunter und biss sie sanft in die Lippe. »Danke.«

Carries Fingernägel bohrten sich in seine Brust. »Bitte …« Ihre Hüfte hob sich seiner entgegen.

Das ließ er sich nicht zweimal sagen. Während er an ihrer Lippe knabberte, legte sich seine Hand auf ihre Brust. Ihre harte Spitze war deutlich an seiner Handfläche zu spüren. »Sag mir Bescheid, wenn ich dir wehtue, okay?«

Carrie gab einen Laut von sich, den er als Zustimmung deutete. Hoffentlich war sie vernünftig genug, ihm wirklich Bescheid zu sagen, denn er konnte sich nicht länger zurückhalten. Nicht, wenn er ihre weiche Haut an seiner spürte und sie ihn mit so viel Verlangen ansah. Mit den Fingern zupfte er an ihrer Brustspitze und entlockte Carrie damit einen rauen Laut. Er wusste schon von ihrer letzten Begegnung, wie empfindlich ihre Brüste waren, aber diesmal wollte er mehr. Deshalb stützte er sich über ihr auf und bewegte sich langsam weiter nach unten. Ihre Blutergüsse vom Gurt bedachte er mit federleichten Küssen.

Bei ihrer Hüfte angekommen stoppte er und betrachtete ausgiebig den durchsichtigen Slip, der kaum etwas verhüllte. Ganz sicher nicht den schmalen Strich dunkelroter Haare, der sich über ihre Scham zog. Langsam hakte er seine Finger unter den Stoff und zog ihn Zentimeter für Zentimeter über ihre Hüfte. Carrie bewegte sich unruhig unter ihm, und er legte seine Wange auf ihren Bauch.

»Bleib still liegen, sonst muss ich aufhören.«

Sofort protestierte sie. »Aber …«

Sam hob den Kopf und blickte sie streng an. »Ich meine es ernst. Auf keinen Fall werde ich zulassen, dass sich deine Verletzungen verschlimmern.«

Erst als sie zögernd nickte, wandte er sich wieder seiner Aufgabe zu, den Slip an ihren Beinen hinunterzuziehen. Schließlich war es geschafft, und Carrie lag fast nackt vor ihm. Selbst mit den Prellungen, Kratzern und Resten von Schlamm, die an ihrer Haut klebten, war sie wunderschön und übertraf seine Träume bei Weitem. Vor allem, weil sie real war, weil dieser Moment real war.

Sam warf den Slip zur Seite und bewegte sich mit neckenden Küssen wieder an ihren Beinen hinauf. Dabei schob er sich zwischen ihre Schenkel, die sie bereitwillig für ihn öffnete. Der Duft ihrer Erregung strömte ihm entgegen, und er atmete ihn genießerisch ein. Er könnte die ganze Nacht einfach hier liegen und den Anblick ihrer bis auf den verführerischen Streifen rasierten Scham genießen, doch Carrie war offensichtlich ungeduldig und wollte, dass er mehr tat. Jedenfalls wenn er ihre Hand in seinen Haaren richtig deutete, mit der sie versuchte, ihn höher zu ziehen. Mit einem Lächeln ließ er sich von ihr dorthin leiten, wo sie ihn haben wollte.

Wenn alles so lief, wie er es wollte, würde er noch unendlich viel Zeit haben, sie einfach nur anzusehen und ihren Duft einzuatmen. Sein ganzes Leben lang, wenn es nach ihm ginge. Aber damit griff er den Dingen vermutlich zu weit voraus. Sam senkte den Kopf und leckte an dem schmalen Haarstreifen entlang nach unten. Ihre Haut war dort babyweich und schmeckte nach Carrie und Kokosnuss. Eine faszinierende Kombination, die er dringend noch näher erforschen musste. Mit der Zungenspitze schlüpfte er zwischen ihre Schamlippen und berührte die Klitoris. Als Antwort wühlten sich Carries Finger tiefer in seine Haare, und sie hob ihm die Hüfte entgegen.

Damit sie sich nicht bewegte, umfasste Sam mit beiden Händen ihre Hüfte und presste sie vorsichtig auf die Matratze zurück. Carrie schien seinen Hinweis zu verstehen, denn sofort lockerten sich ihre Muskeln, und sie entspannte sich. Als Belohnung schob Sam ihre Schamlippen mit den Daumen auseinander und schloss seine Lippen über ihrer Klitoris. Erst sanft, dann kräftiger saugte er daran. Ihr Geschmack füllte seinen Mund, und er hatte Mühe, sich zu beherrschen. Es war einfach zu gut, zu viel für seine Sinne. Schwer atmend presste er seine Wange gegen ihren Oberschenkel und versuchte, die Erregung so weit zurückzudrängen, dass er nicht zu früh kam. Sein Schaft pochte schmerzhaft, die harte Länge war zwischen seinem Körper und der Matratze eingeklemmt.

Woran lag es, dass Carrie ihn immer wieder in einen Jugendlichen verwandelte? Er war inzwischen Mitte dreißig, kein blutiger Anfänger, der noch nie mit einer Frau geschlafen hatte. Doch vermutlich war genau das der Punkt: Für ihn war alles mit Carrie neu und aufregend, und er hatte Angst, es zu vermasseln.

Carries Finger in seinen Haaren lockerten sich. »He, bist du da unten eingeschlafen?«

Langsam hob er den Kopf und ließ sie die Erregung in seinen Augen sehen. »Ich genieße es nur. Hast du es eilig?«

Ein flüchtiges Lächeln glitt über ihr Gesicht. »Um ehrlich zu sein: ja. Ich war kurz davor zu kommen, und dann hast du einfach aufgehört.«

Sam leckte über ihre Klitoris und wurde mit Carries erregtem Zittern belohnt. »Tut mir leid.«

Mit einem Stöhnen ließ sie ihren Kopf zurücksinken. »Warum glaube ich dir das nur nicht?«

Sam lachte leise. »Weil du mich kennst?« Mit den Fingern fuhr er die Innenseite ihrer Schenkel entlang. »Nein, wirklich, ich wollte dich nicht ärgern, ich habe nur versucht, nicht zu früh zu kommen.« Er presste einen Kuss auf ihren Schamhügel. »Aber jetzt, wo ich weiß, dass wir beide das gleiche Problem haben, werde ich dich nicht noch einmal enttäuschen.«

»Gut.« Carrie öffnete ihre Schenkel weiter, ein eindeutiges Zeichen fortzufahren.

Sofort folgte er ihrer Bitte und ließ seine Zunge ihren Spalt entlangwandern. Tief versenkte er sie in ihrem Eingang und kostete das Zeichen ihrer Erregung. Sie war so feucht, dass er ohne Probleme in sie eindringen können würde. Doch zuerst würde er sie nach allen Regeln der Kunst verführen. Es gab für ihn nichts anderes mehr als Carrie und die verlangenden Geräusche, die sie von sich gab.

Sie würde ganz sicher ihren Verstand verlieren, wenn Sam so weitermachte. Und sie genoss jede einzelne Sekunde davon. Eigentlich hatte sie ihn bisher für einen ruhigen, zurückhaltenden Mann gehalten, aber beim Sex ließ er offenbar jede Hemmung fallen. Sehr zu ihrem Vergnügen. Abwechselnd drang seine Zunge in sie ein oder folterte ihre Klitoris, bis sie kurz vor dem Höhepunkt stand. Und dann, als würde er es ahnen, hörte er jedes Mal vorher auf. Das war einerseits frustrierend, andererseits aber auch über alle Maßen erregend. Deshalb beschwerte sie sich auch nicht, sondern ließ es einfach geschehen.

Zu gern würde sie selbst seinen sagenhaften Körper erkunden, doch das würde warten müssen, bis sie richtig fit war. Oder Sam endlich in Reichweite ihrer Hände kam. So konnte sie sich nur in das Bettlaken oder seine Haare krallen und ihn anflehen, sie endlich zu nehmen. Als Strafe dafür saugte er so stark an ihrer Klitoris, dass sie Sterne sah. Dann hob er den Kopf, und die Erregung in seinen Augen, zusammen mit seinen feuchten, geröteten Lippen, schleuderte sie in den Abgrund.

Es dauerte scheinbar unendlich lange, bis sie etwas außerhalb ihres Körpers wahrnahm. Sam hatte sich über ihr aufgestützt und starrte sie an. Seine Beherrschung schien an einem seidenen Faden zu hängen. Deutlich konnte sie sehen, wie schnell sich sein Brustkorb unter seinen heftigen Atemzügen bewegte. Seine Brustwarzen waren zu kleinen Punkten zusammengezogen. Ihr Blick glitt nach unten, und sie sah, dass an der Spitze seines voll erigierten Penis Feuchtigkeit glitzerte.

Zu gern wollte sie ihn auf sich, in sich spüren. Doch da gab es ein Problem. »Sag mir bitte, dass du Kondome dabeihast.«

»Natürlich.« Seine erstickte Antwort war kaum zu verstehen.

Damit hatte sie nicht gerechnet. Carries Augenbrauen schossen nach oben. »Nimmst du die immer zu einer Rettungsmission mit?«

Sams Schulter hob sich. »Überbleibsel von der Militärzeit, da hatten wir die immer dabei. Sehr praktisch für Waffen, besonders bei Regen.« Tief atmete er durch. »Bist du sicher, Carrie? Ich möchte dich zu nichts drängen.«

»Komm zu mir. Und zwar schnell.«

Schneller, als sie blinzeln konnte, war Sam aufgesprungen, wühlte in dem Erste-Hilfe-Paket auf dem Tisch und kam dann zum Bett zurück. Er kniete sich auf die Bettkante und schob dann das Kondom über seinen Schaft. Er sah zum Anbeißen aus, und Carrie wünschte, ihr Körper würde sich weniger zerschlagen anfühlen. So war sie gezwungen, einfach nur dazuliegen und Sam die ganze Arbeit zu überlassen.

Sam beugte sich über sie, hob sie vorsichtig hoch und legte sie sanft in die Mitte des Bettes. Dann schob er ihre Beine wieder auseinander und kniete sich dazwischen. Auf seine Arme gestützt, senkte er sich über sie. Endlich erhielt sie die Gelegenheit, wieder seine Brust zu berühren, und sie stürzte sich sofort darauf. Ihre Hände waren überall, tasteten über seine Haut, erfühlten die Muskeln darunter, seine Schlüsselbeine, die Rippen, alles, was sie erreichen konnte.

»He!« Lachend hielt Sam ihre Hände fest. »Ganz ruhig, ich laufe bestimmt nicht weg.«

Carrie spürte, wie Hitze in ihre Wangen stieg, und sie drehte den Kopf zur Seite, damit Sam es nicht bemerkte. »Entschuldige.«

Er führte ihre Hände zurück an seine Brust und zwang sie dann, ihm wieder ins Gesicht zu sehen. »Da gibt es nichts zu entschuldigen, im Gegenteil, es erregt mich, dass du mich so sehr willst. Du kannst jederzeit alles an mir berühren, das du möchtest, Carrie.«

Carrie forschte in seinen Augen und erkannte, dass er es ernst meinte. Erleichterung durchflutete sie. »Alles?«

Mit einem Stöhnen legte er seine Stirn an ihre. »Ohne jede Ausnahme, Carrie. Ich gehöre ganz dir.«

Etwas stieß gegen ihren Bauch, und sie blickte nach unten. Sein Schaft schien noch größer geworden zu sein und strebte ihr jetzt entgegen. Sie konnte ihm nicht widerstehen und schloss ihre Hände darum. Seine Wärme drang durch das Kondom, und sie wünschte, es wäre nicht nötig zwischen ihnen. Sie wollte nur Sam fühlen, seine seidige Haut und die Feuchtigkeit, die sicher wieder an der Spitze austrat. Aber das war momentan nicht möglich, und mehr als alles andere wollte sie ihn in sich spüren.

Langsam ließ sie ihre Hand weiter nach unten wandern und umfasste schließlich seine Hoden. Ein Zittern durchlief Sams mächtigen Körper, und er lehnte sich in ihre Berührung. Dadurch hatte sie einen besseren Zugang, den sie sofort ausnutzte. Mit einer Hand umschloss sie seine Hoden, die andere ließ sie weiter nach hinten gleiten. Dadurch, dass er zwischen ihren Beinen kniete, hatte sie leider keine Möglichkeit, sich weiter vorzutasten, dabei hätte sie zu gern seine muskulösen Pobacken und den Spalt dazwischen erkundet. Aber das würde wohl warten müssen.

Wie es aussah, war auch Sams Geduld erschöpft, denn mit einem Grollen senkte er den Kopf und küsste sie, bis sie keine

Luft mehr bekam. Schließlich hob er den Kopf, und es brannte ein solches Verlangen in seinen Augen, dass Carrie unwillkürlich ihre Hand fester um seine Hoden schloss.

Sam stöhnte auf. »Oh Gott, Carrie, bitte, lass mich …«

Rasch ließ sie ihn los und schlang stattdessen ihre Beine um seine Hüfte. Offenbar verstand Sam das Signal, denn sofort senkte er seinen Unterleib auf ihren. Carrie stockte der Atem, als sein Schaft ihren Eingang berührte und in sie glitt. Erst als er vollständig in ihr war, nahm sie einen zitternden Atemzug. Es fühlte sich so gut an, endlich mit ihm vereint, von ihm ausgefüllt und gleichzeitig von seinem Körper umgeben zu sein. Sie hatte so lange darauf gewartet, und jetzt konnte sie es kaum glauben.

Carrie öffnete die Augen und blickte direkt in Sams. Das Blau hatte sich verdunkelt, seine Gesichtszüge wirkten beinahe wie aus Stein gemeißelt. Feuchtigkeit schimmerte auf seiner Stirn. Dann begann er sich in ihr zu bewegen, und sie vergaß alles andere. Vermutlich hätte sie nicht einmal ihren Namen nennen können, wenn ihr jemand eine Pistole auf die Brust gesetzt hätte. Sie bestand nur noch aus Gefühlen, die Lust hatte alles andere weggeschwemmt. Ihre Hände glitten über Sams Rücken, mit den Fingernägeln trieb sie ihn dazu an, härter in sie zu stoßen.

Zufrieden, dass er ihrem Wunsch nachkam, klammerte Carrie sich an ihn und überließ sich ihren Gefühlen. Die Erregung baute sich immer weiter in ihr auf, bis jeder Atemzug ein Keuchen war. Sam hatte sein Gesicht an ihrem Hals vergraben und begann nun daran zu knabbern. Gleichzeitig legte sich eine Hand über ihre Brust, seine Finger schlossen sich fest um die Spitze. Es war zu viel. Mit einem lauten Schrei explodierte Carrie in Millionen kleine Stücke. Ihr Orgasmus schien Sam anzuheizen, denn er stieß noch tiefer in sie, bevor auch er mit einem tiefen Stöhnen den Höhepunkt erreichte.

Tief in ihr vergraben senkte er seine Hüfte auf ihre, und sie genoss es, sein Gewicht auf sich zu spüren und weiterhin mit ihm verbunden zu sein. Sie spürte, wie er in ihr zuckte, und musste lachen. »Warum haben wir das nicht schon viel früher getan?«

Sam hob den Kopf und lächelte sie so befriedigt an, dass sich ihr Inneres um ihn herum zusammenzog. Sein Lächeln verbreiterte sich noch. »Ich habe keine Ahnung.« Er zog sich ein Stück aus ihr zurück, nur um gleich wieder tief in sie einzudringen. »Aber du kannst sicher sein, dass wir mit dem nächsten Mal nicht mehr so lange warten werden.«

Carries Herz machte einen Hüpfer in ihrer Brust. Gott, sie hoffte wirklich, dass sie es schafften, ihre Gefühle aus dieser Extremsituation in den Alltag mitzunehmen. Es würde sie zerstören, all das wieder zu verlieren, nachdem sie es gerade erst gefunden hatte. Ein protestierender Laut entfuhr ihr, als Sam sich aus ihr zurückzog.

»Mir geht es auch so.« Seine Stimme erklang dicht neben ihrem Ohr. »Aber ich kann mit dem Kondom nicht so lange in dir bleiben.«

Mit einem bedauernden Seufzer ließ sie ihn los. »Ich weiß.« Sie wollte ihm sagen, dass sie sich ohne ihn leer fühlte, aber Furcht hielt die Worte zurück. Solange sie nicht wusste, wie es weitergehen würde, wäre es besser, wenn sie einen Teil von sich zurückhielt. Vorsichtig nahm sie ihre Beine herunter und vermisste sofort Sams Körper zwischen ihren Schenkeln. Sie schloss die Lider und versuchte, noch ein wenig von dem warmen Gefühl ihrer Vereinigung zu bewahren.

Carries Augen flogen auf, als etwas Warmes, Feuchtes über ihren intimsten Bereich strich. Zuerst dachte sie, dass Sam noch einmal von vorne begann, doch dann erkannte sie, dass er sie mit einem Lappen vorsichtig wusch. Das löste eine ganz andere Wärme in ihr aus, denn bisher hatte sich noch nie jemand nach dem Sex so um sie gekümmert. Carrie seufzte zufrieden und überließ sich ganz Sams liebevollen Bemühungen. Schließlich verschwand die warme Feuchtigkeit, und Carrie glaubte, einen sanften Kuss auf ihrem Schamhügel zu spüren, bevor Sam sich aufrichtete.

Zuerst dachte sie, er würde sie allein lassen, doch dann senkte sich die Matratze unter seinem Gewicht, und er legte sich neben sie. Sofort hüllte seine Wärme sie wieder ein, und Carrie wünschte, sie könnte sich auf die Seite legen und sich an ihn schmiegen. Doch das ließen ihre Prellungen nicht zu. Frustriert starrte sie an die Zimmerdecke und überlegte sich, wie sie sich doch noch ihren Wunsch erfüllen könnte. Gerade als sie entschieden hatte, dass es die Schmerzen wert wäre, zog Sam die Decke über sie beide, drehte sich auf die Seite und legte seinen Arm über ihren Bauch. Seine Lippen strichen über die empfindliche Stelle hinter ihrem Ohr. »Geht das so, oder tue ich dir weh?«

Carries Kehle zog sich zusammen, und sie brachte kaum einen Ton heraus. »Es ist perfekt. Danke Sam.«

Sein leises Lachen drang an ihr Ohr. »Hätte ich gewusst, dass du so leicht zufriedenzustellen bist, hätte ich dich schon vor langer Zeit angesprochen.«

Ihr Körper versteifte sich. »Warum hast du es nicht?«

Sein Atem wehte über ihren Hals, und es dauerte einen Moment, bis er antwortete. »Ich wusste nicht, ob du mich überhaupt magst, und ich hatte Angst, mir eine Abfuhr zu holen. Es war sicherer, nichts zu sagen. Jedenfalls dachte ich das bis vor Kurzem. Aber als ich dich heute beinahe verloren hätte, wurde mir klar, dass es dumm war, so viel Zeit zu verschwenden, nur weil ich zu feige war.«

Carrie hob eine Hand und verschränkte ihre Finger mit Sams. »Wir waren beide feige.«

Sam erwiderte den Druck ihrer Finger. »Ja.« Ein Schauer lief über seinen Körper. »Ich kann nicht vergessen, dass ich beinahe keine Chance mehr gehabt hätte, mit dir zu sprechen. Dich zu halten und zu lieben.«

Da ging es ihr genauso. So fantastisch das Ergebnis auch war, sie hätte darauf verzichten können, in den Erdrutsch zu geraten. »Ich glaube nicht, dass ich darüber jetzt gerade nachdenken möchte.«

»Entschuldige, eigentlich sollte ich dich ablenken und nicht daran erinnern.« Seine Lippen strichen über ihre Wange. »Schlaf jetzt, es kann dir nichts mehr passieren. Ich bin bei dir.«

So seltsam es war: Sie glaubte ihm. Wie von selbst schlossen sich ihre Augen, und ihr Körper entspannte sich. Ihre Atemzüge wurden gleichmäßiger, und sie spürte, wie sie langsam in den Schlaf hinüberglitt. Kurz bevor sie einschlief, glaubte sie Sams Lippen an ihrem Ohr zu spüren.

»Ich liebe dich, Carrie Bishop.« Leise drangen die rauen Worte in ihr Bewusstsein.

Unsicher, ob es Realität oder ein Traum war, versank Carrie in der wartenden Dunkelheit.

9

Als Sam aufwachte, war es stockdunkel. Während er sich langsam an die Geschehnisse erinnerte, atmete er tief Carries Duft ein. Er hatte es nicht geträumt, sondern lag tatsächlich neben ihr. Seine Hand ruhte allerdings nicht mehr auf ihrem Bauch, sondern war weiter nach unten gerutscht und umfasste ihre Scham. Offenbar schaffte er es selbst im Schlaf nicht, seine Finger von ihr zu lassen. Wie auf eigenen Befehl schob sich ein Finger zwischen ihre Schamlippen und strich über ihre Klitoris. Ein leises Stöhnen drang über Carries Lippen, ihre Hüfte hob sich ihm entgegen. Er spürte, wie feucht sie selbst im Schlaf war. Verdammt, er sollte sie schlafen lassen, sie brauchte ihre Ruhe!

Doch offensichtlich drang dieser gute Vorsatz nicht bis zu seiner Hand durch, die sich wieder selbstständig machte und die Tatsache ausnutzte, dass Carrie ihre Beine etwas geöffnet hatte. Sein Finger umkreiste ihren Eingang und tauchte schließlich darin ein. Sam presste die Zähne zusammen und versuchte, seinen Körper und vor allem sein Gehirn unter Kontrolle zu bringen. Es war wirklich nicht richtig, Carrie zu berühren, während sie schlief. Dummerweise schien Carrie das anders zu sehen, denn erneut bewegte sie sich und öffnete sich ihm damit noch weiter. Ein Laut wie ein Schnurren drang aus ihrer Kehle.

Sams Schaft füllte sich und berührte Carries nackte Haut. Es fühlte sich unglaublich an. Beinahe gegen seinen Willen schob sich seine Hüfte vor, um den Kontakt noch zu vertiefen. Sein Atem ging schneller, und er vergrub sein Gesicht an Carries

Schulter, damit sie ihn nicht hörte. Gott, was tat er hier? Sein Daumen strich über ihre Klitoris, während sein Zeigefinger sich tief in ihr versenkte. Wieder bewegte Carrie sich unruhig und presste ihre Scham an seine Hand. Ihr Unterbewusstsein schien genau zu wissen, was sie wollte.

Vorsichtig legte Sam ihr Bein über seines, wodurch er nicht nur besseren Zugang hatte, sondern sich gleichzeitig auch seine Erektion noch fester an sie presste. Tief atmete er durch und versuchte, sich zu beruhigen. Er machte das hier nicht für sich, sondern für Carrie. Ja, genau. Deshalb fühlte sich sein Penis auch an, als würde er gleich explodieren. Sam schob mühsam seine eigenen Gefühle beiseite und konzentrierte sich auf Carrie.

Sie war inzwischen so feucht, dass er mit Leichtigkeit einen zweiten Finger in sie schieben konnte. Mit seinem Arm über ihrem Bein verhinderte er, dass sie sich zu sehr bewegte. Diese erzwungene Stille schien Carries Erregung noch mehr anzufeuern. Sie stöhnte auf, und Sam wusste, dass sie bereits kurz vor dem Höhepunkt stand. Und das war auch gut so, denn er glaubte nicht, dass er noch lange durchhalten würde. Feuchtigkeit sickerte aus der Spitze seines Schafts, seine Hoden zogen sich zusammen.

Etwas rauer als zuvor stieß er in sie, diesmal mit drei Fingern. Sein Daumen rieb weiterhin über ihre Klitoris, die von ihrem nächtlichen Sex sicher noch sensibel war. Schließlich beugte Sam sich über ihre Brust. Er pustete auf die harte Spitze und entlockte Carrie damit einen Schauer. Ohne langes Vorspiel senkte er seinen Mund über die Brustwarze und begann kräftig zu saugen. Carries Finger gruben sich in seine Haare. Alarmiert hielt er inne, doch sie presste ihn nur dichter an sich und gab ihm damit das Zeichen fortzufahren. Mit einem zufriedenen Laut folgte Sam ihrem Wunsch.

Sowie er die ersten Zuckungen an seinen Fingern spürte, biss er sanft in ihre Brustspitze. Mit einem atemlosen Schrei erreichte Carrie den Höhepunkt. Immer wieder tauchte er mit den Fingern in sie ein und genoss es, ihre verlangenden Laute zu hören. Sein Schaft schmerzte vor unterdrücktem Verlangen, aber es wäre nicht richtig, selbst zu kommen, solange Carrie noch schlief. Erschrocken zuckte Sam zusammen, als sich Finger um seinen Penis schlossen. Sein Kopf ruckte hoch, und er sah, dass Carries Augen offen waren. Schweigend wartete er darauf, dass sie ihm Vorwürfe machte, weil er sich nicht hatte beherrschen können.

Ihr Griff wurde fester, und Sam unterdrückte mühsam ein Stöhnen. Er durfte jetzt nicht kommen, auch wenn jede Faser in ihm danach strebte. Aber es war schwierig, sich zurückzuhalten, wenn seine Finger immer noch in ihr ruhten und er spüren konnte, wie sich ihre Muskeln enger um sie schlossen. Wenn *er* jetzt in ihr wäre … Ein rauer Laut drang aus seiner Kehle, bevor er ihn zurückhalten konnte. Sein ganzer Körper spannte sich an, während er versuchte, den Orgasmus zu stoppen.

Carries Hand glitt an seinem Schaft hinunter, ihr Daumen strich über seine Spitze. »Komm für mich, Sam.«

Ihre Worte ließen ihn so heftig explodieren, dass weiße Punkte vor seinen Augen flimmerten. Seine Hüfte schnellte vor, immer und immer wieder, bis er schließlich gesättigt seine Wange an Carries Brust schmiegte. Ihr Herz klopfte genauso schnell wie seines, und an seinen Fingern konnte er immer noch ihre Zuckungen spüren. Wenn das jedes Mal so wäre, würde er irgendwann sterben, während er Carrie gerade liebte.

Eine Weile lang lag er einfach nur da und genoss es, ihr so nah zu sein. Als sie ihre Hand von seinem Schaft löste, zog er bedauernd seine Finger aus ihr zurück. Er schaffte es allerdings nicht, sie zu verlassen, ohne noch einmal über ihre Klitoris zu streichen. Carrie zuckte zusammen, und sie stöhnte leise auf. Verdammt, wenn er sich jetzt nicht zusammenriss, würden sie nie aus dem Bett kommen. Zögernd zog er seine Hand zurück und legte sie auf Carries Bauch.

»Entschuldige, das hätte ich nicht tun sollen.«

Carrie hob den Kopf. »Warum nicht? Es fühlt sich gut an, auch wenn ich dort ein wenig empfindlich bin.«

Sam stützte sich auf seinen Ellbogen und blickte Carrie ernst an. »Ich meinte, dich anzufassen, während du schläfst.«

Einen Moment lang starrte sie ihn nur schweigend an, dann schüttelte sie den Kopf. »Ich denke, nach dem, was wir diese Nacht hier gemacht haben, hast du das Recht, mich jederzeit anzufassen – genauso wie ich dich berühren kann.« Ihr Mundwinkel hob sich. »Und es ist ja nicht so, als hätte ich mich gewehrt.«

»Ja, aber …«

Carrie legte ihre Finger über seinen Mund. »Lass es, Sam. Ich habe es genossen, durch deine Berührungen aufzuwachen.«

Als Sam erkannte, dass sie es ernst meinte, beugte er sich vor und küsste sie sanft. »Danke. Mir hat es auch sehr gefallen, dich zu berühren.«

Mit dem Bein rieb sie über seinen Schaft und lachte. »Das ist mir aufgefallen.«

Hitze stieg in seine Wangen, und Sam war froh über die Dunkelheit. Es war eindeutig Zeit, das Thema zu wechseln. »So ungern ich auch aufstehen möchte, sollten wir uns wohl doch besser langsam fertig machen, bevor die anderen kommen.«

»Wie spät ist es?«

Sam blickte sich in der dunklen Hütte um. »Ich habe keine Ahnung. In der Nacht muss der Generator ausgegangen sein, deshalb haben wir auch kein Licht mehr.«

Abrupt setzte Carrie sich auf. »Meinst du, es ist etwas passiert?«

Beruhigend legte Sam seine Hand auf ihr Bein. »Nein, wahrscheinlich ist nur das Benzin alle.« Er setzte sich ebenfalls auf. »Bleib du noch einen Moment liegen, ich sehe nach, wie es draußen aussieht, und öffne die Fensterläden, damit wir wenigstens ein wenig Licht haben.«

Er ging zur Tür, schob den Riegel zurück und öffnete sie einen Spaltbreit. Helles Sonnenlicht strömte ihm entgegen, und er schloss geblendet die Augen.

Er drehte sich zu Carrie um. »Du glaubst es nicht, die Sonne scheint!«

Sie verzog das Gesicht. »Na toll, hätte ich das gewusst, wäre ich erst heute nach Hause gefahren.«

»Wer weiß, ob du dann durchgekommen wärst.« Aber das war kein Thema, über das er jetzt mit ihr reden wollte.

Rasch ging er zu den Fenstern und stieß die Fensterläden auf. Licht flutete den Raum und ließ ihn deutlich schäbiger aussehen als nachts. Sein Blick glitt zum Bett, und er erstarrte. Sonnenstrahlen streichelten Carries blasse Haut und brachten sie zum Leuchten. Sam spürte, wie sich sein Schaft wieder regte, aber er konnte nichts dagegen tun. Unbewusst machte er einen Schritt auf sie zu.

Das breite Grinsen auf Carries Gesicht ließ ihn innehalten. »Ich fühle mich geschmeichelt. Am besten läufst du ab sofort nur noch nackt herum, dann brauche ich mich nie wieder fragen, ob du mich willst.«

Langsam ging Sam auf sie zu. »Gute Idee, aber die Leute würden es sicher sonderbar finden, wenn ihr Sheriff keine Kleidung trägt.«

Carrie lachte. »Stimmt. Aber wenn wir allein sind, ja?«

Sams Erektion war inzwischen beinahe schmerzhaft. Die

Vorstellung, dass Carrie ihn wiedersehen wollte, ließ sein Herz schneller klopfen. »Okay.« Er räusperte sich, als die Antwort rau klang. »Aber nur, wenn du auch nackt bist.«

Carries Brustspitzen zogen sich zusammen. »Das lässt sich einrichten.«

Verdammt, er musste sich dringend ablenken, sonst würde er wieder über sie herfallen. Was war es, das ihn in ihrer Nähe ständig seine Beherrschung vergessen ließ? Abrupt drehte er sich um und ging zur Tür zurück. Vielleicht würde ihm die kühle Luft helfen, seine Erregung zu zügeln. Doch als die Sonne über sein empfindliches Fleisch streichelte, erkannte Sam, dass er sich geirrt hatte.

Er zuckte zusammen, als eine Hand über seinen Po strich. »Von hinten siehst du übrigens auch sehr knackig aus.«

Sam schloss gequält die Augen. »Das ist nicht hilfreich.«

Ihre andere Hand glitt über seinen Rücken. »Wobei?«

»Mich zu beherrschen.«

Ein leises Lachen erklang hinter ihm. »Ach, das ist es, was du da tust? Und ich dachte schon, du wolltest deinen Schaft sonnen.«

»Carrie …«

»Sam …«

Mit einem tiefen Seufzer gab er auf. Er konnte einfach nicht gegen sie gewinnen. Und um ehrlich zu sein, wollte er es auch gar nicht. Langsam drehte er sich um und zog Carrie vorsichtig in seine Arme. Seine Erektion presste sich an ihren Bauch, und er versank in ihrem Kuss.

»Sollen wir später wiederkommen?«

Es dauerte einen Moment, bis Sam die amüsierte Stimme hinter sich registrierte. Zuerst erstarrte er, dann warf er rasch die Tür hinter sich zu. Trotzdem konnte er deutlich das laute Lachen von draußen vernehmen.

Mit einem Seufzer lehnte er seine Stirn an Carries. »Ich denke, der Zeitpunkt ist gekommen, an dem wir uns wirklich anziehen sollten.« Er war nicht gerade begeistert darüber, dass Perry ihn nackt gesehen hatte. Wenigstens hatte er mit seinem Körper Carrie verdeckt.

Sie ließ ihn los und trat einen Schritt zurück. »Tut mir leid, ich konnte einfach nicht anders.« Ihre Wangen waren gerötet, aber ihre Augen glitzerten noch verlangend. »Wird dir das Probleme bereiten?«

Sam runzelte die Stirn. »Warum sollte es?«

»Ich weiß nicht, vielleicht ist es ja verboten, sich als Sheriff in der Öffentlichkeit nackt zu zeigen oder so.«

Er musste lachen. »Keine Angst, Perry wird nichts sagen. Obwohl er mich vermutlich noch lange damit aufziehen wird.« Sanft küsste er sie. »Komm jetzt, je eher wir hier wegkommen, desto eher sind wir auch wieder alleine.«

Carrie riss sich los und zog sich trotz ihrer Verletzungen in Rekordzeit an.

Carrie beobachtete Sam, während er den Wagen durch die Stadt lenkte. Das war eine ihrer liebsten Tätigkeiten der letzten Tage – ihn einfach nur anzuschauen. Immer wenn er sie dabei erwischte, lächelte er sie an, und es fiel ihr zunehmend schwerer, ihm nicht zu sagen, dass sie ihn liebte. Denn das tat sie ohne jeden Zweifel. Seit er sie nach ihrer gemeinsamen Nacht in der Hütte zu dem ein ganzes Stück entfernt liegenden Parkplatz getragen hatte, auf dem ein Krankenwagen auf sie wartete, waren sie nur dann getrennt gewesen, wenn Sam arbeiten musste. In diesen Momenten hatte Carrie darüber nachgedacht, wie es weitergehen sollte. Ohne Geschäft, ohne Wohnung, ohne Auto. Sie musste wegziehen, wenn sie in absehbarer Zeit wieder arbeiten wollte, aber das würde bedeuten, sich von Sam zu trennen. Und das konnte sie nicht, besonders wenn er wie jetzt ihre Hand umfangen hielt und mit dem Daumen leicht über ihre Haut strich.

Ihre Kehle zog sich zusammen, und sie blickte rasch aus dem Seitenfenster, damit Sam die Tränen in ihren Augen nicht sah. Was sollte sie tun? Es würde ihr das Herz brechen, wenn sie ihn verlassen musste. Vielleicht würde er sogar mitkommen, wenn sie ihn darum bitten würde, doch das konnte sie nicht zulassen. Sam gehörte hierher, dieser Ort war seine Heimat. Bevor ihr Leben buchstäblich in die Luft geflogen war, hatte auch sie gehofft, hier heimisch werden zu können. Aber ohne Geld und ohne Möglichkeiten, ihrer Arbeit nachzugehen, würde sie von Almosen leben müssen, und das könnte sie niemals ertragen. Zu gut erinnerte sie sich noch an ihre Kindheit und die Abhängigkeit von der Wohlfahrt. Ohne Vater und mit einer kranken Mutter gab es keine andere Möglichkeit, aber jetzt würde sie eher wegziehen, als noch einmal so zu leben.

Carrie blinzelte heftig und sah zum ersten Mal, dass sie nicht zu Alyssas Haus fuhren, wie sie angenommen hatte. Fragend blickte sie Sam an. »Wo fährst du hin?«

Sam zwinkerte ihr zu. »Das ist eine Überraschung.«

Einerseits war das süß von ihm, andererseits war sie momentan gar nicht in Stimmung für so etwas. Sie runzelte die Stirn. »Sam …«

Er schien ihre Zweifel zu spüren, denn er drückte ihre Hand und lächelte. »Ich dachte, du könntest einen Abend mit Freunden brauchen. Wir fahren zu Alyssa und Kyle.«

»Ich weiß nicht, ob ich heute so gute Gesellschaft bin.«

Er führte ihre Hand an seine Lippen. »Wir müssen nicht lange bleiben, wenn es dir nicht gefällt. Die beiden werden das verstehen, sie sind deine Freunde.«

Das stimmte, und sie war ihnen schon lange genug auf den

Geist gegangen. Carries schlechtes Gewissen verstärkte sich mit jedem Tag, den sie in Alyssas Haus verbrachte. Aber das sagte sie nicht, denn Sam würde nur versuchen, sie aufzumuntern. Meist hatte er damit Erfolg, aber sie wollte auch nicht, dass er immer unter ihren Launen zu leiden hatte. Es reichte ja schon, wenn sie sich selber damit nervte.

Schließlich erreichten sie Kyles Haus, das beinahe aussah wie ein altes, vollständig aus Stein gebautes Herrenhaus. Sie hatte es gemocht, seit sie es zum ersten Mal gesehen hatte, doch sie hatte nie damit gerechnet, jemals das Innere zu sehen. Seit Alyssa mit Kyle zusammen war, hatte er sich aber auch anderen geöffnet, und Carrie war inzwischen schon einige Male hier gewesen. Sie folgte Sam zur Tür und versuchte, ein fröhlicheres Gesicht aufzusetzen.

Sam drückte auf die Klingel und schlang dann einen Arm um sie. Sie genoss diese liebevollen Berührungen, die ihr zeigten, dass sie ihm etwas bedeutete. Automatisch schmiegte sie sich enger an ihn. Sam drehte ihr den Kopf zu und beugte sich zu ihr herab. Zuerst sanft, dann immer fordernder, ließ der Kuss sie alles andere vergessen. Deshalb zuckte sie erschrocken zusammen, als die Tür aufging und Kyle vor ihnen stand.

Er grinste. »Soll ich die Tür wieder zumachen und euch noch ein paar Minuten geben?«

Sam löste sich langsam von ihr und verdrehte die Augen. »Sehr witzig, Kyle.«

»Finde ich auch.« Er lächelte Carrie an. »Schön, dass ihr da seid. Alyssa ist schon ganz aufgeregt.«

Verwundert blickte sie ihn an. »Warum das denn? Wir haben uns doch gestern erst gesehen.«

Kyle zuckte nur mit den Schultern und winkte sie ins Haus. Carrie folgte ihm in die großzügige Diele und blickte sich verwundert um. »Habt ihr umgeräumt?«

»So könnte man es auch nennen.« Er öffnete die Tür zum Wohnzimmer. »Nach dir.«

Immer verwirrter trat Carrie in den Raum und blieb ruckartig stehen. Mit offenem Mund blickte sie um sich. Das Zimmer sah aus wie … ihr Laden. Wie war das möglich? Hinter sich spürte sie Sams beruhigende Präsenz. Seine Arme glitten um ihre Taille, und er zog sie an sich.

Alyssa kam mit einem strahlenden Lächeln auf sie zu. »Und, wie findest du es?«

»Was …?« Carrie befeuchtete ihre trockenen Lippen. »Was ist das?«

Mit hochgezogenen Brauen blickte Alyssa sich um. »Das solltest du aber erkennen. Vielleicht sind einige Details falsch, aber ich habe mich bemüht, es so genau wie möglich hinzubekommen.«

Langsam fand Carrie ihre Sprache wieder. »Natürlich weiß ich, was das ist, ich verstehe nur nicht, wie das möglich ist. Und vor allem, *warum* es hier so aussieht wie in meinem Laden.«

Alyssa blickte erst Sam, dann Kyle an, bevor sie antwortete. »Da es noch einige Zeit dauern wird, bis das Gebäude wiederaufgebaut wird, und es offenbar keine anderen Möglichkeiten hier in der Gegend gibt, haben wir uns überlegt, dass die einzige Lösung darin besteht, dir für die Zeit einen Ersatzladen anzubieten.« Sie ging auf Carrie zu und nahm ihre Hände. »Wir möchten dich nicht verlieren, Carrie.« Tränen glänzten in ihren Augen.

Mühsam versuchte Carrie, den Kloß in ihrer Kehle hinunterzuschlucken. »Das ist furchtbar lieb von euch, aber das kann ich auf keinen Fall annehmen. Kyle will sicher nicht ständig sein Haus voller leicht bekleideter Frauen haben.«

Seine Grimasse schien ihr recht zu geben, aber dann zuckte er mit den Schultern. »Es ist ja nur vorübergehend, bis das Geschäft wieder steht. Außerdem tust du mir einen Gefallen. Ich mag das Haus sowieso nicht und bin froh, dass ich bei Alyssa wohnen kann.«

»Aber …«

Sam trat vor sie und blickte sie eindringlich an. »Es ist nur ein Angebot, du musst es nicht annehmen.« Mit den Fingern strich er über ihre Wange. »Aber ich wäre überglücklich, wenn du es tätest. Ich möchte wirklich nicht in San Francisco oder Oakland leben. Ich würde dir überallhin folgen, wenn du von hier weggehst. Es ist ganz allein deine Entscheidung, Carrie.«

Carrie betrachtete den Raum, die Vitrinen und Ständer mit Dessous, die stilvollen Möbel, die dem Ganzen einen edlen Rahmen gaben. Sie ging an ihnen vorbei und strich mit den Fingern über ein Seidenhemd. Schließlich drehte sie sich um und blickte ihre Freunde an. An ihren Mienen war deutlich zu erkennen, dass sie das Schlimmste befürchteten. Womit hatte sie es verdient, so tolle Menschen um sich zu haben?

Sie räusperte sich. »In Ordnung. Unter einer Bedingung.«

»Welche?« Vorsichtige Hoffnung lag in Sams Augen.

»Ich werde alles zurückzahlen, was ihr für die Einrichtung ausgegeben habt. Und ich zahle die gleiche Miete wie für den Laden.«

Kyle hielt ihr seine Hand hin. »Einverstanden.«

Carrie schüttelte sie. »Und glaub nicht, dass du da irgendwie wieder rauskommst.«

Er grinste sie an. »Würde mir nicht im Traum einfallen.«

Alyssa schob sich dazwischen und umarmte Carrie fest. »Ich freue mich so! Auf jeden Fall hast du eine Kundin schon sicher. Wir lieben deine Sachen.«

Aus den Augenwinkeln sah Carrie, dass Kyle errötete. Ihr Herz lief über, und sie erwiderte Alyssas Umarmung. »Kein Problem, du weißt ja, wo du mich findest.«

Alyssa trat zurück und nahm ihre Hand. »Komm, ich zeige dir, was wir alles gemacht haben. Im Esszimmer sind jetzt die Umkleidekabinen und …«

Nach einem hilflosen Blick auf Sam, der sie glücklich anlächelte, ließ sie sich von ihrer Freundin durch die Räume ziehen. Es war wirklich grandios und mehr, als sie sich je erträumt hätte. Abschließend führte Alyssa sie noch die Treppe hinauf und zeigte ihr das Schlafzimmer und die Küche, die sie nutzen konnte, solange sie hier ihr Geschäft betrieb.

»Das ist unglaublich, Alyssa. Vielen, vielen Dank.«

»Sehr gerne geschehen. Ich gehe natürlich davon aus, dass du die meiste Zeit bei Sam übernachten wirst, aber wir wollen, dass du dich hier ganz wie zu Hause fühlst.«

Carrie wollte schon protestieren, ließ es dann aber. Wem wollte sie etwas vormachen? Jeder konnte sehen, dass sie von Sam besessen war. »Danke.« Sie biss auf ihre Lippe. »Glaubst du, Sam freut sich wirklich, dass ich hierbleibe?«

Entgeistert starrte Alyssa sie an. »Hast du nicht seinen Gesichtsausdruck gesehen? Er ist hin und weg! Außerdem, was glaubst du, wer überhaupt auf die Idee gekommen ist? Sam hat Himmel und Hölle in Bewegung gesetzt, damit du hierbleiben kannst.«

Ihr Herz begann zu hämmern. »Es war seine Idee?«

»Ja. Er wusste, dass Kyle hier nicht gerne lebt, und hat ihm deshalb vorgeschlagen, das Haus für dich umzugestalten.«

Carrie wusste zwar nicht, womit sie so einen tollen Mann verdient hatte, aber sie würde dafür sorgen, dass er nie mehr an ihren Gefühlen für ihn zweifeln musste. Nicht weil er etwas für sie getan hatte, sondern weil er ihr das gegeben hatte, was sie brauchte: die Möglichkeit, bei ihm zu bleiben und trotzdem ihr eigenes Leben zu führen.

»Wie habt ihr das so schnell hinbekommen?«

»Ich habe ein wenig recherchiert und festgestellt, dass es Unternehmen gibt, die solche Ausstellungsmöbel an Geschäfte vermieten. Die Sachen wurden gestern geliefert, und dann haben Kyle und ich ein wenig dekoriert.« Röte stieg in ihre Wangen. »Mit ein paar kleinen Pausen dazwischen. Wie gesagt, Kyle liebt die Dessous.«

Carrie begann zu lachen und umarmte ihre Freundin. »Ihr seid toll.«

10

Ein wenig nervös blickte Sam Alyssa und Kyle nach, als diese sich verabschiedeten und zu ihrem Wagen gingen. Zwar hatte er alles geplant, um Carrie dazu zu bewegen, hierzubleiben, aber er war sich nicht sicher, ob sie die Hilfe wirklich annehmen würde. Selten hatte er eine unabhängigere Frau erlebt. Hoffentlich erkannte sie, dass dies für sie alle die beste Lösung war.

Carrie schloss die Haustür und lehnte sich dann mit dem Rücken dagegen. Einen Moment lang blickte sie ihn nur stumm an, und Sam bemühte sich, sein Unbehagen nicht zu deutlich zu zeigen.

»Du wusstest also, dass die beiden diese Sache hier vorbereitet haben.« Sie verschränkte die Arme vor der Brust. »Um nicht zu sagen, du warst der Kopf dieser ganzen Aktion.«

Sam richtete sich auf und hob das Kinn. Er würde sich bestimmt nicht dafür entschuldigen. »Ja.«

Langsam kam Carrie auf ihn zu, ihr Gesichtsausdruck war nicht zu deuten. »Warum hast du das getan?«

Etwas in ihm gab nach. Er trat vor sie und brachte sein Gesicht dicht an ihres heran. »Weil ich weiß, dass du nie damit glücklich wärst, auf Kosten anderer zu leben, selbst wenn es nur auf absehbare Zeit ist. Und weil ich nicht wollte, dass die Frau, die ich liebe, von mir fortgeht.« Er legte seine Hände auf ihre Schultern. »Verdammt noch mal, warum musst du immer so stur sein? Zählt es denn gar nicht, dass es hier Menschen gibt, die sich etwas aus dir machen?« Mit Mühe hielt er sich davon ab, sie zu schütteln.

Carrie blickte ihn mit großen Augen an, dann begann sie zu lächeln. »Danke. Ich wollte einfach nur von dir hören, warum du so etwas Wundervolles gemacht hast. Bisher hat sich noch nie jemand so um mich gekümmert wie du.«

Damit hatte er nicht gerechnet, genauso wenig wie mit den Tränen, die in Carries Augen glänzten. Da er nicht wusste, was er tun sollte, zog er sie einfach nur in seine Arme und legte seine Hand um ihren Nacken. »Du schaffst mich.«

Etwas wie ein Lachen drang gedämpft an seine Brust. »Besser nicht, ich habe noch einiges mit dir vor.«

Sein Herz machte einen Satz, genauso wie ein anderer, deutlich tiefer gelegener Teil seiner Anatomie. »Ja? Was denn?«

Carrie hob den Kopf und wackelte mit den Augenbrauen. »Würde dir eine private Dessous-Party gefallen?«

Seine Erektion bewegte sich ihr entgegen. »Das kommt darauf an, wer das Model ist.«

»Ich glaube, sie wird dir gefallen: groß, schlank, kurze rote Haare. Und viele Sommersprossen.« Ihre Hand glitt über seine Brust, während sie sprach.

Sicher konnte sie spüren, wie schnell sein Herz klopfte. »Die habe ich am liebsten.«

Carrie gab ihm einen schnellen Kuss und trat dann zurück. Als Sam ihr folgen wollte, hielt sie eine Hand hoch. »Oh nein, ich ziehe mich in meinen wunderbaren neuen Ankleidebereich zurück, und du setzt dich brav auf das Sofa und genießt die Show.«

Erst wollte er dagegen protestieren, aber dann entschied er, Carrie ihren Willen zu lassen. Außerdem konnte er es gar nicht erwarten, sie in den Dessous zu sehen. »In Ordnung.« Er beugte sich vor und küsste sie ausgiebig, bis sie beide außer Atem waren. »Lass mich nicht so lange warten.«

Bevor er es sich anders überlegte, drehte er sich um und

ging ins Wohnzimmer. Anstatt sich hinzusetzen, schlenderte er jedoch durch den Raum und betrachtete die ausgestellten Dessous. Verdammt, allein die Vorstellung, Carrie in einem von diesen kaum vorhandenen Dingern zu sehen, ließ seinen Blutdruck steigen. Er hatte keine Ahnung, wie er reagieren würde, wenn sie so vor ihm herumstolzierte. Vermutlich würde er sie sich packen, über die Schulter werfen und mit ihr die Treppe zum Schlafzimmer hinaufstürmen. Diese erotischen Bilder halfen auch nicht gerade dabei, seine Erektion zu mindern. Mit einer Grimasse arrangierte Sam seinen eingeklemmten Penis neu.

»Bist du bereit für die Show?« Carries Stimme erklang aus dem ehemaligen Esszimmer, das jetzt die Ankleidekabinen beherbergte.

Rasch setzte Sam sich auf das Sofa und blickte erwartungsvoll zur Türöffnung. »Du hast keine Ahnung, wie bereit.«

Sowie Carrie durch die Tür trat, war er in ihrem Anblick gefangen. Sie trug einen hochgeschlossenen Einteiler, der nur aus durchsichtigem schwarzem Stoff bestand. Ihre Brustspitzen waren deutlich sichtbar. Nur mit Mühe konnte Sam sich zurückzuhalten. Der hohe Beinausschnitt enthüllte ihre Hüftknochen, und die ultrahohen Hacken ihrer Schuhe ließen ihre Beine endlos wirken. Schenkel, die besonders schön aussahen, wenn sie sich um seine Hüfte schlangen und ihn dazu drängten, sich schneller in ihr zu bewegen. Sam versuchte zu schlucken, aber sein Mund war staubtrocken. *Oh Gott, sie würde ihn umbringen!*

Er schaffte es nicht, seine Augen von Carrie zu lösen, und stöhnte unterdrückt auf, als sie vor ihm eine Drehung machte und dann zum Ankleidebereich zurückging. Während vorne alles bedeckt war, bestand die Rückseite des Bodys nur aus ein paar Stoffstreifen, die ihre Attribute fantastisch hervorhoben.

Sam wollte aufstehen, zwang sich dann aber, sitzen zu bleiben. Nein, das war Carries Show, und er wollte ihr den Spaß nicht verderben. Am Ende ihres improvisierten Laufstegs drehte sie sich wieder zu ihm um.

»Und, wie gefällt er dir?« Ihre Stimme klang rau, offenbar war sie auch nicht immun gegen die aufgeheizte Stimmung.

Sam räusperte sich. »Sehr gut. Noch besser allerdings gefällt mir der Inhalt.«

Carrie lächelte ihn an und verschwand dann aus seiner Sicht. Sam öffnete den Knopf seiner Hose und zog auch den Reißverschluss herunter, um seinem Schaft in der engen Jeans mehr Raum zu geben. Anschließend drapierte er sein T-Shirt darüber, damit Carrie es nicht bemerkte. Er hatte keine Ahnung, wie er noch so eine Tortur durchhalten sollte. Schon jetzt waren seine Muskeln völlig verkrampft und sein Blutdruck deutlich zu hoch. Seine Hände zitterten, als er sich über das Gesicht strich.

»Bereit für Modell Nummer zwei?«

Sam gab einen verzweifelten Laut von sich, den Carrie wohl als Zustimmung deutete, denn sie erschien wieder im Raum. Sam verschluckte beinahe seine Zunge, als sein Blick auf den Zweiteiler fiel, den sie trug. Kleine graue Dreiecke bedeckten einen Teil ihrer Brüste und ihre Scham, dazwischen waren silbern glitzernde Schnüre gespannt, die bei jeder Bewegung an ihrer Haut auf und ab glitten. Dazu trug sie hochhackige Stiefel, die aus Dutzenden dieser silbernen Schnüre bestanden und bis zu ihren Knien reichten. Als Carrie näher kam, sah er, dass ihr Blick auf seiner Hüftregion lag. Ein Blick nach unten bestätigte, dass die Form seiner Erektion durch den Stoff deutlich sichtbar war – und sich bereits ein feuchter Fleck bildete. Es wäre ihm peinlich gewesen, wenn er nicht Carries zufriedenes Lächeln gesehen hätte.

Die kleine Hexe genoss das Spiel. Es wurde Zeit, dass er mehr wurde als nur ein passiver Beobachter. »Kann ich mir das Modell aus der Nähe ansehen?«

Erregung stand in Carries Augen, als sie langsam auf ihn zukam. Dicht vor ihm blieb sie stehen. »Gefällt dir, was du siehst?«

Sam wiegte den Kopf. »Kann ich noch nicht sagen. Noch näher.«

Carrie trat zwischen seine gespreizten Knie. »Und jetzt?«

»Hm.« Sam hob seine Hand und stoppte kurz vor ihrer Haut. »Ist es erlaubt, das Modell zu berühren?«

Ein Schauer lief sichtbar durch Carries Körper. »Ja.«

Er wartete nicht länger, sondern fuhr mit dem Zeigefinger die silbernen Schnüre entlang, die sich bei näherem Hinsehen als flache Ketten entpuppten. Die Schnur endete am Bund des winzigen Slips, doch Sam strich weiter über den Stoff, dorthin, wo der rote Haarstrich leicht durch den grauen Stoff schimmerte. Gänsehaut bildete sich auf Carries Haut. »Sehr schön.« Sam zwang sich, seine Hand wieder herunterzunehmen. »Und jetzt noch die Rückseite.«

Langsam drehte Carrie sich um, und Sam erstarrte. Verdammt, und er dachte schon, das erste Modell wäre eine Tortur gewesen! Über ihren Rücken liefen zwei breitere silberne Bänder, die jeweils auf den Hüftknochen endeten. Unzählige dünne Ketten bildeten einen kurzen metallenen Slip, der in einem schmalen Stoffstreifen endete, der zwischen ihren Pobacken verschwand. Dieses Modell war eindeutig nicht für den Alltag geeignet, führte aber dazu, dass sein Schaft beinahe explodierte. Mit den Fingern fuhr er über die Ketten und die glatte Haut dazwischen. Er strich am Stoffstreifen entlang, bis er dort ankam, wo sich der Stoff normalerweise verbreiterte. Doch bei diesem Modell teilte sich der Strang in zwei Ketten, die die Schamlippen umgaben. Feuchtigkeit drang an seine Finger, und Sam wusste, dass er am Ende seiner Beherrschung angelangt war.

Sanft schob er Carrie ein Stück zurück und stand auf. »Leg dich aufs Sofa, das muss ich mir genauer ansehen.«

Interessanterweise protestierte sie nicht, sondern folgte seinem Wunsch und blickte auf eine Anweisung wartend zu ihm auf. Gott, sie hier so liegen zu sehen und zu wissen, dass er sie berühren durfte, war beinahe mehr, als er ertragen konnte.

Mit den Fingerspitzen berührte er ihren Knöchel. »Leg das Bein über die Rückenlehne.«

Ohne zu zögern, folgte sie dem Befehl, und Sam konnte endlich das sehen, was er bisher nur erfühlt hatte. Das Herz hämmerte in seiner Brust, und er ging in die Knie. Sanft schob er Carries anderes Bein zur Seite, sodass es von der Couch hing und sie völlig offen vor ihm lag. Aus der Nähe konnte er sehen, dass die Ketten anders waren als am Rest der Dessous. Aus stabilerem, glattem Material waren sie in einem Oval geformt, das ihre Schamlippen umgab. Sam strich darüber und erkannte, dass es zwar aus Metall war, aber so gut gefertigt, dass es Carrie nicht verletzen konnte. Ihre Säfte quollen aus dem Schlitz hervor, und Sam lehnte sich vor. Mit der Zunge leckte er über ihre geröteten Schamlippen und genoss ihren einzigartigen Geschmack. Sam schloss die Augen und brummte tief in der Kehle.

Carries Hüfte hob sich ihm entgegen, doch er hielt sie fest. Er blickte an ihr hinauf und sah, dass sie ihn beobachtete. Ihre Wangen waren gerötet, und ihre Augen hatten sich verdunkelt. »Ich bin der Kunde, und ich habe das Recht, das Modell ausführlich zu testen, bevor ich es kaufe. Richtig?«

Ihre Brustwarzen bohrten sich in den Stoff, als Carrie scharf einatmete. »Ja.«

Sam lächelte sie an. »Gut.« Dann wandte er sich wieder dem Schatz vor sich zu.

Mit den Daumen zog er ihre Schamlippen auseinander, bis sie von dem Metall gehalten wurden. Damit lag Carrie weit geöffnet vor ihm, und er konnte sie ansehen und berühren, wie er wollte. Sam beugte sich vor und strich mit der Zunge über den Spalt. Er umrundete die Klitoris und drang dann mit der Zungenspitze in Carrie ein. Seine Hände legte er um ihre Hüfte und hielt sie damit auf dem Sofa. Zuerst wollte er seinen Spaß haben, dann konnte sie sich bewegen, wie sie wollte. Seine Finger glitten über warmes Metall und zarte Haut, während er an ihr saugte, knabberte und immer wieder in sie eindrang. Carries Stöhnen trieb ihn vorwärts.

Schließlich blickte er auf. »Zeig mir deine Brüste.«

Ohne die Spur einer Gegenwehr zog Carrie den Stoff beiseite und entblößte ihre dunklen, steil aufragenden Brustspitzen.

»Berühr sie für mich.«

Carries Finger legten sich über ihre Brüste, und sie begann an den Spitzen zu zupfen. Wieder stöhnte sie, und Sam wusste, dass sie kurz vor dem Höhepunkt stand. Wenn er ihn zusammen mit ihr erleben wollte, musste er sich beeilen. Während er sie weiter mit der Zunge befriedigte, nahm er das Kondom aus seiner Hosentasche und legte es neben sich auf den Boden. Dann schob er eilig seine Hose samt Boxershorts herunter, öffnete die Kondomhülle und rollte es über seinen Penis.

Carrie stöhnte protestierend auf, als sein Mund sie verließ, nur um verzweifelt nach ihm zu greifen, als er zwischen ihre Beine kletterte. Sie bekam sein T-Shirt zu fassen und versuchte, es ihm auszuziehen. Rasch nahm er ihr die Arbeit ab und warf es zur Seite. Ihre Finger gruben sich in seine Arme, als er sich über ihr postierte. Sein Schaft glitt über ihre Spalte, und Carrie hob ihm die Hüfte entgegen. Eine eindeutige Aufforderung, der er gerne folgte. Mit einem Stoß schob er sich tief in sie und keuchte auf, als seine Hoden gegen das Metall stießen. Oh verdammt, so würde er nie lange genug durchhalten!

»Mehr!«

Wieder hob Carrie sich ihm entgegen, und Sam verlor die Beherrschung. Mit harten Stößen füllte er sie immer wieder, bis er spürte, wie sich ihre Muskeln um ihn herum zusammenzogen. Noch einmal tauchte er tief in sie, dann erreichte auch er den Höhepunkt. Mit einem tiefen Stöhnen brach er über ihr zusammen und schaffte es gerade noch, sich auf seine Unterarme zu stützen, um sie nicht zu erdrücken. Sein Herz hämmerte in seiner Brust, und er bemühte sich, bei Bewusstsein zu bleiben. Carries schnelle Atemzüge strichen über seine Brusthaare und lösten einen Schauer bei ihm aus. Irgendwie schaffte sie es, seinem Körper selbst nach diesem mehr als befriedigenden Sex eine Reaktion abzuringen. Etwas, das er vorher nicht für möglich gehalten hätte. Zufrieden küsste er ihre Stirn und vergrub sein Gesicht in ihren Haaren.

Mühsam stemmte er sich nach einigen Minuten hoch und blickte auf Carrie hinunter. »Ich glaube, das Ding wird ein Renner.«

»Besonders wenn ich jetzt eine persönliche Empfehlung abgeben kann.« Carrie begann zu lachen, als sie Sams entsetzten Gesichtsausdruck sah. »Das war ein Scherz, Sam.«

»Dann ist es ja gut.« Er beugte sich zu ihr hinunter und begann an ihrem Ohrläppchen zu knabbern. »Ich will dich ganz für mich haben.«

Neues Verlangen durchzuckte sie bei seinen Worten, obwohl sie das nach ihrem explosiven Orgasmus nicht für möglich gehalten hätte. Sie schlang ihre Arme um seinen Nacken und schob die Finger in seine Haare. »Das hast du.« Ihre Augen weiteten sich, als sie spürte, wie sein Schaft sich in ihr wieder vergrößerte.

Sam küsste sie erst sanft, dann mit mehr Verlangen. Für einen Moment vergaß sie alles andere um sich herum und schmolz in seinen Armen. Sie hätte es nicht für möglich gehalten, dass es sich so gut anfühlen könnte, mit einem Mann zusammen zu sein. Natürlich hatte sie schon Sex gehabt, aber noch nie hatte sie sich jemandem so verbunden gefühlt wie Sam – im Bett und außerhalb. Als wäre er ein Teil von ihr, ohne den sie nicht leben konnte. Und offenbar schien es ihm genauso zu gehen, sonst hätte Sam sich nicht die Mühe gemacht, eine Möglichkeit zu finden, wie sie hierbleiben konnte. Carrie spürte, wie die Anspannung, die sich seit ihrer Jugend in ihr aufgebaut hatte, langsam wich. Plötzlich fühlte sie sich seltsam frei und doch geborgen.

Mit den Fingern strich sie über Sams Rücken. »Ich hätte gedacht, dass du schon beim ersten Modell einknickst.«

Ein Lachen rumpelte durch seine Brust. »Ich war kurz davor, aber ich wollte unbedingt wissen, wie die anderen Modelle aussehen, wenn das erste schon so ein Knaller war.«

Ihre Hand war bei seinem Po angekommen und erkundete die festen Muskeln. »Die zeige ich dir dann ein anderes Mal. Ich will ja nicht gleich mein ganzes Pulver verschießen. Schließlich sollst du noch ein bisschen länger an mir interessiert sein.«

Sam hob sich ihrer Hand entgegen. »Das bin ich auch ohne die Dessous.« Sein Blick tauchte in ihren. »Egal was du trägst – oder nicht trägst –, ob du schlammverschmiert bist oder deine Haare nicht sitzen, ich bin immer von dir fasziniert. Und dankbar, dass wir es endlich hinbekommen haben, zusammen zu sein.« Seine Lippen strichen über ihre. »Ich liebe dich, Carrie.«

Tränen traten in ihre Augen, und sie zwinkerte sie hastig

weg, damit sie Sams Gesicht deutlich erkennen konnte. »Ich liebe dich auch, Sam. Danke für deine Geduld.«

Ein strahlendes Lächeln breitete sich auf seinem Gesicht aus. »Die Wartezeit war zumindest nicht langweilig. Ich habe unsere kleinen Streitereien genossen, besonders wenn ich mir dabei vorgestellt habe, dass du beim Sex genauso feurig sein wirst.«

Carrie grub ihre Fingernägel in seine Pobacken. »Das hast du nicht!«

Seine Augen funkelten teuflisch. »Okay, dann habe ich das nicht.« Seine Miene sagte deutlich, dass es anders war.

Ihre inneren Muskeln zogen sich zusammen, und ihr Herz klopfte schneller. Eines war jetzt schon klar: Es würde mit Sam nie langweilig werden. Und das war gut so. »Was hältst du davon, wenn wir die Diskussion darüber ins Bett verlegen?«

Sam schob sich noch einmal tief in sie. »Ich hatte gehofft, dass du das sagst.«